HISTOIRE PARLEMENTAIRE

DE LA

RÉVOLUTION FRANÇAISE,

OU

JOURNAL DES ASSEMBLÉES NATIONALES,
DEPUIS 1789 JUSQU'EN 1815.

PARIS. — TYPOGRAPHIE D'ÉVERAT,
Rue du Cadran, n. 16

HISTOIRE PARLEMENTAIRE

DE LA

RÉVOLUTION

FRANÇAISE,

OU

JOURNAL DES ASSEMBLÉES NATIONALES,

DEPUIS 1789 JUSQU'EN 1815,

CONTENANT

La Narration des événemens; les Débats des Assemblées; les Discussions des principales Sociétés populaires, et particulièrement de la Société des Jacobins; les Procès-Verbaux de la commune de Paris; les Séances du Tribunal révolutionnaire; le Compte-Rendu des principaux procès politiques; le Détail des budgets annuels; le Tableau du mouvement moral, extrait des journaux de chaque époque, etc.; précédée d'une Introduction sur l'histoire de France jusqu'à la convocation des États-Généraux,

PAR P.-J.-B. BUCHEZ ET P.-C. ROUX.

TOME DIX-HUITIÈME.

PARIS.

PAULIN, LIBRAIRE,

RUE DE SEINE-SAINT-GERMAIN, N° 33.

—

M. DCCC XXXV.

PRÉFACE.

Nous reprenons la continuation du sujet que nous avons commencé à traiter dans la préface précédente. Il nous restait à vérifier la doctrine du progrès vis-à-vis de la morale, et enfin à conclure.

Vérification morale de la doctrine du progrès.

La morale est, suivant nous et ainsi que nous l'avons démontré dans un volume précédent, le *criterium* définitif qui doit être invoqué en toutes choses. Tout ce qui lui est conforme est vrai, et doit, tôt ou tard, régner avec elle sur l'intelligence humaine; tout ce qui lui est contraire est condamné à périr et doit, un jour ou l'autre, être à jamais oublié. C'est devant ce *criterium* sévère que nous allons juger la doctrine du progrès; et, nous le disons d'avance, elle sortira entière de cette dernière épreuve, la plus difficile et la plus intelligible en même temps que les idées nouvelles aient à subir.

Toute morale est fondée sur la définition du bien et du mal. Elle enseigne que le bien est un continuel sacrifice; que l'oubli de soi-même, que la lutte et le travail sont les seuls moyens de produire quelque chose de bon et d'utile. Elle met le bien en opposition avec le mal; elle enseigne que le mal est souvent un plaisir; qu'on le fait le plus souvent sans peine; que le repos même est un mal.

Quelle que soit la société que vous examiniez, dans la série de celles qui constituent l'humanité, vous trouverez que la morale est telle dans ses termes abstraits. Les définitions sur ce qui est bien et sur ce qui est mal varient dans certaines limites; mais les modes indiqués pour conquérir le premier et fuir le second, sont toujours les mêmes.

Or, si nous transformons la doctrine du progrès en une doctrine des actes à accomplir, que trouvons-nous?

Elle nous apprend que chaque génération doit travailler pour conquérir des biens dont jouiront seulement ses petits-enfans; que chaque nation, chaque individu doit se sacrifier pour un avenir qu'ils ne verront pas; que le bien par conséquent est l'oubli de soi-même, et le mal, au contraire, la préoccupation de ses propres intérêts, de ses propres plaisirs. Elle nous démontre comment le travail, la lutte et l'effort sont une condition du bien-faire; car il existe un milieu résistant et difficile à transformer : elle nous montre que le mal est le repos qui immobilise ce milieu, et pourquoi le repos est stérile : elle nous fait voir que la paresse est aussi coupable que l'égoïsme actif en ce que l'une et l'autre ne produisent rien pour l'avenir. Sous ce rapport il faut reconnaître que la doctrine du progrès est la science même de la morale, et qu'elle offre une conformité parfaite avec elle, conformité que jusqu'à ce jour nulle philosophie n'a présentée au même degré.

Si, maintenant, nous comparons notre doctrine avec la morale du christianisme, nous ne rencontrerons pas des rapports moins exacts.

La morale des évangiles diffère sous deux points de vue principaux des morales antérieures; l'un est dans la définition du bien et du mal; l'autre dans les commandemens relatifs au caractère du pouvoir. Examinons d'abord le premier.

Selon Jésus-Christ, le bien est l'œuvre active de la fraternité universelle. Dans la société antérieure, dans celle au milieu de laquelle il apparut, le bien, c'était le dévouement aux droits et aux fonctions de sa race, de sa caste, de sa gens, de sa cité. Le Christ appela mal l'état de ce monde dont il venait prêcher la réforme. Ce monde fut symbolisé sous le nom de Satan. Le Christ donna encore le nom de mal aux appétits de la chair; et par-là il flétrissait tout ce qui chez nous tient de la bête, tous ces instincts, toutes ces passions animales, brutes, égoïstes qui sont attachées à notre organisme matériel. Il appelait les hommes à les combattre, et surtout à les habituer à subir le joug des règles sociales. A cet égard, il augmentait la sévérité des commandemens donnés par les révélations antérieures. Le premier signe de la présence de l'esprit, en nous, le signe de son activité, est, en effet, le silence ou au moins la subalternisation de ces appétits animaux. C'est par-là que l'homme diffère dé la bête; c'est par-là qu'il se montre *a priori*, ou autre chose que matière; c'est par le contraire que l'animal se montre un organisme mu seulement *a posteriori*, ainsi que c'est le propre de toute existence purement matérielle.

Quant au pouvoir, Jésus-Christ transforma en une question de dévouement, ce qui avait été jusqu'à lui considéré comme une question de droit, c'est-à-dire de caste ou de race. Il est inutile de répéter la formule par laquelle il caractérisa quel devait être le pouvoir futur.

Comparons, présentement, la doctrine du progrès avec ces principes généraux; et recherchons quelle conformité elle offre avec eux.

Cette doctrine nous explique cette parole de Jésus-Christ que *la loi serait accomplie jusqu'à sa dernière lettre*. Elle nous fait voir comment la doctrine de la fraternité universelle était la seule solution convenable, la solution commandée par les faits qu'avait créés la loi antérieure. Sans doute, il était impossible à la philosophie, ainsi qu'il l'eût été à la loi du progrès elle-même, eût-elle été connue il y a dix-neuf cents ans, il était impossible de déduire du passé une telle conclusion; car il n'est donné à aucune science de révéler; mais, la révélation faite, la doctrine qui explique ce qui, en elle, était resté inexplicable, par cela seul, se montre la vraie doctrine.

Elle nous explique encore comment le monde qui existait à la venue du Christ, était appelé par lui le mal; pourquoi il disait : *Mon royaume n'est pas de ce monde*. En effet, il s'agissait du monde social à transformer; d'un monde que devait faire disparaître l'esprit qu'il promettait à ses disciples pour les consoler de sa disparition, et pour le remplacer auprès d'eux. C'est de ce monde dont il annonçait la ruine lorsqu'il disait : *Je vais périr, mais j'ai vaincu le monde*. Et de là naquit cette tradition bien positive de la prédiction sortie de sa bouche : dans mille ans, ce monde finira; tradition qui, entendue matériellement dans le dixième siècle, produisit des actes nombreux de pénitence et de pèlerinage dont nous possédons encore les preuves écrites; et en effet, l'histoire nous montre que ce fut alors que la société romaine finit et que parurent les germes dont le développement devait conclure à la société moderne.

Mais, où la conformité de la doctrine du progrès avec la morale chrétienne apparaît avec le plus d'évidence, c'est lorsqu'on examine les prescriptions relatives au mépris et à l'oubli des appétits charnels. L'organisme animal de l'homme n'étant en effet autre chose qu'un instrument mis à la disposition de son esprit ; où serait la possibilité pour cet esprit d'agir, si au lieu de commander à cet instrument, il était commandé et conduit par lui. Cet organisme est par lui-même invariable, propre seulement à conserver l'individu et l'espèce comme chez les animaux. Pour agir dans un autre sens, il a besoin d'être exercé, dressé, instruit en quelque sorte ; or, il ne pourrait jamais l'être, si le premier principe donné à l'homme n'était pas de lui désobéir. En un mot, avant d'entreprendre la lutte avec le milieu qui nous environne, pour travailler, il faut commencer par lutter avec notre propre chair ; il faut que nous la modifiions par des habitudes, et que nous lui imprimions des aptitudes conformes à nos devoirs.

Jésus-Christ demandait aux hommes des efforts plus difficiles que ceux qui leur avaient été commandés par les révélations antérieures. La morale de la fraternité est plus pénible que celle de la conservation du droit de la caste ou de la *gens* ; c'est en quelque sorte le devoir absolu. Il fallait donc que ses préceptes sur l'abnégation de la chair fussent d'autant plus sévères que l'œuvre était plus rude. D'ailleurs, à la considérer sous son point de vue le plus général, la chair n'est-elle pas la racine de l'égoïsme? celui-ci n'est-il pas le représentant de toutes les inspirations de nature purement animale? A quoi le reconnaît-on en effet? A son amour des jouissances matérielles, à son appétence pour elles, quel que soit le prix qu'elles coûtent aux autres ; à toutes ces passions que nous remarquons dans les animaux qui nous obéissent, la vanité, la paresse, la volupté, la colère, et mille autres trop sales pour être nommées ici. Or, il n'est rien de plus immobilisateur, de plus antiprogressif que l'égoïsme ; il vit uniquement dans le présent et du présent ; son but est lui-même ; avec lui, selon son axiome, finit le monde. Ainsi, tout ce qui est chrétien en morale, est, en science, conforme avec notre doctrine du progrès.

Il nous reste à parler des commandemens de Jésus sur le pouvoir. C'est surtout en vue du progrès, que l'on comprend comment le pouvoir ne peut point, dans une société de frères, être un intérêt, comme il le fut lorsque sa fonction était de former des inférieurs à la vie sociale en les faisant passer par les épreuves de l'esclavage et du patronage. Dans une société composée en majorité, ainsi que le Christ l'a voulu, d'hommes dévoués, d'hommes instruits de la même morale, où le corps entier est volontairement actif, où chacun marche librement vers un but que tous connaissent, le pouvoir ne peut plus ressortir, comme chez les anciens, de la connaissance de la morale sociale, et de l'importance de la caste ou de la *gens* vis-à-vis de cette morale. Il ne peut ressortir que d'un degré de dévouement plus grand, en vertu duquel l'homme ne pense plus à lui, mais seulement aux autres, en vertu duquel un homme préfère le but ou la loi à tout, et se trouve par conséquent le plus capable de prévoir vis-à-vis de ce but, le plus hardi à se sacrifier, et le plus propre à commander le dévouement par l'exemple qu'il en donne. Tel est le pouvoir qu'appelle le christianisme, et tel est aussi celui dont la doctrine du progrès démontre la nécessité présente.

Les considérations que nous venons d'exposer relativement à la conformité de la doctrine du progrès avec la morale, offrent certainement une démonstration suffisante de la thèse que nous poursuivons ici. Mais peut-être cette forme ne conviendra-t-elle pas à tous les lecteurs, à ceux surtout chez lesquels les habitudes scientifiques sont prédominantes. Nous allons donc reproduire la même argumentation sous un autre aspect, et en quelque sorte, sous son aspect métaphysique : nous verrons que la solution sera la même.

Nous allons rechercher et établir quelles sont les existences réelles, les forces en quelque sorte qu'implique la morale : nous verrons qu'elles sont identiquement les mêmes que nous avons nommées lorsque nous avons défini la signification du mot progrès.

L'exécution de la morale suppose qu'il y a dans l'homme un principe d'activité, une spontanéité, force intelligente, libre, douée de volonté, indépendante du milieu où elle est placée, qui est capable de lutter contre les appétits de la chair, et contre toutes les impulsions et toutes les résistances venant du monde extérieur. C'est uniquement sur cette opposition que la morale et l'espérance de sa mise en œuvre sont fondées. La chose est tellement évidente qu'elle est inniable. Il n'existe pas de sophisme qui puisse obscurcir un instant la certitude de ce corollaire ; il n'est même pas possible de lui opposer une argumentation quelconque, sans tomber aussitôt dans l'absurde le plus grossier et le plus palpable. Personne, en effet, ne peut mettre en doute qu'il y ait une morale ; personne ne peut mettre en doute que cette morale ait été exécutée, qu'elle n'ait fait le fondement de la vie commune des hommes depuis qu'il existe des traditions, et qu'elle ne le soit encore. Toutes les existences qu'elle indique, sont donc des réalités. Il y a donc positivement dans l'homme une spontanéité spirituelle, libre, active, intelligente, etc., et un organisme, ou en d'autres termes, une chair douée d'appétits qui sont de nature à constituer des résistances aux volontés de l'ame. Il y a hors de l'homme un monde humain et brut qui offre des tentations à la chair, et qui, lorsqu'il ne dresse pas des tentations, présente une inertie à laquelle le travail seul peut donner le mouvement que désire l'activité spirituelle ; et l'histoire fait foi que les hommes ont en général subalternisé les appétits de la chair, et ont repoussé les tentations qui tendaient à les arrêter dans ses jouissances et son immobilité ; l'histoire fait foi qu'ils ont transformé par des travaux de diverses espèces, c'est-à-dire par des efforts et des sacrifices, les mondes humains et le monde brut.

Or, quelles sont les existences sans lesquelles le progrès ne pourrait être, et desquelles il est l'œuvre en quelque sorte nécessaire ? Ce sont exactement les mêmes que nous révèlent et l'enseignement, et l'exécution de la morale.

Examinons maintenant si la morale implique l'idée d'un but autre que celui des peines et des récompenses qui sont proposées à chacun comme conclusion de ses actes ; examinons si elle implique, comme le mot progrès, l'idée d'un but social.

Qui pourrait en douter ! cette transformation incessante de la chair, cette transformation incessante du monde humain, c'est-à-dire de la société, cette transformation incessante du monde brut, qu'elle commande universellement, qu'est-ce autre chose que l'œuvre même du progrès ? Le résultat juge si l'idée de but social n'est pas indiquée par l'idée même de morale. Les conséquences de la mise en exécution de celle-ci n'ont-elles pas été toujours en effet la transformation de la société ; et celles-ci n'ont-elles pas été opérées successivement sous le commandement des morales successives, de telle sorte que la société humanitaire s'est élevée au degré de puissance où elle est parvenue aujourd'hui quant au nombre des associés, quant à la force de résistance et d'action ?

L'existence du but ne peut pas d'ailleurs être nominativement indiquée dans la formule morale ; car le but c'est elle-même et elle-même réalisée ; c'est en se nommant, qu'elle nomme le but social. Ainsi donc, la conformité ne cesse d'être aussi complète que possible.

Nous pourrions considérer la démonstration poursuivie dans cette préface et dans la précédente comme terminée. Nous avons parcouru en effet tous les termes de la question qui nous était posée ; nous avons employé tous les modes de vérification scientifiques ; et il en est résulté, nous le croyons, la preuve incontestable que *l'humanité est progressive.*

Nous pourrions donc abandonner le soin des objections ; car elles résultent toutes de faits mal observés ou d'argumens mal compris ; et il n'est personne qui, avec la faible bienveillance qui est nécessaire dans les études philosophiques, ne fût capable de les repousser. Mais parmi celles-là il en est une qui, bien qu'elle ait le vice de toutes les autres, est cependant capable de fermer les yeux de beaucoup de personnes sur les vérités que nous cherchons à propager ; nous voulons parler de celle que l'on pourrait tirer de la considération du *péché original*. En effet ce sont, au premier aspect, deux assertions contradictoires que celles-ci : *les hommes sont des êtres déchus ; l'humanité est progressive ;* et cependant elles ne le sont pas.

Il ne s'agit pas ici de rechercher ce que signifia la doctrine du péché original donnée aux sociétés antiques comme explication de la lutte du bien contre le mal, de ce péché original dont Jésus-Christ vint laver les hommes par sa mort ; mais il s'agit de voir que les hommes, quoique tombés, se sont successivement relevés par la pratique de la morale, non pas jusqu'à effacer la souillure originelle individuellement imprimée aux enfans qui naissaient d'eux, mais jusqu'à améliorer successivement le milieu social au point de le préparer à recevoir l'évangile nouveau qui devait le transformer complétement.

Nous nous adressons ici aux catholiques, et pour eux nous ajoutons à l'observation précédente, que lorsque l'Église a dit que les suites du péché original subsistaient encore malgré le sacrifice de Jésus-Christ, elle a entendu parler de deux choses, d'abord de l'organisation sociale qui était encore établie selon le système romain, c'est-à-dire selon un système fondé sur le principe que les hommes étaient en majorité les enfans du péché ; et, secondement, que chacun de nous naissait avec un corps dont il aurait toujours à combattre les penchans animaux. Dans ces deux choses certainement l'Église avait raison ; et l'histoire faite du point de vue du progrès le prouve invinciblement.

L'Église avait également raison contre Pélage ; et la doctrine du progrès eût prononcé comme elle ; car en définitive Pélage, bien qu'écrivant au cinquième siècle, niait simplement le principe qui avait présidé à la constitution des sociétés antérieures au christianisme, et sa présence dans l'organisation politique de son temps, qui était alors toute romaine encore. Pélage enfin donnait tout à la liberté de l'homme, rejetant l'utilité de l'éducation morale, admettant qu'il était naturellement doué d'aptitudes qui le portaient au bien, etc. Il poursuivait, dans le langage de son époque, sous les apparences du spiritualisme, le problème que cherchent les matérialistes et les panthéistes modernes.

Mais terminons cette discussion, car il nous suffisait de faire apercevoir la voie par laquelle la théorie du progrès se montre comme science explicative du passé, et peut aborder toutes les questions dogmatiques résolues par l'Église. Nous finirons par deux mots : le christianisme est une doctrine de rédemption, et la doctrine du progrès est la philosophie de la rédemption. — Il y a dans l'enseignement ecclésiastique deux parties distinctes : celle des dogmes que l'Église a admis; celle des axiomes établis par les théologiens. La première est respectable; la seconde n'est qu'une science qui peut être remplacée par une science supérieure.

Conclusion pratique de la doctrine du progrès.

Le premier mot pratique de cette doctrine c'est que les sociétés sont soumises à la loi inévitable de subir une succession régulière de révolutions nécessaires du point de vue de la morale. Cette conclusion change complétement l'idée qu'on s'est faite jusqu'à ce jour et des fonctions du pouvoir, et de l'organisation politique elle-même.

Tous les publicistes en effet, tous les jurisconsultes se sont proposé la découverte d'un *type absolu d'organisation sociale.* Tous ont écrit dans ce point de vue; et comme il n'est donné à l'homme rien de plus que de déduire les conséquences logiques du principe révélé, ignorant d'ailleurs et la nécessité et la méthode d'une pareille recherche, ils n'ont pu, quel que fût le mérite individuel qu'on doit reconnaître à quelques-uns, ils n'ont pu faire autre chose que copier ou tenter des combinaisons. Ainsi les uns se sont bornés à réduire en théorie le fait politique de leur temps; les autres l'ont combiné avec des modes sociaux antérieurs; d'autres ont fait entrer dans leur travail la considération des réclamations qui couraient à leur époque : mais tous croyaient et annonçaient avoir trouvé un système politique invariable et définitif. La même idée préoccupe encore tous les publicistes de ce siècle qui ne font point partie de notre école.

Plusieurs de ces théories, ayant ainsi des prétentions absolues, ont été appliquées; aucune d'elles ne s'est montrée suffisante, parce qu'aucune d'elles n'avait prévu l'apparition des faits nouveaux qui ne peuvent manquer de se présenter.

Les hommes du pouvoir ont subi les conséquences de l'enseignement qui leur était donné par les publicistes. Aussi, sauf quelques novateurs dont la liste ne serait pas longue, aucun de ces hommes n'a trouvé une obéissance sûre, et la sécurité dans le gouvernement. Tous ont senti une hostilité sourde, inexpliquée pour eux, menaçante cependant; et tel a été, en effet, jusqu'à ce jour le signe des idées nouvelles qui germent dans la société, et le précurseur des orages révolutionnaires. Cependant le pouvoir, imbu de la doctrine de l'immobilité, se faisait immobile lui-même, conservateur du système établi, persécuteur des choses nouvelles, jusqu'à ce que le torrent fît irruption et l'emportât. Qui ne voit que la loi du progrès étant une fois reconnue, l'attention des publicistes comme celle des gouvernans sera portée uniquement sur les moyens de prévoir quels changemens sont nécessaires? Ce sera leur devoir; ce sera leur intérêt.

Sans doute si les publicistes, si les gouvernans étaient des hommes de foi, possédant le sentiment de la morale au degré d'une conviction religieuse, il leur suffirait de considérer l'état même de la société, pour comprendre ce que cette morale exige d'eux, quelles modifications elle commande, quels devoirs elle leur impose.

Il en fut ainsi dans les premières périodes politiques du christianisme. L'Église, sans autre guide que cette foi morale, et en lui subalternisant tous les conseils de la science qui existait alors, exerça sa fonction d'initiative de la manière la plus utile, et la plus en rapport avec ce que lui eût conseillé la doctrine du progrès elle-même.

Mais il n'en est plus ainsi. Aujourd'hui on accorde à la science l'empire qui appartient à la morale.

Or, la science est soumise à la même loi de changement et de perfectionnement que subissent les sociétés elles-mêmes. Nous n'appellerons pas en preuve l'histoire qui a enregistré les innombrables et profondes modifications qu'elle a subies. Nous nous bornerons ici à faire usage de la méthode de démonstration par l'absurde.

Ou la science naît *a posteriori*, ou elle naît *a priori*. Si la science naît *a posteriori*, il est absurde d'admettre qu'il y ait pour les hommes *une science absolue*, c'est-à-dire une science immuable. En effet, s'il en existe une, ce serait devant Dieu seul; elle serait immense, infinie, toute-puissante, simultanée comme lui. Or, que sommes-nous, nous habitans de cette terre? Des êtres relatifs chargés d'une fonction passagère dans un milieu passager. N'est-il donc pas absurde de supposer que l'étude du phénomène où nous vivons puisse nous donner la connaissance absolue de tous les phénomènes possibles, de toutes les lois possibles, de celles qui ont été, comme de celles qui seront? En conséquence nous disons que l'erreur la plus grave, l'absurdité la plus fatale et la plus folle, qui puisse s'emparer d'un cerveau humain, c'est de croire qu'une science absolue et cependant engendrée *a posteriori* soit possible.

Dès qu'il est prouvé que, s'il y a une science absolue, l'homme ne pourrait pas y atteindre par lui-même; dès qu'il est prouvé qu'il ne peut posséder rien de plus que ces spécialités scientifiques modifiables et perfectibles qui sont sous nos yeux, nous demandons à quel titre un homme vient équivoquer avec les commandemens de l'éternelle et immuable morale.

Si quelqu'un nous disait que la science absolue naît *a priori*, nous lui demanderions si elle est née et où elle est? Nous lui demanderions s'il croit qu'un homme soit capable d'un tel *a priori*, et dans ce cas, où il a existé? Nous savons que l'école éclectique prétend que l'homme est capable par lui seul de produire des *a priori*; mais tout ce qu'elle a décrit sous ce nom consiste uniquement en quelques lois rationnelles, en quelques connaissances confuses. Prenons pour exemple la philosophie de M. Cousin: il établit que toute la connaissance de l'homme découle de quelques notions primitives, qu'il range en catégories et dont il exprime la généralité sous ces mots: le fini, l'infini, et leur rapport, ou en d'autres termes, le moi, le non moi et leur rapport. Or, si nous tenons compte du mode par lequel, selon M. Cousin lui-même, l'homme se sert de ces notions primitives pour arriver à un savoir plus étendu, nous verrons qu'elles ne sont, pour l'étude, autre chose que les bases premières d'une analyse à l'aide de laquelle il pénètre dans la connaissance de lui-même et dans celle de ce monde. Ainsi nous sommes ramenés à ces moyens dont nous montrions à l'instant la faiblesse sous le nom de mode *a posteriori*; et l'argumentation dont nous nous servions se représente ici dans toute sa force. Nous n'y reviendrons pas, et nous ne nous occuperons pas non plus ici davantage de l'éclectisme, quel que soit le nombre des preuves que nous puissions apporter pour montrer l'impuissance scientifique des catégories. Nous ne dirons plus qu'un mot, c'est que les maîtres de cette école ne sont point d'accord sur la nature, sur le nombre de ces notions primitives, sur leur mode de génération, etc. De quelle espèce donc serait une science absolue, dont les bases nous sont encore inconnues?

Quant à nous, nous pensons certes que l'âme a des propriétés, que son activité est soumise à des lois ; mais aussi nous pensons que le véritable *a priori* pour l'homme, que l'origine des découvertes scientifiques qui ont rendu quelques savans illustres, c'est la foi morale.

Si par *a priori* on entendait une doctrine révélée, alors nous demandons, quelle autre révélation existe entre les hommes, que celle de la morale.

Ainsi quelque effort que l'on fasse, il n'existe pas vis-à-vis des hommes de science plus immuable que la morale; il n'existe même de certitude dans les sciences que celle qui en découle; et aussi la plus certaine et la plus élevée est la doctrine du progrès, parce que c'est elle qui s'y rapporte le plus directement.

Il n'est pas nécessaire d'ailleurs de faire encore une fois remarquer que toutes les observations précédentes sont de la pure redondance. La thèse que nous soutenons sur l'activité progressive, qui change continuellement, et les états sociaux et les sciences, était déjà suffisamment démontrée par tout ce que nous avions dit dans les paragraphes précédens. Mais nous n'avons pas voulu passer sur une occasion où l'objection était possible, sans laisser l'exemple du système de réponses par lequel on est assuré de l'annuler.

Tous nos efforts aujourd'hui tendent à ce que la doctrine du progrès soit enfin l'objet d'un examen sérieux de la part des savans graves et honnêtes, dont l'opinion désintéressée devient toujours, tôt ou tard, celle de la majorité. Nous ne doutons pas qu'elle ne sorte victorieuse d'un examen impartial de ce genre, car nous n'avons pas encore vu d'homme l'étudier avec des intentions pures et avec intelligence, sans être convaincu. C'est ce qui est arrivé à tous ceux qui composent l'école à laquelle nous appartenons. Or, il n'y a ici ni places, ni fortune, ni jouissances, ni même de satisfaction de vanité à recueillir. Loin de là, on se condamne à un travail sans récompense temporelle, à des efforts disproportionnés avec les résultats immédiats que l'on obtient; on se condamne enfin à subir l'hostilité de tout le monde, et à quelque chose de plus douloureux encore peut-être, c'est de voir de nobles idées torturées, faussées, souillées, ridiculisées quelquefois par la malveillance et par la concurrence, car il y a des gens qui dans une doctrine ne voient autre chose qu'une tentative pour les déplacer; d'autrefois par la spéculation et le vol. Or, nous avons vu déjà tout cela, et nous n'avons échappé à aucun des inconvéniens de la littérature industrielle qui règne de nos jours.

Mais aucune de ces choses ne peut effrayer ceux qui sont avec nous. Nous avons tous la conscience du grand devoir qui nous est imposé, et de l'héritage important dont nous devons compte à Dieu et à la postérité. Nous savons que nos efforts seuls appelleront le jour où notre croyance deviendra enfin l'objet d'un enseignement social; et nous nous encourageons en voyant tout le bien qui en résultera pour les générations futures.

HISTOIRE PARLEMENTAIRE

DE LA

RÉVOLUTION

FRANÇAISE.

SEPTEMBRE 1792. — (suite.)

Séance du 18 septembre, au soir.

[Un particulier fait hommage de l'invention d'un canon en bois renforcé de plusieurs cercles de fer et de cordes. Il propose que chaque municipalité ait six de ces canons à sa disposition.

L'assemblée renvoie sa pétition à la commission des armes.

Un Anglais admis à la barre dénonce à l'assemblée un vol commis dans une maison occupée par lui, à Chaillot, par deux huissiers et leurs satellites. Ce vol consiste en douze louis, cinq guinées, 5,000 liv. en assignats et plusieurs autres effets. Le particulier se plaint de n'avoir pu obtenir justice du tribunal du deuxième arrondissement ; il demande à être autorisé à continuer la poursuite contre les auteurs du vol, et qu'il soit enjoint à ce tribunal de porter un jugement sur cette affaire.

Cette pétition est renvoyée au ministre de la justice.

M. Kersaint. Il ne reste qu'une nation en Europe, dont la neutralité soit bien prononcée relativement aux affaires de la France. C'est l'Angleterre. Eh bien ! il n'y a pas de moyen qu'on n'emploie pour aigrir les Anglais qui se trouvent actuellement en France ; et vous devez savoir que le bruit de l'outrage fait à un Anglais dans quelque partie de l'Europe retentit bientôt en Angleterre. Vous savez que cette nation ne souffre pas qu'on viole impunément dans un de ses membres le droit sacré de l'hospitalité. Dans ce moment il n'y a pas d'obstacles par lesquels on ne cherche à gêner les étrangers, et particulièrement les Anglais. Il n'y a rien que la Commune n'ait fait depuis le 10 pour irriter ceux-ci, soit en leur refusant des passeports, soit en les inquiétant de toutes les manières dans leur domicile. Je demande que la conduite de la Commune de Paris soit enfin examinée, et qu'un rapport de la commission extraordinaire affranchisse les étrangers de cette odieuse tyrannie. Je demande la peine de mort contre celui qui violerait l'asile d'un citoyen pendant la nuit : l'asile du citoyen doit être sacré depuis le moment où le soleil se couche jusqu'à celui où il se leve, et que l'arrestation d'un individu ne puisse se faire que pendant le jour ; l'astre qui éclaire le monde doit aussi éclairer la justice. Pour moi, je déclare que je regarde ma demeure comme sacrée pendant la nuit, et que celui qui voudra y pénétrer le paiera de sa tête. (On applaudit.)

Des citoyens de la section des Quinze-Vingts se plaignent de la lenteur des travaux du camp. Ils demandent que le salaire des ouvriers, porté à quarante sous par jour, soit réduit à trente, attendu que les ouvriers quittent leurs boutiques pour aller gagner quarante sous au camp.

L'assemblée ordonne le renvoi à la commission du camp.

M. Montaut. Je demande que les travaux du camp soient divisés en quarante-huit parties, et que les sections de Paris soient invitées à y aller travailler.

M. Cambon. Je demande que le pouvoir exécutif soit chargé de donner par entreprise à des ouvriers le transport des terres,

La motion de M. Cambon est appuyée, mise aux voix et adoptée.

M. Lamarque, au nom de la commission extraordinaire, fait lecture d'une adresse aux bataillons des volontaires de Châlons pour les engager à observer rigoureusement les lois de la discipline et de la subordination.

L'assemblée adopte la rédaction de cette adresse, dont elle ordonne l'impression et l'envoi à l'armée.

Un de MM les secrétaires fait lecture d'une lettre du ministre de l'intérieur ainsi conçue :

« Monsieur le président, je crois devoir faire connaître à l'assemblée quelques faits qui me paraissent importans par leurs résultats ou par les conséquences qu'il convient d'en tirer pour les mesures à prendre, relatives à la sûreté.

» Le vol extraordinaire du garde-meuble n'aurait point été commis, sans doute, s'il y eût eu une garde plus nombreuse et surtout plus vigilante ; cependant plusieurs réquisitions avaient été faites à ce sujet et réitérées de la manière la plus pressante ; j'en fais joindre ici les copies certifiées.

» La garde envoyée, au lieu de factionner au dehors, s'est tenue dans l'intérieur, et c'est, parce qu'elle y était renfermée, que les voleurs ont pu grimper par l'extérieur de la colonnade.

» Pourquoi les réquisitions n'ont-elles pas été suivies de plus d'effet ? Telle est la première question à faire, ou la première chose à réfléchir.

» Je sais que cette nuit même, après l'annonce faite hier des dangers qu'on pouvait courir, les postes de l'assemblée nationale étaient généralement dégarnis, et j'ai été prévenu à deux heures du matin qu'on n'avait trouvé, depuis le lieu de vos séances jusqu'à la rue de la Féronnerie, qu'une seule patrouille de cinq citoyens.

» Je n'ignore pas que le premier fait a été expliqué par l'allégation du froid qui avait, dit-on, fait rentrer les hommes dans le corps-de-garde.

» Sans examiner si l'excuse est appuyée par l'exactitude de

l'allégation, je dirai qu'elle est détestable dans la discipline militaire et inadmissible dans les circonstances.

» J'en conclurai, ainsi que des considérations précédentes, qu'il faut à l'assemblée nationale *une force armée* continuellement à sa réquisition, et capable, par sa constance et son activité, de maintenir à l'abri de toute atteinte et les représentans de la nation, et son trésor et ses archives, et ses enfans; car il ne faut pas qu'un seul individu puisse craindre d'être troublé dans son repos par l'audace d'un seul brigand.

» Nos ennemis extérieurs jugent bien qu'un peuple entier, qui veut se défendre, est invincible, et que, pour l'asservir, il faut le diviser. Les moyens de divisions sont nombreux; toutes les passions, toutes les erreurs, en font partie, et l'égoïsme, malheureusement trop commun, en est le plus puissant. Le moyen de défense est unique; c'est la loi, parce qu'elle réunit tout sous elle, et donne à tout une marche constante, égale et ferme; mais la loi sans force est une volonté sans action. Il faut donc une force dont la loi seule puisse disposer, pour qu'elle ne devienne jamais arbitraire; et, dans ces momens de troubles, à qui peut-elle être mieux confiée qu'aux représentans du peuple?

» Je sais que les modérés de la Constitution ont tellement abusé du nom de la loi, que c'est s'exposer à quelque défaveur que de s'opiniâtrer à la réclamer; mais j'ai fait mes preuves en civisme: il s'agit aujourd'hui de sauver le peuple, et non de le flatter.

» Je dois observer encore que le nommé d'Aubigny, dont les vols ont déshonoré l'écharpe qu'il avait usurpée, a été relâché dans les jours des exécutions populaires. On s'inquiète de son impunité; on répète avec scandale qu'il aspire à être employé dans une commission.

» Je déclare, pour mon compte, que je n'en signerai aucune dont je ne connaisse le sujet, que je me repens d'en avoir signé précédemment dans le conseil, non que je veuille inculper les intentions de quiconque a choisi les personnes, mais parce qu'on a pu se tromper avec de bonnes intentions, ainsi qu'il le paraît par les plaintes auxquelles plusieurs de ces commissaires ont donné lieu ; je le déclare pour infirmer, autant qu'il est en moi, la portion de confiance que pourrait faire accorder ma signature à ceux qui se trouveraient capables d'en abuser.

« S'il était vrai que d'Aubigny pût espérer une commission et osât l'annoncer, il faudrait qu'un parti de malveillans se crût bien en force pour abuser ou duper les hommes en place ; et cela même annoncerait une coalition contre laquelle la force armée est nécessaire pour soutenir l'empire des lois.

P. S. « J'observe à l'assemblée que la nomination qu'elle a faite de commissaires pris dans son sein pour recevoir les dépositions des voleurs arrêtés et donner cours à cette affaire, m'a déchargé du soin d'en suivre les détails, qui d'ailleurs n'eussent pas été compatibles avec mes nombreux devoirs ; mais je dois la prévenir que, m'étant transporté ce matin au garde-meuble, je n'ai trouvé à la place des commissaires qu'une seule personne, à qui ils avaient transmis leurs fonctions. Sans doute, ils ont fait un bon choix, et je ne fais cette remarque que pour m'acquitter de toute espèce de responsabilité à cet égard. »

M. Thuriot. En exécution du décret qui a été rendu, les commissaires de l'assemblée nationale se sont transportés hier au garde-meuble, où ils ont travaillé depuis trois heures jusqu'à onze. Ils ont été étonnés de n'y point voir arriver dans cet intervalle M. le ministre de l'intérieur. Les effets du garde-meuble ne sont point en sûreté ; personne ne veut s'en charger sous sa responsabilité. Quant à nous, commissaires de l'assemblé, nous ne sommes chargés de rien : il eût été à désirer que le ministre de l'intérieur forçât la garde nationale à veiller à la garde de ce dépôt précieux. C'est donc après avoir laissé faire une déprédation manifeste, que le ministre vient vous dire qu'il n'est chargé d'aucune responsabilité ? (On murmure.) Il m'en coûte d'être obligé de dire la vérité. Personne n'est plus disposé que moi à rendre justice aux vertus de M. Roland ; mais s'il savait ce qu'ont fait les commissaires, sans doute il ne viendrait pas les accuser devant vous de n'avoir pas rempli leur devoir. Oui, messieurs, j'ose le dire, nous avons rempli notre devoir, et l'on sera étonné de voir qu'en aussi peu de temps, nous ayons fait tant de choses. Nous étions chargés de surveiller l'instruction de l'affaire, et non de garder le garde-meuble; c'est le ministre que ce soin regarde. Et qu'il ne vienne donc pas vous dire qu'il est déchargé de toute responsabilité. Du reste, j'annonce à l'assemblée que nous avons vu apposer les scellés sur la porte extérieure du garde-meuble, et qu'il y a une force suffisante pour le garder.

Le ministre de l'intérieur. Je suis venu faire à l'assemblée une simple exposition de faits, et non pas inculper personne; et j'étais loin de m'attendre à l'inculpation qui m'est adressée. Le fait est que je suis passé à trois heures au garde-meuble, et qu'on m'a dit alors que je n'y étais pas utile. J'ai cru devoir aller où des affaires plus pressantes m'appelaient. On me reproche de n'avoir pas été au garde-meuble. Je demande si les fonctions du ministre de l'intérieur sont de surveiller le garde-meuble? Non, messieurs; j'ai une correspondance immense à entretenir avec tous les départemens du royaume; je suis commis à la surveillance de la France entière, et certes ce soin est bien plus important que la surveillance du garde-meuble. Du reste, je suis venu exposer la situation des choses à l'assemblée : le dépôt du garde-meuble n'est point en sûreté, et il m'a été impossible d'avoir une force publique suffisante pour le mettre en sûreté. (On applaudit.)

L'assemblée, satisfaite des expositions faites par les commissaires et le ministre, passe à l'ordre du jour.

Le ministre de la guerre fait part à l'assemblée des dépêches qu'il a reçues de M. Dumourier.

« Monsieur le président, les dépêches de l'armée m'annoncent que M. Dumourier a été attaqué le 17 au matin, dans son poste des Illettes, et que les ennemis ont été repoussés avec perte. M. Dumourier croit qu'il sera attaqué de nouveau le 18. « Mon armée, dit-il, brûle de se battre; dès qu'elle verra du secours, elle sera invincible. »

M. Kellermann était, le 17 au soir, à six lieues de M. Dumourier; il a été averti par MM. Luckner et Dumourier de se mettre en marche.

M. Beurnonville a dû partir aussi pour opérer sa jonction; il emmène avec lui, outre ses onze mille hommes, sept bataillons complets. Voilà donc, monsieur le président, l'armée française réunie, du moins je l'espère, et en état, par sa masse, de s'opposer avec force aux projets des ennemis de la liberté et de l'égalité.

Les nouvelles officielles du Rhin n'offrent rien d'intéressant.

Le camp de Châlons continue toujours à se grossir; j'espère que la discipline y fera promptement des progrès.

M. Gensonné, au nom de la commission extraordinaire, propose un projet de décret pour ramener l'ordre et assurer la tranquillité des personnes et le respect pour les propriétés.]

19 SEPTEMBRE AU MATIN.

[*Le ministre de l'intérieur.* M. Palloy a été chargé, par un décret du 10 août, d'arrêter l'incendie des petits bâtimens attenans au château des Tuileries. Au lieu de se borner à exécuter cette mission, il a fait des démolitions considérables, et a occasioné, au préjudice de la nation, une dépense de plus de 500,000 livres. Il est parti pour les frontières, à la tête d'une compagnie de vainqueurs de la Bastille, sans laisser aucun compte, et même sans payer les ouvriers : ceux-ci réclament à grands cris le prix de leurs journées; et comme ils ne doivent pas patir de la faute de l'entrepreneur, et que leurs besoins leur donnent des droits à une indemnité, je demande à être autorisé à les payer. Je crois maintenant devoir instruire l'assemblée qu'une cabale inexplicable trouble et arrête tous les travaux publics, notamment ceux de la salle de la Convention nationale; on parvient presque tous les jours à exciter des insurrections parmi les ouvriers. Le même esprit de machination fait que l'on démolit l'ancien bâtiment du Louvre par ordre, dit-on, de la municipalité, et sans que l'on veuille abandonner ce travail sans un contre-ordre émané d'elle. Je n'ai pu obtenir aucun renfort pour la garde des Tuileries ni celle du garde-meuble; et, malgré les réquisitions multipliées que j'ai faites, le poste de ce dépôt, réduit à un très-petit nombre d'hommes, n'a pas été relevé depuis quarante-huit heures. Je ne sais si c'est par défiance du ministère que son action se trouve ainsi paralysée; mais, je l'ai déjà dit plusieurs fois, j'expose mes principes et ma conduite à la censure la plus scrupuleuse; qu'on me montre la possibilité de mettre dans mes fonctions plus de vigilance, d'activité et de désintéressement, et je passe condamnation à l'instant même; qu'on articule un seul fait contre la probité des agens que j'ai choisis; qu'on me nomme un plus honnête homme, par exemple, que celui que j'ai chargé de la garde du garde-meuble, M. Restout, et je n'élève aucune réclamation contre ces obstacles. (On applaudit.)

M. Reboul. Déjà l'assemblée a décrété que les édifices, ci-devant royaux, aujourd'hui nationaux, ne sont pas soumis à l'administration municipale. Je demande que ce décret soit affiché dans la journée partout où il y existe des édifices nationaux, et où, soit la municipalité, soit les sections, mettent les ouvriers sans que l'on sache pourquoi.

M. Goujon. Cet objet est du ressort du pouvoir exécutif; mais ce ressort est sans force, et le moyen de lui en donner est de réorganiser les autorités. Je demande que le décret d'hier soir soit terminé et expédié dans le jour.

Cette proposition est adoptée.

Le ministre de l'intérieur. Je dois encore me plaindre de n'avoir pas pu parvenir, depuis quinze jours, à rassembler le nombre de juges de paix nécessaire pour procéder à la levée des scellés mis au garde-meuble et dans le château des Tuileries. Cependant des effets précieux dépérissent par ce retard. Je ne puis rien faire sans une décision de l'assemblée.

L'assemblée décide que ces scellés seront levés dans le jour, et nomme deux commissaires pour y assister.

On fait lecture d'une lettre par laquelle M. Camus, archiviste, annonce que deux cent un députés à la Convention sont venus se faire inscrire.

M. Delaunay (d'Angers). Votre commission extraordinaire, instruite, par des rapports officiels, que des scélérats ont formé le complot d'assassiner plusieurs de nos collègues aussitôt après la cessation de leurs fonctions de députés à la législature, a cru qu'il suffisait, pour prévenir cet attentat, de le dénoncer au peuple lui-même. Elle m'a, en conséquence, chargé de vous présenter le projet d'adresse suivant :

Adresse aux Français.

« Des hommes perfides et agitateurs provoquent les vengeances populaires contre ceux des représentans du peuple qui ont manifesté des opinions qu'ils pouvaient émettre librement, même en les supposant erronées et dangereuses. On annonce que le jour où ils cesseront leurs fonctions est le jour qui doit éclairer ces vengeances.

» L'assemblée nationale est loin de croire qu'un peuple bon et juste ait conçu l'idée d'un système de désordres et d'assassinats qui souillerait la révolution, qui serait une tache ineffaçable au nom français, et qui détruirait à jamais la liberté et l'indépendance nationale.

» Elle a reconnu dans ce projet criminel le caractère de la connivence des ennemis intérieurs avec les tyrans coalisés qui espèrent détruire par les horreurs de l'anarchie l'impulsion qui réunit tous les Français à l'intérêt commun.

» Elle y a retrouvé les traces de ce plan désorganisateur et contre-révolutionnaire que suivent encore avec une insolente audace les agens stipendiés de Coblentz, de la Prusse et de l'Autriche.

» Elle a considéré que les conspirateurs qui veulent rassembler les débris épars du despotisme, et empêcher la réunion de la Convention nationale, n'ont imaginé ce projet de meurtres que pour répandre la terreur dans les départemens, éteindre l'esprit public par la stupeur, et arrêter la marche des députés par l'épouvante des désordres et des excès dont ils menacent la capitale.

» Elle a senti que, de toutes les perfidies, la plus dangereuse, peut-être, est celle qui tend à diminuer le nombre des défenseurs de la révolution, en la rendant odieuse, en isolant de sa cause les citoyens faibles et timides qui ne professent pas des principes aussi rigoureux que les hommes forts et énergiques pour qui la liberté est tout, et à qui elle tient lieu de tout.

» Dans ces circonstances, l'assemblée nationale a cru qu'elle devait déjouer ces nouveaux complots, et rappeler au peuple les principes garans éternels de la liberté publique et individuelle.

» Français, chaque citoyen a un droit égal à la protection de la loi ; son influence doit garantir plus activement encore les représentans de la nation, parce que tel est le caractère d'inviolabilité qu'elle leur imprime, et qu'ils tiennent de la nature des choses, qu'une seule violence, qui aurait pour prétexte leurs opinions et leur conduite politique, attaquerait la liberté même jusque dans ses fondemens les plus sacrés.

» Les représentans de la nation appartiennent au peuple entier ; il n'y a plus de liberté, ni d'égalité, s'ils peuvent être dépendans d'une portion quelconque du peuple, soit de celle qui se trouve avoir la même résidence qu'eux, soit de celle qui les nomme à la représentation nationale.

» La liberté entière et absolue des opinions, et une inviolabilité s'étendant à tous les temps et à tous les lieux, telle est une condition essentielle de toute constitution représentative.

» Autrement, leur vœu ne serait pas celui de leur jugement ou de leur conscience, mais le résultat de la politique ou de la crainte. Il n'exprimerait plus la volonté générale des citoyens, mais celle d'une collection d'individus qui, dans un point du territoire français, s'empareraient d'une puissance momentanée.

» Toute nation où le caractère de *représentans* n'est pas sacré est nécessairement une nation sans gouvernement et sans lois, puisque les organes des lois, puisque ceux entre les mains de qui repose la suprême puissance de la société, ne peuvent agir par leur volonté propre.

» Dans les temps d'insurrection, et lorsque le peuple se lève pour opposer à la tyrannie et à l'oppression une résistance légitime, il peut quelquefois, entraîné par les hommes passionnés pour la liberté, regarder l'activité des lois comme trop lente pour lui garantir sa sûreté; mais l'idée d'attentats contre ses propres représentans ne pourrait lui être inspirée que par de véritables ennemis de la nation, par des hommes qui voudraient rompre le nœud qui unit ensemble toutes les portions de l'organisation sociale, afin de livrer la France divisée à ses ennemis; par des hommes qui voudraient que la représentation nationale fût avilie auprès des citoyens et des étrangers, et que tout ce qu'elle a fait et que tout ce qu'elle pourrait faire fût regardé comme l'ouvrage de la violence; par des hommes qui voudraient anéantir les effets de la révolution du 10 août, et qui, en effet, la croira le vœu du peuple français, si ses représentans, qui l'ont consacrée, paraissent n'avoir agi que sous la force d'une simple portion de ce peuple?

» Mais le piége nouveau que l'on vous tend est trop grossier pour vous séduire. Vous sentirez qu'un seul attentat à la personne ou aux propriétés de vos représentans, donnerait un prétexte aux ennemis de la liberté, pour frapper de nullité tout ce qui aurait été fait et tout ce qui serait fait par une représentation nationale quelconque; ainsi, vous sentirez que les décrets sur les troubles religieux, sur les émigrés, sur la suppression des droits féodaux, sur la suspension du roi et de sa liste civile; que les décrets même de l'assemblée constituante sur l'abolition des dîmes, de la gabelle et de la noblesse; que toutes les lois sanctionnées par l'opinion publique seraient anéanties, parce qu'on pourrait toujours supposer que la majorité qui les a faites ne jouissait pas d'une liberté absolue; enfin, vous sentirez que ce serait perdre la confiance des peuples ou des individus qui voudraient s'unir à vous et défendre votre cause; que vous cesseriez de former véritablement un corps de nation, puisqu'il n'y aurait pas un citoyen qui pût parler en votre nom et stipuler pour vous, dès qu'il ne pourrait le faire avec liberté.

» Français, toute vengeance populaire, toute punition, même d'un ennemi public, qui n'est pas revêtue des formes légales, est un assassinat; loin de servir la cause de la liberté, elle ne peut que lui nuire; et ceux qui se livrent à ces excès trahissent cette cause en croyant la défendre.

» Ce n'est qu'en respectant les lois, les personnes et les propriétés; ce n'est qu'en conservant la tranquillité publique, que vous pourrez déployer vos forces, triompher de vos nombreux ennemis, que vous mériterez l'estime des nations, et que vous prouverez à l'Europe que vous n'êtes pas égarés par des factieux, et divisés par des partis opposés, mais que vous êtes animés de la volonté ferme de maintenir la liberté et l'égalité, ou de périr en les défendant. »

L'assemblée adopte cette adresse, et décrète que les décrets sur l'inviolabilité seront imprimés à la suite.

On fait lecture d'une lettre du maire de Paris.

« Le calme a régné hier dans Paris. La surveillance a été très-active, et les principaux postes ont été renforcés. »

L'assemblée décrète, sur la proposition de M. Lagrevolle, que les commissaires de la salle seront autorisés à délivrer des passeports à ceux des députés non élus à la Convention, qui désireront retourner dans leur pays.

La Commune de Paris sera tenue de choisir, pour les exécutions, un lieu autre que la place du *Palais de la Convention* (1).]

La séance fut terminée par un décret sur l'échange des prisonniers. La base commune qui fut adoptée, fut d'échanger homme pour homme, grade pour grade. On annonça ensuite que plusieurs Communes avaient fait arrêter les commissaires de la municipalité de Paris.

19 SEPTEMBRE AU SOIR.

[M. Thuriot occupe le fauteuil.

Un pétitionnaire vient dénoncer la Commune pour avoir fait enlever de chez M. Chevalier 4,000 marcs d'argenterie provenant des maisons des émigrés, en lui en remettant la décharge.

(1) C'est la place du Carrousel qu'on appelait ainsi. (*Note des auteurs*).

M. Masuyer. Puisqu'il existe dans les mains de M. Chevalier une décharge, je demande qu'il soit tenu de la remettre, afin de voir quelles sont les personnes qui la lui ont donnée, et qu'elles soient mandées à la barre.

M. Cambon. J'appuie la proposition de M. Masuyer, parce que les représentans de la Commune ont violé le droit des gens, en allant prendre chez un fonctionnaire public l'argenterie qui était en dépôt. Je demande, en outre, que le pouvoir exécutif et les commissaires de la trésorerie nationale présentent l'état de toute l'argenterie portée à l'hôtel des Monnaies, soit par des particuliers, soit comme provenant des églises. Cette dernière, des mains des prêtres qui l'ont assez bien gardée, aurait pu tomber en des mains plus dures à la desserre. (On applaudit.)

Ces propositions sont décrétées.

M. Goujon propose et l'assemblée adopte le projet de décret suivant :

« L'assemblée nationale, après avoir entendu le rapport de ses commissaires à la reconnaissance des scellés apposée au Carrousel, aux Tuileries et autres maisons ci-devant royales, considérant que le refus des commissaires de la Commune ou autres par qui lesdits scellés ont pu être apposés, de procéder à leur reconnaissance, ne saurait faire obstacle à une opération qu'il importe à la chose publique d'accélérer, décrète qu'il y a urgence.

« L'assemblée nationale décrète que, demain à trois heures du soir, il sera procédé à la reconnaissance des scellés apposés au Carrousel, aux Tuileries et autres ci-devant maisons royales, soit par ceux qui les ont apposés, et à qui le présent décret sera notifié, à la diligence du conseil exécutif provisoire ; soit, à leur défaut, par le juge de section de la situation desdits établissemens, le tout en présence des commissaires nommés par le décret de ce jour. »

MM. Fabre d'Églantine et Robert, en vertu d'une commission du ministre de la justice, se présentent pour assister au tirage du juge de cassation qui doit remplacer M. Albarot, grand-juge de la haute cour nationale.

Une députation des citoyennes de la section du Pont-Neuf apporte une somme de 1,527 livres 10 sous, produit d'une collecte qu'elles ont faite en faveur des veuves et orphelins du 10 août. (On applaudit.)

Sur une dénonciation faite par M....., le décret suivant est rendu :

« L'assemblée nationale, instruite qu'au préjudice de la loi du 8 de ce mois, laquelle ordonne la libre circulation des personnes et des choses, et sans passeport dans l'intérieur, et jusqu'à dix lieues des frontières et des armées étrangères, les voyageurs et les voituriers étaient inquiétés dans leurs voyages ; que notamment la commune de Charenton avait arrêté des malles et des voitures au préjudice de cette loi ; considérant que l'intérêt du commerce et la tranquillité des citoyens exigent également la pleine et entière exécution de cette loi, décrète qu'il y a urgence.

» L'assemblée nationale, après avoir décrété l'urgence, décrète que les officiers municipaux, commandans de gardes nationales, qui, au préjudice de la loi du 8 du courant, arrêteraient ou retarderaient dans leurs voyages ou leurs transports les personnes ou les choses, seront condamnés aux dommages et intérêts envers les personnes qu'ils auraient troublées dans l'exercice de voyager ou de faire transporter librement leurs meubles, effets ou marchandises, ainsi qu'aux dommages et intérêts des voituriers ou conducteurs, et qu'ils seront condamnés, en outre, par les tribunaux de police correctionnelle, sur la dénonciation des voyageurs, conducteurs ou voituriers qu'ils auraient troublés, à une détention qui durera autant de jours qu'aura duré la détention ou l'arrestation des personnes ou des choses qu'ils auraient détenues ou retardées, en contravention à la loi du 8 du courant.

» L'assemblée nationale décrète que l'archiviste convoquera les députés à la Convention nationale pour demain 20 septembre, à quatre heures après midi, dans la salle de l'édifice national des Tuileries, qui leur est destinée. (Seconde pièce des grands appartemens, au haut du grand escalier.)

» Le maire de Paris donnera les ordres nécessaires pour faire fournir une garde aux députés à la Convention nationale.

» Le présent décret sera affiché cette nuit. »]

Du 20 septembre au matin.

L'assemblée commença par s'occuper de l'affaire de M. Charles Lameth arrêté à Barentin. Elle ordonna qu'il fût informé sur sa conduite.

Le ministre de l'intérieur. Je viens pour prévenir les membres de l'assemblée qui sont députés à la Convention nationale, que la salle des Tuileries est prête pour les recevoir. J'ai cru d'autant plus nécessaire de faire cette annonce, qu'une affiche a été faite, au nom de quelques députés de Paris, pour inviter leurs collègues à se réunir ce matin aux Jacobins pour s'y constituer. — Comme il existe encore quelque rumeur à Versailles, je prie l'assemblée de m'autoriser à suspendre l'exécution du décret qui ordonne l'enlèvement des monumens d'arts qui s'y trouvent.

L'assemblée déclare s'en remettre à la prudence du ministre. — Il sort au bruit des applaudissemens de l'assemblée et des spectateurs.

Un membre lit une lettre du procureur-général-syndic du département de la Haute-Saône. Elle est ainsi conçue :

« Champlitte, le 18 septembre.

« Deux prétendus commissaires de la Commune de Paris et du pouvoir exécutif ont été arrêtés hier en notre ville : nous envoyons copie de notre délibération au pouvoir exécutif. Je vous prie de faire la plus grande attention à cette affaire, et de vouloir bien m'instruire de l'effet qu'aura produit cette arrestation. Je vous prie aussi de faire en sorte que tous ces commissaires désorganisateurs soient promptement rappelés.

» Le comité de sûreté publique est chargé de faire un rapport sur l'objet de cette lettre.

Lettre du maire de Paris, 20 *septembre.*

« Monsieur le président, Paris est tranquille, malgré les efforts des agitateurs. Le peuple commence à n'être plus dupe des placards où l'on prêche chaque jour la discorde et l'anarchie, en lui parlant de sa liberté et de sa souveraineté. Il sent qu'on le pousse à sa perte, et que ces agitateurs sont payés par ses ennemis. La surveillance des bons citoyens redouble, et les conspirateurs, ne pouvant plus se flatter de l'impunité, vont être obligés de fuir. Chaque section se fait un honneur et un devoir de protéger ce qui se trouve dans son enceinte. Si ce zèle continue, les intrigues seront déjouées, et le règne des lois affermira le règne de la liberté. » (On applaudit.)

L'assemblée ordonne l'impression de cette lettre, et sa publication par affiche dans Paris.

On lit une lettre du ministre de la guerre. Elle est ainsi conçue :

« Monsieur le président, j'ai l'honneur de vous adresser l'extrait d'une dépêche que j'ai reçue de M. Dumourier. Ce général, après avoir rendu compte des différens événemens qui ont eu lieu dans son armée; après m'avoir assuré que le petit échec qu'elle a éprouvé, n'a pris sa source que dans la négligence très-naturelle à une armée dont tous les liens de la discipline militaire avaient été désorganisés et rompus, me dit : D'après ce que j'ai fait jusqu'à présent avec une poignée de monde contre une armée formidable, vous jugez qu'il n'y a plus rien à craindre, à présent que je suis égal en forces. En effet, M. Dumourier doit avoir à présent près de soixante-dix mille hommes réunis, dont plus de douze mille de cavalerie. En me rendant compte de la journée du 14, M. Dumourier m'annonce que quand les fuyards auront rejoint, la perte se montera à peu près à cinquante hommes. L'armée, ajoute-t-il, m'a demandé elle-même la punition des lâches et de traîtres. J'ai déjà fait raser et chasser plusieurs fuyards et maraudeurs. Je les renvoie sans uniforme: ils ne sont point dignes de le porter. On ne peut se dissimuler, d'après ce qui s'est passé, qu'il n'y eût dans cette armée des hommes vendus à nos ennemis ; et ce furent eux qui, en criant : *Sauve qui peut, nous sommes trahis !* jetèrent le désordre dans l'armée.

De tous ces faits, monsieur le président, il me paraît que nous pouvons conclure que notre position actuelle est d'autant plus heureuse que dans toutes les circonstances particulières où nos troupes ont véritablement combattu, elles ont montré une résolution digne d'éloges. *Signé* SERVAN, *ministre de la guerre.*

M. Merlin. J'ajoute aux détails satisfaisans donnés par le ministre, un fait non moins important ; c'est que le renfort qu'il destinait pour Thionville y est entré, et que les ennemis n'en ont été instruits que sept heures après.

L'assemblée termine son décret sur le divorce.]

Dans la séance du soir, on ordonna l'envoi aux quatre-vingt-trois départemens d'une adresse de Dumourier aux volontaires de Châlons, dans laquelle ce général leur déclarait qu'il ne les recevrait dans son armée qu'autant qu'ils seraient disposés à se soumettre aux règles de la discipline militaire. On vota ensuite des témoignages de satisfaction à la garnison de Thionville et à Wimpffen son général, pour avoir résisté à l'attaque des Autrichiens. — Enfin les commissaires municipaux de Paris, inculpés pour enlèvement d'argenterie du dépôt national de Chevalier, parurent à la barre, et sollicitèrent des commissaires pour vérifier qu'ils étaient irréprochables. Leur demande fut rejetée, et il fut ordonné qu'ils se dessaisiraient à l'instant des sommes qu'ils avaient enlevées. Le pouvoir exécutif fut chargé de terminer cette affaire.

SÉANCE DU 21 SEPTEMBRE A DIX HEURES DU MATIN.

Ce fut la dernière du corps législatif ; et c'est ici qu'il faut remarquer que la séance fut toujours considérée comme permanente depuis le 10 août. La permanence prononcée dans la nuit du 9 au 10 ne fut point levée. Les journaux du temps, le *Moniteur*, portent constamment en tête de leurs comptes-rendus : *Suite de la séance permanente du 10 août.* C'est donc à tort que presque tous les historiens ont écrit que la permanence avait cessé dans le mois d'août.

Voici comment la Législative prépara l'installation de la Convention.

[*M. François de Neufchâteau.* Nous allons être instruits que la Convention nationale est constituée. Je demande qu'après avoir clos nos procès-verbaux, nous nous rendions à la salle des Tuileries, où elle siége, et que nous lui servions aujourd'hui de garde.

L'assemblée adopte unanimement la proposition de M. François.

M. le président. Douze commissaires demandent à être introduits pour vous prévenir que la Convention nationale est constituée. (On applaudit.)

Les douze commissaires entrent.

La salle retentit d'applaudissemens.

M. Grégoire de Blois. Citoyens, la Convention nationale est constituée. Nous venons, de sa part, vous annoncer qu'elle va se rendre ici pour commencer ses séances. (Les applaudissemens redoublent.)

M. le président. L'enthousiasme qu'inspire votre présence vous est garant de l'impatience avec laquelle l'assemblée législative vous attendait ; elle va se rendre auprès de la Convention pour l'assurer de son profond respect, et de sa soumission à ses décrets.

M. le président. L'assemblée législative déclare que ses séances sont terminées.

L'assemblée tout entière se retire et se rend auprès de la Convention nationale.

Il est midi.

La première séance de la Convention fut ouverte à midi et un quart, dans une des salles du palais des Tuileries. Trois cent soixante et onze députés étaient présens, et Pétion présidait.

Mais avant d'entrer dans les annales de cette assemblée célèbre, il nous reste à faire connaître les événemens qui signalèrent les derniers momens du pouvoir de la Législative. Les séances qu'on vient de lire ont pu donner une idée des embarras dont elle était accablée, et de l'effrayante anarchie qu'elle avait à combattre. Il nous faut maintenant faire l'histoire de cette période de désordres ; et c'est ce que nous allons essayer, malgré la pénurie des renseignemens.

HISTOIRE DE PARIS DU 7 AU 21 SEPTEMBRE.

L'impulsion donnée le 2 septembre dura pendant toute cette période ; elle tendait à deux fins, l'une de créer une résistance invincible à l'invasion étrangère, l'autre de détruire à jamais la source des méfiances intérieures, et de la détruire en anéantissant toute opposition dans l'intérieur. Ces deux directions furent suivies : la première forma une armée, la seconde conduisit à l'anarchie.

Du 3 au 15 septembre, le nombre des volontaires, des gendarmes, des canonniers, etc., partis de Paris, armés et organisés pour la frontière, fut de dix-huit mille six cent trente-cinq (*Patriote Français*, n. MCXXXV). Le ministre de la guerre Servan assure en effet, dans l'ouvrage que nous avons cité, que, dans ce mois, la moyenne des départs fut de dix-huit cents hommes par jour ; mais il faut dire par quels moyens on put réaliser un enrôlement aussi considérable. Chaque section s'occupait de former ses compagnies ; on s'enquérait des hommes qui habitaient le quartier, de leur position, de leurs qualités physiques, de leur liberté, et lorsqu'on trouvait quelqu'un sans liens, sans intérêt autre que le sien pour rester dans la capitale, on le sollicitait, on le pressait de s'engager ; l'un lui donnait son habit, un autre ses armes ; beaucoup d'ailleurs s'offraient volontairement. Ce fut ainsi qu'en un mois on forma une armée.

Le 5, l'affiche suivante avait été apposée sur les murs de Paris :

La Commune de Paris aux bonnes citoyennes.

« Citoyennes, le conseil général de la Commune ne croit pas devoir laisser votre patriotisme dans l'oisiveté ; vos mains ne dédaigneront pas de concourir avec les citoyens au salut de leur patrie ; des tentes sont nécessaires pour le *Camp sur Paris* ; ces tentes ne sont pas encore faites ; le temps presse ; vous refuseriez-vous à hâter la sûreté de la capitale ? C'est aux citoyens qu'il est réservé de vous défendre, c'est à vous que nous réservons le glorieux avantage d'y participer ; hâtez-vous de vous rendre dans nos églises ; allez y travailler aux effets de campement ; c'est par-là que vous adorerez votre patrie ; c'est par-là que vous vous honorerez ; c'est par-là enfin que vous contribuerez avec nous au salut public. »

Aucune femme ne voulut sans doute être rangée parmi les mauvaises citoyennes ; aussi bientôt les églises furent remplies de travailleuses.

Mais les travaux du camp sous Montmartre n'étaient pas poursuivis avec une égale ardeur. Les ouvriers manquaient malgré le prix énorme pour le temps (2 livres) mis à la journée. La Commune mit en réquisition les ouvriers en bâtimens, en promettant de leur payer le prix en usage pour leur journée, mais cette mesure n'eut sans doute encore aucun succès, car les plaintes se renouvelèrent. On proposa enfin d'imposer à tour de rôle une corvée aux sections ; mais les événemens des frontières firent bientôt renoncer à la formation du camp, en le rendant inutile.

Tout ce mouvement, respectable dans son origine et dans son but, fut cependant l'occasion de beaucoup d'actes fâcheux et irritans. On saisissait les chevaux, les fers, les plombs, partout où on les réputait superflus ; on alla jusqu'à dépouiller les cadavres de leurs cercueils en plomb ; mais on fut obligé de renoncer presque tout de suite à cette dernière recherche, autant par motif de salubrité que parce qu'elle offensait le sentiment public.

D'un autre côté, dans une ville comme Paris, espèce de monde où tout ce qu'il y a de mauvais vient se cacher dans la foule, ces mouvemens offrirent aux hommes qui font leur profession de mal faire des occasions dont ils ne manquèrent pas de profiter; ils souillèrent, par leur présence et par des actes de leur métier, des démarches sévères et cruelles, mais que la probité des exécuteurs eût pu faire excuser. Ainsi on imputa aux agens de la Commune de nombreux détournemens d'effets saisis; et bien que ces accusations n'aient pas, en général, été prouvées, elles furent trop vives, et répétées par trop de bouches, pour qu'il soit raisonnable de n'y voir aucune apparence de vérité. Ces choses, dans leur détail, sont de celles dont on ne parle plus lorsque le moment est passé. Aussi nous n'avons pu recueillir sur ce sujet que les faits qui se rapportent aux hommes qui alors jouaient un rôle élevé, et que plus tard leur position politique fit poursuivre. Dans le moment où nous sommes, les journaux, placés sous la terreur des journées de septembre, n'osaient pas attaquer un individu dès qu'il semblait tenir à la Commune. Ainsi une foule de fripons, déguisés en agens du pouvoir municipal, purent agir impunément; ils échappèrent alors, et leur obscurité les sauva dans l'avenir. Il n'en fut pas de même de certains personnages. Et afin que l'on ne croie pas que nous nous laissons séduire par de vagues accusations, afin de donner quelque authenticité à une pièce qui figurera dans les documens complémentaires; nous insérons ici, par anticipation, un arrêté de la Commune de Paris du 10 mai 1793.

« Le conseil-général délibérant sur les comptes; la partie de la responsabilité matérielle du comité de surveillance relativement aux dépôts qui y ont été portés mûrement examinée;

» Le procureur de la Commune entendu; considérant d'après le rapport des commissaires, et les déclarations subséquentes qui sont survenues au conseil, consignées au registre et partie imprimées, qu'il y a bris de scellés, violations, dilapidations de dépôts, fausses déclarations et autres infidélités,

» Arrête qu'il dénoncera à la manière accoutumée l'administration du comité de surveillance;

» Et persistant dans son précédent arrêté, qui déclare qu'il ne reconnaît pour administrateurs que les citoyens Panis, Sergent, Lenfant, Cailly, Dufort et Leclerc, déclare qu'il charge le procureur de la Commune de dénoncer lesdits citoyens Panis, Sergent, Lenfant, Cailly, Dufort et Leclerc, au juré d'accusation pour poursuivre la peine de ces délits, à l'effet de quoi toutes les pièces instructives lui seront remises.

» Arrête en outre que le présent arrêté sera imprimé, affiché dans le délai de quatre jours, envoyé à la Convention nationale, à toutes les autorités constituées et aux quarante-huit sections. »

On accusait ces individus d'avoir détruit à dessein les procès-verbaux dans lesquels étaient inventoriés les objets saisis à domicile lors des arrestations ou sur les détenus, afin de pouvoir en faire profit. Au reste, nous aurons plus tard à revenir sur cette affaire.

Cependant le comité de surveillance ne cessa point d'exister après les journées de septembre; la sanglante exécution à laquelle il avait présidé, avait encore accru son pouvoir. Son influence était déjà celle de la terreur; chaque jour on apprenait qu'il était capable de tout oser. Ainsi, l'on sut que le 2 il avait été question de lancer un mandat contre Roland lui-même, et l'on en concluait que nulle qualité, nulle position n'était capable de lui en imposer. Cela nous explique la préoccupation de terreur que nous avons vue présider à tous les débats de l'assemblée législative. Le comité de surveillance eut en effet à peine vidé les prisons, qu'il s'occupa de les remplir. Sur la proposition de Manuel, le conseil-général avait décidé que le Châtelet serait démoli; mais il restait assez d'autres prisons; et dix jours peut-être après que le sang avait cessé de couler, elles contenaient, dit-on, jusqu'à cinq cents nouveaux prisonniers. Quand donc devait finir cette dictature de police et la souveraineté des mesures exceptionnelles?

Ce qui accroissait l'incertitude, en mettant chacun en doute sur son sort, c'étaient les publications de Marat. Cet écrivain faisait partie du comité, et il était difficile de croire que ce qui échappait à sa plume ne fût pas la pensée secrète de ses collègues. Ses affiches couvraient les murs de Paris; et elles n'étaient autre chose que de longues colonnes d'observations faites, avec sa rudesse accoutumée, sur tous les hommes qui jouaient un rôle ou se préparaient à en jouer un : journalistes, députés, généraux, ministres, il n'épargnait personne. Malheureusement il ne nous reste aucune trace de ces affiches; la seule collection qui existât et qui ait été complète, connue sous le nom de *Collection de Dufourny*, a été emportée en Angleterre; nous ne pouvons donc les connaître que par ce que nous en disent ses adversaires, et par quelques numéros de son journal.

Disons d'abord comment Marat s'était refait un matériel d'imprimerie. Dans la position où il était à la Commune, il obtint facilement la concession de quelques presses et de caractères provenant de l'imprimerie ci-devant royale. Avec cela il se mit à écrire. Sa verve s'exerça d'abord à l'occasion des élections; il déclara guerre à mort au parti qu'il appelait des *Brissotins*, et il faisait placarder ses diatribes. Chacune de ses affiches était le point d'un rassemblement permanent, et l'occasion de discours et de discussions qui contribuaient à l'entretenir. Tout Paris, à cette époque, fut mis en émoi par les publications de Marat. Voici la première réponse qui lui fut faite; elle constate la date où commencèrent les dénonciations périodiques dont il s'agit.

Appel à l'opinion publique.

« Nous avions cru long-temps que Marat était mort physiquement et dans l'opinion, ou qu'il était relégué dans quelque coin de terre ignoré. Au moins est-il vrai que depuis un an et plus on ne savait point à Paris le lieu de sa retraite. Camille Desmoulins (1) n'avait point trouvé d'autre moyen de peindre son existence qu'en lui faisant sortir un bras de terre. Eh bien ! Marat existe; en voici une double preuve :

(1) Nous avons oublié de dire que Camille Desmoulins, qui fut toujours respecté par Marat, ainsi que Danton, était alors *secrétaire du sceau* au ministère de la justice. On lui attribue d'avoir sauvé plusieurs personnes, entre autres un prêtre aux journées de septembre. (*Note des auteurs.*)

» La première nous concerne. *La Sentinelle* (1), ouvrage dont le nom seul fait l'éloge, nous avait désigné pour la Convention nationale; elle avait cité comme un droit qu'on ne pouvait méconnaître sans une sorte d'ingratitude le patriotisme pur et inaltérable que nous avons manifesté depuis la révolution, notre persévérance, notre courage à poursuivre le despotisme, de quelque masque qu'il soit couvert. Eh bien! Marat a fait placarder hier une affiche où presque tous les citoyens désignés par *la Sentinelle* sont voués à la proscription. Voici l'article qui nous concerne :

« Gorsas, flagorneur, *soudoyé* de Necker, ensuite de Bailly,
» ensuite de La Fayette. Il se dit démocrate depuis le 10 août. »

« *Marat au ministre de l'intérieur.*

» Je me flatte, monsieur, que vous n'arrêterez pas plus long-
» temps mes travaux politiques. Je serais fâché d'avoir à me
» *plaindre au peuple* des défaites opposées à l'impression des ou-
» vrages qu'il attend de moi sur la convocation nationale et les
» machinations des ennemis de la patrie. Je n'ignore pas que vous
» êtes accusé d'avoir monté sept presses aux frères Reignel, *im-*
» *primeurs aristocrates*, favorisant les projets de la cour. M. Dan-
» ton se chargera des 15,000 liv. dont j'ai besoin pour mettre les
» *presses nationales en activité*. — Recevez mes salutations civi-
» ques. »

« M. Roland a cru devoir répondre à cette lettre; il a cru même devoir se disculper. Sur la demande des 15,000 liv. d'avances, il observe que le vœu de l'assemblée nationale, en lui déposant cent mille livres, était que l'emploi en fût fait pour répandre des ouvrages utiles et propres à former l'opinion que la malveillance cherchait à égarer; en conséquence, il a demandé communication des manuscrits de M. Marat; ces manuscrits étant très-minutés et très-longs, la détermination du conseil, auquel il en a référé, a été qu'il inviterait la section qui lui avait remis une délibération à ce sujet, à faire elle-même le rapport sur ces ouvrages; mais

(1) *La Sentinelle* était rédigée par Louvet. (*Note des auteurs.*)

il se trouve dispensé de prendre cette mesure, et fait passer à M. Danton les manuscrits, puisque ce ministre, aux termes de la lettre de Marat, doit lui délivrer les 15,000 livres. — Sur le deuxième chef relatif aux presses, M. Roland atteste qu'il n'en a aucune connaissance. » (*Le Courrier des départemens du 6 septembre* n. 81.)

Ce même Roland était dénoncé dans les affiches de Marat, et comme tout le monde savait l'anecdote de la demande des 15,000 l., tout le monde attribuait la colère de *l'Ami du peuple* au désappointement qu'il avait éprouvé. Mais l'effet de ces placards était tel sur la population, et la position de l'auteur si redoutable, que le ministre fut obligé de se défendre.

Le ministre de l'intérieur aux Parisiens. — *15 septembre,*

« Je suis accusé devant vous, je viens me défendre. Je sais que l'homme en place est exposé à beaucoup de soupçons et de propos auxquels il ne doit répondre que par la continuité de ses bonnes actions ; bien faire et laisser dire, est la maxime des gens de bien, dans les temps ordinaires, et celle que j'ai souvent mise en pratique ; mais il est des circonstances où il ne suffit pas de repousser la calomnie par sa conduite, et où l'on doit encore en faire sentir la profondeur et les conséquences. C'est lorsque cette calomnie paraît tenir à un système de diffamation imaginé pour opérer des bouleversemens politiques ; car alors il ne s'agit pas seulement de la réputation ou de l'existence d'un individu, il est question de la tranquillité publique et de ce qui tend à la compromettre.

» Avilir l'assemblée nationale, porter contre elle à la révolte, exciter les craintes sur le ministère actuel, le représenter comme traître à la patrie, répandre la défiance sur toutes les autorités du moment et les généraux d'armées, appeler un renversement, prétendre qu'il est nécessaire, et désigner hautement le dictateur qu'il faut donner à la France : voilà très-évidemment le but d'affiches qui paraissent sous le titre de *Marat, l'Ami du peuple, aux bons Français.* Si quelqu'un en doute, qu'il lise celle publiée le

8 septembre, où l'on donne une prétendue lettre par laquelle on veut faire croire aux correspondances des députés avec nos ennemis, où l'on traite de chiffons les décrets du corps législatif, où l'on présente tous les ministres, excepté le patriote Danton, comme des malveillans et des machinateurs occupés à paralyser les mesures prises pour sauver la chose publique, où l'on veut ôter toute confiance à Kellerman, Dumourier et Luckner, où ma lettre à l'assemblée nationale est traitée de chef-d'œuvre d'astuce et de perfidie, où je suis accusé de machiner avec la faction de Brissot, où l'on dit enfin qu'il faut un président du conseil à voix prépondérante en désignant quel il doit être.

» Que toutes ces propositions soient placardées au coin des rues sous le voile de l'anonyme, elles n'exciteraient que le mépris ; qu'elles y paraissent sous le nom d'un homme qui s'offre au peuple comme son ami, qui a pris de la consistance dans cette révolution, que le corps électoral compte parmi ses membres, et que déjà plusieurs voix portent à la Convention (j'apprends qu'il vient d'être nommé.), on s'étonne et l'on refléchit.

» Est-ce l'erreur d'un homme ardent et soupçonneux qui prend ses craintes pour des vérités, et qui sème de bonne foi la défiance dont il est pénétré ? N'existe-t-il point d'ambitieux adroit, d'ennemi caché qui nourrit, pour son profit, l'inquiétude d'un esprit atrabilaire, et le dirige à son gré ? Avons-nous dans notre sein des émissaires de Brunswick qui cherchent à nous affaiblir par des divisions intestines, ou des scélérats qui veulent tout renverser pour s'élever sur des ruines ? Je ne puis résoudre ces questions ; mais je vois qu'il y a lieu de les faire ; et que si ces émissaires ou ces scélérats existaient parmi nous, ils s'efforceraient de produire la défiance et l'agitation que nous voyons exciter et perpétuer.

» Quant à moi qui veux le bien de tous, sans acception de personne, j'étudie les faits avant d'accuser qui que ce soit au monde ; j'appelle l'attention publique sur ces faits, et je vais retracer ma profession de foi. Heureux, si c'est un testament de mort, de le rendre de quelque utilité à mon pays.

» Né avec quelque force dans le caractère, j'ai dû aux bons exemples, dont une saine éducation environna ma jeunesse, de la diriger tout entière sur les principes les plus austères de la morale. L'intérêt général et le sacrifice continuel des passions, des goûts, de tout ce qui est individuel, à cet intérêt sacré, voilà ce qui m'a été présenté, ce que j'ai toujours eu devant les yeux comme la base de la société et la règle invariable de quiconque veut exister au milieu d'elle.

» Je méprise la fortune, parce que j'ai appris à être heureux sans elle, et que je hais les moyens par lesquels on a coutume de la fixer ; je suis sensible à la gloire, mais je ne l'ai jamais mise en balance avec la vertu ; j'ai besoin du témoignage de ma conscience, je puis me passer de tout avec lui, et rien ne saurait m'en tenir lieu. J'aime la liberté, l'égalité, avec l'enthousiasme d'un être sensible qui les regarde comme la source du bonheur sur la terre, avec la constance et la ténacité d'un homme refléchi qui en a calculé les avantages. J'en ai professé les principes dès mon plus jeune âge ; je l'ai fait avec fermeté, avec énergie, sous le règne du despotisme ; je leur ai sacrifié mon avancement. Qu'on prenne ma vie et qu'on lise mes ouvrages, je défie la plus cruelle malveillance de trouver dans la première une seule action, de découvrir dans les autres un seul sentiment dont il ne soit permis de s'honorer et de s'applaudir.

» J'ai passé quarante années dans une partie d'administration où je n'ai jamais fait que du bien, parce que je n'ai voulu y trouver que des moyens de soutenir le faible, de protéger l'artiste indigent, de recueillir et de répandre les connaissances utiles. J'ai vu la révolution avec transport ; elle répondait aux vœux que je formais depuis long-temps pour la classe malheureuse ; elle détruisait des abus contre lesquels j'avais si souvent réclamé. Je l'ai soutenue, pour ma part, de mon courage et de mes travaux ; elle m'a conduit au ministère. La France peut témoigner de l'intégrité de mon administration, de la vigueur de mes principes, de l'uniformité de ma conduite.

» Je n'aime point le pouvoir, et je ne l'ai pas recherché.

Soixante ans d'une vie laborieuse, et, j'ose le dire, l'habitude des vertus qui embellissent la retraite, me la rendent préférable à une existence agitée.

» J'ai accepté deux fois un fardeau que je me sentais capable de porter, et dont les circonstances me faisaient un devoir de me charger ; j'attendais la *Convention* pour le déposer, parce que je croyais qu'alors j'aurais rempli ma tâche, et qu'il me serait permis de la terminer à cette époque où la vigueur d'un nouveau corps représentatif promettra à la France d'heureuses destinées. Je sais que dans le court intervalle qui reste à s'écouler, beaucoup d'orages peuvent s'élever encore ; car c'est précisément cet intervalle que veulent saisir pour tout bouleverser, ou les agens de nos ennemis, ou les ambitieux qui auraient intérêt de nous troubler. C'est un moment périlleux, et c'est parce qu'il est tel, que peut-être je ne dois pas encore me retirer, à moins que le silence des lois, comme je l'ai déjà exprimé, ne rende honteux de rester. On répand des défiances sur mon administration, qu'on vienne l'examiner ; mes bureaux sont ouverts au public ; je n'ai pas une seule opération, comme une seule pensée, qui ne puisse être manifestée. Croit-on qu'un vil intérêt ait sur moi quelque empire ? qu'on suive scrupuleusement l'emploi de mon revenu, et qu'on demande aux pauvres le compte d'une partie ?

» L'assemblée a décrété un million de dépenses secrètes à la disposition du conseil ; j'ai déclaré, dans le conseil même, qu'il me paraissait qu'aucun de nous n'en devait user qu'à la connaissance de tous les autres, car c'est au conseil qu'il est donné ; c'est pour ce qui peut intéresser et servir la chose publique, et dont nul ministre n'a de secret à faire à ses collègues ; aussi dois-je ajouter que je ne disposerai pas d'un denier dont je ne puisse montrer et justifier l'emploi.

» On m'accuse de machiner avec la faction Brissot. Je ne connais pas plus les machinations que l'intrigue, et je ne crois pas à cette prétendue faction. Je connais et j'estime M. Brissot, parce qu'avant la révolution, il en prêchait les principes dans ses ouvrages, comme je faisais dans les miens ; je le vois avec plaisir, parce que je lui reconnais autant de pureté d'ame que d'esprit et de talens. Je n'ai pas toujours partagé toutes ses opinions, parce que chacun a sa manière de voir ; je lui ai souvent reproché la confiance ou la légèreté qui donne de l'avantage à ses ennemis, parce qu'elle lui fait négliger sa propre défense, et s'oppose à ce développement de caractère et de force souvent nécessaire dans une assemblée. Je respecte le corps législatif, parce qu'il est composé des représentans de la nation, quoique j'aie souvent gémi de son défaut de vigueur qui a nécessité un supplément de révolution.

» J'ai admiré le 10 août, j'ai frémi sur les suites du 2 septembre ; j'ai bien jugé ce que la patience longue et trompée du peuple et ce que la justice avaient dû produire ; je n'ai point inconsidérément blâmé un terrible et premier mouvement ; j'ai cru qu'il fallait éviter sa continuité, et que ceux qui travaillaient à le préparer étaient trompés par leur imagination ou par des hommes cruels et malintentionnés.

» J'ai donc parlé, parce que je le devais pour le bien de ceux même à qui je risque de déplaire ; car on s'expose à être blessé en voulant retenir ceux qui sont encore dans un transport dont ils seraient victimes si l'on ne parvenait à le calmer. Je n'ai su, que plusieurs jours après, que moi-même j'avais été désigné comme un perfide, que le jour même du 2 septembre, le comité secret de la ville avait lancé contre moi un mandat d'arrêt. Était-ce pour me traduire à l'Abbaye et m'y faire *élargir* avec des scélérats ! MM. Pétion, Santerre et Danton, ont vu ce mandat auquel on ne donna pas de suite ; mais, ce jour même, sur les six heures environ, deux cents citoyens se rendirent tumultueusement à l'hôtel de l'intérieur où ils venaient, disaient-ils, demander des armes, quoique la distribution des armes n'appartienne point à mon département, et qu'il n'y en ait point à ma disposition. Il est vrai qu'ils avaient été chez le ministre de la guerre, absent pour l'instant, ainsi que moi, puisque nous étions sortis ensemble pour nous rendre à la Commune, où je le laissai, et d'où j'allai chez le ministre de la marine où le conseil devait se tenir.

Un homme échauffé criait à la trahison, et semblait vouloir exciter les autres ; on leur répéta à tous la simple vérité, le grand nombre l'entendit ; tous se retirèrent, mais en emmenant avec eux, comme otage et garant de ce qu'on leur avait assuré, un sujet employé au service du secrétariat, et qu'ils ne laissèrent aller qu'après avoir vérifié que nous avions paru à l'Hôtel commun.

» Jamais je n'aurais relevé ces circonstances, si la continuité des calomnies contre la majorité du conseil en général, et moi-même en particulier, ne semblait annoncer le projet de faire encore un renversement. Il faut pourtant que le peuple soit mis à même d'apprécier ce qu'il doit penser des soupçons qu'on veut lui inspirer. Si ces calomnies et ces soupçons ne sont que le fruit de l'inquiétude et de la crainte, ma franchise doit les tempérer. J'invite ceux même qui les répandent, au plus sévère examen de ma conduite publique et privée. Si elles tiennent à quelques desseins pervers, de qui que ce puisse être, je ne sais y opposer que la même franchise et la même publicité, parce que ce sont les moyens de la vertu, et ceux dont l'emploi est le plus utile au bien de tous ; car en supposant qu'ils m'exposent à périr, ma perte même serait utile à la France, puisqu'elle ne pourrait résulter que d'un complot dont elle lui dévoilerait l'existence et la mettrait à même de prévenir les suites.

» Que des lâches ou des traîtres provoquent les assassins ! je les attends ; je suis à ma place, j'y fais mon devoir, et je saurai mourir. Si des frères égarés reconnaissent qu'ils sont trompés, qu'ils viennent, mes bras leur sont ouverts ; je les appelle, je ne crains l'œil de personne, et je ne hais que les ennemis de ma patrie, ce sont ceux de l'humanité.   Signé ROLAND. »

— Tous ces placards, qui tiraient la population en sens divers, et en appelaient à tout instant au jugement du peuple, n'étaient point de nature à ramener dans les esprits le calme que la situation matérielle des choses ne cessait de troubler. Dans l'assemblée électorale on discutait les titres des candidats avec une vivacité que l'on n'avait pas encore vue ; les Jacobins et les Girondins étaient déjà aux prises ; tout le monde y prenait part. Robespierre y était assidu et y parla beaucoup. On lui reprochait de ne plus aller à la Commune, où il avait cessé de paraître depuis le 2. Danton, lui-même, venait de son ministère pour appuyer les premiers. Dans la Commune on se disputait aussi. Les sections n'étaient pas d'accord entre elles. Pendant qu'au comité de surveillance on mettait en suspicion le patriotisme de certains journalistes, la section des Quinze-Vingt déclarait qu'ils avaient bien mérité de la patrie, et unissait dans la même approbation, Prudhomme et Carra, Desmoulins et Gorsas. On accusait Roland ; aussitôt une section lui envoyait une députation pour lui témoigner son admiration, et l'encourager à résister à ses ennemis. Dans d'autres sections, on s'élevait contre la dictature de l'Hôtel-de-Ville ; dans d'autres on l'approuvait.

Le corps électoral avait pris diverses décisions dont quelques-unes durent lui servir de criterium dans la discussion sur le mérite relatif des candidats. Il avait décidé d'abord de consentir à ce que ses actes fussent jugés par « le scrutin épuratoire de la Convention nationale, pour rejeter de son sein les membres suspects qui auraient pu échapper dans la nomination à la sagesse des assemblées primaires. » Il avait déclaré « la révocabilité des députés à la Convention nationale, qui ont attaqué ou attaqueraient par quelques motions les droits du souverain. » Il voulait « la sanction ou la révision populaire de tous les décrets constitutionnels de la Convention nationale ; — l'abolition absolue de la royauté et peine de mort contre ceux qui proposeraient de la rétablir ; — la forme d'un gouvernement républicain. » (*Journal des débats des Jacobins*, n. CCLXIV.)

On lisait, le 14 septembre, dans le *Patriote Français* : Le comité de surveillance de concert avec la section du Luxembourg, vient de découvrir un complot dont l'objet était de trahir la patrie, en entretenant des correspondances avec les ennemis de l'extérieur. On a trouvé chez un particulier un sac de 27,192 liv. en or, et plusieurs papiers qui indiquaient assez que cet argent n'était pas employé pour la cause de la liberté. On a saisi un billet où étaient ces mots : *Je n'alimente plus que les deux chefs. J'ai aussi deux hommes du comité de S... et deux au palais pour me rendre compte de ce qui s'y passe. Encore une cinquantaine pour contenter Lan... c'est pour le dénoûment de la pièce qui touche à sa fin.* Le particulier a été arrêté et conduit dans les prisons de l'Abbaye. » (*Patriote Français*, n. MCXXXI.) Cet article qui était de nature à faire soupçonner le comité de surveillance fut inséré le même jour dans les *Annales patriotiques*; ainsi le peuple était appelé à douter du seul pouvoir qui existât encore.

Tout ce trouble moral concluait nécessairement à un désordre matériel. Nous en avons recueilli une seule preuve que nous empruntons au *Moniteur* :

« *Du* 14. Ce matin, plusieurs individus se sont répandus dans la ville, arrachant avec violence des pendans d'oreilles, des montres, boucles et autres bijoux aux personnes qu'ils rencontraient, sous le prétexte des besoins de la patrie. C'est particulièrement dans le quartier de la Halle que ce brigandage a commencé. M. Santerre, instruit à temps, s'y est aussitôt transporté et a donné des ordres en conséquence ; le rappel a été battu, de nombreuses et fréquentes patrouilles ont circulé pendant toute la journée dans la ville ; et ce nouveau moyen d'agitation n'a point eu de suite. On assure que le peuple s'est jeté sur plusieurs de ces brigands, et que trois ont eu la tête coupée. Une femme, sur le Pont-neuf, en a tué un avec son couteau.

» Une circonstance assez singulière c'est que quelques-uns des brigands s'étaient munis d'un ruban tricolore, pour faire croire qu'ils étaient officiers municipaux : d'autres les accompagnaient avec des balances, pesaient les bijoux, et donnaient des reçus du poids de ces effets, le tout au nom de la patrie. Le peuple a prouvé, par la prompte justice qu'il a faite de cinq de ces voleurs, qu'il n'en veut qu'aux traîtres et aux fripons, et qu'il sera difficile de diriger ses mouvemens sur les propriétés. Les citoyens des campagnes doivent se tenir en garde contre la spéculation adroite de ces filous.

» Le même jour un accident grave a excité d'abord la plus

grande fermentation; un grand nombre des personnes qui travaillent dans l'église des Augustins à des objets destinés au camp de Paris, se sont crues empoisonnées; on a réclamé les secours les plus prompts, et bientôt il a été reconnu que cet accident avait pour cause la vapeur du charbon et les exhalaisons méphitiques des cercueils de plomb. Les secours administrés avec beaucoup de zèle ont eu le plus grand succès. »

Dans un temps ordinaire, une semblable tentative de vol, quelque générale qu'elle ait été, n'eût pas causé un mouvement dans toute la population, s'il n'eût pas été un terme croissant d'un état qui était habituel depuis plusieurs jours. Il paraît trop évident que depuis ces journées, Paris était livré à la violence, et que la sûreté individuelle manquait entièrement de garantie. En voici une preuve irrécusable : c'est un article du *Patriote français*.

« La section de l'Abbaye, pour prévenir les horribles brigandages qui se méditaient dans Paris et empêcher que les citoyens ne devinssent victimes du désordre, a proposé à toutes les sections une confédération générale entre elles et tous les citoyens, pour se garantir réciproquement leurs propriétés et leurs vies : Chaque citoyen sera tenu d'avoir une carte signée de sa section, sur certificats de voisins : il la portera toujours sur lui. Tous les corps de garde, piquets, patrouilles auront le droit d'arrêter tous les passans; ceux qui ne présenteront pas leurs cartes seront arrêtés; si c'est oubli, ils seront reconduits à leurs sections qui les reconnaîtront. Les étrangers seront munis de leurs passeports qui leur serviront de cartes. Aussitôt qu'un citoyen porteur d'une carte réclamera, pour lui ou pour ses propriétés, des secours, tous seront tenus d'y voler, et la maison, la rue, le quartier, la section et toute la ville devront s'y rendre. » *Patriote français du 11 septembre*, n. MCXXVIII.)

Que disait Marat des désordres du 14? « De nouveaux complots éclatent de toutes parts. Hier matin l'alarme a été répandue dans Paris, par des violences exercées dans différens quartiers sur des citoyennes, auxquelles des scélérats soudoyés déchiraient les mains et les oreilles, en leur arrachant leurs boucles et leurs anneaux d'or.

» Quelque temps après une nouvelle alarme s'est répandue dans tous les quartiers au sujet de plusieurs ouvrières des Célestins, attaquées d'asphyxie, et d'un plus grand nombre frappées de terreur et jetées dans les convulsions par la crainte d'être empoisonnées, que des émissaires cachés leur ont inspirée. Bien est-il vrai, que des conduits infects ont été ouverts aux Célestins, et que la fontaine s'est trouvée tarie, depuis trois jours, sans que l'on en connaisse la cause.

» Ces alarmes paraissent avoir été combinées avec la fausse nouvelle que le roi de Prusse, Brunswick et d'Artois se trouvent bloqués dans Verdun.

» Le but des auteurs de ces coupables menées paraît être de porter la terreur dans l'ame des citoyens, et de troubler les élections des députés à la Convention nationale, en les abusant sur des dangers chimériques, au dedans, et en leur inspirant une fausse sécurité sur leurs dangers trop réels au-dehors.

» Citoyens, soyons sur nos gardes, et marchons au but d'un pas ferme et soutenu. » (*L'Ami du peuple*, n. DCLXXXII.)

L'audace de ces voleurs avait été en effet si grande qu'il était, au premier moment, difficile de croire qu'ils agissaient sans la promesse de quelque appui inconnu. Mais il se passa quelque chose de plus singulier encore. Le jour du vol du Garde-Meuble, des hommes s'emparèrent des caves de Tuileries encore remplies de vin et d'huile, et ils se mirent à vendre de l'un et de l'autre. On eut quelque peine à les chasser. (*Courrier des départemens*, 18 *septembre*.)

« Où en sommes-nous, dit le journal de Prudhomme? Tout devrait bien aller; pourquoi n'en est-il rien? D'où vient que les membres du conseil exécutif ne sont pas d'accord entre eux? D'où vient que la Commune et les quarante-huit sections s'entendent si mal? D'où vient que les commissaires municipaux ne marchent pas dans le même sentier et à la suite des commissaires législateurs? D'où vient que le corps électoral est en proie à des factions qui ont influencé d'une manière si sensible le choix des députés à la Convention? Pourquoi, dans un moment où toutes les classes de citoyens devraient se fondre dans une seule à la vue du danger imminent où se trouve la patrie, pourquoi observe-t-on avec affectation qu'il y a des propriétaires, mais que ce n'est pas le plus grand nombre? Pourquoi semble-t-on vouloir les désigner à ceux qui ne le sont pas ? Pourquoi nos prisons se remplissent-elles si vite? Aurait-on de nouveaux projets? Pourquoi ne veille-t-on pas mieux sur les agens subalternes qu'on emploie à l'exécution de certains décrets et qui semblent gagés pour rendre odieux le régime de la liberté ? Qu'aurions-nous à répondre à celui qui dirait... Une désorganisation sociale prochaine s'annonce et les menace, et ils ne s'en doutent pas.

» Ce que nous avons à répondre, c'est que cela n'est pas vrai : la France ne touche point à sa décrépitude; sa désorganisation n'existe que dans les projets de ses ennemis ; mais, vous, qui ne l'êtes pas, nous vous interpellons ici, Danton, Robespierre, Roland, Brissot ; car on vous nomme, car on vous place à la tête des différens partis, qui ont, hélas ! succédé aux factions détruites. Vous, Danton, que Marat désigne déjà pour dictateur, et qui ne désavouez point cet homme presque toujours hors de mesure, serait-il bien vrai que vous ayez le désir ou l'espoir de cumuler sur votre tête les deux pouvoirs... Robespierre, Danton, et Marat, prenez-y garde, déjà la calomnie vous désigne pour les triumvirs de la liberté ; mais la liberté désavouerait une association contraire à ses principes et qui tendrait au despotisme, si ce n'est à la guerre civile, ou à l'anarchie. La liberté répugne à confier sa cause à tel ou tel autre parti ; elle n'a pas trop des efforts simultanés de tout un peuple pour se défendre et triompher. Ne vous isolez pas, et allons ensemble au même but. La présence audacieuse de l'ennemi doit suffire pour tendre les ressorts du patriotisme...

» O vous donc, chefs d'opinions, rapprochez-vous les uns des autres ; sacrifiez vos différens amours-propres à l'amour et au salut de la patrie. N'est-il pas honteux qu'au milieu des dangers communs à tout l'empire on entende encore parler du *parti Robespierre*, du *parti Brissot* ?... Craignez que, dans cette diversité des doctrines, le peuple égaré comme dans un dédale, pour s'en tirer, ne fasse main-basse sur tous les endoctrineurs...˙ L'état présent de Paris n'est point du tout naturel. Assurément le même peuple qui par un beau mouvement se porta au château des Tuileries le 20 juin, et fit grâce à Louis XVI, qui s'y présenta une seconde fois le 10 août et le prit d'assaut, qui, la nuit du 1er au 2 septembre, et le 6 du même mois, fit retomber sur la tête des juges le sang de tous les criminels trop long-temps impunis, et tout cela avec le désintéressement le plus héroïque ; assurément ce peuple n'est pas le même que ce ramas d'individus qui pillèrent les caves du château des Tuileries et en vendirent le vin ; qui dans tous les marchés et à la même heure, portèrent une main brutale sur les bijoux d'or et d'argent que les citoyennes avaient aux oreilles et au cou ; qui voulurent égorger un coupable que la loi n'avait condamné qu'au carcan ; qui dilapidèrent le garde-meuble national ; qui dans la vallée de Montmorency, dignes précurseurs des Houlans, violèrent le droit d'asile et de propriété, et, le sabre levé, exigèrent des contributions d'argent. Certainement le peuple, le vrai peuple, n'est point aussi dissemblable à lui-même...

» Concitoyens des quatre-vingt-deux départemens, sachez l'état au vrai de Paris... Paris n'est pas encore une ville pure ; il s'en faut... L'esprit du peuple y est toujours excellent comme partout ; il faut le voir, il faut l'entendre répéter en chœur le refrain du chant de guerre des Marseillais, que des chanteurs placés devant la statue de la Liberté, dans le jardin des Tuileries, lui apprennent chaque jour...

» Les arts languissent ; mais les artistes se sont bien montrés... Les spectacles surtout ont manifesté un civisme rare ; ils pourront en donner des leçons aux soldats de ligne...

» Quant aux femmes, la majorité est encore aristocrate... Beaucoup des gens de commerce ont abandonné leur comptoir pour voler où la patrie appelle ses enfans...

» Voilà Paris sous un point de vue assez satisfaisant. Le revers de la médaille l'est un peu moins. Depuis le 10 août, les bons citoyens ont reparu à leurs sections espérant y retrouver cet esprit public qui caractérisa les premiers momens de la révolution 1789 ; ils l'ont en effet reconnu dans la masse des assistans ; mais l'homme instruit et modeste a de la peine à placer son mot à la tribune assiégée, envahie par de petits intrigailleurs sans talens comme sans logique, mais fiers de leurs poumons et forts de leur impudence : quelques prêtres ont voulu s'en mêler aussi ; plusieurs curés ont ouvert la bouche, mais pour prêcher pour leur chapelle; l'un a réclamé ses vases sacrés ; l'autre a défendu les grilles de fer qui interdisent l'entrée du sanctuaire aux profanes : tout cela n'est que ridicule et importun. Mais des orateurs plus dangereux s'y font écouter ; ce sont des hommes nouveaux qu'on n'avait encore ni vus, ni entendus; ils s'emparent de la parole, et, à l'aide de quelques mots consacrés par le patriotisme et débités avec charlatanerie, ils corrompent l'esprit public, en portant leur auditoire à des arrêtés peu sages et capables d'amener la désorganisation. Ces gens-là sont du nombre des émissaires lâchés au milieu de nous par nos voisins, pour leur servir d'espions et d'agitateurs. Leur mission est de porter le peuple à des mesures irréfléchies. On trouve de ces mêmes individus dans tous les groupes populaires, devenus depuis quelques semaines très-nombreux. Ces gens-là insinuent à la multitude que tous les coupables ne sont pas encore punis, et ne le seront pas de long-temps si elle ne s'en mêle pas encore une fois.

» Ils ont raison ; il est encore de grands criminels à frapper ; et ce serait peut-être un service rendu à la tranquillité publique que de désigner les lieux qui les recèlent ; mais ces émissaires officieux, gagés par les scélérats sur le trône coalisés contre nous, ne provoquent la justice du peuple que parce qu'ils la regardent comme un pas de plus fait vers l'anarchie.

» Ce sont eux aussi qui, par des menées sourdes habilement conduites, cherchent à indisposer les classes indigentes contre la caste des riches. Si ce moyen perfide venait à réussir, il serait plus expéditif et plus certain que plusieurs armées combinées. Nos ennemis chanteront victoire quand on leur apprendra que Paris est devenu le théâtre d'une insurrection contre la propriété. Déjà les citoyens ne se rencontrent plus sans se mesurer des yeux, sans chercher à se pénétrer et à se deviner ; déjà on fait disparaître l'argenterie. Habitans aisés de Paris, que faites-vous ? Prenez-y garde, ces mesures de précaution calomnient le pauvre, et compromettent la probité du peuple... Et vous, honorables indigens, que les malintentionnés méconnaissent à dessein, qu'ils apprennent de vous que la saison n'est pas venue encore de frapper l'aristocratie des riches. Un jour viendra, et il n'est pas éloigné, ce sera le lendemain de nos guerres ; un jour le niveau de la loi réglera les fortunes. Aujourd'hui elle ne peut et ne doit qu'imposer les riches en raison des besoins de la patrie.

» Les premiers jours de septembre furent ensanglantés par une proscription, nécessaire pour éviter de plus grands maux auxquels n'aurait point su parer une assemblée nationale qui n'avait d'énergie que celle qu'on lui donnait.

» A ces salutaires exécutions, on vit succéder, avec autant de surprise que d'effroi, des arrestations arbitraires ; et ces incarcérations clandestines et sans écrou, effectuées au nom de la Commune, étaient, dit-on, à la discrétion de Marat ! — Quoi ! il existe des magistrats du peuple capables d'en confier la hache et les faisceaux aux mains de Marat (1) ! Ses haines, ses vengeances, ses listes de proscriptions l'ont trop fait connaître. Au titre de ses placards les bons citoyens ont effacé celui d'ami du peuple ; ils ont gémi de voir les noms d'hommes généralement estimés servir d'étais à la réputation croulante de Marat. Ils ont vu avec douleur celui qui s'est caché dans les momens périlleux désigner aujourd'hui comme des factieux et des scélérats ceux qui

(1) A l'une des dernières assemblées du conseil-général de la Commune, il fut question un moment de Marat ; M. Pétion l'y dénonça comme un insensé ; M. Panis en parla comme d'*un prophète*, comme d'un autre saint Siméon-Stylite. *Marat a demeuré six semaines sur une fesse dans un cachot* ; ce sont les expressions du plaisant et courageux défenseur de Marat. MM. Pétion et Panis ne sont pas autant divisés d'opinion qu'on le croit bien au sujet de cet homme. *Prophète n'était-il pas jadis synonyme de fou ?* (*Note de Prudhomme.*)

ont fait tête au despotisme pendant les jours de sa puissance. Ils ont vu avec étonnement celui qui jadis dédia des livres à *Monseigneur Comte d'Artois*, mendier, sous le règne de l'égalité, 15,000 francs à un *prince français* (1) pour faire imprimer trois ouvrages de sa façon. Marat, songez-y, vous voilà à la Convention nationale, le peuple a les yeux sur vous; vous allez être jugé à votre tour : justifiez son choix; ne dégradez plus l'honorable titre de législateur, et travaillez à faire de bonnes lois plutôt qu'à provoquer des assassinats.

» Mais c'est trop long-temps nous occuper de ces scènes tragiques. La justice du peuple est enfin satisfaite... Les proscriptions de Sylla ne souilleront point la révolution ; désormais la loi seule décidera de la vie ou de la liberté des citoyens, et ses ministres auront seuls le droit de la mettre à exécution. L'homme innocent, le coupable lui-même dont on violera l'asile, sans l'aveu de la loi, est autorisé à repousser la violence par la force. » (*Révolutions de Paris*, n. CLXVII.)

On peut juger par cet article de la situation de Paris, et de la renommée que Marat y recueillait. Tout le monde faisait effort contre lui, croyant ainsi combattre un désordre nuisible dans le présent, et destructeur s'il acquérait de la durée.

Tout le monde, en effet était alors sous la terreur de quelque chose d'inconnu et de plus menaçant que tout ce que l'on avait vu. L'on croyait que tous les élémens anti-sociaux qui se cachent dans les grandes villes, tous les bandits dont l'existence est fondée sur le mal, étaient coalisés et allaient bientôt paraître pour s'emparer de la capitale. On n'accusait point la probité de Marat; mais on voyait en lui un homme exalté qui, en soulevant le peuple, préparait, sans le savoir, sans le vouloir, l'occasion à l'anarchie de lever la tête plus haut encore qu'elle ne le faisait.

Et que faisait cet écrivain? Il continuait ses diatribes, ainsi que nous pouvons en juger par son journal. Si les placards étaient semblables au journal, nous pouvons dire aujourd'hui que leur effet

(1) Le duc d'Orléans, sans doute, qui fut le dernier recours de Marat, repoussé par Roland et par Danton. (*Note des auteurs*.)

était moins le fait de leur exagération, que de l'opinion qu'on y attachait, comme à l'indice officiel des intentions secrètes du comité de surveillance.

« Ce que j'ai prévu est arrivé. Dans tous les coins de l'empire, disait-il, l'intrigue, la fourberie, la séduction et la vénalité (1) se sont réunies pour influencer les corps électoraux, et porter à la Convention nationale des hommes flétris par leur incivisme, des hommes reconnus pour traîtres à la patrie, des hommes pervers, l'écume de l'assemblée constituante et de l'assemblée actuelle....

» Français, qu'attendez-vous d'hommes de cette trempe? Ils achèveront de tout perdre, si le petit nombre des défenseurs du peuple appelés à les combattre n'ont le dessus, et ne parviennent à les écraser; si vous ne les environnez d'un nombreux auditoire, si vous ne les dépouillez du talisman funeste de l'inviolabilité, si vous ne les livrez au glaive de la justice populaire, dès l'instant qu'ils viendront à manquer à leurs devoirs.....

» Citoyens! qui fondez tout votre espoir sur la Convention nationale, souvenez-vous que la bonté de ses opérations dépend uniquement de l'énergie que vous montrerez pour être libres. Si vous êtes déterminés à tout braver pour le devenir, vous le serez enfin sous peu de jours : votre audace seule peut étouffer tous les complots et couper le fil de toutes les machinations tramées pour vous remettre sous le joug. (*L'Ami du peuple*, n. DCLXXXII, 15 septembre.)

« Citoyens, publiait-il le 19, nous sommes trahis de toutes parts. Tous les projets désastreux de La Fayette sont renoués et poursuivis avec une ardeur opiniâtre. La levée du camp de Maulde en est un exemple alarmant. » (Suit une longue énumération d'accusations contre les divers commandans de corps d'armée à la frontière.) « Ainsi, continue-t-il, jusqu'à ce jour, nous avons été trahis par les ministres, les corps administratifs, les officiers généraux, les commissaires des guerres, et la majorité

---

(1) Roland, l'automate ministériel, a prodigué l'or à pleines mains pour faire nommer tous les écrivailleurs brissotins possibles. J'en donnerai la liste.

(*Note de Marat.*)

pourrie de l'assemblée nationale, centre de toutes les trahisons. Nous le sommes actuellement par nos états-majors, et peut-être par le ministre de la guerre. Servan n'est-il qu'inepte ? C'est ce que je ne veux point décider encore.

» Poursuivons.

» L'horrible complot d'exterminer les amis de la liberté est renoué ; il éclate de toutes parts. Enfanté dans les conciliabules nocturnes du royalisme expirant, il paraît avoir son foyer dans la commission extraordinaire et dans le cabinet du sieur Roland, ministre de l'intérieur ; il paraît étendre ses ramifications dans nos armées, dans les cliques aristocratiques des sections de la capitale ; il paraît se mûrir dans l'ombre du mystère, jusqu'à ce qu'il soit prêt à être consommé.

» Amis de la patrie, suivez le fil des faits.

» Pour consommer votre perte, il faut avant tout vous plonger dans une fatale sécurité, vous enlever vos défenseurs, et vous séduire par les marques d'une fausse pitié qu'ils font éclater en faveur des ennemis de la révolution.

» Depuis long-temps, Roland l'endormeur (1), conjuré avec les traîtres de l'assemblée nationale, vous verse l'opium à pleines mains.

» N. B. — La femme Roland, ministre de l'intérieur sous son directeur Lanthenas, espérant invalider les dénonciations de l'*Ami du peuple* et démentir des faits, a eu l'impudeur d'insinuer que mes écrits ne sont pas de moi, mais de quelque méchant qui usurpe mon nom, et qui pourrait bien être payé par Brunswick. Ce petit tour de bâton ministériel ne lui réussira pas, et voici pourquoi : c'est que, ne voulant pas voler l'argent de Brunswick et des Capets fugitifs dont ce général défend la cause, je conjure tous les amis de la patrie de solliciter un décret qui mette à prix la tête des Capets et des Brunswicks. Que dites-vous de mon ingratitude, dame Roland ?

(1) Roland n'est qu'un frère coupe-choux que sa femme mène par l'oreille ; c'est elle qui est le ministre de l'intérieur sous la main de son directeur, l'illuminé Lanthenas, agent secret de la faction Guadet-Brissot. (*Note de Marat.*)

» Citoyens, comparez ces nouvelles alarmantes à l'opium du bulletin de l'assemblée, aux déceptions du conseil provisoire, et jugez dans quelles mains sont remises vos destinées.

» *Un mot à la femme Roland.*

» Vous êtes priée de ne plus dilapider les biens de la nation à soudoyer deux cents mouchards pour arracher les affiches de l'*Ami du peuple.*

» Citoyens, vous êtes requis, au nom de la patrie, de corriger ces mouchards, s'ils ont l'audace de reparaître.

» PIÉGE REDOUTABLE.

» Le projet des membres gangrénés de la législature actuelle est de placer la Convention nationale dans la salle du manége des Tuileries, dont les tribunes ne contiennent que trois cents spectateurs, et qui se trouveraient toujours remplies de trois cents mouchards des pères conscrits contre-révolutionnaires et des ministres corrompus.

» Il importe que la Convention nationale soit sans cesse sous les yeux du peuple, afin qu'il puisse la lapider, si elle oublie ses devoirs. Ainsi, pour la maintenir dans le chemin de la liberté, il faut indispensablement une salle dont les tribunes contiennent quatre mille spectateurs. Cette salle devrait être faite; je demande qu'on y travaille sans relâche.

» MARAT. » — (*L'Ami du peuple,* n. DCLXXXIII.)

— Cependant le bruit se répandait dans Paris qu'il y aurait un nouveau massacre dans les prisons le 20 septembre. Nous ignorons s'il avait un fondement réel; mais, pour l'autoriser, il suffisait des discours qui avaient lieu dans certaines sections, quelquefois sur la place publique, et du style hardi et menaçant des articles que nous venons de lire.

Il y eut alors un soulèvement dans le conseil-général de la Commune, et dans son assemblée du 18 au soir, il prit un arrêté par lequel il cassait le comité de surveillance, et déclarait qu'à l'avenir nul membre étranger au conseil, ainsi que l'était Marat, ne pourrait faire partie de ce comité. En même temps, il rédigea la proclamation que nous allons voir.

COMMUNE DE PARIS. — *Proclamation du 19 septembre.*

« Citoyens, les membres du conseil-général de la Commune n'ont point été effrayés du nouveau genre de responsabilité que leur a imposé l'assemblée nationale; fiers de leur conscience, fiers de votre opinion qu'ils ont toujours cherché à mériter, certains que vous les aiderez vous-mêmes à partager cette responsabilité, à la prévenir, ils n'ont pas balancé à s'en charger. Ce n'est pas vous, citoyens, que le conseil-général redoute; ce ne fut jamais vous. Mais quand de lâches ennemis du bien public cherchent à vous agiter en tout sens, quand ils sèment au milieu de vous de fausses alarmes, quand ils se répandent en motions incendiaires, il est du devoir de vos magistrats de vous rappeler à votre propre dignité, au respect que vous vous devez à vous-mêmes. Citoyens, le calme ne peut naître que de l'exécution des lois, de leur observation religieuse; et celles autour desquelles nous vous demandons de vous presser avec nous, sont celles que l'humanité, la justice et la raison sollicitent, que votre propre intérêt vous prescrit, que votre gloire et l'honneur de la nation vous commandent. Loin de vous, citoyens, ces suggestions perfides et sanguinaires qui vous porteraient à souiller vos mains; loin de vous toute espèce de violation de la loi : jurons tous, au contraire, et n'oublions jamais ce serment sacré, *jurons de maintenir la liberté et l'égalité, la sûreté des personnes et des propriétés, et de protéger, de tout notre pouvoir, les personnes détenues maintenant en prison, ou de mourir à notre poste;* jurons *de respecter et faire respecter le cours et l'activité de la loi;* jurons, et que ce serment solennel fasse enfin pâlir nos ennemis, en déjouant leurs projets exécrables.

» Le conseil-général arrête que la présente proclamation sera imprimée, affichée et envoyée aux quarante-huit sections.

» Signé, BOULA. *vice-président;* TALLIEN, *secrétaire-greffier.* »

L'assemblée nationale, à son tour, encouragée par cette démarche, décréta, le 20 septembre, des mesures pour le rétablissement de la tranquillité de Paris. Ce décret ne fut publié que dans le *Moniteur* du 23; dans le compte-rendu de la séance du 20, il n'en est fait, soit dans ce journal, soit dans d'autres, aucune mention; en sorte qu'il fut publié sans qu'aucune discussion l'eût fait connaître. Était-ce par crainte qu'il fut tenu secret jusqu'au moment où on aurait obtenu de la Commune la démarche du 18; est-ce négligence de la part des journaux? Nous l'ignorons. Seulement nous notons le fait comme très-extraordinaire, et à cause de cela même nous insérons ici le décret. C'est une pièce qui peint le moment.

Décret rendu dans la séance du jeudi 20 septembre, pour le rétablissement de l'ordre et la sûreté individuelle des citoyens dans la ville de Paris.

« L'assemblée nationale, considérant que l'époque de la réunion de la Convention nationale doit être marquée par le retour de l'ordre et de l'union des citoyens et le concours de tous les pouvoirs pour le maintien de la tranquillité;

» Que cette époque est aussi celle où les malveillans vont redoubler d'efforts pour rompre l'unité du gouvernement et désorganiser toutes les sections de l'empire; que le but de ces coupables manœuvres est d'appeler la résurrection du pouvoir royal par l'excès des désordres qu'elles provoquent, de dissoudre la puissance nationale, et de faire renaître le despotisme des horreurs même de l'anarchie;

» Considérant, enfin, qu'il est instant de prendre les mesures les plus efficaces pour déjouer ces funestes complots, décrète qu'il y a urgence.

» L'assemblé nationale, après avoir décrété l'urgence, décrète ce qui suit :

TITRE Ier. — *Des mesures de sûreté et de tranquillité publique pour la ville de Paris.*

» Art. Ier. Les citoyens domiciliés à Paris depuis plus de huit jours seront tenus, dans le délai de vingt-quatre heures après la publication du présent décret, de se faire enregistrer dans la section de leur domicile.

» II. Ils seront également tenus de déclarer le lieu de leur habitation ordinaire, l'époque de leur arrivée à Paris, les divers changemens de leur domicile à Paris et leur occupation journalière. Le registre contiendra, à chaque article, une énonciation sommaire desdites déclarations.

» III. Il sera délivré à chaque citoyen un extrait de cet enregistrement, sur une carte signée par le président et les secrétaires de sa section.

» IV. Les citoyens seront tenus de présenter leur carte civique à la première réquisition des officiers de police et commandans de la force armée.

» V. Tout citoyen qui ne pourra pas représenter sa carte, sera conduit à la section dont il se réclamera; et s'il n'est pas reconnu par elle, il pourra être détenu dans une maison d'arrêt pendant l'espace de trois mois.

» VI. Ceux qui auront fait de fausses déclarations, ou qui seront surpris avec de fausses cartes, pourront être détenus pendant l'espace de six mois.

» VII. Les étrangers arrivant à Paris seront tenus de faire, dans les vingt-quatre heures de leur arrivée, la déclaration prescrite par l'art. II, et de se conformer aux dispositions du présent décret. Les personnes qui les logeront seront personnellement responsables de l'exécution du présent article, sous peine d'une amende qui pourra être portée au double de leur contribution mobiliaire.

» VIII. En cas de changement de domicile, les citoyens seront tenus, dans le même délai, de se faire inscrire dans la section où ils prendront leur nouveau domicile, et dans le cas où ils ne sortiraient pas de l'arrondissement de la même section, de faire énoncer sur l'article du registre qui les concerne, l'indication de leur nouvelle habitation.

» IX. Il sera procédé à la réélection de tous les membres composant la municipalité de Paris et le conseil-général de la Commune, dans les formes et suivant le mode prescrit par la loi du mois de mai 1790.

» X. Ces élections seront commencées dans le délai de trois jours après la publication de la loi, et continuées sans interruption.

» XI. La municipalité se conformera aux dispositions de la loi du mois d'août dernier, sur la police de sûreté générale.

» XII. Les mandats d'arrêt, dans les cas où la loi lui permet de les décerner, seront délibérés et signés par le maire et quatre officiers municipaux.

» XIII. La municipalité sera tenue de donner connaissance à l'assemblée nationale, dans le délai de trois jours, après la prononciation de chaque mandat d'arrêt, des motifs qui l'auront déterminé et des informations qui auront été faites.

» XIV. L'accusateur public près le tribunal criminel établi à Paris, en vertu de la loi du 17 août dernier, est spécialement chargé de la poursuite de tous ceux qui ordonneront ou signeront des arrestations arbitraires.

» XV. Le ministre de la justice est aussi spécialement chargé de surveiller l'exécution du précédent article, et d'enjoindre à l'accusateur public de poursuivre les auteurs de semblables arrestations, s'il négligeait de le faire.

» XVI. Indépendamment de la peine de six années de gêne, portée par le Code pénal contre les auteurs d'une arrestation arbitraire, les signataires d'un pareil ordre, et ceux des fonctionnaires publics chargés de les poursuivre et qui auront négligé de le faire, seront condamnés solidairement aux intérêts civils dus aux personnes ainsi arbitrairement détenues.

» XVII. L'asile du citoyen est déclaré inviolable, même au nom de la loi, durant la nuit; en conséquence, nulle perquisition ne pourra être faite dans la maison d'un citoyen, d'un soleil à l'autre, hors le cas d'un coupable surpris et poursuivi en flagrant délit.

» XVIII. Hors le cas prévu par l'article précédent, tout citoyen dont on voudrait violer l'asile est autorisé à résister à une telle violence par tous les moyens qui sont en son pouvoir, et les auteurs d'une pareille tentative seront poursuivis, à la requête de l'accusateur public, comme coupables d'attentat à la liberté individuelle.

» XIX. Dans les villes où le corps législatif tiendra ses séances, l'ordre pour faire sonner le tocsin et tirer le canon d'alarme ne pourra être donné sans un décret du corps législatif. En cas de contravention au présent article, ceux qui auront donné cet ordre, ou qui auront sonné le tocsin et tiré le canon d'alarme sans ordre, seront punis de mort.

TITRE II. — *De l'organisation provisoire d'une force armée.*

» Art. Ier. Indépendamment du service ordinaire que doivent faire les sections armées de Paris, il sera formé, immédiatement après la publication du présent décret dans chacune desdites sections, une réserve de cent hommes armés, équipés et prêts à marcher. Cette réserve sera placée dans une seule maison ou corps-de-garde, et, autant qu'il se pourra, au centre de chaque section de Paris.

» II. Chaque section est autorisée à composer cette réserve de la manière qui lui paraîtra la plus convenable et la plus analogue à sa population.

» III. De quelque manière que les réserves des sections armées soient composées, il leur sera fait, aux frais de la nation, les mêmes fournitures de bois, chandelle, ustensiles, etc., et les mêmes distributions de vivres, toutes les vingt-quatre heures, que si lesdites réserves étaient campées.

» IV. Ces réserves, principalement destinées à maintenir l'ordre public, devront aussi occuper les postes extérieurs nécessaires à la défense commune, toutes les fois que cette disposition sera jugée nécessaire par le général de la division militaire centrale ; mais dans ce cas-là, une moitié seulement desdites réserves marchera, soit au camp, soit dans les postes désignés pour chaque section, et l'autre moitié restera dans l'intérieur pour le maintien de l'ordre.

» V. Les réserves, de quelque manière qu'elles soient composées, seront commandées, alternativement et à tour de rôle, par les capitaines des sections armées.

» VI. Les fusils destinés par les sections à armer leur réserve, seront marqués au numéro de la section, et ne pourront être déplacés, sous peine d'une amende de 36 livres, et du remplacement de l'arme déplacée.

» VII. Les réserves ne pourront être requises, soit en tout, soit en partie, pour le service intérieur ou pour le service extérieur, que par l'intermédiaire du maire de Paris, et sur les ordres donnés au commandant-général des sections armées, qui demeurera responsable de leur transmission et de leur exécution.

» VIII. Il sera ajouté, à chaque réserve des sections armées, douze cavaliers au moins, et trente cavaliers au plus, suivant la force de chaque section armée, montés, armés et équipés, dont une moitié seulement sera de service chaque nuit.

» IX. Les sections choisiront dans leur sein ces cavaliers. L'officier qui devra les commander sera choisi par les cavaliers. L'indemnité accordée à ces citoyens pour les dédommager et les mettre en état de s'entretenir, sera égale à la solde accordée à la gendarmerie nationale, et ils auront au camp et au grand corps-de-garde de la réserve les mêmes distributions.

» X. Toute autre troupe que les sections armées et les réserves indiquées ci-dessus, qui serait levée ou formée, soit dans le département de Paris, soit dans toute autre partie de l'empire, et qui se trouverait dans l'enceinte de Paris ou dans l'arrondissement de la division militaire centrale, sera sous les ordres immédiats du général de la division, et soumise à la discipline et à l'ordre prescrit pour les troupes employées à l'armée.

» XI. Les troupes désignées dans l'article précédent ne feront point partie de la force armée destinée au maintien de l'ordre public dans Paris, et ne pourront y être employées que sur la réquisition des représentans de la nation.

» XII. Le pouvoir exécutif provisoire rendra compte, dans trois jours, de l'entière exécution du présent décret, dont une expédition sera adressée à chacune des sections de Paris. »

CLUB DES JACOBINS.

Les séances de ce club furent, pendant l'espace de temps que nous venons de parcourir, moins intéressantes que d'habitude. Les principaux membres de cette société faisaient ailleurs de la politique active et n'avaient pas le temps d'y venir discourir. Pas un mot au-delà de ceux qui seront consignés ici ne fut dit sur les journées de septembre ni pour les approuver, ni pour les blâmer. On s'occupa beaucoup du mouvement des armées, de recrutement, d'armement, un peu de la future Constitution à laquelle la Convention était appelée à travailler. Il y eut quelques débats sur la meilleure forme de gouvernement ; on parla vivement contre le fédéralisme ; on critiqua le système américain ; on remarqua que tout l'ancien côté droit était de cette opinion ; on énuméra les avantages de la centralisation ; on annonça, et ce fut Chabot qui le dit, qu'il y aurait dans l'assemblée nationale trois partis distincts, l'un pour la séparation du royaume en grandes divisions, l'autre en très-petites divisions, le troisième pour conserver l'état actuellement existant. Mais d'ailleurs nous n'avons remarqué dans ces discussions rien qui méritât d'être conservé. Nous nous bornerons à recueillir quelques débats qui furent animés par des questions de personne.

A la séance du 7, Chabot prit la parole en faveur de la candidature de Marat. Cet écrivain venait de publier sa fameuse liste de dénonciation dont nous avons déjà entretenu nos lecteurs, et les mots de Chabot nous paraissent mériter d'être recueillis, parce qu'ils nous font connaître l'opinion des Jacobins sur l'Ami du peuple.

« Je suis monté à la tribune, dit Chabot, pour vous parler des candidats ou plutôt d'un seul candidat ; je parle de Marat. J'en ai déjà parlé à plusieurs personnes qui ont levé les épaules à ce seul nom. Eh bien! moi, je déclare que je lui donnerai ma voix; à ces personnes qui n'ont pas grande foi dans ses talens, je réponds qu'il a eu du courage, et un courage peu commun, celui de se montrer toujours le même depuis le commencement de la révolution. Mais ce n'est pas cette classe d'hommes qu'il s'agit de convertir à Marat, c'est la classe des hommes modérés qui disent qu'il est un incendiaire; je dis que c'est précisément parce qu'il est incendiaire qu'il faut le nommer. En Angleterre, toutes les fois qu'un membre de la Commune se montre fortement incendiaire contre le parti ministériel, la cour cherche à se l'attacher en l'achetant, et bientôt il devient constitutionnel. Ce que la cour fait en Angleterre par la corruption, nous devons le faire en France pour le bien public.

» Je dis plus; je dis que Marat est peut-être le seul politique que vous aurez à la Convention nationale. J'ai dîné avec lui le jour qu'on porta le décret d'accusation contre lui; ce fut moi qui lui en portai la nouvelle; je puis vous assurer qu'il la reçut avec tout le courage imaginable.

» Il a la tête chaude dans le même sens que je l'ai, c'est-à-dire que c'est le cœur qui est chaud; car les modérés sont sujets à se méprendre à cette différence, et je vous réponds que c'est une des têtes les plus froides qui existent. On a reproché à Marat d'avoir été sanguinaire, d'avoir, par exemple, contribué peut-être au massacre qui vient d'être fait dans les prisons; mais en cela il était dans le sens de la révolution; car il n'était pas naturel, pendant que les plus vaillans patriotes s'en allaient aux frontières, de rester ici exposés aux coups des prisonniers à qui on promettait des armes et la liberté pour nous assassiner.

» On dit qu'il a été sanguinaire parce qu'il a demandé plus d'une fois le sang des aristocrates, le sang des membres corrompus de l'assemblée constituante. Mais il est connu que le plan des aristocrates a toujours été et est encore de faire un carnage de tous les sans-culottes. Or, comme le nombre de ceux-ci est à celui des aristocrates comme 99 est à 1, il est clair que celui qui demande que l'on tue 1, pour éviter qu'on ne tue 99, n'est pas un sanguinaire.

» Il n'est pas non plus incendiaire, car s'il a proposé de donner aux sans-culottes les dépouilles des aristocrates, il ne peut pas être accusé d'avoir voulu les incendier. Quant au système du partage des terres qu'on lui impute, il a une trop mauvaise idée des mœurs de ses concitoyens pour faire jamais une telle proposition, car le partage des terres et des propriétés ne peut avoir lieu qu'au milieu d'hommes parfaitement purs et tous vertueux ; or, Marat, je le dis encore, est bien trop éloigné d'avoir une idée assez avantageuse de ses contemporains pour faire une pareille proposition.

» J'ajoute encore pour tous les modérés que quand tous les reproches qu'on lui ferait seraient vrais, comme on le représente comme un désorganisateur, il faudrait l'attacher à l'organisation ; je dis donc que par cette raison les modérés doivent le porter à la Convention...

» Les chauds patriotes doivent également l'y porter ; car, quoique la députation de Paris s'annonce sous les meilleurs auspices, et que j'espère bien que le reste des choix répondra à ceux qui sont déjà faits, il ne faut pas se flatter que les départemens vous envoient tous des Robespierre, des Danton, des Collot-d'Herbois, des Manuel et des Billaud de Varennes. Je dis donc que, quand nous serions sûrs d'être cinquante enragés à la Convention nationale, ce ne devrait pas être un motif pour négliger d'y faire entrer le cinquante et unième. Je dis donc que les chauds patriotes doivent encore y porter Marat. »

M. Taschereau. « Je pense, comme M. Chabot, que les patriotes doivent porter Marat à la Convention ; je voudrais même engager Camille Desmoulins à parler pour cela. » (*Journal du club.* n. CCLXI.)

Dans le même numéro du journal des Jacobins, à la suite du compte-rendu de la séance du 7 dont nous venons de donner un extrait, est une note du rédacteur même du journal, relative à Marat. Un extrait inexact de cette note figure parmi les pièces justificatives de l'histoire de la révolution par Toulongeon (t. I. pag. 178 des pièces justificatives). Cette note y est rapportée comme extraite d'un discours prononcé par Voidel à la tribune des Jacobins, ce qui lui donne un caractère de gravité qu'elle n'a plus aussitôt que l'on sait que c'est une récrimination faite par le rédacteur même du journal (Deflers), dont le patriotisme avait été plus d'une fois suspecté; quoi qu'il en soit, voici cette note :

« *Note du rédacteur.*

» Inculpé par Marat dans un libelle placardé sur les murs de Paris, j'ai cru devoir à la stricte équité de ne pas prendre la parole après M. Chabot, au sujet de ce candidat. Je crois devoir aux mêmes principes d'insérer ici la pétition que j'ai présentée au corps électoral à ce sujet, et que j'aurais prononcée devant Marat si j'eusse pu obtenir la parole que j'ai demandée inutilement pour cela. »

(Ici Deflers s'adresse aux *citoyens électeurs*, et annonce qu'il va répondre en racontant sa vie depuis 1777, comparativement à celle de Marat depuis 1789 ; alors, il dit comment il occupa une charge financière dans la maison de la comtesse d'Artois, et comment il fut détenu pendant six semaines après l'affaire du Champ-de-Mars ; puis il continue :)

« Voilà, citoyens électeurs, celui que Marat, le prétendu Ami du peuple, a l'impudeur de traiter de *vil intrigant dénoncé comme machinateur.* J'ai rempli la première et la plus pénible portion de la tâche que m'étais imposée ; je vous ai parlé de moi : je passe à la seconde et j'accuse Marat, le prétendu Ami du peuple, d'incivisme, de mauvaise foi et d'immoralité.

» Lié d'intérêt avec les personnes qui depuis 1789 ont été dans la plus intime relation avec cet homme, je peux, mieux que personne, fournir les preuves de ce que j'avance ici. Eh bien! fort de ces preuves, fort de ma conscience, fort du mépris profond que j'ai voué de tout temps aux calomniateurs, je m'adresse à Marat et lui dis : Quelle idée aurais-tu d'un homme qui, le 25 novembre 1790, aurait refusé de recevoir en paiement pour une très-petite portion de sa solde (il s'agissait de 50 liv.) non pas des assignats qui, à cette époque, perdaient 5 pour 100, mais des coupons d'assignats qui ne perdaient rien? Quelle idée aurais-tu d'un homme qui aurait renvoyé avec mépris cette monnaie nationale? réponds et prononce ta condamnation, car j'ai des témoins à produire si tu as l'impudence de nier le fait.

» Quelle idée aurais-tu d'un homme qui, débiteur envers un bienfaiteur, et sachant que son créancier aurait mis opposition entre les mains d'un citoyen dépositaire de ses fonds, aurait été proposer à ce dépositaire de nier le dépôt? réponds et prononce ta condamnation, car le créancier est le citoyen Saint-Sauveur; le patriote Legendre est le dépositaire que tu as cherché à corrompre, et toi tu es le vil corrupteur.

» Quelle idée aurais-tu d'un homme qui, se croyant proscrit et obligé de vivre dans les caves, recevrait, pendant plus de deux ans, les soins les plus tendres d'un citoyen peu fortuné et de sa femme, et qui, pour récompense de ses soins et de ses sacrifices, éloignant l'homme par une commission feinte, profiterait de son absence pour lui enlever et sa femme et ses meubles? réponds et prononce ta condamnation, car c'est le citoyen Maquet qui par ma bouche t'accuse de ces vols qu'il dénonça en présence de mille témoins prêts à se présenter. »

— Il est probable que Marat répondit devant l'assemblée electorale dont d'ailleurs il était membre; mais il n'écrivit rien quant à la dernière accusation.

— La seconde discussion des personnes qui eut encore lieu et qui occupa, en grande partie, trois séances, roula sur l'abbé Fauchet. Desfieux vint rappeler que ce député avait, après le 10 août, été demander au comité de surveillance un passeport pour M. de Narbonne, et il proposa sa radiation. L'abbé Fauchet monta à la tribune, convint à peu près du fait, disant qu'il lui avait été demandé par une personne s'il serait possible d'avoir du comité de surveillance un passeport pour l'ex-ministre; qu'il lui avait répliqué qu'il serait plus facile d'obtenir un mandat d'arrêt. Il avait raconté en riant le fait au comité de surveillance; et sur cette anecdote on avait fondé la grande dénonciation. On répondit à l'abbé Fauchet; quelques-uns prirent sa défense; enfin la discussion tomba.

Ainsi la société des Jacobins était devenue morne pendant le travail des élections, par l'absence de ses principaux membres. Elle ne reprit de l'intérêt que lorsque la Convention eut pris séance.

COUP D'ŒIL SUR LES ÉVÉNEMENS MILITAIRES PENDANT LE MOIS DE SEPTEMBRE.

Nous reprenons notre narration militaire où nous l'avons laissée (1) et nous la commencerons par quelques détails sur la prise de Verdun.

Cette ville était dominée de plusieurs côtés; ses fortifications étaient en mauvais état; elle ne possédait aucun de ces ouvrages avancés, aucun de ces ouvrages de campagne destinés à empêcher les approches, à les rendre lentes et difficiles. En un mot, les environs de la place étaient nus comme en pleine paix. Les Prussiens purent donc, après l'avoir sommée au nom du roi de France, tenter aussitôt le bombardement. Il commença le 31, à 11 heures du soir, et il durait encore dans l'après-midi du 1er septembre. Quelques maisons avaient été écrasées, quelques autres endommagées; plusieurs pièces de canon étaient démontées, et l'on n'avait pas d'affûts de rechange; on manquait aussi de canonniers. Depuis vingt-quatre heures ils avaient été employés tous sur les remparts, car ils formaient un corps si peu nombreux qu'il pouvait à peine fournir un homme par pièce; aussi étaient-ils excédés de fatigue: enfin l'on se voyait menacé d'une escalade, dont on avait tout à craindre n'ayant pour la repousser qu'une population effrayée et une garnison insuffisante. Le *Conseil défensif* s'assembla donc pour chercher les moyens de suspendre l'attaque. Il délibérait, lorsqu'un parlementaire envoyé par le duc de Brunswick se présenta pour offrir de nouveau une capitulation, et provisoirement une suspension d'armes qui fut ac-

(1) Voyez page 226, tome XVII.

ceptée. Le feu cessa aussitôt de part et d'autre, cependant le conseil resta assemblé.

C'était à lui que, d'après une instruction toute nouvelle et que la défiance contre l'armée avait inspirée au gouvernement, appartenait le jugement de la question. Le commandant de la place n'y avait que voix consultative; il était soumis à son autorité. Dans ce cas, la décision du conseil fut telle qu'on devait l'attendre d'une population effrayée. En vain, Beaurepaire chercha à leur inspirer des sentimens plus courageux; en vain, tout en convenant que la place ne pouvait tenir que quelque jours, leur parlât-il du salut de la France, de l'utilité d'arrêter pendant ces quelques jours, l'armée ennemie, de leur devoir comme Français qui leur ordonnait de se sacrifier pour l'indépendance de leur patrie : on ne l'écouta pas ; enfin désespéré: *Messieurs*, leur dit-il, *j'ai juré de ne me rendre que mort; survivez à votre honte, puisque vous le pouvez; quant à moi, fidèle à mes sermens, voici mon dernier mot, je meurs libre;* et il se fit sauter la cervelle. Cette action, dit-on, fut vue d'un œil étonné, stupide; on enleva le cadavre; M. de Neyon commandant en second remplaça Beaurepaire, et le conseil « Considérant que l'ennemi par sa position, bombardant continuellement la ville, incendiait les maisons; que les canonniers ne pouvaient faire un service actif, puisque chaque pièce n'avait qu'un homme pour la servir; qu'il était plus avantageux pour la nation française de conserver une garnison de trois mille cinq cents hommes, qui d'après la capitulation offerte, pouvait sortir avec les honneurs de la guerre; considérant enfin l'état de désespoir de la ville qui demandait à capituler, a arrêté que M. Neyon, nouveau commandant de la place, écrirait au duc de Brunswick qu'il acceptait les différens articles offerts par S. A. S. » En effet la garnison sortit avec armes et bagages.

Cependant l'acte de Beaurepaire eut un grand retentissement en France. Il fut célébré avec enthousiasme. Le 14, l'assemblée nationale décréta, que son corps serait déposé au Panthéon, et que son tombeau porterait cette inscription : *Il aima mieux mourir que de capituler avec les tyrans.* Ce ne fut pas tout, le président au nom de l'assemblée écrivit une lettre de condoléance à sa veuve. On assura une pension à sa famille. Les journaux remarquèrent que le courageux Beaurepaire était un homme du tiers-état, simple commandant du bataillon de Maine-et-Loire, tandis que le traître Lavergne qui avait livré Longwy sortait de la caste nobiliaire.

Pendant que Longwy et Verdun capitulaient, le corps d'émigrés qui appartenait à l'armée du prince de Hohenlohe insultait Thionville. Il paraît que c'était un parti pris dans l'armée d'invasion de tâter la population et la garnison des places en essayant de les effrayer à l'aide d'un bombardement. Les émigrés se préparèrent à imiter ce qui avait si bien réussi aux Prussiens; mais une sortie vigoureuse commandée par Wimpfen rendit cette tentative impossible, et ils furent obligés de procéder à un siége régulier, qu'ils poursuivirent avec d'autant plus de sécurité, qu'en ce moment on tirait de l'armée de la Moselle un corps assez considérable appelé par ordre du pouvoir exécutif à couvrir la Champagne. Kellermann était chargé de le commander.

Au moyen des troupes venues de l'armée du Rhin, le général Kellermann se trouvait à la tête de vingt-quatre bataillons d'infanterie et de trente-cinq escadrons, formant quatorze mille quatre cents hommes d'infanterie, et quatre mille neuf cents chevaux. Il vint camper le 5 à Toul; le 7 il se porta à Void entre Bar-le-Duc et Toul; le 8, le gros de l'armée était à Ligny, le 11 à Saint-Dizier. Il hésitait sur sa marche, attendant des instructions du général Dumourier, ignorant les projets de l'ennemi, et poussant des reconnaissances dans diverses directions. Enfin, il reçoit une lettre de Luckner qui l'invitait à se rendre à Revigny, afin d'être à portée de Dumourier; mais bientôt une autre lettre du maréchal lui annonça qu'il avait la certitude que les Prussiens allaient se porter sur Bar. Incertain entre ces deux avis, Kellermann se décida à se poster à Vitry-le-Français, position moyenne, qui lui permettait d'être en deux marches sur celui des deux points qui serait menacé. L'événement prouva aussitôt que ce parti était le meilleur. Une lettre du général Dumourier l'instruisit de la vraie marche de l'ennemi, et le 18, il était à Dampierre-le-Château, à l'extrême droite de Dumourier, à trois lieues en arrière de Sainte-Menéhould.

Il faut maintenant détailler les mouvemens du général Dumourier. Il avait assemblé, le 30 août, au camp de Sedan, un conseil de guerre, dans lequel tous les avis se réunirent pour marcher rapidement à travers la forêt de l'Argonne vers Châlons ou Reims, si la première de ces villes était déjà au pouvoir de l'ennemi, auquel cas on se couvrirait de la Marne, dont on tenterait de défendre le passage, en attendant tous les renforts annoncés qui, après leur arrivée, pourraient donner les moyens de marcher à l'ennemi et de le repousser.

Le général Dumourier, qui avait écouté en silence, congédia le conseil sans lui faire part de ses résolutions. Il avait réfléchi que reculer, c'était abandonner une vaste étendue de pays sans utilité, laisser l'ennemi libre, lui ôter toute crainte, accroître son audace, décourager ses troupes, démoraliser et peut-être empêcher les renforts qu'on lui promettait, tout perdre en un mot. Il pensa à se donner le semblant de l'offensive et à disputer le terrain pied à pied, dans des positions où la difficulté du sol rendrait le nombre et l'expérience inutile, et où une petite armée pouvait couvrir et tenir en échec un grand espace de terrain. Il choisit en conséquence l'Argonne pour champ de bataille. Il tint cependant son projet secret.

La forêt de l'Argonne est une lisière de bois qui s'étend depuis environ une lieue de Sedan, courant sud-est et nord-ouest jusqu'à Passavant, à une lieue de Sainte-Ménéhould ; d'autres parties de bois entremêlées de plaines, passant dans la direction de Revigny, courent vers Bar-le-Duc ; mais l'Argonne proprement dite ne s'étend que jusqu'à Passavant, ce qui lui fait une longueur de treize lieues. Sa largeur est très-inégale : dans des parties, elle a jusqu'à trois et quatre lieues de profondeur ; dans d'autres, elle n'a qu'une lieue et même une demi-lieue.

Elle sépare le territoire riche et fertile nommé autrefois le pays des Trois-Évêchés, d'avec la stérile Champagne-Pouilleuse.

Elle est coupée par des montagnes, des rivières, des ruisseaux, des étangs, des marais, qui la rendent impénétrable pour une marche d'armée, excepté dans cinq clairières qui ouvrent des routes pour entrer des Évêchés en Champagne. Le premier débouché est le Chêne-Populeux; il est tout ouvert et il y passe un chemin qui va de Sedan à Rhétel. Le second est la Croix-aux-Bois, deux lieues plus à l'ouest, qui forme un chemin de charrettes dans la forêt, qui va de Buquenai à Vouziers. Le troisième est Grand-Pré, à une lieue et demie de la Croix-aux-Bois, par lequel passe le chemin de Stenai à Reims. Le quatrième, à deux lieues et demie de Grand-Pré, conduit de Varennes à Sainte-Ménéhould et se nomme La Chalade. Le cinquième, à un peu plus d'une lieue ouest, est le grand chemin de Verdun à Paris, par Sainte-Ménéhould; il se nomme les Illettes.

C'était cette position de treize lieues d'étendue qu'il s'agissait de défendre; et si l'on parvenait à retenir les ennemis dans les défilés de cette forêt, jusqu'à la fin de la saison, aux approches de l'hiver, ils étaient forcés de retourner sur leurs pas, et leur campagne était manquée. Dillon avec cinq mille hommes devait occuper les Illettes et une position à la Chalade. Dumourier, avec son corps d'armée se réservait le poste de Grand-Pré. Un corps détaché aux ordres de Chazot, devait occuper le passage de la Croix-aux-Bois. Celui du Chêne-Populeux, le plus à l'extrémité nord de la forêt devait être laissé ouvert momentanément faute de troupes suffisantes. Mais le général Beurnonville recevait ordre d'être le 14 à Rhétel avec la plus grande partie des troupes du camp de Maulde; et le général Duval arriva le 7, avec environ cinq mille hommes. Dix-huit cents hommes parfaitement équipés et armés, avec quatre pièces de canon, y furent envoyés par la ville de Reims.

Le plan ainsi arrêté, il s'agissait de gagner les positions convenues par des marches dont le but et l'intention ne fussent point pénétrées par l'ennemi. Il fallait manœuvrer devant lui, sur un terrain déjà resserré par ses avant-postes. Stenai sur la Meuse, était occupé par Clairfait; et les positions qu'il fallait saisir dans les défilés de l'Argonne étaient toutes plus près des ennemis que de l'armée française. Ici commence cette campagne qui fait époque dans l'histoire militaire de la France, et qui décida en vingt jours des destinées de l'Europe.

Deux routes conduisaient de Sedan à Grand-Pré et aux Illettes; l'une, plus sûre, mais plus longue, en longeant la forêt par sa lisière de l'est : cette route avait le désavantage d'indiquer nos projets à l'ennemi, et de lui donner le temps de devancer l'armée dans tous les postes qu'elle allait occuper; l'autre, plus courte et plus hasardée, en passant entre la Meuse et la forêt, laissait cependant encore le temps au corps commandé par Clairfait, en avant de Stenai et sur la rive gauche de la Meuse, de prévenir Dumourier dans la position de Grand-Pré. Mais, au-dessus de Stenai et sur la rive droite de la Meuse, existe un camp fameux dans les guerres anciennes, Bouenne, position forte et dès long-temps reconnue; et Dumourier jugea que, si Clairfait était attaqué avec des démonstrations décisives et assurées, il se hâterait de repasser la Meuse et d'aller l'occuper. Il n'était pas probable qu'une avant-garde détachée eût l'imprudence d'attendre, avec une rivière à dos, l'attaque de toute l'armée française. Selon les lois de la prudence, elle devait s'empresser de mettre la rivière entre elle et les assaillans. Alors Dumourier avait les passages libres; il gagnait une marche sur les Autrichiens, et était assuré de les devancer dans les défilés de l'Argonne. Ce qu'il avait prévu arriva. L'avant-garde autrichienne, attaquée vivement le 31 par le général Dillon, avec six mille hommes, repassa la Meuse et alla occuper le camp de Bouenne. Dillon, cependant, menacé par des forces supérieures, se replia, et revint le même jour, en redescendant la Meuse, camper à Mouson, où il attendit les ordres de Dumourier. Cependant celui-ci envoie le général Chazot au Chêne-Populeux, et part lui-même de Sedan le 1er septembre, et le 4 il occupe, avec douze mille hommes, le camp dit de Grand-Pré, c'est-à-dire une position entre l'Aisne et l'Eure, ayant sa gauche à Grand-Pré, et sa droite à Marque. Dillon le précéda dans ce mouvement; le 3, il campa à Curnay, à droite de Marque; le 4, il partit de ce point, et, par une marche rapide par de mauvais sentiers, traversant plusieurs fois la ligne des vedettes ennemies, il gagna, en moins de deux jours, les Grandes-Illettes, qui lui étaient assignées. Là, il trouva le général Galbaud, qui y était posté depuis le 3, avec deux bataillons et une partie de la garnison de Verdun. Cette marche du général Dillon reçut à cette époque de très-grands éloges. A peine arrivé, il s'occupa de se couvrir par des ouvrages de campagne. Il envoya enlever, dans les villages en avant de sa position, les fourrages et les vivres préparés par ordre des Prussiens, et fit battre la campagne par des partis de cavalerie, qui escarmouchèrent plusieurs fois avec l'ennemi. Ainsi, tous les défilés de l'Argonne étaient occupés au plus tard le 7 septembre, par bien peu de troupes, il est vrai, puisque toutes les forces de Dumourier, soit celles qui étaient sous son commandement immédiat, soit celles qui étaient sous les ordres des généraux Duval, Chazot et Dillon, ne s'élevaient qu'à vingt-cinq mille hommes, dont six mille de cavalerie. Mais il ne s'agissait que de gagner du temps. On attendait, en effet, Kellermann, Beurnonville et des bataillons de Soissons.

A cette époque, Dumourier lança la proclamation suivante :

« Citoyens, l'ennemi fait des progrès sur le territoire des hommes libres, parce que vous ne prenez pas la précaution de faire battre vos grains, de les porter sur les derrières, pour qu'ils soient sous la protection des troupes françaises, d'apporter au camp de vos frères les fourrages et les pailles qui vous seraient payés comptant par vos compatriotes, qui respectent votre propriété. Vous donnez à nos cruels ennemis le moyen de subsister au milieu de vous, de vous accabler d'outrages et de vous remettre dans l'esclavage! Je vous annonce que, si les Prussiens et les Autrichiens s'avancent pour traverser les défilés que je garde en force, je ferai sonner le tocsin dans toutes les paroisses, en avant et en arrière des forêts d'Argonne et de Mazarin; à ce son terrible, que tous ceux d'entre vous qui ont des armes à feu se portent chacun en avant de sa paroisse, sur la lisière du bois, depuis Chevières jusqu'à Passavant; que les autres, munis de pelles, de pioches et de haches, coupent le bois et entassent des abattis pour empêcher les ennemis de pénétrer! Je requiers, au nom de la loi et au nom de la patrie, tous les administrateurs de département, de districts, tous les officiers municipaux, de donner les ordres sur leur responsabilité, pour l'exécution des différens objets de cette proclamation. Quiconque y mettra obstacle sera dénoncé à l'assemblée nationale comme lâche et parjure ; mais, comme cette mesure serait trop lente, je déclare qu'en cas que j'y sois forcé, j'emploierai tous les moyens militaires que j'ai dans les mains, pour faire exécuter ce que je crois nécessaire au salut de la patrie. »

Il faut croire que cette proclamation ne fut pas sans influence; car nous verrons que, dans quelques jours, les armées ennemies commencèrent à manquer d'approvisionnemens, tandis qu'ils ne cessèrent d'abonder dans le camp français, bien qu'à chaque instant, en quelque sorte, il s'accrût de nouvelles troupes.

Pendant ce temps, le général Harville était chargé de former une armée pour protéger Reims; le général Labourdonnaye d'en former une autre sur la frontière de Flandre; et au camp de Soissons, le général Lapoipe terminait l'organisation des bataillons au fur et à mesure de leur arrivée, et les faisait filer, soit sur l'Argonne, soit sur Reims, soit sur la Flandre. Enfin, à Meaux, on avait établi un camp intermédiaire, où les volontaires qui arrivaient de Paris recevaient leur première organisation, pour être envoyés de suite à Châlons; en même temps, on étudiait le terrain des bords de la Marne, afin d'y choisir une position capable de résister, si les défilés de l'Argonne venaient à être forcés. Ainsi l'activité du ministre de la guerre n'était pas au dessous des circonstances, et la population aussi était animée d'une ardeur militaire qui abrégeait toutes les difficultés. Mais revenons aux événemens qui se passaient dans l'Argonne.

Le duc de Brunswick sortit enfin d'un repos qui est resté inexplicable pour ses amis et ses ennemis. Le 9 septembre, il poussa sur Grand-Pré une reconnaissance qui fut repoussée. Alors, jugeant qu'il y aurait de l'imprudence à entreprendre de chasser de vive force l'armée française de cette position, il prend la résolution de la tourner par la Croix-aux-Bois et Vouziers, d'où ses troupes pourront ensuite se diriger à son gré sur Reims ou sur Châlons. Le général Dumourier, prévoyant de son côté une prochaine agression, demande le 12 septembre, au général Dillon, un secours de deux mille cinq cents hommes, qui arrivent le 13. Le même jour, il retira vers lui une partie des troupes qui gardaient le Chêne-Populeux et la Croix-aux-Bois, laissant dans le premier, qui était le plus éloigné, quatre bataillons et deux escadrons, sous les ordres du général Bouquet, et dans le second, sans doute parce qu'il était le plus près, seulement cent hommes couverts par un abattis. Cependant une reconnaissance, poussée le 13 dans la direction et en avant de la Croix-aux-Bois, et conduite par le général Miranda, lui apprit que l'ennemi se portait en force sur ce point. Il y eut à Morthomme un engagement très-vif avec l'ennemi, qui fut repoussé. En effet, le même jour, les Autrichiens de Clairfait se saisissaient du défilé de la Croix-aux-Bois et chassaient sa faible garnison. Instruit de cet accident, Dumourier envoya sur-le-champ le général Chazot avec sept bataillons, cinq escadrons et onze pièces de canon, pour débusquer l'ennemi. Les Autrichiens, attaqués le 14 à six heures du matin, furent, en effet, après un combat très-meurtrier, obligés de battre en retraite. Le prince de Ligne fut tué dans cette affaire. Mais bientôt le général Clairfait revient lui-même à la tête de douze mille hommes, et le général Chazot, dans l'impossibilité de résister, abandonne le terrain, et repasse l'Aisne en désordre, pour se retirer à Vouziers. En même temps, un corps d'émigrés attaquait la trouée du Chêne-Populeux, d'où ils étaient vigoureusement repoussés par le général Bouquet. Mais celui-ci, instruit de l'occupation de la Croix-aux-Bois par l'ennemi, et craignant d'être pris à revers et coupé, se replie, à la faveur de la nuit, sur Attigni, y passe l'Aisne, et se retire par Suippe sur Châlons, où il arriva le 17.

Les positions dont nous venons de parler étant prises, le général Clairfait n'avait plus qu'à passer l'Aisne pour resserrer, sur ses derrières, le général Dumourier dans son camp de Grand-Pré, tandis que le duc de Brunswick aurait embrassé le front du général français, qui, enfermé entre l'Aire et l'Aisne avec son armée, réduite à quinze mille hommes au plus, sans subsistances, sans communication avec ses magasins et les renforts qu'il attendait, n'aurait eu d'autre parti à prendre que de mettre bas les armes : mais les Autrichiens et les Prussiens ne se départaient pas de leur lenteur habituelle.

Le général Dumourier ne se dissimulait pas le danger où il se trouvait; mais il sentit que ce n'était que par une activité extrême, et en changeant brusquement son plan de défense et son champ de bataille, qu'il pouvait sauver son armée. En conséquence, il prend la résolution de traverser aussitôt la rivière d'Aisne et de s'en couvrir, en se postant sur les hauteurs d'Autri, afin d'empêcher les coalisés, s'il en a le temps, de couper sa retraite sur Sainte-Ménehould et Châlons. En conséquence, il envoie ordre au général Chazot de partir à minuit de Vouziers pour se rendre à Vaux-les-Mouron, afin d'y joindre l'armée le lendemain 15 septembre. Il dépêche un courrier au général Beurnonville, à Rhétel, pour lui prescrire de partir au moment où il recevra sa lettre, de forcer sa marche, de côtoyer l'Aisne jusqu'à Attigni, et de se diriger ensuite sur Vouziers et Sainte-Ménehould, où il opérera sa jonction. Il mande à Kellermann, qui était à Révigni, de prendre aussi sans délai la route de Sainte-Ménehould. Deux autres courriers sont dépêchés, l'un au général Sparre, au camp de Notre-Dame-de-l'Épine, devant Châlons, avec ordre d'y réunir toute l'infanterie et toute la cavalerie disponibles pour couvrir cette ville; l'autre au général d'Harville, pour tirer de Soissons, Épernai et Reims, toutes les troupes possibles, en renforcer le corps à ses ordres, et s'établir entre Suippe et Pont-Faverger, afin de couvrir Reims. Enfin, Dumourier réclame de toutes parts des renforts, surtout en cavalerie, informe Dillon de sa prochaine arrivée à Sainte-Ménehould, et lui recommande de surveiller avec soin les débouchés des Illettes, de Passavant et de la Chalade.

Après avoir préparé en secret, le 14, son décampement pour la nuit suivante, la nuit venue, les postes avancés sur la rive droite de l'Aire, laissent leurs feux allumés, traversent la rivière et rompent les ponts après eux. A minuit, on commence à détendre le camp en silence, et on le quitte à trois heures du matin, le 15. On passe l'Aisne, et on se met successivement en bataille, la droite à Autrui, pour soutenir l'arrière-garde, qui finit de passer la rivière à huit heures du matin. Ce mouvement ne fut pas inquiété. Alors Dumourier rassuré fait prendre les devans à son artillerie vers Dammartin-sous-Ham, où il projette de camper, et la fait suivre par l'armée, qu'il précède, afin de régler l'emplacement du camp. Au moment où il le trace, vers dix heures du matin, des fuyards surviennent en foule, assurant la défaite de l'armée, poursuivie vivement par les Allemands. Le général, apercevant les symptômes d'une déroute dont il ignore la cause, court à toute bride entre Autri et Cernai, où il trouve le général Miranda achevant d'arrêter la fuite de l'infanterie. Le prince de Hohenlohe-Ingelfingen, s'étant aperçu de la retraite des Français, avait passé l'Aire, et s'était avancé jusqu'à Senai, d'où il avait poussé de la cavalerie au-delà de l'Aisne, pour harceler la queue de nos colonnes. A la vue des hussards ennemis, les troupes de la division Chazot, qui débouchait par Vaux, ayant été saisies d'une terreur panique, s'étaient précipitées à travers la colonne de l'armée où elles jetèrent la confusion, qu'une charge brusque de hussards augmenta encore. Heureusement les généraux Duval et Stengel avaient contenu leurs troupes et repoussé l'ennemi, qui emmena néanmoins quelques prisonniers, deux pièces de canon et des bagages; sans la fermeté de ces généraux, douze cents hussards eussent dissipé l'armée. Cependant près de deux mille hommes de toutes armes s'enfuient au camp des Illettes, à Rhétel, à Reims, à Châlons, à Vitri, publiant partout la déroute de la totalité de l'armée, et que les Prussiens vont arriver sur leurs pas; nouvelle qui répand la consternation et retarde de toutes parts l'arrivée des renforts. Mais Dillon fit arrêter les alarmistes qui s'étaient enfuis auprès de lui, et les renvoya le lendemain à Dumourier, qui les dépouilla de leurs armes et de leur uniforme, leur fit raser les cheveux et les sourcils, et les chassa comme des lâches.

L'ordre commençait à se rétablir, le campement se formait, lorsqu'une nouvelle terreur se manifeste subitement à six heures du soir. L'artillerie attelle et se met en mouvement pour gagner les hauteurs; les troupes se mêlent, fuient; on crie *sauve qui peut!* C'est avec peine que les officiers-généraux parviennent par leur présence et par leurs exhortations à apaiser cette rumeur sans sujet. Le lendemain 16, l'ordre étant rétabli, l'armée vient camper entre Maffrecourt et Sainte-Menehould, sur des hauteurs un peu en arrière de Valmy.

Pendant que ces événemens se passaient dans le corps d'armée de Dumourier, Beurnonville s'était mis en marche, selon l'ordre qu'il en avait reçu. Arrivé à Aure le 16, il poussa une reconnaissance, et, apercevant une armée qui marchait sur Sainte-Menehould, il s'imagina que c'était celle du duc de Brunswick; il se hâta donc de se replier sur Châlons. Enfin, un aide-de-camp de Dumourier vint le retirer de son erreur, et il opéra sa jonction le 18.

Le même jour, 18, l'armée entière du duc de Brunswick, qui s'était concentrée sur les positions occupées par Clairfait, s'ébranle, passe l'Aisne à Vouziers; et suivant sur la lisière champenoise de l'Argonne, à peu près la même route que Dumourier avait parcourue pour se rendre à Sainte-Menehould, vient camper à Massige en avant de Maison-Champagne. Les émigrés s'établirent près de Suippe. Ainsi l'ennemi avait tourné les premières positions de Dumourier, il se trouvait en ce moment même placé entre lui et la Champagne; il avait presque enfermé les Français dans l'Argonne; car il était maître de lui couper la grande route de Châlons. Une seule route restait libre, c'était celle de Vitry, et c'était aussi par là qu'on communiquait avec Kellermann. Le roi de Prusse qui suivait son armée crut l'armée française perdue, puisqu'il était sur ses derrières, et il pensa qu'elle tenterait tout pour se faire un passage sur Châlons. Tel n'était pas cependant le projet de Dumourier ; il voulait temporiser, retenir l'ennemi autant que possible, le suivre s'il prenait la route de Châlons et de Paris. D'ailleurs il se trouvait à la tête de forces assez considérables pour que l'ennemi ne fût plus libre de ses mouvemens. En effet la jonction de Beurnonville et de Kellermann, avait porté son armée à cinquante-trois mille hommes; et il savait en outre qu'entre Châlons et les Prussiens il y avait divers corps dispersés, il est vrai, mais qui formaient encore ensemble vingt-trois mille hommes.

Le camp que Dumourier occupait, et qu'il s'était appliqué à disposer le plus convenablement pour la défense, était situé à une lieue en avant de Sainte-Menehould à droite du chemin qui mène à Châlons ; c'est un plateau peu élevé au-dessus des prairies qui bordent son front. La droite de cette position est appuyée à l'Aisne qui descend de Sainte-Menehould; la gauche se termine à un étang et à des prairies marécageuses.

Une vallée étroite sépare ce camp de la hauteur de l'Hyron et de celle de la Lune, qui laissa son nom au camp des Prussiens. L'espace compris entre ces deux hauteurs est un bassin de prairies d'où sortent épars quelques tertres isolés. Le plus élevé est celui du moulin de Valmy. Deux rivières qui tombent dans l'Aisne au-dessus et au-dessous de Sainte-Menehould, à deux lieues de distance, l'Auve au sud, au nord la Bionne, ceignent cet espace. Le quartier général fut établi à Sainte-Menehould, et se trouvait au centre, à distance égale de l'armée et de la division de Dillon aux Illettes. Dans cette position extraordinaire, les deux corps français adossés faisaient, en avant et en arrière, front à l'ennemi qui, lui-même, avait derrière lui le pays qu'il venait envahir, tandis que l'armée de Dumourier, faisait face à la France.

Tout l'avantage de cette situation était en définitive pour les Français. L'armée austro-prussienne ne pouvait marcher en avant en laissant une force aussi considérable sur ses derrières, et si elle conservait quelque temps cette position, elle ne pouvait manquer d'être affamée. Il ne paraît pas cependant que ce fut d'après une prévoyance de ce genre, que le roi de Prusse se détermina à attaquer : ce fut la pensée que les Français se préparaient à se retirer sur Châlons. On avait remarqué dans l'armée française plusieurs mouvemens causés par des déplacemens de corps; la nouvelle était venue qu'un corps considérable était arrivé près de Châlons. On conclut de là que déjà un corps s'était échappé du *piége*, ainsi qu'on le disait, où les révolutionnaires étaient tombés, et que l'armée tout entière se préparait secrètement, comme à Grand-Pré, à opérer sa retraite. L'ordre de marcher en avant fut donc donné par le roi lui-même.

En conséquence le 20, à trois heures du matin, l'avant-garde prussienne vint donner sur celle de Kellermann qui était établi à Hausef et qui se replia aussitôt sur la hauteur qui le dominait, sur le plateau d'Hyron où elle fut renforcée. Cependant maître du village de Hans, l'ennemi laissant l'Hyron à sa gauche fila en avant pour tourner la position et vint occuper celle de la Lune, se plaçant ainsi à cheval sur la route de Châlons; mais arrivé là, il se trouva séparé de la hauteur de l'Hyron, par le petit plateau de Valmy où Kellermann était en personne dès cinq heures du matin, et où il avait fait établir près du moulin une batterie de dix-huit pièces. Un brouillard épais, couvrit jusque vers sept heures les mouvemens des deux armées. Mais le brouillard s'étant levé, le feu commença de part et d'autre. Les Prussiens avaient en ligne cinquante-huit bouches à feu en quatre batteries, trois de canons, une d'obusiers.

Le feu se soutint avec vivacité sans être fort meurtrier, jusqu'à dix heures du matin. Alors il arriva qu'un coup de canon tua le cheval de Kellermann, et en même temps des obus qui crevèrent au milieu du dépôt des munitions des Français, firent sauter deux caissons d'artillerie dont l'explosion tua et estropia beaucoup de monde. Dès lors, le désordre se mit parmi le charrois, et les conducteurs s'enfuirent avec leurs caissons, ce qui ralentit bientôt le feu faute de munitions. Au même instant, sans qu'on pût en connaître les moteurs, une partie de l'infanterie faisait un mouvement rétrograde, manœuvre fâcheuse, dans un moment d'autant plus critique, que l'ennemi, après plusieurs démonstrations qui avaient pour objet de donner le change, laissant sa cavalerie en bataille pour soutenir son infanterie, formait celle-ci sur trois colonnes, dont celle de droite se portait sur la gauche du mamelon de Valmy, et les autres sur la direction du moulin. Kellermann, voyant ce mouvement, forme lui-même son infanterie sur trois colonnes correspondantes d'un bataillon de front, avec défense de tirer, afin de pouvoir tomber à la baïonnette sur l'ennemi, au moment où il monterait la hauteur, et, par une heureuse inspiration, il crie *Vive la nation!* Ce cri aussitôt répété d'un bout de la ligne à l'autre et prolongé pendant un quart d'heure, électrise les troupes, et fait succéder l'allégresse et la confiance à la morne inquiétude qui auparavant les dominait. Cependant, les colonnes prussiennes foudroyées par l'artillerie commencèrent à flotter et enfin se replièrent précipitamment sans attaquer. On recommença à se canonner des deux parts d'une hauteur à l'autre. Vers six heures, les Prussiens recommencèrent leur mouvement du matin. On leur opposa les mêmes dispositions; les mêmes cris témoignèrent de l'impatience de combattre de près; mais le feu de l'artillerie eut le même succès que le matin. A sept heures la canonnade cessa. Les Français eurent à peu près neuf cents hommes tués ou blessés; la perte des Prussiens fut évaluée à un nombre à peu près semblable. Telle fut la fameuse canonnade de Valmy.

Dès l'instant où le général Kellermann se crut débarrassé des attaques de l'ennemi, il songea à aller camper au-delà de l'Auve, de manière à menacer la droite de la position occupée par l'ennemi sur la hauteur de la Lune; en conséquence, après avoir laissé le général Stengel avec quelques troupes pour allumer des feux sur la ligne, afin de donner le change, il opéra le mouvement qu'il avait projeté. Cependant le duc de Brunswick s'était pendant la nuit préparé à attaquer de nouveau le plateau de Valmy, mais il s'arrêta en voyant les Français se mettre en bataille sur sa droite. Vers les sept heures, ceux-ci commencèrent à canonner les Prussiens par le flanc. Cela les détermina à se replier sur le cabaret de la Lune où ils élevèrent une redoute. C'était s'avouer vaincus, et en effet dès ce moment les Prussiens cessèrent de prendre l'offensive. Nous verrons ailleurs les suites politiques de cette affaire.

Pendant que les Prussiens attaquaient sur la route de Châlons, les Hessois campés derrière Clermont avaient attaqué Dillon aux Grandes-Illettes. L'attaque de ceux-ci fut plus malheureuse que celle des Prussiens, car ils furent poursuivis jusque dans les jardins de Clermont la baïonnette dans les reins (1).

(1) Nous avons emprunté cette narration au *Tableau historique de la guerre de la révolution*, par Servan, ministre de la guerre, aux *Mémoires d'un homme d'état*, au *Compte-Rendu* du général Dillon, enfin à l'*Histoire de la révolution*, par Toulongeon. Nous avons, en outre, le plan de toutes les opérations sous les yeux. Les auteurs que nous avons copiés sont tous d'accord sur les faits; seulement Toulongeon s'est trompé sur quelques dates. (*Note des auteurs.*)

DOCUMENS COMPLÉMENTAIRES

AU

MOIS DE SEPTEMBRE 1792.

Il nous a paru indispensable soit pour rendre cette collection plus complète qu'aucune autre qui ait été faite, soit pour ne laisser échapper aucun document historique important, soit pour donner à nos lecteurs tous les moyens nécessaires pour porter un jugement fondé sur l'époque que nous venons de décrire, il nous a paru indispensable de rapporter les meilleures des brochures contemporaines, écrites par les témoins des terribles scènes de septembre. Nougaret fut le premier, nous le croyons, qui forma une collection de ce genre et la fit imprimer en l'an V (1797 vieux style) sous le titre de *Histoire des prisons de Paris*; cette collection, quoique volumineuse, est loin d'être aussi complète, sous le rapport historique, que le sera la nôtre. L'éditeur se laissa entraîner par la passion de plaider contre l'époque de la terreur, et par le mode d'intéresser par le dramatique des scènes. Aussi ne contient-elle pas les pièces les plus importantes, ni les renseignemens historiques qui méritent le plus de foi. Elle est trop mélangée d'anecdotes où l'imagination a la part principale; et elle porte tellement le cachet d'un plaidoyer, qu'elle repousse la confiance. — En 1823, MM. Berville et Barrière, ont publié à leur tour un volume de mémoires sur les journées de septembre. Ils le composèrent d'un petit nombre de brochures contemporaines, et de quelques extraits. Mais le même esprit qui animait Nogaret dicta si ce n'est le choix des brochures, au moins les préfaces, les notes et les extraits. Un vernis général d'exagération est répandu sur tout le livre; et en même temps, la citation des textes lui donne une grande apparence de vérité; en sorte que, depuis cette publication, la plupart des historiens ont été entraînés dans les mêmes excès.

De là résulte pour nous, selon la pensée qui préside à cette histoire, et qui consiste à dégager les faits révolutionnaires de toutes les passions qui ont pu les obscurcir, il en résulte la nécessité de réimprimer ces pièces, de compléter les extraits, et d'éclaircir le tout par l'adjonction de quelques pièces et de quelques extraits. Ainsi notre collection sera plus complète qu'aucune autre, sous le rapport historique.

Nous commencerons par la brochure de l'abbé Sicard. L'événement qu'il raconte fit commencer le massacre. On remarquera que, dans quelques points, son récit diffère du nôtre; mais l'on remarquera aussi que c'est dans les choses qui ne lui sont pas personnelles.

A la suite nous imprimerons la brochure de Journiac Saint-Méard qui était détenu à l'Abbaye, elle peut donner une idée de la manière dont les jugemens étaient prononcés.

Nous placerons après un extrait de la relation de Maton-de-la-Varenne, qui était détenu à la Force. Celle-ci peut être considérée comme une pièce rare.

Nous continuerons par un extrait de la brochure ayant pour titre *La vérité tout entière,* etc., par Méhée fils, secrétaire-greffier de la Commune du 10 août; mais nous n'en supprimerons que ce qui n'est point historique, que ce que l'on pourrait appeler la partie purement littéraire. Cette brochure est devenue une pièce rare; nous l'avons vainement cherchée dans les bibliothéques publiques; et nous en devons la communication à M. Maurin, auquel nous devons, d'ailleurs, tant sous d'autres rapports. Enfin nous terminerons par l'insertion de diverses petites pièces, dont une doit être signalée comme fort rare : c'est celle qui a pour titre : *Histoire des hommes de proie, ou les crimes du comité de surveillance,* etc. Elle est curieuse surtout en ce qu'elle raconte l'histoire intérieure de ce comité; elle n'est guère exacte qu'en cela, ainsi que nos lecteurs pourront le voir en consultant notre propre narration.

RELATION

ADRESSÉE

PAR M. L'ABBÉ SICARD,

Instituteur des sourds et muets, à un de ses amis, sur les dangers qu'il a courus les 2 et 3 septembre 1792 (1).

Les malheureux événemens des 2 et 3 septembre, dont j'étais une des victimes désignées, occupent dans mon souvenir une place trop importante, pour que je ne sois pas toujours prêt à en faire le récit le plus exact. Mais vous ne vous contentez pas, ami trop sensible, de ce que je vous en ai rapporté dans l'intimité de la confiance, vous voulez en avoir l'histoire par écrit. Je dois trop à votre bon cœur pour vous rien refuser. Je vais donc écrire cette histoire si déshonorante pour notre siècle, et dont la postérité concevra difficilement toutes les horreurs.

Le serment de la Constitution civile du clergé, exigé de tous les fonctionnaires publics ecclésiastiques, avait jeté dans le sanctuaire le germe d'une division fatale. L'assemblée constituante, en décrétant l'obligation de ce serment, laissait les fonctionnaires libres de le prêter ou de le refuser. Le refus, au terme de la loi, valait une démission. Quelques-uns le prêtèrent. Le plus grand nombre s'y refusa et fut dépossédé. La loi laissait le choix entièrement libre; et cependant on donna aux uns le titre de *bons citoyens*; les autres furent appelés *réfractaires*.

Dans le mois d'août 1792, la même assemblée crut devoir commander un second serment qui fut appelé le serment de *la liberté* et de *l'égalité*. Le premier n'était point dans mes principes religieux, et on ne l'exigea pas de moi. Mais quand j'appris que l'on avait décrété un second serment, purement civil, je crus de-

---

(1) Ce récit fut publié pour la première fois dans un recueil périodique qui paraissait sous le titre d'*Annales religieuses*.

voir en offrir la prestation que j'accompagnai d'un don civique de deux cents livres.

C'était l'instant où la municipalité de Paris remplissait les prisons des malheureuses victimes dont elle avait projeté le massacre. Plusieurs sections arrêtèrent, par ses ordres, tous les prêtres appelés *réfractaires*, et ceux qu'on savait avoir quelques liaisons avec eux. Toutes les haines se réveillèrent, et nul homme de bien ne fut à l'abri de la suspicion.

Je n'avais qu'un seul ennemi dont je tairai le nom et l'intrigue, et qui me devait plus d'un bienfait. Il n'attendait que le moment de me perdre; il se réunit à quelques factieux dont le 9 thermidor a puni les nombreux attentats; il obtient un mandat contre moi, et l'on vient l'exécuter le 26 août 1792.

C'était le moment où j'allais faire la leçon des sourds et muets; j'étais occupé à ma correspondance, quand je vois entrer dans mon cabinet un menuisier du voisinage, nommé *Mercier*, accompagné d'un officier municipal, tous deux suivis d'environ soixante hommes, armés de fusils, de sabres et de piques. *Mercier* m'annonce qu'il vient, de la part de la Commune, pour me mettre en état d'arrestation. Je l'écoute de sang-froid, et lui demande s'il m'est permis de prendre les lettres que je viens d'écrire pour les envoyer à la poste. Mercier répond qu'il se saisit de mes lettres et qu'il faut même que je vide mes poches pour lui donner tout ce qui s'y trouve; qu'il va procéder à mettre le scellé sur tous mes effets. Je demande s'il me sera permis d'emporter mon bréviaire, et je prends en même temps un volume de plus, intitulé : *Religion chrétienne méditée dans le véritable esprit de ses maximes*. Mercier m'arrache ce livre des mains, et faisant effort pour en lire le titre, il dit à chaque mot : « C'est contre-révolutionnaire;
» il faut faire mention dans le procès-verbal que Sicard a voulu
» prendre ce livre et l'emporter à la place de son bréviaire. » Le menuisier fouilla dans toutes les armoires, en homme du métier, jusqu'à ôter tous les fonds, soupçonnant qu'il y eût quelque écrit digne de sa censure.

Enfin quatre heures s'étant passées à l'examen et au scellé de mes effets, je suis mené avec tout cet appareil militaire au comité de ma section : c'était celle de l'Arsenal. Le comité était complet. Plusieurs membres, en me voyant arriver, ne purent se défendre d'une secrète joie. On me fait asseoir à l'écart ; on se regarde, et le rédacteur du procès-verbal demande tout bas au président : *Que dirons-nous pour motiver son arrestation ?* — *Il n'y a qu'à dire*, répondit le président, *qu'il faisait des rassemblemens de prêtres chez lui.* Personne ne m'adressa la moindre parole. Mercier seul est interpellé pour savoir qui me conduirait à la mairie ? Celui-ci répond qu'il a du monde à dîner et qu'il ne peut revenir que fort tard. On rit de son scrupule, et on l'invite à ne revenir qu'à sa commodité. *Sicard*, ajoute-t-on, *est fait* pour *attendre.*

On se retire et on me laisse sous la garde de quelques sans-culottes.

On revient à cinq heures pour m'amener au comité d'*exécution*. On me propose de prendre une voiture pour éviter les désagrémens d'être conduit par des soldats. Je réponds à Mercier que si la honte est pour moi je veux la subir tout entière ; que si elle est pour eux, je ne dois pas les y soustraire.

Nous marchons donc à pied vers la mairie, précédés et suivis de baïonnettes.

L'un des deux officiers ayant affaire dans une maison près la place de Grève, l'autre l'y suivit, et je me trouvai seul avec mes gardes lorsqu'un de ces volontaires, étonné de voir ainsi mener en prison un homme dont l'extérieur tranquille n'annonçait rien de criminel, me demanda mon nom. Il ne l'eut pas plus tôt entendu, qu'il leva les yeux et les mains vers les cieux, en s'écriant : « Quoi ! c'est vous que l'on conduit en prison, vous, l'ami de l'humanité, le père, bien plus que l'instituteur des pauvres sourds et muets ! Et de quoi vous accuse-t-on ? Quel est donc votre crime ? Ah ! permettez-moi d'aller admirer vos travaux quand vous serez rendu à votre famille que votre détention va désoler. » Je supprime les plus flatteurs éloges que ce bon volontaire me prodigua, m'appelant, au gré de son enthousiasme, le digne successeur de l'abbé de l'Épée, l'émule de Locke, de

Condillac, et m'honorant de divers autres titres illustres qui flattaient moins mon cœur que l'intérêt même que cet inconnu prenait à mon sort, ajoutant : « Et c'est vous, homme rare et précieux, que l'on emprisonne ! » Lorsque mes deux satellites en chef revinrent, ils me traduisirent à la mairie. Je fus introduit dans une salle basse où se tenait *le comité d'exécution*. Là, autour d'une grande table, des hommes à chevelure jacobite recevaient les prisonniers qui se succédaient dans cet antre, pour être inscrits et dépouillés des clefs de leurs secrétaires scellés par les exécuteurs de leurs ordres. On me fait signe de m'asseoir dans un coin. Mercier dit à l'un d'eux : « Voilà l'abbé Sicard que nous vous amenons ; nous en aurions bien d'autres à traduire, si nous avions de plus grands pouvoirs. — De plus grands pouvoirs, répond cet homme, vous n'y pensez pas ! Vous en donner de plus grands serait borner ceux que vous avez déjà. Oubliez-vous donc que vous êtes les souverains, puisque la souveraineté du peuple vous est confiée et que vous l'exercez en ce moment ? Amenez-nous donc tous ceux que vous pourrez découvrir. »

J'étais à jeun, et il était six heures du soir, lorsqu'un piquet d'hommes eut ordre de me mener à la salle du dépôt. Je passai dans la salle d'enregistrement où mon nom causa la même surprise aux soldats de mon escorte. Enfin je monte à cette grande salle, qui, dans le temps où l'hôtel de la mairie était occupé par le premier président du parlement, servait de grenier à foin. Avant que d'entrer, les petits morceaux de papier qui servaient de sinets à mon bréviaire furent considérés avec une singulière attention. On les rapprochait ; on tâchait d'y trouver quelques mots *contre-révolutionnaires* ; enfin n'y trouvant rien, on me jeta dans cette grande salle remplie d'une foule d'hommes de toutes les classes, renfermés là sans savoir pour quelle faute. J'avance quelques pas au milieu d'eux, et aussitôt, un vieillard respectable, le curé de Saint-Jean en Grève, s'élance dans mes bras, et, oubliant sa propre arrestation, il ne paraît occupé que de la mienne. Plusieurs détenus m'environnent ; j'en reçois les mêmes témoignages d'intérêt. Je retrouve parmi eux plusieurs connaissances et quelques amis. Leur société m'offre les ressources de l'amitié la plus dévouée. La nuit arrive; je partage le lit de paille du respectable vieillard. J'essayais à peine ce lit de repos, lorsqu'on amène deux prisonniers chers à mon cœur, et employés à mon institution. L'un était un prêtre, mon instituteur adjoint, nommé *Laurent*, l'homme le plus doux, le plus vertueux et le plus courageux. L'autre était un surveillant laïc, nommé *Labrouche*, que son amitié pour moi avait rendu suspect. « Me voilà donc associé à votre persécution, comme je l'étais à vos principes, mon cher maître, me dit l'abbé Laurent; que je me trouve heureux d'avoir été jugé digne de souffrir persécution pour une si belle cause! »

Cependant les sourds et muets mes élèves, auxquels j'avais été ravi, ne pouvaient se consoler de cet enlèvement. Ils vinrent le lendemain matin à ma prison, me demander la permission de me réclamer à la barre de l'assemblée. *Massieu* (1), en me voyant renfermé et gardé comme un criminel, fit, en présence des gardes de la prison, des signes d'un intérêt si touchant, qu'il les attendrit tous. Il me remit une copie de la pétition qu'il allait faire à l'assemblée. En voici le précis:

« Monsieur le président, on a enlevé aux sourds et muets leur instituteur, leur nourricier et leur père. On l'a enfermé dans une prison, comme s'il était un voleur, un criminel. Cependant il n'a pas tué, il n'a pas volé; il n'est pas mauvais citoyen. Toute sa vie se passe à nous instruire, à nous faire aimer la vertu et la patrie. Il est bon, juste et pur. Nous vous demandons sa liberté; rendez-le à ses enfans, car nous sommes ses fils. Il nous aime comme s'il était notre père. C'est lui qui nous a appris ce que nous savons. Sans lui, nous serions comme des animaux. Depuis qu'on nous l'a ôté, nous sommes tristes et chagrins. Rendez-nous-le; vous nous ferez heureux. »

Cette lettre, portée à la barre par Massieu, fut lue par un secrétaire et couverte d'applaudissemens. Un décret fut rendu, qui

(1) Tous ceux qui connaissent mes leçons connaissent les talens distingués de ce jeune sourd et muet, aussi intéressant par les diverses conceptions de son esprits que par les affections de son cœur. (*Note de l'abbé Sicard.*)

ordonnait au ministre de l'intérieur de rendre compte au plus tôt à l'assemblée des motifs de l'arrestation de l'instituteur des sourds et muets.

Un jeune homme, appelé *Duhamel*, nommé depuis un de mes adjoints, alla se joindre aux sourds et muets à la barre, s'offrit en otage, et demanda à pouvoir se constituer prisonnier à ma place. Ce trait de courage fut très-applaudi.

Cependant les jours se passent sans que le décret rendu en ma faveur reçoive aucune exécution. Nous touchions au 2 septembre, quarante-huit heures avant le terrible discernement qui devait se faire dans la prison de la mairie. *Manuel*, alors procureur de la Commune, est annoncé : il est aussitôt entouré de la plupart des prisonniers qui espéraient savoir de lui quelque chose de positif sur leur destinée. Voici le discours perfide que leur tint ce scélérat : « Je viens, messieurs, vous apporter des paroles de paix et de consolation ; dans trente-six heures, vous recevrez de la municipalité le détail des mesures d'exécution de la loi de la déportation, à laquelle sont condamnés tous ceux qui n'ont pas fait le serment civique, et douze heures après vous serez libres, et vous aurez quinze jours pour vous préparer à votre voyage. Mais il faudra que chacun prouve qu'il est prêtre ; car l'avantage de sortir en ce moment de la France est une faveur que bien des gens enviraient. »

Quelques détenus, se montrant sensibles à l'honnêteté prétendue d'un tel discours, en furent improuvés par le plus grand nombre, qui n'osèrent trop se fier aux paroles d'un Manuel.

Nos momens s'écoulaient dans la paix et la tranquillité de nos ames. Nos entretiens, exempts du moindre sentiment haineux, et n'ayant pour but que notre propre réforme, roulaient sur la morale, sur nos devoirs, sur l'espérance que nos principes, comme nos intentions, seraient un jour mieux connus, et qu'on leur rendrait alors plus de justice. Chacun faisait ensuite des projets pour l'avenir. Je résolus, si l'on me déportait, de me retirer dans une ville capitale, où l'on me pressait d'aller fonder un établissement pour les sourds et muets. Je l'écrivais à un de mes amis. Il était question de faire passer cette lettre; elle fut arrêtée à la porte. L'officier de garde me dit en la lisant : « Que cette lettre ne pouvait passer ; qu'il ne pouvait être permis à aucun Français d'aller porter à des étrangers une découverte quelconque. — Oh! lui dis-je, si vous saviez ce que c'est que cette découverte! c'est l'art d'instruire les pauvres sourds et muets. — Oh! si ce n'est que cela, me répondit-il, votre lettre peut passer et vous pourrez partir. »

L'annonce de Manuel se réalisa en partie. Nous reçûmes la publication de la loi de déportation avec les mesures d'exécution arrêtées par la municipalité. Douze heures se passent encore. L'on ne parle plus que des préparatifs du départ et des moyens de se rendre son exil plus tolérable. Trois commissaires se présentent le samedi, veille du 2 septembre, pour prendre les noms de ceux qui vont être mis en liberté. On les entoure, on les presse. C'est à qui donnera son nom pour le faire inscrire sur la fatale liste. Un de mes adjoints, Laurent, est le premier. Je causais avec un nouvel ami que je m'étais fait dans les prisons, lorsqu'on vient me reprocher ma lenteur à me faire inscrire. Je m'avance, et je donne mon nom. On l'écrit; il me vint alors à l'idée d'ajouter que je suis l'instituteur des sourds et muets. On me dit que je ne puis sortir ce jour-là avec les autres, et l'on efface mon nom. Le surveillant Labrouche veut donner le sien; on lui demande s'il est employé dans mon institution, et sur sa réponse affirmative, on refuse de l'inscrire.

Que fallait-il penser d'une exception aussi extraordinaire? Je crus que les motifs de mon arrestation n'étant pas encore communiqués à l'assemblée, j'étais retenu jusqu'à ce qu'ils le fussent. Tous mes camarades, devenus mes amis, me quittèrent en m'embrassant. Tous me témoignèrent leur douleur de me laisser. Un d'eux surtout me donna les plus grandes marques de tendresse. Rien ne rapproche tant que l'idée d'infortune. « Nos deux ames, me dit-il, s'étaient collées l'une à l'autre ; elles s'étaient touchées par tous les points. Je viendrai vous revoir, ajoutait-il. Mon cœur demeure auprès de vous ; nous ne pouvons plus vivre séparés. »

Toute la prison devint en un instant un vrai désert. J'y étais resté seul avec le surveillant Labrouche et un ancien avocat au parlement de Paris, nommé *Martin de Marivaux*. Cette salle énorme me parut couverte d'un voile funèbre, et rien ne fut plus triste pour moi que cette affreuse solitude.

Mais bientôt elle devait être remplie par de nouvelles victimes. La nuit du 1er au 2 septembre, je vis arriver vingt-quatre prisonniers qui prirent la place de ceux qui m'avaient quitté. Je crus que mes camarades avaient obtenu leur liberté et qu'ils s'étaient retirés chez eux.

Quelle fut ma surprise! quand, le lendemain, ceux qui venaient régulièrement visiter leurs amis dans la prison revinrent pour les voir. « Vous les trouverez chez eux, disais-je à tous ceux qui se présentaient; on vint hier au soir les mettre en liberté. — Ils ne sont pas chez eux, me répondirent-ils, nous en venons.—Peut-être ont-ils été transférés dans une autre prison. » Ils étaient en effet à l'Abbaye. On revint m'en apporter la fâcheuse nouvelle. J'en fus consterné.

Cependant le ministre de l'intérieur avait fait demander à Pétion, alors maire de Paris, les motifs de mon arrestation. Il avait répondu que cela ne le regardait pas ; qu'il fallait s'adresser au *comité d'exécution*. Le comité répondit à son tour que les scellés ayant été apposés sur mes papiers, on ne pouvait rendre compte de ces motifs. C'était un prétexte imaginé pour justifier le refus. On n'ignorait pas à la mairie que l'assemblée législative voulait me sauver, si mes accusateurs ne pouvaient rien prouver contre moi ; et l'on voyait bien que les motifs de mon arrestation ne seraient pas trouvés suffisans. L'assemblée générale de la section de l'Arsenal avait d'ailleurs rendu la veille un arrêté qui invitait toutes les autorités constituées *à me faire subir la loi dans toute son étendue,* « attendu qu'il était prouvé que j'étais un fauteur de la tyrannie; que j'entretenais correspondance avec les tyrans coalisés ; qu'il fallait se hâter de me destituer et de me remplacer par le savant et modeste Salvan. » Il fut dit, en outre, que cet arrêté serait porté sur-le-champ à tous les guichetiers des prisons, à la Commune, etc.

On doit se rappeler qu'au moment où l'on vint opérer la translation des prisonniers de la mairie à l'Abbaye, je fus excepté du nombre des transférés. Il est évident que l'on voulait alors me sauver. Mais l'arrêté, rendu par trois scélérats de la section de l'Arsenal, dans la nuit qui précéda le 2 septembre, avait changé toutes ces bonnes dispositions. Ma perte venait une seconde fois d'être jurée. Déjà on se disposait à l'affreux massacre; nous touchions au moment fatal. On nous apporte à dîner, il était deux heures; on entend tirer le canon d'alarme, chacun des prisonniers s'en étonne, un trouble subit agite toutes les ames; tout y jette l'épouvante et l'horreur. Un de nous, inquiet, agité, se porte vers une fenêtre; il distingue plusieurs soldats dans la cour de la mairie. Il leur demande la cause de ce canon d'alarme : « C'est, lui dit-on, la prise de Verdun par les Prussiens. » C'était une fausseté; Verdun ne fut pris que quelques jours après. Tout le monde sait aujourd'hui que le canon d'alarme devait, dans ce jour de sang, être le signal du massacre. Tous les assassins avaient ordre de commencer les égorgemens au troisième coup.

A l'instant même, des soldats avignonnais et marseillais se précipitent en foule dans notre prison. Ils renversent les tables, nous saisissent et nous jettent dehors, sans nous donner le temps de prendre nos effets. Réunis dans la cour, ils nous annoncent qu'on va nous conduire à l'Abbaye, où nos camarades avaient été transférés la veille. Ils nous proposent de nous y rendre en voiture ou à pied; *Martin de Marivaux* demande d'y aller en voiture. J'étais perdu, avant d'y arriver, si j'avais préféré tout autre moyen. On fait venir six voitures; nous étions vingt-quatre prisonniers. Ici tous les détails deviennent précieux; c'est à la réunion des moindres événemens que j'ai dû ma vie. J'allais laisser mes camarades prendre les premières places de la première voiture, et il importait à mes jours de choisir la première. *Martin de Marivaux* me fit monter; il prit la deuxième place, puis un autre la troisième. Nous occupions le fond ; *Labrouche*, surveillant de mon institution, prit la quatrième ; deux autres prisonniers montèrent après lui. Nous voilà six dans cette première voiture ; les autres prisonniers remplissent les cinq autres. On donne le signal du départ, en recommandant à tous les cochers d'aller très-lentement, sous peine d'être massacrés sur leurs siéges, et en nous adressant mille injures : les soldats qui devaient nous accompagner, nous annoncent que nous n'arriverons pas jusqu'à l'Abbaye; que le peuple, à qui ils vont nous livrer, se fera enfin justice de ses ennemis et nous égorgera dans la route. Ces mots terribles étaient accompagnés de tous les accens de la rage et de coups de sabres, de coups de piques, que ces scélérats asséhaient sur chacun de nous. Les voitures marchent : bientôt le peuple se rassemble et nous suit en nous insultant. « Oui, disent les soldats, ce sont vos ennemis, les complices de ceux qui ont livré Verdun ; ceux qui n'attendaient que votre départ pour égorger vos enfans et vos femmes. Voilà nos sabres et nos piques ; donnez la mort à ces monstres. »

Qu'on imagine combien le canon d'alarme, la nouvelle de la prise de Verdun et ces discours provocateurs durent exciter le caractère naturellement irascible d'une populace égarée, à laquelle on nous dénonçait comme ses plus cruels ennemis. Cette multitude effrénée grossissait, de la manière la plus effrayante, à mesure que nous avancions vers l'Abbaye par le Pont-Neuf, la rue Dauphine et le carrefour de Bussy. Nous voulûmes fermer les portières de la voiture ; on nous força de les laisser ouvertes, pour avoir le plaisir de nous outrager. Un de mes camarades reçut un coup de sabre sur l'épaule ; un autre fut blessé à la joue ; un autre au-dessus du nez. J'occupais une des places dans le fond ; mes compagnons recevaient les coups qu'on dirigeait contre moi. Qu'on se peigne, s'il se peut, la situation de mon ame pendant ce pénible voyage.... Le sang de mes camarades commençant à couler sous mes yeux, sans défense, au milieu d'une populace excitée par ceux même qui semblaient proposés à notre garde, je croyais à chaque instant que nous allions être massacrés. Eh! quelle raison y avait-il pour que cela ne fût pas? Qui pouvait s'y opposer?

Enfin nous arrivons à l'Abbaye; les égorgeurs nous y attendaient. C'était par nous qu'ils avaient ordre de commencer. La cour était pleine d'une foule immense : on entoure nos voitures; un de nos camarades croit pouvoir s'échapper, il ouvre la portière et s'élance au milieu de la foule; il est aussitôt égorgé. Un second fait le même essai; il fend la presse et allait se sauver; mais les égorgeurs tombent sur cette nouvelle victime et le sang coule encore. Un troisième n'est pas plus épargné. La voiture avançait vers la salle du comité; un quatrième veut également sortir, il reçoit un coup de sabre qui ne l'empêche pas de se retirer et de chercher un asile dans le comité (1). Les égorgeurs imaginent qu'il n'y a plus rien à faire dans cette première voiture; ils ont tué trois prisonniers, ils ont blessé le quatrième, ils ne croient pas qu'il y en ait un de plus, et ils se portent, avec la même rage, sur la seconde voiture.

Revenu de cette stupeur dans laquelle le massacre de mes camarades m'avait jeté, je ne vois plus à mes côtés les monstres qui assouvissaient leur fureur et leur rage sur d'autres infortunés. Je saisis le moment; je m'élance de la voiture, et je me précipite dans les bras des membres du comité. *Ah! messieurs,* leur dis-je, *sauvez un malheureux.* Les commissaires me rejettent. *Allez-vous-en,* me disent-ils, *voulez-vous nous faire massacrer?* J'étais perdu si l'un d'eux ne m'eût reconnu. *Ah!* s'écrie-t-il, *c'est l'abbé Sicard. Eh! comment étiez-vous là? Entrez, nous vous sauverons aussi long-temps que nous pourrons.* J'entre dans la salle du comité, où j'aurais été en sûreté avec le seul de mes camarades qui s'était sauvé; mais une femme m'avait vu entrer. Elle court me dénoncer aux égorgeurs. Ceux-ci continuaient leurs massacres. Je me crus oublié pendant quelques minutes; mais voilà qu'on frappe

(1) Le comité dont il est ici question n'était ni le tribunal qui siégeait sous les guichets, ni le *comité d'exécution* dont l'abbé Sicard a parlé plus haut (page 74); mais un comité qui, chargé des affaires civiles de la section des Quatre-Nations, tenait dans ce moment ses séances dans cette redoutable enceinte. (*Note des aut.*)

rudement à la porte et que l'on demande les deux prisonniers. Je me crois perdu; je tire ma montre et je la présente à l'un des commissaires. *Vous la remettrez*, lui dis-je, *au premier sourd et muet qui viendra vous demander de mes nouvelles.* J'étais bien sûr que cette montre irait à sa destination. Je connaissais l'attachement de Massieu (1); c'était le nommer que de faire cette recommandation.

Le commissaire refuse la montre. *Il n'est pas temps de prendre ainsi votre parti, le danger n'est pas encore assez pressant, me dit-il, je vous avertirai.*

Cependant les coups bientôt redoublèrent à la porte; on est prêt de l'enfoncer. Je présente une seconde fois ma montre avec la même prière. *A présent*, me dit le commissaire, *à la bonne heure; je la remettrai à celui que vous dites.*

La remise de ma montre était une espèce de testament de mort. Il ne me restait plus rien à laisser à mes amis. Je me mis à genoux et je fis à Dieu le sacrifice de ma vie. A peine eus-je fini mon offrande, je me lève et j'embrasse mon dernier camarade. *Serrons-nous, mourons ensemble, la porte va s'ouvrir, les bourreaux sont là*, lui-dis-je, *nous n'avons pas à vivre cinq minutes.* Enfin la porte s'ouvre. Quels hommes se précipitent sur nous! Quelle rage! Leur fureur les égare quelques momens. J'étais au milieu des commissaires, vêtu comme eux, peut-être moins agité et l'ame plus tranquille. Ils s'y trompèrent d'abord; mais un prisonnier qui s'était échappé, et que les flots de cette horrible horde avaient transporté dans la salle, est reconnu. Je le suis aussi, deux hommes à piques s'écrient : « Les voici ces deux b... que nous cherchons. » Aussitôt l'un prend ce prisonnier aux cheveux, et l'autre enfonce à l'instant sa pique contre sa poitrine et le renverse mort à mes côtés; son sang ruisselle dans la salle, et le mien allait couler; déjà la pique était lancée, quand un homme, dont le nom doit m'être si cher, averti par ses enfans qu'on massacrait à l'Abbaye et qu'on parlait de l'abbé Sicard, accourt, fend la foule, et, se précipitant entre la pique et moi, découvre

(1) L'élève si cher à mon cœur, déjà nommé. (*Note de l'abbé Sicard.*)

sa poitrine : « Voilà, dit-il au monstre qui allait m'égorger, voilà la poitrine par où il faut passer pour aller à celle-là. C'est l'abbé Sicard, un des hommes les plus utiles à son pays, le père des sourds et muets : il faut passer sur mon corps pour aller jusqu'à lui. »

Ces mots, prononcés avec l'accent du courage et du patriotisme, firent tomber la pique des mains du meurtrier. Mais ce n'était là qu'un danger évité. La rage était sur tous les visages, et je n'aurais fait que retarder ma perte, quand je m'avisai d'un moyen qui pouvait l'accélérer, si la Providence m'avait inspiré moins de sang-froid et de courage.

Presque tous les égorgeurs étaient dans la cour intérieure sur laquelle donnaient les croisées du comité. C'était ceux-là qu'il fallait gagner ; ils étaient pour moi les seuls arbitres de la mort et de la vie. Je monte sur une croisée, et là demandant un moment de silence à une troupe effrénée, je la harangue ainsi : « Mes amis, voici un innocent ; le ferez-vous mourir sans l'avoir entendu ? — Vous étiez, s'écrièrent-ils, avec les autres que nous venons de tuer ; donc vous êtes coupable comme eux. — Écoutez-moi un instant, répliquai-je ; et si, après m'avoir entendu, vous décidez ma mort, je ne m'en plaindrai point. Ma vie est à vous. Apprenez plutôt qui je suis, ce que je fais, et puis vous prononcerez sur mon sort. Je suis l'abbé Sicard. » (Ici plusieurs spectateurs s'écrient : « C'est l'abbé Sicard, le père des sourds et muets, il faut l'écouter ! ») Je continue : « J'instruis les sourds et muets de naissance ; et comme le nombre de ces infortunés est plus grand chez les pauvres que chez les riches, je suis plus à vous qu'aux riches. » Je suis interrompu par une voix qui s'écrie : « Il faut sauver l'abbé Sicard, c'est un homme trop utile pour le faire périr. Sa vie tout entière est employée à faire de grandes œuvres ; non, il n'a pas le temps d'être conspirateur. » Tous répètent ces dernières paroles, et tous ajoutent à la fois : « Il faut le sauver, il faut le sauver ! »

Aussitôt les égorgeurs, qui attendaient derrière moi l'effet de mon discours, me prennent dans leurs bras et me portent au milieu de cette troupe de meurtriers qui tous m'embrassent et me proposent de me reconduire en triomphe chez moi. Comment se peut-il que je me refusasse à cette proposition qui me rendait aussitôt à la vie et à la liberté ? Un scrupule de justice m'engage à préférer une prison nouvelle. Je dis à mes juges, qui voulaient être mes sauveurs, qu'une autorité constituée m'avait fait prisonnier, que je ne pouvais cesser de l'être que par un jugement légal d'une autorité constituée. On me pressa, je résistai; on me ramena au comité; j'y trouve cet énergique patriote, cet horloger courageux qui me fit un rempart de son corps. Je lui demande son adresse et son nom, et aussitôt, sans l'en prévenir (sa modestie ne l'aurait pas permis), j'écris au président de l'assemblée la lettre suivante :

« Monsieur le président, l'assemblée nationale n'apprendra pas sans douleur le massacre de plusieurs citoyens qui, détenus depuis plusieurs jours à la chambre d'arrêt de la mairie, étaient transférés à celle de l'Abbaye-Saint-Germain-des-Prés. Je m'empresse de faire entendre la faible voix de ma reconnaissance en faveur du citoyen courageux à qui je dois la vie : C'est *Monnot*, horloger, rue des Petits-Augustins.

» Dix-sept infortunés avaient été égorgés sous mes yeux. La force publique n'avait pu les sauver, et j'allais périr comme eux. Le brave Monnot s'est placé devant moi ; il a ouvert sa poitrine et a dit :

» *Voilà, concitoyens, la poitrine qu'il faut frapper, avant d'aller jusqu'à celle de ce bon citoyen. Vous ne le connaissez pas, mes amis! Vous allez le respecter, l'aimer, tomber aux pieds de cet homme sensible et bon, quand vous saurez son nom. C'est le successeur de l'abbé l'Épée, l'abbé Sicard.* Le peuple ne se calmait pas ; il croyait qu'on voulait, sous mon nom, sauver la vie d'un traître. J'ai osé m'avancer moi-même, et, monté sur une estrade, parler au peuple, n'ayant pour toute défense que le courage de l'innocence et ma confiance ferme dans ce peuple égaré.

» J'ai dit mon nom et mes fonctions. Je me suis prévalu de la protection spéciale de l'assemblée nationale en faveur de l'institution des sourds et muets et du chef de cette institution. Des applaudissemens réitérés ont succédé à des cris de rage. J'ai été mis, par le peuple lui-même, sous la sauvegarde de la loi, et accueilli comme un bienfaiteur de l'humanité par tous les commissaires de la section des Quatres-Nations, qui doit être glorieuse d'avoir des Monnot dans son sein.

» Permettez, monsieur le président, que je confie à l'assemblée nationale le témoignage de ma reconnaissance pour donner à une action aussi généreuse la plus grande publicité possible. Une nation chez laquelle des citoyens tels que ceux à qui je dois la vie, ne sont pas rares, doit être invincible. Raconter de pareils actes d'héroïsme, est remplir un devoir ; les sentir, sans pouvoir exprimer l'admiration qu'ils excitent, et ne jamais les oublier, c'est l'état de mon ame, plus satisfait de vivre avec de pareils citoyens, que d'avoir échappé à la mort.   Je suis, etc.

« A l'Abbaye Saint-Germain, le 2 septembre 1792. »

Cette lettre fut apportée au président de l'assemblée législative par un des concierges de l'Abbaye. Elle fut lue publiquement, et suivie d'un décret qui déclarait que *Monnot*, pour avoir sauvé l'instituteur des sourds et muets, avait bien mérité de la patrie. On m'envoya trois copies de ce décret : une pour mon libérateur, une pour le comité de la section, une pour moi.

Le comité était alors rassemblé. On massacrait sous ses fenêtres, dans les cours de l'Abbaye, tous les prisonniers qu'on allait chercher dans la grande prison ; et les membres du comité délibéraient tranquillement et sans se troubler sur les affaires publiques, et sans faire aucune attention aux cris des victimes dont le sang ruisselait dans la cour. On apportait sur la table du comité les bijoux, les portefeuilles, les mouchoirs dégouttans de sang, trouvés dans les poches de ces infortunés. J'étais assis autour de cette même table ; on me vit frémir à cette vue. Le président (le citoyen Jourdan) témoigna le même sentiment. Un des commissaires nous adressant la parole : *Le sang des ennemis*, nous dit-il, *est, pour les yeux des patriotes, l'objet qui les flatte le plus.* Le président Jourdan et moi ne pûmes retenir un mouvement d'horreur.

Un de ces bourreaux, les bras retroussés, armé d'un sabre fumant de sang, entre dans l'enceinte où délibérait ce comité. « Je viens vous demander pour nos braves frères d'armes qui égorgent ces aristocrates, s'écrie-t-il, les souliers que ceux-ci ont à leurs pieds. Nos braves frères sont nu-pieds, et ils partent demain pour les frontières. » Les délibérans se regardent, et ils répondirent tous à la fois : « Rien n'est plus juste ; accordé. »

A cette demande en succède une autre : « Nos braves frères travaillent depuis long-temps dans la cour, s'écrie un autre égorgeur qui entre tout essoufflé au comité ; ils sont fatigués, leurs lèvres sont sèches ; je viens vous demander du vin pour eux. » Le comité arrête qu'il leur sera délivré un *bon* pour vingt-quatre pots de vin.

Quelques minutes après, le même homme vient renouveler la même demande ; il obtient encore un autre *bon*. Aussitôt entre un marchand de vin, qui vient se plaindre de ce que l'on donne la *pratique* aux marchands étrangers quand il y a quelque *bonne fête*. On l'apaise en lui permettant d'envoyer aussi de son vin aux braves frères qui *travaillaient* dans la cour.

On annonce un commissaire de la Commune, qui, par son ordre, parcourait les différentes sections. Il entre et adresse ces mots au comité : « La Commune vous fait dire que si vous avez besoin de SECOURS, elle vous en enverra. — Non, lui répondirent les commissaires, tout se passe bien chez nous. — Je viens, répliqua-t-il, des CARMES et des autres prisons, tout s'y PASSE ÉGALEMENT BIEN. »

Cette réponse expliquera à ceux qui pourraient l'ignorer encore, quelle part prenait aux événemens de cette affreuse journée la COMMUNE DE PARIS.

La nuit étant déjà fort avancée, je demandai au comité la permission de me retirer. On ne savait trop où m'envoyer. Le concierge de l'Abbaye offrit de me donner asile chez lui. Je préférai d'être mis dans une petite prison qu'on nommait *le violon*, et qui était à côté de la salle du comité. Ce fut encore ici une marque signalée de la protection divine; car si je m'étais retiré chez le concierge, j'aurais péri comme deux autres infortunés qui y allèrent sur mon refus, et qui y furent massacrés.

Quelle nuit que celle que je passai dans cette prison! Les massacres se faisaient sous ma fenêtre; les cris des victimes, les coups de sabre qu'on frappait sur ces têtes innocentes, les hurlemens des égorgeurs, les applaudissemens des témoins de ces scènes d'horreur, tout retentissait jusque dans mon cœur. Je distinguais la voix même de mes camarades qu'on était venu chercher la veille à la mairie. J'entendais leurs questions et leurs réponses; on leur demandait s'ils avaient fait le serment civique: aucun ne l'avait fait. Tous pouvaient échapper à la mort par un mensonge; tous disaient en mourant: « Nous sommes soumis à vos lois, nous mourrons tous fidèles à votre Constitution; nous n'en exceptons que ce qui regarde la religion et intéresse nos consciences. »

Ils étaient aussitôt percés de mille coups, au milieu des vociférations les plus horribles. Les spectateurs criaient, en applaudissant: *Vive la nation!* et ces cannibales faisaient des danses abominables autour de chaque cadavre.

Vers les trois heures du matin, quand il n'y eut plus personne à égorger, les meurtriers se ressouvinrent qu'il y avait quelques prisonniers *au violon*; ils vinrent frapper à la petite porte qui donnait sur la cour. Chaque coup était pour nous une annonce de mort: nous nous crûmes perdus. Je frappai doucement à la porte qui communiquait à la salle du comité, et en frappant je tremblais d'être entendu par les massacreurs qui menaçaient d'enfoncer l'autre porte. Les commissaires nous répondirent brutalement qu'ils n'avaient point de clef. Il fallut donc attendre patiemment notre affreuse destinée.

Nous étions trois dans cette prison; mes deux camarades crurent apercevoir, au-dessus de notre tête, un plancher qui nous offrait un moyen de salut. Mais ce plancher était très-haut; un seul pouvait y atteindre en montant sur les épaules des deux autres. L'un d'eux m'adressa ces paroles : « Un seul de nous peut se sauver là-haut : vous êtes sur la terre plus utile que nous : il faut que ce soit vous. Nous allons de nos deux corps vous former une échelle ; » ils s'élevèrent l'un sur l'autre.

« Non, dis-je à ces généreuses victimes, je ne profiterai pas d'un avantage que vous ne partageriez pas. Si vous ne pouvez vous sauver par la voie que vous m'offrez, je saurai mourir avec vous. Il faut ou nous sauver ensemble ou mourir tous ensemble. » Ce combat de générosité et de dévouement dura quelques minutes ; ils me rappelèrent les sourds et muets que ma mort rendait orphelins ; ils exagérèrent même le peu de bien que je pouvais faire encore, et me forcèrent à profiter du stratagème innocent que leur amitié généreuse avait imaginé. Il fallut céder à de si pressantes sollicitations, et consentir à leur devoir la vie, sans pouvoir contribuer à sauver la leur. Je me jetai au cou de ces deux libérateurs ; jamais il n'y eut de scène plus touchante. Ils allaient mourir infailliblement ; ils me forcèrent à leur survivre. Je monte donc sur les épaules du premier, puis sur celles du second, et enfin sur le plancher, en adressant à mes deux camarades l'expression d'une ame oppressée de douleur, d'affection et de reconnaissance.

Mais le ciel ne voulut pas me rendre la vie au prix de celle de mes deux sauveurs ; j'aurais été trop malheureux. Au moment où la porte allait enfin céder aux efforts de nos égorgeurs, au moment où j'allais les voir périr sous mes yeux, on entend dans la cour les cris accoutumés de *vive la nation !* et le chant de la *Carmagnole*. C'étaient deux prêtres qu'on était allé arracher de leurs lits, et que l'on amenait dans cette cour jonchée de cadavres. Les égorgeurs se ralliaient tous à ce signal de meurtre et de carnage. Ils voulaient tous avoir part au massacre de chaque victime. Ceux-ci oublièrent notre prison.

Je descendis du haut de mon plancher, pour associer de nouveau mes craintes et mes espérances à celles de mes généreux compagnons. Qu'elle fut longue cette nuit affreuse qui vit couler tant de sang innocent !

La troupe effrénée des massacreurs interrogeait les deux victimes amenées sur ce théâtre de carnage. Elles répondaient avec la même douceur, le même calme, le même courage déjà remarqués dans les autres. « Vois, disait-on à chacun, cette montagne de cadavres de ceux qui n'ont pas voulu se soumettre à nos lois; fais le serment, ou à l'instant tu vas en augmenter le nombre. — Donnez-nous le temps de nous préparer à la mort. Permettez-nous de nous confesser entre nous; voila la seule grace que nous vous demandons. Nous sommes aussi soumis que vous à toutes vos lois civiles ; nous serions bien mauvais chrétiens si nous n'étions de bons citoyens; mais le serment que vous nous proposez n'est pas seulement un serment civil, c'est un renoncement à des articles essentiels de notre croyance religieuse. Nous préférons la mort au crime dont nous nous rendrions coupables en le prêtant.

» — Eh bien ! qu'ils se confessent, ces scélérats, répondirent tout d'une voix les égorgeurs; aussi bien nous n'en avons aucun autre aujourd'hui pour amuser les voisins : qu'ils se confessent; ils donneront le temps aux curieux du quartier de se lever et de venir nous voir faire justice de ces *coquins*. En attendant, nous déblaierons la cour. Allez chercher des charretiers, envoyons à la voirie tous ces aristocrates, ils infecteraient cette cour. »

Aussitôt l'ordre est donné; des charretiers arrivent; on charge les voitures de tous les cadavres, et on les emporte hors la porte Saint-Jacques, bien avant dans la campagne, au pied de la première croix de fer, où l'on creusa une large fosse pour les enterrer tous.

Mais la cour de l'Abbaye se trouvait ruisseler de sang, tel que le sol encore fumant où l'on vient d'égorger plusieurs bœufs à la fois.

Il fallut la laver : la peine fut extrême. Pour n'avoir plus à y revenir, quelqu'un proposa de faire apporter de la paille; de faire dans la cour une sorte de lit, au-dessus duquel on mettrait tous les habits de ces infortunés, et qu'on les ferait venir là pour les y égorger : l'avis fut trouvé bon; mais un autre se plaignit que ces aristocrates mouraient trop vite ; qu'il n'y avait que les premiers qui eussent le plaisir de frapper ; et il fut arrêté qu'on ne les frapperait plus qu'avec le dos des sabres ; qu'on les ferait courir ensuite entre deux haies d'égorgeurs, comme cela se pratiquait jadis envers les soldats que l'on condamnait aux verges. On arrêta aussi qu'il y aurait autour du lieu des bancs pour les *dames* et des bancs pour les *messieurs* (car il y avait alors des messieurs et des dames). Une sentinelle fut mise à ce poste pour que le tout se passât dans l'ordre.

Tout ceci je l'ai vu de mes yeux et je l'ai entendu. J'ai vu les dames du quartier de l'Abbaye se rassembler autour du lit qu'on préparait pour les victimes, y prendre place comme elles l'auraient fait à un spectacle.

Enfin, vers les dix heures, les deux prêtres disent qu'ils sont prêts à mourir : on les amène. Ici je n'ai plus rien vu. Eh ! comment aurais-je eu le courage de porter mes regards sur une scène aussi déchirante ? Toute cette journée se passa à aller chercher dans la ville les prêtres que les scélérats venaient dénoncer, et à les massacrer. Toujours autour de ces victimes, les mêmes hurlemens, les mêmes chants, les mêmes danses. La nuit ne fut pas plus calme ; je la passai dans les mêmes craintes qui m'avaient agité pendant les jours précédens. « Comment, disais-je à mes compagnons, la ville de Paris, qui doit être informée de ces horreurs, ne se lève-t-elle pas tout entière pour venir les empêcher ? » Les malheureux ne me répondirent plus ce jour-là que par des mots sans suite, avec un air et des yeux égarés. Ils étaient devenus fous. L'un d'eux me donna son couteau, en me demandant la mort, comme la plus grande grace ; l'autre entra dans une pièce attenant à la salle où nous étions, se déshabilla, et avec son mouchoir et ses jarretières il essaya de se pendre lui-même. Son égarement même le sauva ; il ne put y réussir.

Pendant que tout cela se passait, on ouvre à grand bruit la porte de notre prison et on y jette une nouvelle victime. Quelle victime, grand Dieu ! c'était un de mes camarades de la mairie que je croyais mort (M. l'abbé S***). Il avait été transféré le 1er septembre avec soixante autres, et, par un prodige inconcevable, traîné avec ces infortunés au milieu de la cour pour y être massacré comme eux, il s'était trouvé, sans savoir comment, au rang des égorgeurs, autour des égorgés, et profitant du désordre qui régnait sur ce théâtre exécrable, il s'était glissé jusque dans le comité où il avait demandé la vie avec cet accent du désespoir qui pénètre jusque dans les cœurs les plus durs. On ne lui répondit qu'en le renfermant avec nous. Quelle entrevue, quel moment pour tous les deux !... J'avais appris, par le concierge, le massacre de tous les prisonniers avec lesquels je savais qu'il était. J'avais entendu frapper à mort les soixante ; il était de ce nombre. Chacun de nous avait pleuré la mort l'un de l'autre. En le voyant je crus revoir tous mes autres amis. Ce fut lui qui m'apprit la fin héroïque et glorieuse du respectable curé de Saint-Jean-en-Grève, de ce vieillard vénérable qui répondit avec tant de courage aux bourreaux qui l'interrogeaient sur sa foi, et qui préféra la mort au serment qu'on lui proposait ; qui demanda pour grace unique, et en faveur de la faiblesse de son âge, la mort la plus prompte, et qui l'obtint. On se disposait à lui couper la tête, quand il adressa à ses bourreaux ces paroles touchantes : « De quoi allez-vous me punir, mes enfans ? Que vous ai-je fait ? qu'ai-je fait à la patrie dont vous croyez être les vengeurs ? Le serment que je n'ai pu faire n'eût rien coûté à ma conscience, et je le ferais en ce moment même, si, comme vous le croyez, il était purement civil ; je suis aussi soumis que vous aux lois dont vous vous croyez les ministres. Qu'on me laisse excepter de ce serment que vous me proposez, tout ce qui regarde la religion, et je le ferai de grand cœur, et personne n'y sera plus fidèle. »

Le plus féroce de la troupe saisit le vieillard aux cheveux, le renverse sur la borne et le frappe à la tête d'un coup de sabre. Un autre détache du tronc cette tête si respectable. Ainsi commença le massacre de cette foule de victimes, à qui Manuel, dix jours avant, était venu annoncer la liberté. Tel fut le récit que me fit mon ancien camarade, échappé comme par miracle à cette sanglante tragédie.

La cour de l'Abbaye était encore couverte de cadavres ; on donna des ordres pour les transporter ailleurs. Mais pendant que ce transport se faisait, un autre prêtre fut amené et égorgé aux cris mille fois répétés de *Vive la nation!* C'était le mardi matin. Mes ennemis de la section de l'Arsenal avaient envoyé leur fameux arrêté à la Commune ; et celle-ci avait sans doute donné des ordres pour que l'on me massacrât. Déjà dans la cour on s'occupait de l'exécution de cet ordre ; mais on était fatigué, on voulait dîner ; il fut réglé qu'on viendrait à quatre heures pour me couper la tête. Mes camarades, car on m'en avait donné plus d'un dans la matinée, mes camarades entendirent ce propos et me le répétèrent. Ils entendirent que l'on demandait au charretier pourquoi il ne transportait pas un cadavre qu'il avait d'abord mis sur sa charrette. « Vous devez me donner celui de l'abbé Sicard à porter à quatre heures ; je porterai le tout ensemble. »

En entendant ces propos, je me vis perdu ; je me procurai une feuille de papier et j'écrivis à un député, mon ami intime, la lettre suivante : l'original m'en a été rendu.

J'ai souligné les passages qui furent raturés et supprimés à la lecture qui en fut faite à l'assemblée même.

« Ce mardi 4 septembre 1792, IVe de la liberté.

« Ah ! mon cher monsieur, que vais-je devenir après avoir échappé à la mort, si vous ne venez me sauver la vie, en m'ôtant de cette prison, *autour de laquelle des cannibales furieux commettent en un instant mille massacres?* Prisonnier depuis sept jours, il y a trois jours que j'entends autour de ma fenêtre demander ma tête à grands cris, et menacer de briser les faibles volets de ma fenêtre qui me séparent d'eux, si les commissaires de l'Abbaye, qui ne savent plus comment faire pour conserver ma frêle existance, ne me livrent à leur *rage*. Ces commissaires me conseillent d'aller me réfugier dans le sein de l'assemblée nationale, mais de n'y aller qu'en la compagnie de deux députés, pour n'être pas massacré en sortant.

» Eh, grand Dieu ! qu'ai-je donc fait pour être traité ainsi ? *Au moment où je vous écris, l'on coupe la tête à un prêtre, on en emmène deux autres qui vont subir le même sort. Qu'avons-nous donc fait pour périr ainsi ? Car sûrement je ne serai pas plus épargné.* En quoi suis-je un mauvais citoyen ? Suis-je même un citoyen inutile ? C'est à la France entière à répondre. Un de mes élèves est peut-être mort de chagrin à l'heure qu'il est. Je succombe moi-même sous le poids de tant d'inquiétudes. Quel est mon crime ? On ne m'a pas interrogé depuis sept jours que je suis ici. Je n'existerai pas demain, si vous ne venez ce matin à mon secours. Je ne demande pas la liberté ; je demande la vie pour mes pauvres enfans. Que l'assemblée nationale me constitue prisonnier dans l'une de ses salles ! Qu'elle presse le rapport de mon affaire ! Ai-je le temps d'être un mauvais citoyen ?

» *Quelle horreur de me transférer en plein jour, à trois heures, un jour de fête, à l'instant où le canon d'alarme tire, en la compagnie de soldats d'Avignon et de Marseille, qui me dénonçaient à la populace, quand ils auraient dû me défendre de sa rage, à travers le Pont-Neuf et toutes le rues qui conduisent à l'Abbaye !*

» Venez, mon cher monsieur, venez faire une bonne action ; venez sauver un infortuné, en l'investissant de votre inviolabilité et de celle d'un autre de vos collègues qui trouvera peut-être quelque plaisir à entrer en part avec vous. Mais que sais-je si vous y serez à temps ? *Mes bourreaux sont là, fumans de sang ; ils grincent les dents et demandent ma tête.*

» Adieu, mon cher compatriote ; je ne sais pas si vous me trouverez vivant à l'Abbaye.

» L'instituteur infortuné des sourds et muets, SICARD. »

Rien de ce qui est souligné, de cette lettre, ne fut lu à l'assemblée ; la lettre même ne fut pas lue par celui à qui je l'avais écrite. Il pria un de ses collègues de la communiquer, comme jouissant d'une plus grande faveur : elle intéressa et les députés et les tribunes ; et aussitôt il fut rendu un décret qui ordonnait à la Com-

JOURNÉES DE SEPTEMBRE (1792).

mune de me mettre en liberté. Ce décret n'eut aucun succès. Cependant les heures se passaient, et je voyais arriver celle qu'on avait fixée pour mon massacre.

Trois heures sonnent, et je devais périr à quatre. J'ignorais si ma lettre était parvenue à sa destination. Je songe alors que j'ai quelques autres amis dans l'assemblée. Je me procure une demi-feuille de papier; je la divise en trois morceaux et j'écris trois billets. J'en adresse un au président (Hérault de Séchelles); un à M. Lafont-Ladebat, qui avait montré tant de talens, tant d'honnêteté, tant de courage, pendant la tenue de l'assemblée législative, et dont j'avais été le collègue aux académies de Bordeaux, et l'ami particulier (1); un autre à la mère de deux jeunes personnes dont j'avais dirigé les premières études, et qui me chérissaient, l'une comme le frère le plus tendre, les deux autres comme leur père. Ce trois billets étaient les derniers adieux d'un infortuné qui se voyait traîné à la mort; le dernier cri d'un mourant qui appelait à son secours les ames sensibles dont il savait qu'il était tendrement aimé.

L'assemblée ne tenait plus; mais un huissier honnête et compatissant était encore dans la salle. On lui remet mon billet. Il court à l'instant chez M. le président, qui se rend aussitôt au comité d'instruction publique. M. Lafond-Ladebat ne pouvait rien. Il songe à Chabot; il va chez lui, lui peint l'affreuse situation où je suis, lui dit combien est court le temps de me sauver, et, ce qu'il n'eût jamais demandé à ce monstre pour lui-même, il lui demande la vie pour son ami Sicard. La femme à qui j'avais écrit aussi, et dont le nom ne peut qu'embellir cette triste histoire, madame d'Entremeuse, était absente; l'aînée de ses deux filles reçoit mon billet, s'évanouit; mais le danger que court l'abbé Sicard, son père, son ami, la rappelle à la vie : elle vole chez M. Pastoret, député, de qui j'étais connu (2); elle n'a pas le cou-

(1) Déporté après le 18 fructidor, et depuis rentré en France. Édouard de Lafont-Ladebat, l'un de ses fils, est chef de division au ministère de l'intérieur.
(*Note des auteurs.*)

(2) M. le marquis de Pastoret, aujourd'hui pair de France. (*Note des auteurs.*)

rage de parler; elle tombe sans connaissance, mon billet à la main. On le lit. M. Pastoret quitte son dîner, et va au comité d'instruction dont il était membre. Il fait, avec Hérault de Séchelles et Romme, qu'on y avait appelés, un arrêté qui ordonne une seconde fois à la commune de voler à mon secours. Par cet arrêté, le comité me réclamait comme une de ses propriétés les plus intérressantes. Je ne dois pas oublier l'effet qu'avait produit sur le cœur de la jeune Éléonore d'Entremeuse le billet que j'écrivais à sa mère. Elle en a été frappée de mort. Hélas! après avoir langui plus d'un an dans des douleurs inexplicables, elle a péri à l'âge de dix-neuf ans, me laissant des regrets éternels. Le souvenir de tant de vertus réunies à tous les charmes de la jeunesse me suivra jusqu'au tombeau, et répandra sur la triste vie que je dois à cette ame si pure, si belle, si sensible et si tendre, une amertume qui me la rendrait insupportable, si je n'avais la conviction que cette jeune personne n'a quitté cette déplorable vie que pour aller recevoir, dans une meilleure, le prix de ses vertus.

L'arrêté du comité d'instruction publique est envoyé à la Commune, qui, à la réception du décret dont j'ai parlé, avait déjà passé à l'ordre du jour. Elle allait y passer encore, et l'arrêté n'aurait pas eu plus de succès que le décret, s'il ne se fût trouvé dans le conseil un homme de Bordeaux, nommé Guiraut, qui demanda à être chargé de l'exécution du décret et de l'arrêté. C'eût même été trop tard (car alors il était six heures du soir), si à quatre heures, époque fixée par les égorgeurs pour me couper la tête, une pluie d'orage n'eût dissipé les groupes et ne m'eût préservé de leur fureur.

A sept heures je vois rouvrir les portes de ma prison : c'était un autre libérateur qui, en vertu du décret de l'assemblée législative et de l'arrêté du comité d'instruction publique, venait me rendre à la liberté et allait me présenter à l'assemblée nationale. Il me prit sous le bras, et, sous sa sauvegarde, je passai au milieu de ceux qui, depuis trois jours, égorgeaient tant de victimes dans cette cour consacrée autrefois à la méditation et au silence.

Toutes les massues qui servaient à assommer, les sabres, les piques, tous les instrumens de mort étaient en l'air. Je pouvais éprouver mille morts en traversant ces haies de cannibales féroces, mais l'écharpe municipale les rendait immobiles. Dans ce moment *Chabot* était dans la tribune de l'église de l'Abbaye; tâchant d'intéresser en ma faveur ceux qui avaient demandé ma tête. Je monte en voiture avec l'officier municipal et avec *Monnot*, ce *Monnot* dont le nom, consacré par ma reconnaissance, ira sans doute à la postérité avec ceux des martyrs de ces jours d'exécrable mémoire. J'arrive à l'assemblée nationale; tous les cœurs m'y attendaient; des applaudissemens universels m'y annoncèrent. Tous les députés se précipitèrent à la barre, où j'étais, pour m'embrasser. Les larmes coulèrent de tous les yeux quand, inspiré seulement par le sentiment le plus impérieux, je prononçai, pour remercier tous mes libérateurs, le discours que je ne pouvais conserver, puisqu'il fut l'expression soudaine de ma reconnaissance. Il fut recueilli par le *Moniteur* du temps et dans tous les autres journaux. SICARD.

(1) *Au citoyen Sicard, instituteur des sourds et muets.*

Citoyen, le récit des dangers que vous avez courus dans les journées des 2 et 3 septembre est si intéressant pour l'histoire qu'il est important que rien ne manque à son authenticité. Je vous prierai donc d'y joindre cet arrêté de la section de l'Arsenal que vous ne faites qu'indiquer; et, si je ne me trompe, il est encore plusieurs autres anecdotes que je vous ai entendu raconter de vive voix, qui ne seraient pas indifférentes pour l'histoire de ces jours malheureux, et dont vous ne devez pas priver les lecteurs des *Annales religieuses*. C'est par la voie de ce journal que j'ose vous adresser mes réclamations.

Je suis fraternellement, etc.

(1) Cette relation ayant paru dans les *Annales religieuses*, M. l'abbé Sicard reçut, quelques jours après, la lettre suivante qui le détermina à joindre quelques éclaircissemens et quelques détails au récit qu'il avait écrit. (*Note des aut.*)

Réponse du citoyen Sicard à la demande qu'on lui a adressée dans le numéro précédent.

On me demande une copie fidèle de l'arrêté de la prétendue section dite de l'Arsenal de Paris, cité dans la relation de évènemens des 2, 3 et 4 septembre 1792.

Je dois dire, avant tout, comment cette copie m'est parvenue, et tout ce que j'ai su depuis relativement à cette œuvre des ténèbres.

Sorti des prisons de l'Abbaye et rendu à la liberté, mon premier soin fut d'aller à la Commune de Paris pour faire lever les scellés qui, le jour de mon arrestation, avaient été apposés sur mon appartement. On imaginera sans peine combien j'étais empressé de me rendre au vœu de mes élèves et d'aller reprendre des travaux si chers à mon cœur. Des commissaires me furent accordés; l'on en nomma deux autres de la section pour la même opération. L'un de ces derniers fut précisément celui qui avait apporté à la Commune et à la prison de l'Abbaye le fameux *arrêté*. Cet homme avait assisté plusieurs fois à mes leçons; il m'avait témoigné le plus grand intérêt et la plus grande estime. On ne concevrait pas comment, avec quelque honnêteté, cet homme avait pu accepter une mission aussi infâme, si l'on ne savait que la faiblesse fait le mal avec la même facilité que le fait la méchanceté, et qu'elle n'est pas moins cruelle. Cet homme, en me revoyant, se jette à mon cou, et m'avoue lui-même sa faute. « J'ai été, me dit-il, le complice de vos assassins. Il n'a pas tenu à moi que l'homme que j'estimais le plus ne fût enveloppé dans le massacre général qui a fait verser tant de sang. J'ai porté moi-même à la prison où vous attendiez la mort l'*arrêté* qui provoquait sur votre tête la hache des égorgeurs, et j'avais été cent fois témoin des miracles de bienfaisance que vous opériez tous les jours dans votre école. Mais je me voyais perdu si j'eusse refusé de servir la haine des persécuteurs des prêtres, et je n'ai pas eu le courage de résister. Demain je vous remettrai une des copies de l'*arrêté*.

Il procéda à la levée des scellés. J'allais jouir du bonheur d'être rendu à mes élèves. « Gardez-vous bien, me dit ce commissaire, qui connaissait la rage de mes persécuteurs d'alors, gardez-vous bien de suivre le mouvement de votre ame; ne logez pas encore chez vous; on ne peut vous pardonner d'être échappé au fer des assassins. On viendrait, jusque dans votre retraite, vous en punir en vous égorgeant. »

Je suivis cet avis. Je me retirai dans une section éloignée, chez le bon citoyen *Lacombe*, artiste distingué dans l'horlogerie, plus distingué encore par son courage et ses vertus. On l'avait vu, pendant ma détention, quand il y avait tant de danger à réclamer un prêtre, aller, au péril de sa vie, redemander l'instituteur des sourds et muets. On admirera sans doute encore que ce soit un horloger qui vienne à mon secours et qui m'offre un asile où je trouvai, auprès du couple le plus vertueux, toutes les consolations dont mon ame flétrie avait tant de besoin. C'est là que je reçus la première visite de cet élève précieux, que j'avais nommé mon légataire, au moment où, près de recevoir le coup mortel, je remis pour lui ma montre au commissaire. Quelle entrevue ! Massieu dans les bras de son père, de son instituteur, de son ami !..... Massieu ! cette ame brûlante réunie à la mienne; nos deux cœurs battant l'un contre l'autre !..... Ce malheureux jeune homme avait passé sans nourriture et sans sommeil tous les jours des dangers de son maître. Un jour de plus il mourait de douleur et de faim..... Quel moment que celui où il me revit, après avoir tant pleuré sur mon sort..... Quels signes il me fit !..... Quelle scène pour ceux qui en furent les témoins !..... Qui n'en eût été attendri !.....

Le commissaire de l'Arsenal tint sa parole. Il m'apporta la copie collationnée de l'arrêté; la voici :

Assemblée générale du 1ᵉʳ septembre 1792.

« Sur les représentations faites par plusieurs membres :

» 1° Que le sieur abbé Sicard, instituteur des sourds et muets, arrêté comme *prêtre insermenté*, était sur le point d'être élargi, attendu l'utilité dont *on prétend* qu'il est dans son institution;

» 2° Que son élargissement serait d'autant plus dangereux, qu'il possède l'art coupable de cacher son incivisme sous des dehors patriotes, et de servir la cause des tyrans en persécutant sourdement ceux de ses concitoyens qui se montrent dans le sens de la révolution ;

» L'assemblée a arrêté qu'elle formerait les demandes suivantes :

» 1° Que la loi soit exécutée *dans toute son étendue*, vis-à-vis du sieur abbé Sicard ;

» 2° Qu'il soit remplacé par le savant et modeste abbé *Salvan*, second instituteur des sourds et muets (héritier, comme plusieurs autres, de la sublime méthode inventée par l'immortel abbé de l'Épée), assermenté et agréé de l'assemblée nationale ;

» Enfin qu'il soit porté des copies du *présent arrêté* au pouvoir exécutif, au comité de surveillance, au *conseil de la Commune* et au *greffe de la prison*, par MM. Pelez et Perrot, commissaires nommés à cet effet. Signé BOULA, *président* ; RIVIÈRE, *secrétaire*. »

Je ne pouvais me méprendre sur l'auteur de cette pièce, dans laquelle on avait pris tant de précautions pour que je ne pusse échapper à la mort. Il m'avait été signifié, un mois auparavant, un *dire* sur lequel étaient ces propres expressions : « M. Sicard ne doit pas être si difficile à accorder ce qu'on lui demande. Il ne doit pas oublier que, n'ayant pas fait le SERMENT CIVIQUE, il pourrait être REMPLACÉ PAR LE SAVANT ET MODESTE SALVAN, HÉRITIER, COMME LUI, DE LA SUBLIME MÉTHODE INVENTÉE PAR L'IMMORTEL ABBÉ DE L'ÉPÉE, ASSERMENTÉ. »

Je montrai cet écrit à mon digne coopérateur SALVAN, dont l'honnêteté m'était si connue. Indigné de voir son nom dans cette pièce homicide, il alla s'en plaindre à celui que nous soupçonnions l'avoir rédigée. L'accusé nia fortement de l'avoir jamais connue ; mais depuis cette époque, on en a retrouvé la minute écrite tout entière de sa main dans les papiers du comité révolutionnaire de la section, sans le trouver écrit sur aucun des registres. C'est que, dans ce temps-là, une poignée de scélérats, quand la séance générale des sections était terminée, faisaient des arrêtés au nom de toute l'assemblée, et les faisaient exécuter sans qu'ils fussent connus que de ceux qui les avaient faits, et de ceux qui en étaient les malheureuses victimes. Celui-ci n'eût jamais été connu, sans l'extrême bonhomie de l'homme qui l'avait porté à la prison, et la maladresse de l'auteur qui oublia d'en soustraire la coupable minute.

J'ai oublié, dans ma relation des 2, 3 et 4 septembre, quelques traits qui méritent d'être connus. Quelqu'un à qui je les ai racontés plus d'une fois désire que je les publie; les voici :

J'ai dit que les *dames* du quartier de l'Abbaye se rendaient en foule aux scènes d'horreur qui se passaient dans cette malheureuse enceinte. On imagine quelles *dames* c'étaient. Eh bien ! ces mêmes *dames* firent demander au comité où j'étais, qu'on leur procurât le plaisir de voir tout à leur aise les *aristocrates* égorgés dans la cour du comité. Pour faire droit à la demande, on plaça un lampion auprès de la tête de chaque cadavre, et aussitôt les *dames* jouirent de cette exécrable illumination. Au milieu de la nuit, B... de V... (Billaud de Varennes) apprend que les égorgeurs volent les prisonniers après les avoir tués ; il se rend dans la cour de l'Abbaye, et là, sur une estrade, il parle *à ses ouvriers* :

« Mes amis ! mes bons amis ! la Commune m'envoie vers vous pour vous représenter que vous DÉSHONOREZ CETTE BELLE JOURNÉE. On leur a dit que vous voliez ces coquins d'aristocrates après en avoir fait justice. Laissez, laissez tous les bijoux, tout l'argent et tous les effets qu'ils ont sur eux, pour les frais du grand acte de justice que vous exercez. On aura soin de vous payer, comme on en est convenu avec vous. Soyez nobles, grands et généreux comme la profession que vous remplissez. Que tout, dans ce grand jour, SOIT DIGNE DU PEUPLE dont la SOUVERAINETÉ vous est commise. »

MANUEL, quelques minutes avant, au milieu de la rue de Sainte-Marguerite, en face de la grande prison, et au moment où les massacreurs avaient commencé, avait parlé ainsi à ce même peuple : « Peuple français, au milieu des vengeances LÉGI-

times que vous allez exercer, que votre hache ne frappe pas indistinctement toutes les têtes. Tous les criminels que renferment ces cachots ne sont pas tous également coupables. »

Et ce MANUEL est le même qu'un honnête homme tâchait de justifier, un de ces jours, au sujet de ces égorgemens? Ce discours, entendu de plusieurs témoins dignes de foi, rapproché de celui que, deux jours avant, j'avais entendu moi-même à la prison de la mairie, laisse-t-il quelque doute sur la complicité de ce grand coupable qui a expié sur un échafaud, et les crimes de cette journée d'horreur, et tous les blasphèmes qu'il avait vomis dans la Commune contre la religion?

Et qu'on ne doute pas de l'effet de la promesse que fit aux égorgeurs B... de V... Oui, les malheureux qui répandirent tant de sang dans ces journées de deuil, ont reçu leur salaire, comme on le leur avait promis. On a trouvé, et les noms de ceux qui ont reçu ce prix du sang innocent, et les noms de ceux qui les ont payés. On lit encore ces noms, écrits avec du sang, sur les registres de la section du Jardin-des-Plantes, sur ceux de la Commune, sur ceux de la section de l'Unité. Je peux moins en douter qu'un autre. Un des commissaires de cette section, qui a été forcé, sous peine d'être tué sur-le-champ, par les égorgeurs, de contribuer à leur paiement, me l'a dit à moi-même. Oui! ils ont reçu leur salaire, et quel salaire! Les malheureux, poursuivis par les remords, trouvant partout des voix accusatrices, ont la plupart fui de Paris; ils ont été dans les armées, espérant y trouver des CAMARADES : les scélérats! pouvaient-ils ainsi se méprendre sur les soldats français? On les a reconnus, et ils n'y ont trouvé que des vengeurs. Il n'en reste plus que quelques-uns que redemande l'échafaud, que va enfin poursuivre la justice nationale, qui n'a suspendu si long-temps son glaive que pour n'en épargner aucun. SICARD.

MON AGONIE

DE TRENTE-HUIT HEURES,

Ou Récit de ce qui m'est arrivé, de ce que j'ai vu et entendu pendant ma détention dans la prison de l'Abbaye Saint-Germain, depuis le 22 août jusqu'au 4 septembre 1792, par M. de JOURGNIAC SAINT-MÉARD, *ci-devant capitaine - commandant des chasseurs du régiment d'infanterie du roi.*

Avertissement placé par l'auteur en tête de la quinzième édition (1). — Accablé de questions et comblé de marques d'intérêt depuis ma sortie de prison, je ne peux mieux répondre aux unes et aux autres qu'en retraçant ce qui s'est passé sous mes yeux et autour de moi; qu'en publiant les exécutions sanglantes dont j'ai failli être une des malheureuses victimes.

La principale raison qui me détermine à cette publication, est de faire voir que, si le peuple est impétueux et irrésistible lorsqu'il se croit trahi, il ne faut point pour cela désespérer de sa justice.

Je n'entrerai point dans le détail des causes qui, depuis M. Necker, de désastreuse mémoire, jusqu'à ceux qui n'ont subtilisé la confiance de la nation que pour la tromper; ont contribué à faire couler le sang des Français : assez d'autres l'ont fait et le feront encore; je me contenterai de prouver à mes concitoyens qu'avec le calme de l'innocence, soutenu par la présence d'esprit et une pleine confiance dans la justice du peuple, on est sûr de dérober sa tête à ses vengeances.

J'ai eu le temps de remarquer que quelques-uns de mes compagnons d'infortune n'ont pu proférer une parole pour leur justification, et peut-être ce silence a-t-il causé leur mort, qu'une contenance ferme et des réponses franches auraient pu détourner : aussi, ma narration ne servît-elle qu'à sauver un seul homme, si de pareils événemens pouvaient jamais se renouveler,

(1) Cet ouvrage a eu cinquante-sept éditions. (*Note des auteurs.*)

je serais assez payé de ce que j'ai souffert et du sentiment douloureux avec lequel j'ai tracé cet écrit (1).

MON AGONIE DE TRENTE-HUIT HEURES.

Quatorze heures du comité de surveillance de la Commune.

Ce comité me fit arrêter le 22 août ; je fus *emmené* à la mairie à neuf heures du matin, où je restai jusqu'à onze heures du soir (2). Deux messieurs, *sans doute membres de ce comité*, me firent entrer dans une salle ; un d'eux, accablé de fatigue, s'endormit. Celui qui ne dormait pas me demanda si j'étais M. Jourgniac Saint-Méard.

Je répondis oui.

« Asseyez-vous : nous sommes tous égaux. Savez-vous pourquoi on vous a arrêté ?

» — Un de ceux qui m'ont conduit ici m'a dit qu'on me soupçonnait d'être le rédacteur d'un journal anti-constitutionnel.

» — Soupçonné n'est pas le mot ; car je sais que le Gautier,

---

(1) Le 15 septembre 1792, onze jours après ma sortie de l'Abbaye, je fis présent à Desenne, libraire au Palais-Royal, du manuscrit de mon *Agonie* : il la mit en vente. Le 20 du même mois, deux jours après, il fut obligé d'en faire une seconde édition, et son succès fut si rapide, que, malgré douze contrefaçons qui ont paru à Paris, il en a fait paraître quinze éditions, dont la dernière, à laquelle il ajouta mon portrait, parut le 20 juin. Tous les journaux de Paris sans exception, et plusieurs des départemens, ainsi que toutes les brochures qui parurent dans ce temps, en ont fait l'éloge, et je ne crois pas dire trop en disant qu'à l'époque du 1er mai 1793, il s'en est vendu à Paris deux cent quatre-vingt mille exemplaires.

Je fus curieux de savoir ce qu'en pensait l'ami du peuple, Marat : je lui en donnai six exemplaires. Quelques jours après je retournai chez lui, et je le priai de me dire franchement son avis ; il me répondit qu'il l'avait lue avec le plus grand intérêt, mais qu'il était seulement fâché que j'eusse cherché à apitoyer le public sur le sort du mercenaire Reding, et que j'eusse parlé de la bénédiction que nous donna l'abbé Lenfant. (*Note de Saint-Méard.*)

(2) Je fus arrêté par le sieur Miquette et par le sieur Pommier, qui fut fusillé ensuite à l'armée de Moreau. Il avait servi d'abord au régiment du Roi, où il avait été nommé président du club révolutionnaire des soldats. Ils étaient accompagnés de dix ou douze soldats, qu'ils renvoyèrent lorsque je les assurai que mon intention était de me soumettre à la loi. Ils me dirent qu'ils n'avaient emmené avec eux une force aussi considérable que parce qu'on leur avait assuré que j'étais dans l'intention de faire une vigoureuse résistance. (*Note de Saint-Méard.*)

qui passe pour être rédacteur du *Journal de la cour et de la ville*, est un homme de paille.

» — On a surpris votre facilité à croire, monsieur ; car son existence physique est aussi facile à prouver que sa qualité de rédacteur.

» — Je dois croire.....

» — Rien que la vérité ; car vous êtes *juste*, puisque vous êtes *juge* : d'ailleurs, je donne ma parole d'honneur...

» — Eh! monsieur, il n'est plus question de parole d'honneur.

» — Tant pis, monsieur, car la mienne est bonne.

» — On vous accuse d'avoir été sur les frontières, il y a dix ou onze mois; d'y avoir fait des recrues que vous avez conduites aux émigrés : à votre retour on vous a arrêté, et vous vous êtes sauvé de prison.

» — S'il m'était permis de penser que ce fût une dénonciation sérieuse, je ne demanderais qu'une heure pour prouver que je ne suis pas sorti de Paris depuis vingt-trois mois. Et si....

» — Oh! je sais, monsieur, que vous avez de l'esprit, et que, par votre astuce, vous trouveriez...

» — Permettez-moi de dire que le mot astuce est de trop; il n'est question que d'absurdités; car nous ne parlons que des dénonciations qu'on a faites contre moi.

» — Connaissez-vous M. Durosoi, rédacteur de la *Gazette de Paris?*

» — Beaucoup de réputation, mais pas autrement ; je ne l'ai même jamais vu.

» — Cela m'étonne, car on a trouvé dans ses papiers des lettres que vous lui avez écrites.

» — On n'en a trouvé qu'une; car je ne lui en ai écrit qu'une, par laquelle je lui annonçais l'envoi d'un discours que je fis aux chasseurs de ma compagnie, à l'époque de l'insurrection de la garnison de Nancy, et qu'il fit imprimer dans la *Gazette de Paris*. Voilà l'unique correspondance que j'aie eue avec lui.

» — Cela est vrai; et je dois même vous dire que cette lettre ne vous compromet pas.

» — Aucune de mes lettres, aucun de mes écrits, et aucune de mes actions ne peuvent me compromettre.

» — Je vous ai vu chez madame Vaufleury ; je vous ai vu aussi avec M. Peltier, rédacteur des *Actes des Apôtres*.

» — Cela doit être, car je vais souvent chez cette dame, et je me promène quelquefois avec Peltier.

» — N'êtes-vous pas chevalier de Saint-Louis ?

» — Oui, monsieur.

» — Pourquoi n'en portez-vous pas la croix ?

» — La voilà ; je l'ai toujours portée depuis six ans.

» — C'en est assez pour aujourd'hui... Je vais rendre compte au comité que vous êtes ici.

» — Faites-moi le plaisir de lui dire aussi que, s'il me rend justice, il me renverra libre ; car je ne suis ni rédacteur, ni recruteur, ni conspirateur, ni dénonciateur. »

Un moment après, trois soldats me firent signe de les suivre. Quand nous fûmes dans la cour, ils m'invitèrent à monter avec eux dans un fiacre qui partit après avoir reçu l'ordre de nous mener à l'*hôtel du faubourg Saint-Germain*.

Dix jours à l'Abbaye.

Arrivé à l'*hôtel* indiqué par mes compagnons de voyage, qui se trouva être la prison de l'Abbaye, ils me présentèrent, avec mon billet de logement, au concierge qui, après m'avoir dit la phrase d'usage : *il faut espérer que cela ne sera pas long*, me fit placer dans une grande salle qui servait de chapelle aux prisonniers de l'ancien régime. J'y comptai dix-neuf personnes couchées sur des lits de sangle : on me donna celui de M. Dangremont à qui on avait coupé la tête deux jours auparavant.

Le même jour, et dans le moment que nous allions nous mettre à table, M. de Chantereine (1), colonel de la maison constitutionnelle du roi, se donna trois coups de couteau, après avoir dit : « Nous sommes tous destinés à être massacrés..... Mon Dieu, je vais à vous ! » Il mourut deux minutes après.

(1) Inspecteur du Garde-Meuble de la couronne. (*Note des auteurs.*)

Le 23. — Je composai un mémoire dans lequel je démasquai la turpitude de mes dénonciateurs ; j'en envoyai la copie au ministre de la justice, à ma section, au comité de surveillance, et à tous ceux que je savais prendre intérêt à l'injustice que j'éprouvais.

Vers cinq heures du soir. — On nous donna pour compagnon d'infortune M. Durosoi, rédacteur de *la Gazette de Paris.* Aussitôt qu'il m'entendit nommer, il me dit, après les complimens d'usage : « Eh ! monsieur, que je suis heureux de vous trouver !... Je vous aime depuis long-temps, et je ne vous connais cependant que par l'affaire de Nancy : permettez à un malheureux, dont la dernière heure s'avance, d'épancher son cœur dans le vôtre. » Je l'embrassai. Il me fit ensuite lire une lettre qu'il venait de recevoir, et par laquelle une de ses amies lui mandait :

« Mon ami, préparez-vous à la mort ; vous êtes condamné, et demain..... Je m'arrache l'âme, mais vous savez ce que je vous ai promis. Adieu. »

Pendant la lecture de cette lettre, je vis couler des larmes de ses yeux ; il la baissa plusieurs fois, et je lui entendis dire à demi-voix : « Hélas ! elle en souffrira bien plus que moi. » Il se coucha sur mon lit, et, dégoûtés de parler des moyens qu'on avait employé pour nous accuser et pour nous arrêter, nous nous endormîmes. Dès la pointe du jour, il composa un mémoire pour sa justification, qui, quoique écrit avec énergie et fort de choses, ne produisit aucun effet favorable, car il eut la tête tranchée le lendemain à la *guillotine.*

Le 25. — Les commissaires de la prison nous permirent enfin de nous procurer le journal (1) du soir.

(1) Un nouveau prisonnier nous en porta plusieurs, un entre autres intitulé *le Courrier français,* dans lequel je lus *ce que mes lecteurs peuvent très-bien se dispenser de lire.*

« MM. Saint-Méard et Beaumarchais ont été arrêtés : le premier était auteur
» du journal scandaleux qui paraissait sous le titre de *Journal de la cour et de la*
» *ville.* Il a été capitaine au régiment du Roi ; et, ce qu'il y a de remarquable,
» c'est qu'il est propriétaire de la terre que le fameux Montaigne possédait près
» de Bordeaux. M. Saint-Méard jouit de plus de 40,000 livres de rentes. »

Je pardonne à ce fabricant de nouvelles de m'avoir donné cette terre, quoi-

On avait placé dans la sacristie de la chapelle, qui nous servait de prison, un capitaine du régiment des gardes suisses, nommé Reding qui, lors de l'affaire du 10 août, reçut un coup de feu dont il eut le bras cassé ; il avait en outre reçu quatre coups de sabre sur la tête. Quelques citoyens le sauvèrent, et le portèrent dans une hôtel garni d'où on fut l'arracher pour le constituer prisonnier à l'Abbaye où on lui remit le bras pour la seconde fois. J'ai été étonné bien souvent dans le cours de ma vie, mais jamais autant qu'en regardant une sorte de garde-malade : je reconnus en elle une personne avec laquelle j'avais été intimement lié pendant douze ans.

Les particularités de cette anecdote incroyable n'ayant rien de commun avec ma narration, je passe à l'ordre de mon récit.

Le 26, à minuit. — Un officier municipal entra dans notre chambre pour inscrire nos noms et le jour que nous avions été arrêtés. Il nous fit espérer que la municipalité enverrait le lendemain des commissaires pour faire sortir ceux contre lesquels il n'y avait que des dénonciations vagues. Cette annonce me fit passer une bonne nuit, mais elle ne se réalisa pas ; au contraire, le nombre des prisonniers ne fit qu'augmenter.

Le 27. — Nous entendîmes le bruit d'un coup de pistolet qu'on tira dans l'intérieur de la prison ; aussitôt on court précipitamment dans les escaliers et les corridors ; on ouvre et on ferme avec vivacité des serrures et des verrous ; on entre dans notre chambre où un de nos guichetiers, après nous avoir comptés, nous dit d'être tranquilles, que le danger était passé. Voilà tout

---

qu'elle appartienne à M. de Ségur, et plus de 40,000 livres de rentes, quoique je n'en aie jamais eu la moitié, même avant la révolution. — Je fais plus ; je ne suppose pas qu'il ait eu de mauvaises intentions jusque-là : mais je ne peux pas croire qu'il en eût de bonnes, quand il a choisi le moment où j'étais sous le glaive de la loi pour publier que j'étais journaliste anti-constitutionnel ; car, quoiqu'il fût ci-devant journaliste feuillant (c'est-à-dire très-constitutionnel), il savait que le sieur Gautier était rédacteur du journal en question. Enfin comment s'accordera-t-il, sur la fortune considérable qu'il m'a donnée, avec l'auteur des *Révolutions de Paris*, qui assure que je *travaillais* à ce journal pour gagner ma vie ? — S'il avait ajouté à cette balourdise, que je n'avais jamais *travaillé* pour la faire arracher à personne, il aurait dit une vérité, et je lui aurais pardonné le mensonge. (*Note de Saint-Méard.*)

ce qu'a voulu nous dire sur cet événement ce brusque et taciturne personnage.

Le 28 et le 29. — Nous ne fûmes distraits que par l'arrivée des voitures qui amenaient à chaque instant des prisonniers. Nous pouvions les voir d'une tourelle qui communiquait dans notre chambre, et dont les fenêtres donnaient dans la rue Sainte-Marguerite. Nous avons payé bien cruellement par la suite le plaisir que nous avions d'entendre et d'apercevoir ce qui se passait sur la place, dans la rue, et surtout vis-à-vis le guichet de notre prison.

Le 30, à onze heures du soir. — On fit coucher dans notre chambre un homme d'environ quatre-vingts ans ; nous apprîmes le lendemain que c'était le sieur Cazotte, auteur du poème d'*Olivier*, du *Diable amoureux*, etc. La gaieté un peu folle de ce vieillard, sa façon de parler orientale, fit diversion à notre ennui. Il cherchait très-sérieusement à nous persuader, par l'histoire de Caïn et d'Abel, que nous étions bien plus heureux que ceux qui jouissaient de la liberté. Il paraissait très-fâché que nous eussions l'air de n'en rien croire ; il voulait absolument nous faire convenir que notre situation n'était qu'une *émanation de l'Apocalypse*, etc. Je le piquai au vif en lui disant que, dans notre position, on était beaucoup plus heureux de croire à la *prédestination* qu'à tout ce qu'il disait. Deux gendarmes, qui vinrent le chercher pour le conduire au tribunal criminel, terminèrent notre discussion.

Je ne perdais pas un instant pour me procurer les attestations qui pouvaient me servir à prouver les vérités que j'avançais dans mon mémoire. J'étais aidé par un ami, mais par un ami comme il n'y en a plus, qui, pendant que mes compagnons d'infortune étaient abandonnés des leurs, travaillait jour et nuit pour me rendre service. Il oubliait que dans un moment de fermentation et de méfiance, il pouvait courir les mêmes risques que moi ; qu'il se rendait suspect en s'intéressant à un prisonnier suspecté : rien ne le retenait ; et il m'a bien prouvé la vérité de ce proverbe : *L'adversité est la pierre de touche des amis.* C'est, en grande partie, à ses soins et à son zèle que je suis redevable de la vie. Je dois au public, à moi-même et à la vérité, de nommer ce brave homme : c'est M. Teyssier, négociant, rue Croix-des-Petits-Champs.

Les derniers jours du mois d'août me rappelèrent la cruelle situation où je m'étais trouvé à l'affaire de Nancy. Je faisais travailler mon imagination pour comparer les risques que je courais avec ceux que j'avais courus les mêmes jours, lorsque l'armée, composée des régimens du Roi, de Mestre-de-Camp, de Châteauvieux et de quelques bataillons de gardes nationaux, me nomma son général, et me força de la conduire à Lunéville, pour enlever aux carabiniers le général Malseigne.

Le 1ᵉʳ septembre. — On fit sortir de prison trois de nos camarades, qui furent bien moins étonnés de leur délivrance qu'ils ne l'avaient été de leur arrestation, car ils étaient les plus zélés patriotes de leurs sections (1). On en fit sortir quelques autres des chambres voisines, notamment M. de Jaucourt, membre de l'assemblée législative, qui, quelque temps avant, avait donné sa démission de député.

Commencement de mon agonie de trente-huit heures.

Le dimanche 2 septembre. — Notre guichetier servit notre dîner plus tôt que de coutume ; son air effaré, ses yeux hagards, nous firent présager quelque chose de sinistre (2). A deux heures il rentra : nous l'entourâmes ; il fut sourd à nos questions ; et après qu'il eut, contre son ordinaire, ramassé tous les couteaux, que nous avions soin de placer dans nos serviettes, il fit sortir brusquement la garde-malade de l'officier suisse Reding.

A deux heures et demie. — Le bruit effroyable que faisait le peuple fut épouvantablement augmenté par celui des tambours, qui battaient la générale, par les trois coups de canon d'alarme, et par le tocsin qu'on sonnait de toutes parts.

(1) Les sieurs Saint-Félix, Laurent et Chiguard. Ces deux derniers ne sortirent que le dimanche 2 septembre. Ils furent réclamés par leurs sections.

(2) Nommé Bertrand. Il avait été aboyeur à l'Opéra pour faire approcher les voitures. (*Notes de Saint-Méard.*)

Dans ces momens d'effroi, nous vîmes passer trois voitures escortées par une foule innombrable de femmes et d'hommes furieux, qui criaient : *A la Force! à la Force* (1)! On les conduisit au cloître de l'Abbaye, dont on avait fait des prisons pour les prêtres. Un instant après nous entendîmes dire qu'on venait de massacrer tous les évêques et autres ecclésiastiques qui, disait-on, avaient été *parqués* dans cet endroit.

Vers quatre heures. — Les cris déchirans d'un homme qu'on hachait à coups de sabres nous attirèrent à la fenêtre de la tourelle; et nous vîmes, vis-à-vis le guichet de notre prison, le corps d'un homme étendu mort sur le pavé; un instant après on en massacra un autre, ainsi de suite (2).

Il est de toute impossibilité d'exprimer l'horreur du profond et sombre silence qui régnait pendant ces exécutions; il n'était interrompu que par les cris de ceux qu'on immolait, et par les coups de sabre qu'on leur donnait sur la tête. Aussitôt qu'ils étaient terrassés, il s'élevait un murmure, renforcé par des cris de *vive la nation!* mille fois plus effrayans pour nous que l'horreur du silence.

Dans l'intervalle d'un massacre à l'autre, nous entendions dire sous nos fenêtres : « Il ne faut pas qu'il en échappe un seul; il faut les tuer tous, et surtout ceux qui sont dans la chapelle, où il n'y a que des conspirateurs. » C'était de nous qu'on parlait, et je crois qu'il était inutile d'affirmer que nous avons désiré bien des fois le *bonheur* de ceux qui étaient renfermés dans les plus sombres cachots.

Tous les genres d'inquiétudes les plus effrayans nous tourmentaient et nous arrachaient à nos lugubres réflexions : un mo-

(1) Nous ne savions pas encore que ces mots, *à la Force!* étaient l'avertissement qu'on donnait quand on envoyait des victimes à la mort.

(2) Après qu'on eut massacré tous les prêtres renfermés dans le cloître, on commença le massacre des prisonniers par tuer cent cinquante-six soldats suisses, enfermés à l'Abbaye, dont pas un n'a été sauvé. Vint ensuite le tour des autres prisonniers. On commença par M. de Montmorin et par le sieur Thierry, valet de chambre du roi. On appliquait à certains prisonniers une torche ardente sur le visage lorsqu'ils sortaient du guichet pour être massacrés. On prenait cette précaution pour que le peuple ne les reconnût pas. (*Notes de Saint-Méard.*)

ment de silence dans la rue était interrompu par le bruit qui se faisait dans l'intérieur de la prison.

A cinq heures. — Plusieurs voix appelèrent fortement M. Cazotte; un instant après nous entendîmes passer sur les escaliers une foule de personnes qui parlaient fort haut, des cliquetis d'armes, des cris d'hommes et de femmes. C'était ce vieillard, suivi de sa fille, qu'on entraînait. Lorsqu'il fut hors du guichet, cette courageuse fille se précipita au cou de son père. Le peuple touché de ce spectacle, demanda sa grace et l'obtint.

Vers sept heures. — Nous vîmes entrer deux hommes, dont les mains ensanglantées étaient armées de sabres; ils étaient conduits par un guichetier qui portait une torche et qui leur indiqua le lit de l'infortuné Reding. Dans ce moment affreux je lui serrais la main et je cherchais à le rassurer. Un de ces hommes (1) fit un mouvement pour l'enlever; mais ce malheureux l'arrêta en lui disant d'une voix mourante : « Eh! monsieur, j'ai assez souffert; je ne crains pas la mort; par grace, donnez-la-moi ici. » Ces paroles le rendirent immobile; mais son camarade, en le regardant et en lui disant : « Allons donc, » le décida. Il l'enleva, le mit sur ses épaules et fut le porter dans la rue, où il reçut la mort... J'ai les yeux si pleins de larmes que je ne vois plus ce que j'écris.

Nous nous regardions sans proférer une parole, nous nous serrions les mains, nous nous embrassions... Immobiles, dans un morne silence et les yeux fixés, nous regardions le pavé de notre prison, que la lune éclairait dans l'intervalle de l'ombre formée par les triples barreaux de nos fenêtres... Mais bientôt les cris des nouvelles victimes nous redonnaient notre première agitation et nous rappelaient les dernières paroles que prononça M. Chantereine en se plongeant un couteau dans le cœur : « Nous sommes tous destinés à être massacrés... »

A minuit. — Dix hommes, le sabre à la main, précédés par

---

(1) Je suis parvenu à le connaître depuis que je suis sorti de prison. Il y a apparence qu'il avait de bonnes intentions; car je sais qu'il a sauvé la vie à un jeune homme de Besançon, prisonnier dans la chambre où j'étais. (*Note de St-Meard.*)

deux guichetiers qui portaient des torches, entrèrent dans notre prison et nous ordonnèrent de nous mettre chacun au pied de nos lits. Après qu'ils nous eurent comptés, ils nous dirent que nous répondions les uns des autres, et jurèrent que, s'il en échappait un seul, nous serions tous massacrés *sans être entendus par M. le président.* Ces derniers mots nous donnèrent une lueur d'espoir, car nous ne savions pas encore si nous serions *entendus* avant d'être tués.

Le lundi 3, à deux heures du matin. — On enfonça à coups redoublés une des portes de la prison : nous pensâmes d'abord que c'était celle du guichet qu'on enfonçait pour venir nous massacrer dans nos chambres, mais nous fûmes un peu rassurés quand nous entendîmes dire, sur l'escalier, que c'était celle d'un cachot où quelques prisonniers s'étaient barricadés. Peu après, nous apprîmes qu'on avait égorgé tous ceux qu'on y avait trouvés.

A dix heures. — L'abbé Lenfant, confesseur du roi, et l'abbé de Chapt-Rastignac, parurent dans la tribune de la chapelle qui nous servait de prison et dans laquelle ils étaient entrés par une porte qui donne sur l'escalier. Ils nous annoncèrent que notre dernière heure approchait et nous invitèrent à nous recueillir pour recevoir leur bénédiction. Un mouvement électrique, qu'on ne peut définir, nous précipita tous à genoux, et, les mains jointes, nous la reçûmes. Ce moment, quoique consolant, fut un des plus!... que nous ayons éprouvés. A la veille de paraître devant l'Être Suprême, agenouillés devant deux de ses ministres, nous présentions un spectacle indéfinissable. L'âge de ces deux vieillards, leur position au-dessus de nous, la mort planant sur nos têtes et nous environnant de toutes parts, tout répandait sur cette cérémonie une teinte auguste et lugubre; elle nous rapprochait de la Divinité; elle nous rendait le courage; tout raisonnement était suspendu, et le plus froid et le plus incrédule en reçut autant d'impression que le plus ardent et le plus sensible. Une demi-heure après, ces deux prêtres furent massacrés, et nous entendîmes leurs cris!...

Quel est l'homme qui lira les détails suivans sans que ses yeux se remplissent de larmes, sans éprouver les crispations et les frémissemens de la mort! Quel est celui dont les cheveux ne se dresseront pas d'horreur!

Notre occupation la plus importante était de savoir quelle serait la position que nous devions prendre pour recevoir la mort quand nous entrerions dans le lieu du massacre. Nous envoyions de temps à autre quelques-uns de nos camarades à la fenêtre de la tourelle pour nous instruire de celle que prenaient les malheureux qu'on immolait, et pour calculer, d'après leur rapport, celle que nous ferions bien de prendre. Il nous rapportaient que ceux qui étendaient leurs mains souffraient beaucoup plus long-temps, parce que tous les coups de sabre étaient amortis avant de porter sur la tête; qu'il y en avait même dont les mains et les bras tombaient avant le corps, et que ceux qui les plaçaient derrière le dos devaient souffrir beaucoup moins... Eh bien! c'était sur ces horribles détails que nous délibérions... Nous calculions les avantages de cette dernière position, et nous nous conseillions réciproquement de la prendre quand notre tour d'être massacrés serait venu...!!

Vers midi. — Accablé, anéanti par une agitation plus que surnaturelle, absorbé par des réflexions dont l'horreur est inexprimable, je me jetai sur un lit et je m'endormis profondément. Tout me fait croire que je dois mon existence à ce moment de sommeil. « Il me sembla que je paraissais devant le redoutable tribunal qui devait me juger; on m'écoutait avec attention, malgré le bruit affreux du tocsin et des cris que je croyais entendre. Mon plaidoyer fini, on me renvoyait libre. » Ce rêve fit une impression si bienfaisante sur mon esprit, qu'il dissipa totalement mes inquiétudes, et je me réveillai avec un pressentiment qu'il se réaliserait. J'en racontai les particularités à mes compagnons d'infortune, qui furent étonnés de l'assurance que je conservai depuis ce moment jusqu'à celui où je comparus devant mes terribles juges.

A deux heures. — On fit une proclamation que le peuple eut l'air d'écouter avec défaveur; un instant après, des curieux, ou bien peut-être des gens qui voulaient nous indiquer des moyens de nous sauver, placèrent une échelle contre la fenêtre de notre chambre ; mais on les empêcha d'y monter en criant : *A bas! à bas! c'est pour leur porter des armes.*

Tous les tourmens de la soif la plus dévorante se joignaient aux angoisses que nous éprouvions à chaque minute. Enfin notre guichetier Bertrand (1) parut seul, et nous obtînmes qu'il nous apporterait une cruche d'eau (2). Nous la bûmes avec d'autant plus d'avidité qu'il y avait *vingt-six heures* que nous n'avions pu en obtenir une seule goutte. Nous parlâmes de cette négligence à un fédéré, qui vint avec d'autres personnes faire la visite de notre prison ; il en fut indigné au point, qu'en nous demandant le nom de ce guichetier, il nous assura qu'il allait l'exterminer. Il l'aurait fait, car il le disait ; et ce ne fut qu'après bien des supplications que nous obtînmes sa grace.

Ce petit adoucissement fut bientôt troublé par des cris plaintifs que nous entendîmes au-dessus de nous. Nous nous aperçûmes qu'ils venaient de la tribune ; nous en avertissions tous ceux qui passaient sur les escaliers. Enfin on entra dans cette tribune, et on nous dit que c'était un jeune officier qui s'était fait plusieurs blessures, dont pas une n'était mortelle, parce que la lame du couteau dont il s'était servi, étant arrondie par le bout, n'avait pu pénétrer (3). Cela ne servit qu'à hâter le moment de son supplice.

(1) C'était la faute des circonstances et non la sienne, ni celle du concierge, le citoyen Lavaquerie qui, pendant que j'ai été détenu à l'Abbaye, a rempli les devoirs que l'humanité impose à un honnête homme.

(2) C'est dans ce moment qu'il nous dit qu'on avait empêché des personnes *malintentionnées* de nous porter vingt-huit sabres, qu'on les avait saisis, et qu'on les avait déposés au corps-de-garde. Il nous dit aussi que M. Manuel était dans la chambre de M. Lavaquerie, le concierge, qu'il regardait les écrous des prisonniers, et qu'il avait fait bien des croix à côté de leurs noms.

(3) Ce jeune officier se nommait Boisragon. Quelques autres prisonniers se tuèrent dans leurs chambres, entre autres, un qui se brisa le crâne contre la serrure de la porte de sa prison. Le sieur Loureur, qui avait été notre compagnon de malheur dans la chapelle, et qu'on avait changé de chambre deux ou trois jours avant les journées des 2, 3 et 4 septembre, m'a raconté ce fait qui s'est passé en sa présence. (*Notes de Saint-Méard.*)

A huit heures. — L'agitation du peuple se calma, et nous entendîmes plusieurs voix crier : « Grace, grace pour ceux qui restent ! » Ces mots furent applaudis, mais faiblement. Cependant une lueur d'espoir s'empara de nous ; quelques-uns même crurent leur délivrance si prochaine, qu'ils avaient déjà mis leur paquet sous le bras ; mais bientôt de nouveaux cris de mort nous replongèrent dans nos angoisses.

J'avais formé une liaison particulière avec le sieur Maussabré qu'on n'avait arrêté que parce qu'il avait été aide-de-camp de M. de Brissac. Il avait souvent donné des preuves de courage ; mais la crainte d'être assassiné lui avait comprimé le cœur. J'étais cependant parvenu à dissiper un peu ses inquiétudes lorsqu'il vint se jeter dans mes bras, en disant : « Mon ami, je suis perdu ; je viens d'entendre prononcer mon nom dans la rue. » J'eus beau lui dire que c'était peut-être des personnes qui s'intéressaient à lui ; que d'ailleurs la peur ne guérissait de rien ; qu'au contraire elle pourrait le perdre : tout fut inutile. Il avait perdu la tête au point que, ne trouvant pas à se cacher dans la chapelle, il monta dans la cheminée de la sacristie, où il fut arrêté par des grilles qu'il eut même la folie d'essayer de casser avec sa tête. Nous l'invitâmes à descendre ; après bien des difficultés, il revint avec nous ; mais sa raison ne revint pas. C'est ce qui a causé sa mort dont je parlerai dans un moment.

Le sieur Émard qui, la veille, m'avait donné des renseignemens pour faire un testament olographe, me fit part des motifs pour lesquels on l'avait arrêté. Je les trouvai si injustes, que, pour lui donner une preuve de la certitude où j'étais qu'il ne périrait pas, je lui fis présent d'une médaille d'argent, en le priant de la conserver pour me la montrer dans dix ans. . . . . S'il lit cet article, il lui rappellera sa promesse. Si nous ne nous sommes pas vus, ce n'est pas ma faute ; car je ne sais où le trouver, et il sait où je suis.

A onze heures. — Dix personnes, armées de sabres et de pistolets, nous ordonnèrent de nous mettre à la file les uns des autres, et nous conduisirent dans le second guichet placé à côté de celui où était le tribunal qui allait nous juger. Je m'approchai avec précaution d'une des sentinelles qui nous gardaient, et je parvins peu à peu à lier une conversation avec lui. Il me dit, dans un *baragouin* qui me fit comprendre qu'il était *Provençal* ou *Languedocien,* qu'il avait servi huit ans dans le régiment de *Lyonnais* (1). Je lui parlai *patois;* cela parut lui faire plaisir, et l'intérêt que j'avais de lui plaire me donna une éloquence gasconne si persuasive, que je parvins à l'intéresser au point d'obtenir de lui ces mots qu'il est impossible d'apprécier quand on a été dans le guichet où j'étais. « *Né té cougneichi pas, mé pértant né péinsi pas qué siasqué un tréste; au contrairi, té crési un boun gouyat* (2). » Je cherchai dans mon imagination tout ce qu'elle pouvait me fournir pour le confirmer dans cette bonne opinion; j'y réussis, car j'obtins encore qu'il me laisserait entrer dans le redoutable guichet pour voir juger un prisonnier. J'en vis juger deux, dont un fournisseur de la bouche du roi, qui, étant accusé d'être du complot du 10, fut condamné et exécuté; l'autre qui pleurait, et qui ne prononçait que des mots entrecoupés, était déjà déshabillé, et allait partir pour la Force lorsqu'il fut reconnu par un ouvrier de Paris, qui attesta qu'on le prenait pour un autre. Il fut renvoyé à un plus amplement informé. J'ai appris depuis qu'il avait été proclamé innocent.

Ce que je venais de voir fut un trait de lumière qui m'éclaira sur la tournure que je devais donner à mes moyens de défense. Je rentrai dans le second guichet où je vis quelques prisonniers qu'on venait d'amener du dehors. Je priai mon *Provençal* de me procurer un verre de vin. Il allait le chercher, lorsqu'on lui dit de me reconduire dans la chapelle où je rentrai sans avoir pu découvrir le motif pour lequel on nous avait fait descendre. J'y trouvai dix nouveaux prisonniers qui remplaçaient cinq des nôtres

---

(1) Maillard m'a dit que c'était un fédéré natif de Ville-Neuve-les-Avignon, et qu'il était parti pour les frontières quelques jours après les journées des 2, 3 et 4 septembre. (*Note de Saint-Méard.*)

(2) *Traduction.* — Je ne te connais pas; mais pourtant je ne pense pas que tu sois un traître; au contraire, je crois que tu es un bon enfant. (*Note des auteurs.*)

précédemment jugés. Je n'avais pas de temps à perdre pour composer un nouveau mémoire ; j'y travaillais, bien convaincu qu'il n'y avait que la fermeté et la franchise qui pouvaient me sauver, lorsque je vis entrer mon *Provençal* qui, après avoir dit au guichetier : « *Bacle la porte, à la tournante sulément, et atiéns mé en defore* (1), » s'approcha de moi, et me dit après m'avoir touché la main :

« *Béni pér tu. Baqui lou bin qué mas damandat : beu...* (2). » J'en avais bu plus de la moitié, lorsqu'il mit la main sur la bouteille, et me dit : « *Sacrisdi, moun amic, coumé y bas ; n'en boli pér y ou ; à ta santat. . . .* » Il but le reste. « *Né poudi pas damoura dans tu loun tén ; mé rappélé-té dé cé qué té disi. Si ses un caloutin ou bé un conspirateur d'au castél dé mousu Bétot, sias flambat ; mé si né sias pas un tréste, nage pas po ; té réspoundi dé ta biste.*

« — *Eh ! moun amic, seuy bien surt dé n'esta pas accusat dé tout aco ; mé passi pér esta un tantinét aristoucraté.*

» — *Quoy ré qu'aco ; los juges sabent bé qui a d'ounestes gens pér-toút. Lou présiden es un hounéste houmme, qué n'es pas un sot.*

» — *Fasei mé lou placei dé préga los juges de m'escouta ; ne damandi qua'co.*

» — *Lou siras, t'en respoundi. Arça adissias, amic, d'au cou-*

---

(1) *Traduction.* — Ferme la porte seulement à la clef, et attends-moi en dehors. (*Note de Saint-Méard.*)

(1) « Je viens pour toi. Voilà le vin que tu m'as demandé : Bois... Sacre, » mon ami, comme tu y vas ; j'en veux pour moi : à ta santé..... Je ne peux pas » demeurer long-temps avec toi ; mais rappelle-toi ce que je te dis. — Si tu es » un prêtre ou un conspirateur du château de M. Véto, tu es flambé ; mais si tu » n'es pas un traître, n'aie pas peur ; je te réponds de ta vie.

» — Eh ! mon ami, je suis bien sûr de n'être pas accusé de tout cela ; mais je » passe pour être un peu aristocrate. — Ce n'est rien que cela ; les juges savent » bien qu'il y a des honnêtes gens partout. Le président est un honnête homme » qui n'est pas un sot.

» — Faites-moi le plaisir de prier les juges de m'écouter ; je ne leur demande » que cela.

» — Tu le seras ; je t'en réponds. Or çà, adieu, mon ami ; du courage. Je vas » m'en retourner à mon poste ; je tâcherai de faire venir ton tour le plus tôt qu'il » me sera possible. Embrasse-moi ; je suis à toi de bon cœur. » (*N. de St-Méard.*)

ragé ; m'en bau à mon poste ; taquerey dé fa béné toun tour lou pu leu que sira poussible. Embrasse-mé ; seuy à tu dé boun co. »

Nous nous embrassâmes, et il sortit.

Il faut avoir été prisonnier à l'Abbaye, le 3 septembre 1792, pour sentir l'influence qu'eut cette petite conversation sur mes espérances, et combien elle les ranima.

Vers minuit. — Le bruit surnaturel qu'on n'avait pas discontinué de faire depuis trente-six heures, commença à s'apaiser ; nous pensâmes que nos juges et leur pouvoir exécutif (1), excédés de fatigue, ne nous jugeraient que lorsqu'ils auraient pris quelque repos. Nous étions occupés à arranger nos lits, lorsqu'on fit une nouvelle proclamation qui fut huée généralement. Peu après un homme demanda la parole au peuple, et nous lui entendîmes dire très-distinctement : « Les prêtres et les conspirateurs qui restent, et qui sont là, ont graissé la patte des juges ; voilà pourquoi ils ne les jugent pas. » A peine eut-il achevé de parler, qu'il nous sembla entendre qu'on l'assommait. L'agitation du peuple devint d'une véhémence effroyable. Le bruit augmentait à chaque instant, et la fermentation était à son comble, lorsqu'on vint chercher M. Défontaine, ancien garde-du-corps, dont bientôt après nous entendîmes les cris de mort (2) ; peu après on arracha encore de nos bras deux de nos camarades, ce qui me fit pressentir que mon heure fatale approchait (3).

(1) C'est ainsi qu'on nommait les *Tueurs*.

(2) On vint aussi chercher un officier supérieur de la nouvelle maison du roi, de la part d'un des commissaires de la Commune, qui était dans une chambre au-dessus de la nôtre. Nous demandâmes la même faveur, mais inutilement.

(3) Le premier fut M. Vaugiraud, ancien officier aux gardes-françaises, qu'on avait mis en prison parce qu'on n'avait pas trouvé, dans la maison de campagne qu'il habitait, son fils, que le comité de surveillance de la Commune avait donné ordre d'arrêter. Trois ou quatre heures avant sa mort, il était allé à la fenêtre de la tourelle, pour voir ce qui se passait vis-à-vis le guichet. Il rentra en criant et en s'arrachant les cheveux. Il nous dit qu'il venait de voir massacrer son fils. Il est mort pénétré de cette affreuse idée, qui s'est trouvée fausse. J'ai appris depuis que, comme il était bègue, les moyens de défense qu'il fit valoir parurent suspects. Il fut condamné parce qu'il eut l'air effaré et embarrassé. Il passa aux yeux des juges pour un des *conspirateurs du château des Tuileries*, qui étaient irrévocablement proscrits. (*Notes de Saint-Méard.*)

Enfin le mardi, à une heure du matin, après avoir souffert une agonie de trente-sept heures, qu'on ne peut comparer même à la mort ; après avoir bu mille et mille fois le calice d'amertume, la porte de ma prison s'ouvre : on m'appelle ; je parais. Trois hommes me saisissent et m'entraînent dans l'affreux guichet.

Dernière crise de mon agonie.

A la lueur de deux torches, j'aperçus le terrible tribunal qui allait me donner ou la vie ou la mort. Le président, en habit gris, un sabre à son côté, était appuyé debout contre une table, sur laquelle on voyait des papiers, une écritoire, des pipes et quelques bouteilles. Cette table était entourée par dix personnes, assises ou debout, dont deux étaient en veste et en tablier ; d'autres dormaient étendus sur des bancs. Deux hommes, en chemises teintes de sang, le sabre à la main, gardaient la porte du guichet ; un vieux guichetier avait la main sur les verrous. En présence du président, trois hommes tenaient un prisonnier qui paraissait âgé de soixante ans.

On me plaça dans un coin du guichet ; mes gardiens croisèrent leur sabre sur ma poitrine et m'avertirent que, si je faisais le moindre mouvement pour m'évader, ils me poignarderaient. Je cherchais des yeux mon *Provençal*, lorsque je vis deux gardes nationaux présenter au président une réclamation de la section de la Croix-Rouge en faveur du prisonnier qui était vis-à-vis de lui (1). Il leur dit « que ces demandes étaient inutiles pour les traîtres. » Alors le prisonnier s'écria : « C'est affreux ; votre jugement est un assassinat. » Le président lui répondit : » J'en ai les mains lavées ; conduisez M. Maillé (2)... » Ces mots prononcés, on le poussa dans la rue, où je le vis massacrer par l'ouverture de la porte du guichet.

(1) Un d'eux était ivre, et les propos qu'il tint ont peut-être causé la mort de M. de Maillé, qui avait été blessé au château des Tuileries, le 10 août. Il fut dénoncé par un ancien chirurgien de sa maison en qui il avait mis toute sa confiance. (*Note de Saint-Méard.*)

(1) Je crus m'apercevoir que le président prononçait cet arrêt à contre-cœur :

Je me suis trouvé souvent dans des positions dangereuses, et j'ai toujours eu le bonheur de savoir maîtriser mon ame ; mais dans celle-ci ! l'effroi, inséparable de ce qui se passait autour de moi, m'aurait fait succomber sans ma conversation avec le *Provençal*, et surtout sans mon rêve qui me revenait toujours à l'imagination.

Le président s'assit pour écrire, et, après qu'il eut apparemment enregistré le nom du malheureux qu'on expédiait, j'entendis dire : *A un autre.*

Aussitôt je fus traîné devant cet expéditif et sanglant tribunal, en présence duquel la meilleure protection était de n'en point avoir, et où toutes les ressources de l'esprit étaient nulles, si elles n'étaient pas fondées sur la vérité. Deux de mes gardes me tenaient chacun une main, et le troisième par le collet de mon habit.

Le président m'adressant la parole : « Votre nom, votre profession ? »

Un de nos juges : « Le moindre mensonge vous perd. »

— « L'on me nomme Jourgniac Saint-Méard ; j'ai servi vingt-cinq ans en qualité d'officier, et je comparais à votre tribunal avec l'assurance d'un homme qui n'a rien à se reprocher, qui, par conséquent, ne mentira pas. »

Le président : « C'est ce que nous allons voir ; un moment (1)... Savez-vous quels sont les motifs de votre arrestation ? »

— « Oui, monsieur le président (2), et je peux croire, d'après la fausseté des dénonciations faites contre moi, que le comité de surveillance de la Commune ne m'aurait pas fait emprisonner, sans les précautions que le salut du peuple lui commandait de prendre.

<small>plusieurs *Tueurs* étaient entrés dans le guichet, et y causaient beaucoup de fermentation.

(1) Il regarda les écrous et les dénonciations, qu'il fit ensuite passer aux juges.

(2) A mon grand déplaisir, on détournait souvent l'attention du président et des juges. On leur parlait à l'oreille, on leur portait des lettres ; une entre autres qu'on remit au président, et qu'on avait trouvée dans la poche de M. Valcroissant, maréchal-de-camp, adressée à M. Servan, ministre de la guerre.

(*Notes de Saint-Méard.*)</small>

« On m'accuse d'être rédacteur du journal anti-feuillant, intitulé : *de la Cour et de la Ville*. La vérité est que cela n'est pas. C'est un nommé Gautier, dont le signalement ressemble si peu au mien, que ce n'est que par méchanceté qu'on peut m'avoir pris pour lui ; et si je pouvais fouiller dans ma poche.... »

Je fis un mouvement inutile pour prendre mon portefeuille ; un des juges s'en aperçut, et dit à ceux qui me tenaient : « Lâchez monsieur. » Alors je posai sur la table les attestations de plusieurs commis, facteurs, marchands et propriétaires de maisons chez lesquels il a logé, qui prouvent qu'il était rédacteur de ce journal, et seul propriétaire.

Un des juges: « Mais enfin il n'y a pas de feu sans fumée ; il faut dire pourquoi on vous accuse de cela. »

— « C'est ce que j'allais faire. Vous savez, messieurs, que ce journal était une espèce de tronc dans lequel on déposait les calembours, quolibets, épigrammes, plaisanteries, bonnes ou mauvaises, qui se faisaient à Paris et dans les quatre-vingt-trois départemens. Je pourrais dire que je n'en ai jamais fait pour ce journal, puisqu'il n'existe aucun manuscrit de ma main ; mais ma franchise, qui m'a toujours bien servi, me servira encore aujourd'hui, et j'avouerai que la gaieté de mon caractère m'inspirait souvent des idées plaisantes que j'envoyais au sieur Gautier. Voilà, messieurs, le simple résultat de cette grande dénonciation, qui est aussi absurde que celle, dont je vais parler, est monstrueuse. On m'accuse d'avoir été sur les frontières, d'y avoir fait des recrues, de les avoir conduites aux émigrés. . . . . . »

Il s'éleva un murmure général qui ne me déconcerta pas, et je dis en haussant la voix :

« Eh ! messieurs, messieurs, j'ai la parole ; je prie monsieur le président de vouloir bien me la maintenir ; jamais elle ne m'a été plus nécessaire. »

Presque tous les juges dirent en riant: « C'est juste, c'est juste : silence !

— « Mon dénonciateur est un monstre ; je vais prouver cette vérité à des juges que le peuple n'aurait pas choisis, s'il ne les avait pas crus capables de discerner l'innocent d'avec le coupable. Voilà, messieurs, des certificats qui prouvent que je ne suis pas sorti de Paris depuis vingt-trois mois. Voilà trois déclarations des maîtres de maison chez lesquels j'ai logé depuis ce temps, qui attestent la même chose. »

On était occupé à les examiner, lorsque nous fûmes interrompus par l'arrivée d'un prisonnier qui prit ma place devant le président. Ceux qui le tenaient dirent que c'était encore un prêtre qu'on avait déniché dans la chapelle. Après un fort court interrogatoire, il fut envoyé à la Force. Il jeta son bréviaire sur la table, et fut entraîné hors du guichet où il fut massacré. Cette expédition faite, je reparus devant le tribunal.

Un des juges : « Je ne dis pas que ces certificats soient faux; mais qui nous prouvera qu'ils sont vrais?

« — Votre réflexion est juste, monsieur ; et pour vous mettre à même de me juger avec connaissance de cause, faites-moi conduire dans un cachot, jusqu'à ce que des commissaires, que je prie M. le président de vouloir bien nommer, aient vérifié leur validité. S'ils sont faux, je mérite la mort. »

Un des juges (1) *qui, pendant mon interrogatoire, parut s'intéresser à moi, dit à demi-voix :* « Un coupable ne parlerait pas avec cette assurance. »

Un autre juge : « De quelle section êtes-vous?

« — De celle de la Halle au Blé. »

Un garde national, qui n'était pas du nombre des juges : « Ah! ah! je suis aussi de cette section. Chez qui demeurez-vous?

« — Chez M. Teyssier, rue Croix-des-Petits-Champs. »

Le garde national : « Je le connais ; nous avons même fait des affaires ensemble ; et je peux dire si ce certificat est de lui... » Il le regarda et dit : « Messieurs, je certifie que c'est la signature du citoyen Teyssier. »

Avec quel plaisir j'aurais sauté au cou de cet ange tutélaire!

---

(1) Les traits de sa figure sont gravés dans mon cœur; et si j'ai le bonheur de le rencontrer, je l'embrasserai, et je lui témoignerai ma reconnaissance avec bien du plaisir. *(Note de Saint-Méard.)*

Mais j'avais des choses si importantes à traiter, qu'elles me détournèrent de ce devoir; et à peine eut-il achevé de parler, que je fis une exclamation qui rappela l'attention de tous, en disant :
« Eh! messieurs, d'après le témoignage de ce brave homme, qui prouve la fausseté d'une dénonciation qui pouvait me conduire à la mort, quelle idée pouvez-vous avoir de mon dénonciateur? »

Le juge qui paraissait s'intéresser à moi : « C'est un gueux; et s'il était ici, on en ferait justice. Le connaissez-vous?

« — Non, monsieur; mais il doit l'être au comité de surveillance de la Commune, et j'avoue que si je le connaissais, je croirais rendre service au public, en l'avertissant, par des affiches, de s'en méfier comme d'un chien enragé. »

Un des juges : « On voit que vous n'êtes pas faiseur de journal, et que vous n'avez pas fait des recrues. Mais vous ne parlez pas des propos aristocrates que vous avez tenus au Palais-Royal, chez des libraires.

« — Pourquoi pas? Je n'ai pas craint d'avouer ce que j'ai écrit; je craindrai encore moins d'avouer ce que j'ai dit, et même pensé. J'ai toujours conseillé l'obéissance aux lois, et j'ai prêché d'exemple. J'avoue en même temps que j'ai profité de la permission que me donnait la Constitution, pour dire que je ne la jugeais pas parfaite, parce que je croyais m'apercevoir qu'elle nous plaçait tous dans une position fausse. Si c'est commettre un crime d'avoir dit cela, alors la Constitution elle-même m'aurait tendu un piége, et cette permission qu'elle me donnait de faire connaître ses défauts, ne serait plus qu'un guet-apens. J'ai dit aussi que presque tous les nobles de l'assemblée constituante, qui se sont montrés si zélés patriotes, avaient beaucoup plus travaillé pour satisfaire leurs intérêts et leur ambition, que pour la patrie; et quand tout Paris paraissait engoué de leur patriotisme, je disais: Ils vous trompent. Je m'en rapporte à vous, messieurs, l'événement a-t-il justifié l'idée que j'avais d'eux? J'ai souvent blâmé les manœuvres lâches et maladroites de certains personnages qui ne voulaient que la Constitution, rien que la

Constitution, toute la Constitution. Il a long-temps que je prévoyais une grande catastrophe, résultat nécessaire de cette Constitution, révisée par des égoïstes qui, comme ceux dont j'ai déjà parlé, ne travaillaient que pour eux, et surtout du caractère des intrigans qui la défendaient. Dissimulation, cupidité, et poltronerie étaient les attributs de ces charlatans. Fanatisme, intrépidité et franchise, formaient le caractère de leurs ennemis. Il ne fallait pas des lunettes bien longues pour voir qui devait l'emporter. »

L'attention qu'on avait à m'écouter, et à laquelle j'avoue que je ne m'attendais pas, m'encourageait, et j'allais faire le résumé de mille raisons qui me font préférer le régime républicain à celui de la Constitution; j'allais répéter ce que je disais tous les jours dans la boutique de M. Desenne, lorsque le concierge entra tout effaré, pour avertir qu'un prisonnier se sauvait par une cheminée. Le président lui dit de faire tirer sur lui des coups de pistolet; mais que, s'il s'échappait, le guichetier en répondait sur sa tête. C'était le malheureux Mausabré. On tira contre lui quelques coups de fusil, et le guichetier, voyant que ce moyen ne réussissait pas, alluma de la paille. La fumée le fit tomber à moitié étouffé; il fut achevé devant la porte du guichet.

Je repris mon discours, en disant : « Personne, messieurs, n'a désiré plus que moi la réforme des abus... Voilà des brochures que j'ai composées avant et pendant la tenue des états-généraux; elle prouvent ce que je dis. J'ai toujours pensé qu'on allait trop loin pour une Constitution, et pas assez pour une république. Je ne suis ni jacobin ni feuillant. Je n'aimais pas les principes des premiers, quoique bien plus conséquens et plus francs que ceux des seconds, que je détesterai jusqu'à ce qu'on ait prouvé qu'ils ne sont pas la cause de tous les maux que nous avons éprouvés. Enfin nous sommes débarrassés d'eux... »

Un juge, d'un air impatienté : « Vous nous dites toujours que vous n'êtes pas ça, ni ça : qu'êtes-vous donc ? »

» — J'étais franc royaliste. »

Il s'éleva un murmure général qui fut miraculeusement apaisé par le juge qui avait l'air de s'intéresser à moi, qui dit mot pour mot :

« Ce n'est pas pour juger les opinions que nous sommes ici ; c'est pour en juger les résultats (1). »

A peine ces précieux mots furent-ils prononcés, que je m'écriai : « Oui, messieurs, j'ai été *franc royaliste*, mais je n'ai jamais été payé pour l'être. J'étais *royaliste*, parce que je croyais qu'un gouvernement monarchique convenait à ma patrie ; parce que j'aimais le roi pour lui et franchement. J'ai conservé ce sentiment dans mon cœur jusqu'au 10 août. »

Le murmure qui s'éleva avait un son plus flatteur que l'autre ; et pour entretenir jusqu'à la conclusion la bonne opinion qu'on avait de moi, j'ajoutai :

« Je n'ai jamais entendu parler des complots que par l'indignation publique. Toutes les fois que j'ai trouvé l'occasion de secourir un homme, je l'ai fait, sans lui demander quels étaient ses principes... Voilà des journaux (2), même patriotes, qui prouvent ce que j'ai l'honneur de vous dire. J'ai toujours été aimé des paysans de la terre dont j'étais seigneur ; car, dans le moment où l'on brûlait les châteaux de mes voisins, je fus dans le mien, à Saint-Méard ; les paysans vinrent en foule me témoigner

---

(1) Les génies de Rousseau et de Voltaire réunis, en plaidant ma cause, auraient-ils pu mieux dire.

(2) Je leur montrai quelques journaux dans lesquels il est parlé de moi favorablement.

Le sieur Gorsas, qui avait, plus que personne, à se plaindre du *Journal de la Cour et de la Ville*, n'aurait pas dit, *le lendemain de ma délivrance*, s'il m'en avait cru le rédacteur, ce qu'il a dit dans le n. 6 de son journal (*le Courrier des quatre-vingt-trois départemens*).

« Le chevalier Saint-Méard avait fourni quelques articles au *Journal de la
» Cour et de la Ville*, mais ces articles n'avaient pas le caractère de la hideuse ma-
» lignité. Le chevalier de Saint-Méard confesse franchement qu'il avait été roya-
» liste, parce qu'il avait cru Louis XVI de bonne foi. Il ne nie point ses articles,
» et le chevalier Saint-Méard est enlevé dans les bras et porté en triomphe chez
» lui : on lui donna même un titre à sa décharge. — Le chevalier de Saint-
» Méard n'était véritablement pas auteur de ces articles révoltans qu'on trouvait
» souvent dans ce journal, et il a prouvé, dans quelques circonstances *que nous
» avons citées*, qu'il était capable de bons procédés, et qu'il avait le cœur excel
» lent. » (*Notes de Saint-Méard.*)

le plaisir qu'ils avaient de me voir, et plantèrent un mai dans ma cour. Je sais que ces détails doivent vous paraître bien minutieux ; mais, messieurs, mettez-vous à ma place, et jugez si c'est le moment de tirer parti de toutes les vérités qui peuvent m'être avantageuses. Je peux assurer que pas un soldat du régiment d'infanterie du Roi (1), dans lequel j'ai servi vingt-cinq ans, n'a eu à se plaindre de moi ; je peux même me glorifier d'être un des officiers qu'ils ont le plus chéris. La dernière preuve qu'ils m'en ont donnée n'est pas équivoque, puisque deux jours avant l'affaire de Nancy, moment où leur méfiance contre les officiers était à son comble, ils me nommèrent leur général, et m'obligèrent de commander l'armée qui se porta à Lunéville pour délivrer trente cavaliers du régiment de Mestre-de-Camp, que les carabiniers avaient faits prisonniers, et pour leur enlever le général Malseigne... »

Un des juges. « Je verrai si vous avez servi au régiment du Roi. Y avez-vous connu M. Moreau ?

» — Oui, monsieur : j'en ai même connu deux ; l'un, très-grand, très-gros et très-raisonnable ; l'autre, très-petit, très-maigre, et très..... »

Je fis un mouvement avec la main, pour désigner une tête légère.

Le même juge. « C'est cela même ; je vois que vous l'avez connu. »

Nous en étions là, lorsqu'on ouvrit une des portes du guichet qui donne sur l'escalier, et je vis une escorte de trois hommes qui conduisait M. Margue...., ci-devant major, précédemment mon camarade au régiment du Roi, et mon compagnon de chambre à l'Abbaye. On le plaça, pour attendre que je fusse jugé, dans l'endroit où l'on m'avait mis quand on me conduisit dans le guichet.

Je repris mon discours.

« Après la malheureuse affaire de Nancy, je suis venu à Pa-

(1) Un des juges me marcha sur le pied pour m'avertir apparemment que j'allais me compromettre. J'étais sûr du contraire. (*Note de Saint-Méard.*)

ris, où je suis resté depuis cette époque. J'ai été arrêté dans mon appartement, il y a douze jours. Je m'attendais si peu à l'être, que je n'avais pas cessé de me montrer comme à mon ordinaire. On n'a pas mis les scellés chez moi, parce qu'on n'y a rien trouvé de suspect. Je n'ai jamais été inscrit sur la liste civile. Je n'ai signé aucune pétition. Je n'ai eu aucune correspondance répréhensible. Je ne suis pas sorti de France depuis l'époque de la révolution. Pendant mon séjour dans la capitale, j'y ai vécu tranquille; je m'y suis livré à la gaieté de mon caractère, qui, d'accord avec mes principes, ne m'a jamais permis de me mêler sérieusement des affaires publiques, et encore moins de faire du mal à qui que ce soit. Voilà, messieurs, tout ce que je peux dire de ma conduite et de mes principes. La sincérité des aveux que je viens de faire doit vous convaincre que je ne suis pas un homme dangereux. C'est ce qui me fait espérer que vous voudrez bien m'accorder la liberté que je vous demande, et à laquelle je suis attaché par besoin et par principes. »

Le président, après avoir ôté son chapeau, dit : « Je ne vois rien qui doive faire suspecter monsieur ; je lui accorde la liberté. Est-ce votre avis ? »

Tous les juges. « Oui ! oui ! c'est juste. »

A peine ces mots *divins* furent-ils prononcés, que tous ceux qui étaient dans le guichet m'embrassèrent. J'entendis au-dessus de moi applaudir et crier *bravo !* Je levai les yeux, et j'aperçus plusieurs têtes groupées contre les barreaux du soupirail du guichet ; et comme elles avaient les yeux ouverts et mobiles, je compris que le bourdonnement sourd et inquiétant, que j'avais entendu pendant mon interrogatoire, venait de cet endroit.

Le président chargea trois personnes d'aller en députation annoncer au peuple le jugement qu'on venait de rendre. Pendant cette proclamation, je demandai à mes juges un résumé de ce qu'ils venaient de prononcer en ma faveur ; ils me le promirent. Le président me demanda pourquoi je ne portais pas la croix de Saint-Louis, qu'il savait que j'avais. Je lui répondis que mes camarades prisonniers m'avaient invité à l'ôter. Il me dit que l'assemblée nationale n'ayant pas défendu encore de la porter, on paraissait suspect en faisant le contraire. Les trois députés rentrèrent, et me firent mettre mon chapeau sur la tête; ils me conduisirent hors du guichet. Aussitôt que je parus dans la rue, un d'eux s'écria : *Chapeau bas..... citoyens, voilà celui pour lequel vos juges demandent aide et secours*. Ces paroles prononcées, le *pouvoir exécutif* m'enleva, et, placé au milieu de quatre torches, je fus embrassé de tous ceux qui m'entouraient. Tous les spectateurs crièrent : *Vive la nation!* Ces honneurs, auxquels je fus très-sensible, me mirent sous la sauvegarde du peuple, qui, en applaudissant, me laissa passer, suivi des trois députés que le président avait chargés de m'escorter jusque chez moi. Un d'eux me dit qu'il était maçon, et établi dans le faubourg Saint-Germain; l'autre, né à Bourges, et apprenti perruquier. Le troisième, vêtu de l'uniforme de garde national, me dit qu'il était fédéré. Chemin faisant, le maçon me demanda si j'avais peur. Pas plus que vous, lui répondis-je. Vous devez vous être aperçu que je n'ai pas été intimidé dans le guichet; je ne tremblerai pas dans la rue. « Vous auriez tort d'avoir peur, me dit-il, car actuellement vous êtes sacré pour le peuple; et si quelqu'un vous frappait, il périrait sur-le-champ. Je voyais bien que vous n'étiez pas une de ces chenilles de la liste civile; mais j'ai tremblé pour vous, quand vous avez dit que vous étiez officier du roi. Vous rappelez-vous que je vous ai marché sur le pied? — Oui; mais j'ai cru que c'était un des juges.—C'était parbleu bien moi; je croyais que vous alliez vous fourrer dans le haria, et j'aurais été fâché de vous voir faire mourir; mais vous vous en êtes bien tiré; j'en suis bien aise, parce que j'aime les gens qui ne boudent pas. » Arrivés dans la rue Saint-Benoît, nous montâmes dans un fiacre qui nous porta chez moi. Le premier mouvement de mon hôte, de mon ami, fut, en me voyant, d'offrir son portefeuille à mes conducteurs qui le refusèrent, et qui lui dirent, en propres termes : « Nous ne faisons pas ce métier pour de l'argent. Voilà votre ami; il nous a promis un verre d'eau-de-vie; nous le boirons et nous retournerons à notre poste. » Ils me demandèrent une attestation qui déclarât qu'ils m'avaient conduit chez moi sans accident. Je la leur donnai, en les priant de m'envoyer celle que mes juges m'avaient promise, ainsi que mes effets (1) que j'avais laissés à l'Abbaye. Je fus les accompagner jusqu'à la rue, où je les embrassai de bien bon cœur. Le lendemain, un des commissaires m'apporta le certificat dont voici la copie :

« Nous, commissaires nommés par le peuple pour faire justice des traîtres détenus dans la prison de l'Abbaye, avons fait comparaître, le 4 septembre, le citoyen Jourgniac Saint-Méard, ancien officier décoré, lequel a prouvé que les accusations portées contre lui étaient fausses, et n'être jamais entré dans aucun complot contre les patriotes : nous l'avons fait proclamer innocent en présence du peuple, qui a applaudi à la liberté que nous lui avons donnée. En foi de quoi nous lui avons délivré le présent certificat, à sa demande : nous invitons tous les citoyens à lui accorder aide et secours. Signé, Poir... Ber.... »

» A l'Abbaye, l'an IV° de la liberté, et le I°r de l'égalité. »

Après quelques heures de sommeil, je m'empressai de remplir les devoirs que l'amitié et la reconnaissance m'imposaient. Je fis imprimer une lettre par laquelle je fis part de mon heureuse délivrance à tous ceux que je savais avoir pris quelque part à mon malheur. Je fus le même jour me promener dans un jardin public ; je vis plusieurs personnes se frotter les yeux pour voir si c'était bien moi ; j'en vis d'autres reculer d'effroi, comme si elles avaient vu un spectre. Je fut embrassé, même de ceux que je ne connaissais pas ; enfin ce fut un jour de fête pour moi. Mais ce qu'on m'a dit depuis, ce qu'on m'a écrit, et ce que j'ai lu imprimé, m'a fait calculer combien l'effet de mon emprisonnement pouvait m'être défavorable dans l'esprit de ceux qui ne me connaissent pas, et surtout dans un moment où l'on croit, où l'on

---

(1) D'après la réclamation que j'en ai faite depuis, MM. Jourdeuil et le Clerc, administrateurs au département de surveillance, ont eu la complaisance de me promettre, par écrit, un ordre nécessaire pour la remise desdits effets ; je ne l'ai pas encore reçue, non plus que mes effets ; mais je dois croire que je ne perds rien pour attendre.

(*Note de Saint-Méard, composée plusieurs jours après le manuscrit.*)

condamne, où l'on exécute si précipitamment. J'ai cru qu'il m'importait de produire un contre-effet. J'ai fait connaître la vérité.

A mes ennemis.

J'avais promis, dans le tableau des événemens terribles que je viens de retracer, exactitude et vérité (1) ; j'ai rempli ma promesse avec scrupule. Les détails dans lesquels je suis entré prouvent sans doute que mon intention a été de n'en omettre aucun, parce qu'il n'en est point qui ne soient intéressans dans cette effrayante époque dont les circonstances seront écrites en caractères de sang sur les pages de notre histoire ; ils fourniront sans doute à d'autres des réflexions sur les causes qui l'ont provoquée : moi je n'ai écrit que celles que m'ont inspirées la douleur et l'effroi.

Étranger à toute espèce d'intrigue, ennemi de ces ténébreux complots qui avilissent la dignité de l'homme, qui déshonorent le caractère français, dont la loyauté fut toujours l'heureux partage, j'étais entré pur dans cette terrible prison, c'est ma franchise qui m'a sauvé.

Je sais cependant que la justice qu'on m'a rendue, dans un moment où elle pouvait être distribuée par le hasard, a donné de l'humeur à mes ennemis, dont ma douloureuse agonie n'a pu éteindre la haine que je n'ai pas méritée. Je sais qu'au moment où je prononçai dans la tribune de ma section le serment prescrit à tous les citoyens, ils publiaient, dans un des cafés du Palais de la Révolution, que j'avais fait celui de ne jamais le prêter.

Eh! messieurs, messieurs, rappelez-vous que jamais personne

---

(1) je ne certifie pas que ce qu'on m'a dit au comité et au guichet, ainsi que mes réponses, soient rapportés mot pour mot ; mais j'atteste que le sens des phrases y est de la plus grande exactitude. On sera sans doute étonné que, dans un moment aussi critique, j'aie parlé à mon interrogatoire avec autant de suite ; mais l'étonnement cessera quand on saura que j'avais appris par cœur ce que j'avais le projet de dire, et que j'avais même prié quatre de mes camarades d'infortune, entre autres MM. de Brassac, de me faire répéter les moyens de défense que j'allais prononcer. D'ailleurs mon parti était pris ; j'étais, pour ainsi dire, identifié avec l'idée de la mort ; je ne la craignais ni ne la voyais.

(Note de Saint-Méard.)

n'a vécu plus avant que moi dans la mort ; rappelez-vous que, pendant trente-huit heures, les couteaux et les haches ont été levés sur moi. L'instant qui nous sépare de la vie a-t-il quelque chose d'aussi douloureux ? Vous m'avez fait bien du mal, je vous le pardonne de bon cœur; mais je vous supplie, au nom de votre patriotisme, de me laisser terminer en paix le reste de ma résurrection.

Je conviendrai, si vous voulez, qu'un décret de l'assemblée législative, en m'ôtant plus de la moitié de mon patrimoine, dont les miens et moi jouissions depuis très-long-temps, a pu me donner un peu d'humeur. Mettez-vous à ma place un instant, et dites-moi de bonne foi si vous auriez éprouvé ce déficit avec plaisir ?

Au surplus, dans le moment où j'écris ces lignes, je suis réellement consolé, parce que j'ai réfléchi que la suppression des rentes seigneuriales est favorable à ceux de mes ci-devant tenanciers peu fortunés que j'ai toujours aimés, ainsi que les autres, et qui ne me paient pas d'ingratitude, j'en suis persuadé. Amusez-vous de ma narration; je vous abandonne l'écrit et l'*auteur*, comme *auteur*; mais plus de noirceurs, elles produisent des effets trop funestes.

Ne croyez pas cependant que je vous demande grace. Fidèle observateur des lois pendant tout le cours de ma vie, je ne désobéirai pas à celles qu'a dictées la souveraineté nationale. J'ai toujours chéri ma patrie, je me joindrai à ceux qui veulent mettre fin à ses malheurs. Si vous me voyez écarter de ces principes, dénoncez-moi. Mais dites vrai, et surtout rappelez-vous que, si j'avais été coupable, on ne m'aurait pas arrêté dans mon appartement *douze jours après le* 10 *août* 1792 ; que si j'avais le projet de mal faire, je ne resterais pas à Paris, et que si je faisais mal, je ne me mettrais pas en évidence, je me tairais.

A Paris, l'an Ier de la république, le 15 septembre 1792.

Lazare, *ci-devant* Jourgniac Saint-Méard.
Ne varietur.

MA RÉSURRECTION,

PAR MATON-DE-LA-VARENNE.

Ouvrage publié en 1795.

Étranger aux clubs, aux pétitions, aux cabales, aux motions et aux places; uniquement occupé des lettres et de la jurisprudence, fort de ma vertu et de mon amour pour le bien public, j'étais loin de prévoir que je serais inscrit sur les listes fatales, et qu'on en voulait à mes jours. L'événement dont je vais parler fit cesser ma dangereuse sécurité.

Des renseignemens dont j'avais besoin dans une affaire à laquelle je m'intéressais, m'avaient fait passer l'après-midi du 24 d'auguste 1792 tant à la mairie qu'à la Commune, où j'avais parlé au secrétaire (Tallien), lorsqu'en revenant chez moi sur les neuf heures, je vis la porte cochère investie par des gardes nationales. Avant d'entrer, je demandai à un voisin de quoi il s'agissait; il me répondit que c'était moi dont on faisait la recherche. J'éprouvai d'abord un mouvement de saisissement et d'effroi. Cependant, après m'être recueilli, croyant que j'étais sans doute l'objet de quelque méprise, je montai chez moi où tout était ouvert, éclairé, et rempli d'hommes armés et non armés. — « Que voulez-vous, leur dis-je ? — Monsieur, me répondirent-ils fort poliment, nous sommes envoyés par la section du Théâtre-Français pour faire une visite chez vous. — Sans doute que vous êtes porteurs d'ordres écrits? Exhibez-les. » — Je fus satisfait sur-le-champ. Ces ordres portaient que tout fût examiné dans mon domicile; que les scellés fussent mis sur mes papiers, s'il y avait lieu, et qu'on s'assurât ensuite de ma personne. — « Faites votre devoir, leur dis-je après cette lecture : ma conscience est tranquille. — Nous avons rempli une partie de notre mission (avant que j'arrivasse on avait fouillé jusque sous les lits, pour voir si je ne cachais point des prêtres), et nous devons

convenir que vous n'êtes aucunement compromis. Il n'y a plus qu'une légère explication à venir donner à la mairie, et cette affaire ne sera rien : mais vous ferez bien de souper auparavant. »
— Pendant que j'avalais un œuf, on rédigea un procès-verbal portant littéralement : Nous n'avons découvert chez le sieur de la Varenne rien d'opposé à la révolution et de relatif à la journée du 10; mais nous y avons trouvé, au contraire, tous écrits attestant son patriotisme. — Puis, après avoir fait rafraîchir ceux qui m'étaient venu faire la visite que je décris, je me rendis à pied au comité de surveillance de la mairie, avec l'un d'eux, qui y porta plusieurs liasses de mes papiers, la plupart relatifs à un don patriotique que j'avais été chargé de faire, et ma clientèle.

Mon conducteur, que j'aurais pu quitter en chemin, si j'avais eu quelque chose à craindre, m'introduisit d'abord dans un petit cabinet où se trouvait un homme en écharpe. Un air de respect pour la sublimité de ses fonctions, le ton d'importance qu'il affectait de prendre, des expressions basses qui décelaient sa petitesse; des regards qu'il jetait dédaigneusement sur moi; une tête à cheveux presque raz; d'une amplitude et d'une rotondité risibles..... Voilà l'esquisse du personnage : j'ai su depuis qu'il s'appelait Leclerc.

Je l'informai de ce qui venait de m'arriver, et le priai de m'interroger, en lui annonçant que mes affaires me rendaient nécessaire chez moi le lendemain; que ma santé, d'ailleurs, ne me permettait pas de passer une nuit; je le déterminai à prendre lecture du procès-verbal, et demandai ma liberté en offrant une caution personnelle ou pécuniaire, s'il l'exigeait. — « Je ne le puis, me dit-il; il y a contre vous une dénonciation. » — J'insistai, et je voulus qu'il appelât quelques-uns de ses collègues pour délibérer sur ma demande. Un jeune homme, nommé Parrein, contre lequel j'avais, dans plusieurs plaidoyers, prouvé les plus grandes bassesses, se présenta. Alors je me retirai. Un instant après, il traversa l'antichambre où j'attendais, et m'annonça que ma pétition était rejetée. Je rentrai auprès de Leclerc pour lui faire de nouvelles observations; mais je n'obtins de lui que cette réponse, à laquelle il mit toute sa ridicule gravité : « Retirez-vous ; les membres du comité de surveillance ont délibéré. » — On me montra sur-le-champ une espèce de cuisine où il n'y avait d'autres siéges que le carreau et quelques planches. Je commençais à me résigner, lorsqu'un homme me dit de le suivre. Après avoir traversé une cour dans un corps de logis dont j'ignorais l'existence, je passai au milieu de plus de cent hommes à figures rébarbatives, armés de sabres, piques et fusils, et dont les propos menaçans me firent craindre pour ma vie ; puis j'arrivai à un escalier sale et étroit qui me conduisit à une espèce de grenier rempli de personnes de tous états, qu'on avait arrêtées comme moi, et qui n'avaient pour se coucher que de la paille presque en poussière. La frayeur glaça d'abord mes sens, et j'eus des pressentimens sinistres. Je m'y livrais, lorsqu'un des particuliers qui étaient venus faire la perquisition dans mon domicile, touché sans doute des honnêtetés qu'il avait reçues, vint me réclamer, me fit descendre avec lui, et me plaça, pour le reste de la nuit, dans un cabinet où étaient un garçon d'environ trente ans, horloger, rue du Harlay, capturé pour avoir apostrophé le maire Pétion, qui passait dans le quartier ; la mère de ce jeune homme, et une ancienne maîtresse d'école, qui me dit s'appeler Bataillot, dont quelques brefs du pape, trouvés chez elle, avaient causé l'arrestation. On leur promit, comme à moi, qu'ils seraient entendus le lendemain matin. Une lampe, deux chaises de paille, une porte renversée par terre, et un lit de sangle formaient le mobilier de ce misérable réduit, où mes compagnons d'infortune étaient consignés depuis environ quatre jours et quatre nuits. Nous nous consolâmes réciproquement ; après quoi, vaincus par le sommeil, nous essayâmes de nous y abandonner.

Le jeune homme, qui est mort deux ans après des suites de la révolution qu'ont opérée sur lui les événemens que j'ai à raconter, se coucha sur la porte ; sa mère et moi nous nous jetâmes ensemble et sans façon sur le lit de sangle, où je tâchai inutilement de m'assoupir ; la maîtresse d'école resta sur une chaise,

En réfléchissant sur ce qui m'arrivait, je me persuadai qu'il y avait un projet de me traduire, sous quelque prétexte, devant le redoutable tribunal du 17 d'auguste (1). Je ne pouvais me dissimuler ni le nombre de mes ennemis, ni leur rage; car dans le mois de mai précédent, j'avais publié pour deux infortunés (Lami-Évette et Dunuand, condamnés à l'échafaud, auquel j'ai réussi à les soustraire), un mémoire vigoureux ayant pour titre : *Crime du comité des recherches de l'assemblée constituante, et de plusieurs faussaires créés et salariés par lui.*

Le lendemain, on vint me dire que Panis et Sergent, chefs du comité, avaient la plus grande influence sur le sort des personnes arrêtées, et qu'il fallait m'adresser à eux. Je leur écrivis; on m'annonça en réponse qu'ils viendraient l'un et l'autre sur les huit heures du soir. Il fallut me résigner; mais mon espoir fut vain, et je passai encore une nuit comme la précédente. Pendant le cours de la journée, on avait amené avec nous un homme qu'on avait désarmé avec affectation, et qui nous fut retiré dès qu'on s'aperçut que je l'avais reconnu pour un espion; une jeune femme d'environ dix-huit ans, nommée Laborde, qu'on avait enlevée parce qu'elle avait refusé de dire ce qu'était devenu son mari, officier de paix; un sexagénaire respectable, qu'on nomma M. Broussin; et un particulier d'environ quarante ans, trouvé porteur d'une petite canne à crosse semblable à celle de Collenot d'Angremont, décapité quelques jours auparavant, soupçonné en conséquence d'être un de ses complices. On nous ôta bientôt ce dernier, pour l'envoyer à la prison de l'Abbaye, où l'on m'a assuré qu'il avait perdu la vie dans les fatales journées des 2 et 3 septembre suivant.

Trente-six heures ainsi passées m'avaient excédé de fatigue. Le dimanche, je priai avec les plus vives instances tous les membres de la Commune et du comité qui traversaient la galerie de me faire interroger, ou de me renvoyer sous caution. Leclerc,

---

(1) Supprimé par un décret du 1er décembre 1792, et remplacé par celui créé le 10 mars 1793, où Robespierre a fait condamner tant d'innocens.

(*Note de Maton-de-la-Varenne*)

au visage burlesquement sévère, était toujours là pour les rendre inutiles : je les renouvelai surtout auprès de son collègue Chartray, qui me promit, avec beaucoup de sensibilité, de faire en sorte que j'allasse le soir coucher chez moi. Vers les trois heures après midi, il expédiait un ordre en conséquence, lorsqu'on annonça l'arrivée de Panis : il me dit de m'adresser à lui.

Je le joignis aussitôt, non sans quelque répugnance, car je n'ai jamais aimé demander la moindre chose aux sots. J'invoquai auprès de lui quelques titres qui devaient me faire espérer une prompte justice. Cet homme, qu'un cœur dur, une figure ignoble et une ignorance crasse (1) auraient dû laisser végéter dans son ancienne misère, et qui est cependant parvenu à la Convention, me vit sans pitié souffrant, persécuté sans cause légitime, crachant le sang, et rejeta ma demande, comme il avait dédaigné les justes représentations des personnes qui avaient été chez lui solliciter ma liberté.

Le mauvais succès de la tentative que je venais de faire auprès de lui ne m'empêcha pas de l'attendre encore, sous la surveillance d'une sentinelle, dans l'espèce d'antichambre qui avoisinait son cabinet, toujours dans l'espérance de vaincre son inflexibilité meurtrière. Pendant ce temps, j'y vis une jeune personne que sa femme de chambre appelait à voix basse *madame la princesse*, et qui était arrêtée depuis deux jours ; un fédéré marseillais qui portait dans ses yeux la soif du carnage, et qui disait : « Triple nom d'un D... ! je ne suis pas venu de cent quatre-vingts lieues pour ne pas f..... cent quatre-vingts têtes au bout de ma pique. » (En effet, il massacra aux prisons dans les journées des 2 et 3 septembre, dont je parlerai.) Un gendarme qui tenait ce

(1) Elle est démontrée par ses écrits burlesques. J'ai maintenant sous les yeux ses *Prémices aux patriotes de 1792*, où il parle d'écrits *de boue*, de *noirs de l'enfer aristocratique*, de *gueuseries verbales*, d'*infernalités*, de *souffle infect qui corrompt d'excellens faits*; *d'apprendre à vivre à la vertu*, de *subir le salaire*, *de l'avoir fait*, de *tigres qui viennent jouir à nous torturer dans nos frères*, de *bourreaux du civisme*. Ces dégoûtantes tirades sont revêtues de sa signature, après laquelle il se qualifie *défenseur public*, ou *homme de loi, modérant ici le cours d'une scélératesse inouïe*. (Note de *Maton-de-la-Varenne*.)

langage : « Il y a environ huit jours que les prisonniers ont manqué de la sauter, gare que ça n'arrive »; le nommé Tuhan, valet de bureau, qui disait : « Voilà qu'on apprête la mort aux traîtres; il faut qu'il n'en échappe pas un »; le sanguinaire Marat, qui épiait ses victimes; enfin plusieurs autres qui en désignaient aussi pour l'égorgement prochain, et qu'il n'est pas encore temps de faire connaître. Glacé d'effroi, je revenais accablé de douleur auprès de mes compagnons d'infortune, lorsque je fus reconnu par un nommé Rossignol, habitant du faubourg Saint-Antoine, qui me dit que, « pour le coup, il me tenait, qu'il allait bien se venger de ce que je l'avais fait rester dans les prisons, et que j'allais lui payer le mal que je lui avais fait. » Il faut que mes lecteurs sachent en quoi consistait ce mal, et celui qu'il m'a fait lui-même.

Un assassinat prémédité avait été commis, le 27 janvier 1791; en la personne d'un particulier à qui je m'intéressais, et le ministère public en avait rendu plainte. Parmi les nombreux accusés, figuraient un quidam, garçon boucher, et Rossignol, depuis si ridiculement devenu général d'armée: Je plaidai pour la partie civile, et malgré les efforts de ce même Parrein, que j'ai précédemment cité, et qui était aussi incriminé, je parvins à faire rendre, le 30 mai suivant, un jugement (exécuté depuis) qui prononça la peine de mort contre le boucher, et un plus amplement informé contre Rossignol et autres. Ce même homme, que j'avais défendu avec tant de chaleur, a perdu la vie sous les poignards le 31 décembre 1792.

On n'est plus étonné maintenant des menaces de Rossignol. Parvenu depuis plusieurs jours, et je ne sais comment, à la Commune provisoire, il pouvait les effectuer d'une manière terrible. C'est aussi ce qu'il a fait le lendemain.

Le reste de la journée n'eut rien de remarquable que les différentes allées et venues de Caron-Beaumarchais, qu'on avait arrêté le 25 ou le 24, et qu'on envoya à l'Abbaye. Sur le soir, on nous amena une fille d'environ trente-six ans, qui, je crois, se nommait Lebrun; elle nous assura qu'on s'était emparé d'elle sur son refus de dire où s'était réfugié un comte qui demeurait avec elle.

Trois nuits passés sans fermer l'œil, et deux jours pendant lesquels je n'avais pu me procurer qu'une nourriture très-insuffisante, m'avaient jeté dans un état de dépérissement dont ceux qui me connaissent peuvent seuls se faire une juste idée. La patience m'échappa; j'assaillis tous les personnages qui passaient avec des écharpes, et leur dis qu'il y avait de la barbarie à retenir ainsi quelqu'un sans l'entendre. Un de ceux à qui je m'adressais me reconnut, et me dit, avec des expressions fort obligeantes, qu'il lisait encore la veille un de mes mémoires; et que, s'il occasionait la perte de ma liberté, je devais m'en applaudir.

Quelques instans après, on mit en liberté cette même Batalliot, qui avait passé six nuits sur une chaise, et l'on envoya à l'hôtel de la Force la dernière venue.

Accablé de lassitude, je recommençais à me plaindre hautement du déni de justice que j'éprouvais, lorsqu'un gendarme vint m'appeler, tenant un papier à la main, et m'annonça qu'il m'allait conduire en prison. Je demandai à voir l'ordre dont il était porteur; il me le montra sans difficulté. Voici les termes de cette nouvelle lettre de cachet, qui était signée Rossignol, Cally : « Le concierge de l'hôtel de la Force recevra, jusqu'à nouvel ordre, le sieur Maton-de-la-Varenne, se disant homme de loi, etc., etc. »

En voyant la signature de Rossignol, l'indignation et la colère s'emparèrent de moi. Furieux, je me rendis au comité de surveillance, qui était presque attenant au cabinet où j'étais, et je déduisis à un municipal mes griefs contre cet homme. Depuis ses menaces de la veille, j'avais fait prendre dans mon cabinet un exemplaire du jugement que j'avais fait rendre contre lui : je le remis à l'officier dont je parle, en le priant de s'en servir en ma faveur. Il me répondit, avec beaucoup de douceur, que j'avais raison, alla au comité faire lecture du jugement, mais ne put faire révoquer l'ordre, ainsi qu'il vint me l'annoncer lui-même.

Je demandai alors à paraître pour me faire entendre; on me refusa encore cette justice.

Ne pouvant plus opposer de résistance utile, je demandai au gendarme un quart d'heure qu'il m'accorda, et que j'employai à recevoir les consolations du vénérable Broussin. La nuit, il m'avait avoué qu'il était prêtre insermenté, mais qu'il n'avait été arrêté que comme soupçonné d'avoir des relations avec Durozoy (1), auquel il n'avait jamais parlé, et qu'il portait par prudence une perruque. Sur ce que je lui avais demandé s'il avait laissé ignorer sa qualité à la section où il avait d'abord été conduit, il m'avait répondu qu'il devait la confesser, même au péril de sa vie, et qu'il l'avait laissé écrire sur le procès-verbal. Voici les dernières paroles qu'il me dit à l'oreille en m'embrassant (au moment où je les rapporte mon cœur est encore déchiré, et je verse des larmes sur le sort de ce malheureux ecclésiastique) : « La charité chrétienne ne peut nous empêcher de voir qu'on a choisi bien des victimes; mais souvenez-vous qu'il ne tombera pas un cheveu de nos têtes que la Providence ne l'ait permis pour notre plus grand bien. Adieu, nous ne nous rejoindrons peut-être que dans l'éternité. » A ces mots, je le quittai sanglotant, pour aller gagner un fiacre que le gendarme avait fait avancer dans la cour de la mairie. J'y montai sur les trois heures après midi, avec une parente qui ne m'avait quitté que la nuit pendant la détention dont je viens de rapporter les circonstances, et nous partîmes pour l'hôtel de la Force, jusqu'où elle voulut m'accompagner.

Les divers propos qui avaient frappé mes oreilles à la mairie me faisaient tellement craindre un massacre prochain dans les prisons, que, chemin faisant, je conjurai ma parente d'employer sans délai toutes mes connaissances, et de solliciter elle-même pour ma prompte liberté. Pendant que je l'entretenais de mes craintes, nous arrivâmes au quai Pelletier, qui était couvert d'une multitude considérable de personnes rassemblées pour voir

---

(1) Rédacteur de la *Gazette de Paris*, décapité le 24 d'auguste 1792.
(*Note de Maton-de-la-Varenne.*)

passer l'abbé Sauvade, le libraire Guillot et Vimal, condamnés à mort pour la fabrication des faux assignats de Passy. Déjà nous avions presque entièrement dépassé le quai, et nous allions traverser la Grève, où nous apercevions la guillotine, lorsque deux hommes, nous voyant dans un fiacre avec un gendarme et nous jugeant des malfaiteurs, se dirent : — « Il faut guillotiner ceux-là, en attendant les autres. » — Cette motion arriva jusqu'à moi. Avant qu'elle fût connue du peuple, je parvins, de concert avec le gendarme, à faire prendre au fiacre une autre rue, et j'arrêtai devant l'hôtel de la Force, dont le fatal guichet s'ouvrit pour me recevoir. C'était le lundi 27 d'auguste 1792.

J'ai maintenant à tracer des scènes d'horreur auxquelles la postérité refuserait de croire, si elles n'étaient attestées par toute la génération actuelle.

Après avoir laissé inscrire mon nom sur ce même registre qui contenait l'écrou de Rossignol pour une accusation d'assassinat, je demandai à être placé au quartier dit de la Dette, comme le plus sain et le plus commode. On s'empressa de me satisfaire; car j'étais connu du concierge (Bault) pour avoir rendu des services essentiels à plusieurs prisonniers, et l'on fit porter pour moi un lit de sangle à la chambre de la Victoire.

En y entrant, je fus accueilli très-civilement de six prisonniers qui l'occupaient, du nombre desquels était Constant, qui avait quitté son métier de perruquier pour faire le sauvage, et avaler des cailloux, tant au palais alors nommé Royal, qu'à la foire Saint-Germain. Une indécence qu'il avait commise sur ses tréteaux avec une femme presque nue, qu'il voulait faire passer pour sauvage comme lui, les avait fait traduire à la police correctionnelle, où ils avaient été condamnés chacun à une détention de deux années, dont il leur restait encore six mois à subir. Il s'était fait aimer du concierge par sa douceur, et avait été placé à la Dette, où il gagnait beaucoup d'argent à coiffer et raser.

Je reconnus aussi un de mes cliens, nommé Durand, à qui mon malheur arracha des larmes : il me força d'échanger mon lit contre le sien, qui était bien meilleur, et eut pour moi les attentions les plus marquées jusqu'à l'instant où nous fûmes séparés, ainsi qu'on le verra.

La réflexion, l'espoir que je mettais dans le zèle de mes amis, et, plus que tout cela, un bon dîner, m'ayant rendu un peu de calme, je descendis au jardin pour y prendre l'air jusqu'à la fermeture. J'y vis une infinité de personnes qui avaient eu un rang distingué, et j'y reconnus principalement le chevalier de Saint-Louis de la Chesnaye, avec lequel sa qualité de trésorier du Musée de Paris, dont j'étais membre, me donnait des liaisons depuis dix ans; de Rulhière et de Saint-Brice; les abbés Bertrand, ci-devant conseiller au grand-conseil, frère de l'ex-ministre Lebarbier-de-Blinières, vicaire épiscopal; Flost, curé de Maisons, près de Conflans-l'Archevêque; un autre, député à l'assemblée constituante; un valet de chambre de Louis XVI, nommé Lorimier-de-Chamilly, décapité depuis sous Robespierre, et Guillaume l'aîné, notaire, tous arrêtés, soit pour la journée du 10 août, soit comme dénoncés pour leurs opinions. Nous nous donnâmes mutuellement des consolations, et nous promîmes que le premier qui recouvrerait sa liberté userait de tout son crédit pour la procurer aux autres.

Remonté à ma chambre, où nous fûmes tous enfermés sous des verrous et des serrures énormes, je me mis au lit et réfléchis jusqu'au lendemain matin à tout ce que je devais faire pour hâter mon élargissement. Dès la pointe du jour, j'écrivis à plusieurs de mes amis qui m'avaient dans tous les temps offert leurs services; j'écrivis aussi à Panis, à Danton, alors ministre de la justice, puis député à la Convention, puis décapité le 16 germinal (5 avril 1794); à Charpentier, son beau-père, limonadier, quai de l'École; à Camille Desmoulins, secrétaire du sceau, puis député. Mes amis, un surtout chez qui j'avais dîné le jour de mon arrestation, répondirent que les circonstances orageuses où nous nous trouvions leur faisaient craindre de se compromettre. Danton promit de s'occuper de mon affaire et n'en fit rien; son beau-père lui parla ou ne lui parla point de moi, quoiqu'il eût pourtant bien promis de me recommander. Le sensible Desmoulins, contre lequel j'avais fait prononcer en 1790 des condamnations tout-à-fait désagréables, et que je devais croire mon ennemi, s'éleva au-dessus de tout ressentiment; il ne vit en moi qu'un homme de bien persécuté, et fit tous ses efforts auprès de Panis pour que je fusse interrogé ou relaxé. La peine de mort qu'il a subie depuis avec Danton, ne m'empêche pas de faire connaître la générosité dont il a usé envers moi. Quant à Panis, il déclara à la personne qui lui remit mes lettres ne vouloir plus recevoir désormais de sollicitations. Puissent les larmes qu'il a fait verser à tant de familles tomber en gouttes brûlantes sur son cœur! puisse le remords déchirer son ame, s'il en a une!

Je passais ainsi mes jours dans la prison, occupé d'une correspondance continuelle. Un désagrément que je sentais bien vivement, était celui de ne pouvoir ni fermer mes lettres, ni en recevoir de cachetées, ni voir aucun être du dehors. Quoique nous ne pussions avoir aucune communication externe sur les affaires publiques, il n'en transpirait pas moins parmi nous que tous les prisonniers de la capitale étaient menacés d'un massacre prochain. Les abbés Bertrand et Flost combattaient ce bruit; ce dernier surtout disait, en parlant des nombreux ecclésiastiques insermentés qu'on avait arrêtés : « Si Dieu a permis que nous fussions relégués ici, ce n'était pas pour nous livrer à la mort. » Ce raisonnement d'un homme pieux, prononcé avec cette onction qui va au cœur, tempérait les craintes, et chacun rappelait son courage. Mais une nouvelle qui nous parvint le 31 d'auguste au soir pensa nous le faire perdre. Pétion, qui était alors, ainsi que Marat, le dieu du jour, était venu sur les cinq heures à l'assemblée législative, accompagné de sa municipalité, et l'un des membres y avait tenu ce langage atroce : « Nous avons fait arrêter les prêtres perturbateurs; nous les avons mis dans une maison particulière, et dans deux jours le sol de la république en sera purgé. » En effet, les 2 et 3 septembre ils furent massacrés. Mais n'anticipons pas.

Déjà mon emprisonnement durait depuis environ quatre jours, quand je reçus une lettre par laquelle on m'annonçait qu'on allait sérieusement s'occuper de moi, et qu'on espérait m'embrasser le soir même. Le lendemain matin, on se plaignait dans une autre lettre de la lenteur qu'on mettait à me rendre justice; et faisant allusion à Rossignol, qui m'avait envoyé en prison, on me marquait que le rossignol ne chante pas toujours. (En effet, celui dont je parle ne chante plus; et, s'il est accessible aux remords, il s'en abreuve actuellement.) Quelques instans après, on me remit un billet de ma mère, ainsi conçu :

« Le secrétaire du maire (Jozeau, ancien avocat) m'a dit qu'il fallait que vous fissiez, pour la municipalité, un mémoire par lequel vous représenterez qu'il est de toute nécessité que vous paraissiez mercredi au tribunal de Sainte-Geneviève, etc. Vous écrirez aussi à M. Sergent une lettre pour que j'aie la permission de vous parler (elle ne l'a pas eue); tranquillisez-vous; prenez patience, et soyez sûr qu'on ne néglige rien ni devant Dieu, ni devant les hommes : surtout soignez votre santé. »

Je travaillai donc sur-le-champ à un mémoire où je détaillai les circonstances de mon arrestation : « Aux moyens sur lesquels je fonde ma demande en liberté, y disais-je, se joint un intérêt non moins puissant. J'ai été volé avec effraction le 10 juin dernier. Le procès s'instruit actuellement contre un nommé Lapointe, au cinquième arrondissement, où je suis assigné pour le mercredi 5 septembre prochain. Faut-il que je sois ruiné et que le coupable triomphe, parce que je ne suis pas libre?... »

Ce Lapointe, dont les noms patronimiques étaient Louis-Claude, avait d'abord été garçon limonadier. Après avoir été impliqué dans plusieurs procès comme voleur, puis enfermé à Bicêtre, il recouvra sa liberté en promettant de dénoncer les brigands. Il fut réincarcéré pour le vol du garde-meuble de la couronne, et redevint libre aux mêmes conditions. Il fut encore emprisonné le 7 juillet 1792, pour un vol avec effraction qui me fut fait, et parvint à sortir de la Force le 3 septembre suivant, en disant aux massacreurs qu'il n'y était que parce qu'il me devait 120 livres. Enfin, le 8 messidor dernier (26 juin 1794), il a subi sur la place de Grève la punition due à ses crimes.

Je reviens à mon mémoire. Un de mes anciens confrères se chargea de le faire valoir à la Commune le samedi 1er septembre. Ses affaires, qui l'empêchèrent de s'y rendre, et les événemens des jours suivans, rendirent inutile ma juste réclamation.

Ici mon cœur se navre, mes yeux s'inondent de larmes, la douleur me suffoque, et la plume me tombe des mains. Plaignons la nation juste et généreuse qui a pu laisser commettre des crimes jusqu'alors inconnus dans l'histoire du monde.

J'ai déjà dit que toute communication verbale avec les personnes du dehors nous était interdite, et que toutes les lettres qui entraient et sortaient de la prison étaient ouvertes par le concierge. Aucune nouvelle extérieure ne devait donc parvenir jusqu'à nous. Cependant, soit que l'envie d'en fabriquer, ou la crainte en eût créé, soit qu'un des guichetiers en eût indiscrètement confié quelqu'une, en descendant au jardin le dimanche 2 septembre, sur les sept heures du matin, j'entendis un prisonnier qui disait à un autre que le Châtelet avait manqué d'être forcé pendant la nuit, et qu'on y aurait fait un affreux massacre, s'il n'était survenu des forces suffisantes pour en empêcher. Ce rapport, ainsi que je l'ai su quand j'ai été libre, était faux : il ne me laissa pas moins alors en proie à une agitation que j'eus soin de ne communiquer à personne.

Bientôt après, nous apprîmes que Verdun était assiégé, et qu'on demandait des troupes pour voler à sa défense. Alors, beaucoup de jeunes gens qui étaient détenus, soit pour des amendes prononcées contre eux par la police correctionnelle, soit pour des délits qui n'entraînent point la peine capitale, prirent la résolution d'offrir leurs bras, et d'expier par une campagne glorieuse, ou par l'effusion de leur sang, les fautes qu'ils avaient commises. Je voulus bien rédiger leurs intentions dans un mémoire qu'ils firent passer aussitôt à l'assemblée nationale.

Vers les deux heures après midi, un grand homme assez mal vêtu vint du dehors trouver le nommé Joinville, chargé ce jour-là du guichet qui donne sur la rue des Ballets, et lui parla à l'oreille. Celui-ci parut un instant stupéfait de ce qu'il venait d'apprendre; puis il répondit assez haut : « Qu'ils viennent, s'ils le veulent, les massacrer ; par ma foi, je ne serai pas si bête que d'aller me faire tuer pour les prisonniers. » Je n'ai appris ce fait que depuis ma liberté. La personne de qui je le tiens est incapable d'en imposer ; elle venait pour m'apporter des nouvelles qui ne m'ont point été transmises, et entendit la réponse de Joinville à l'homme dont je viens de parler : ce qui lui causa pour moi les plus vives alarmes.

Un nommé Maignen, qui attendait depuis quinze ou seize mois le jugement de son procès, manquant de tout, s'était avisé d'élever une cuisine dans le jardin, avec des pierres provenant d'une démolition qu'on avait faite. Il avait obtenu du concierge, sans doute, la permission de faire entrer sa femme tous les matins dès l'ouverture, pour apporter les provisions et préparer les alimens. Leur qualité avait achalandé la cuisine, et presque tous les prisonniers du quartier de la Dette, sans en excepter les plus riches, s'y fournissaient. Ce jour, contre la coutume, les vivres étaient entrés en petite quantité, et manquaient déjà à l'heure où les distributions ne faisaient ordinairement que commencer. Nous ne sûmes à quoi attribuer cela.

Sur les trois heures, un gendarme qui était entré, je ne sais pourquoi, dans notre quartier, dit à l'un d'entre nous, qui nous en informa aussitôt, qu'on venait de massacrer, vers le Pont-Neuf, sept personnes qu'on avait envoyées de la mairie à la prison de l'Abbaye, et que la veille, des femmes à demi-ivres disaient publiquement sur la terrasse des Feuillans aux Tuileries, en parlant des détenus : « C'est demain qu'on leur f... l'ame à l'envers dans les prisons. » Ces propos, et ce qu'on était venu dire à l'oreille de Joinville, font voir qu'on avait projeté les massacres des prisonniers.

Sur les sept heures, on en appelait très-fréquemment, et ils ne reparaissaient plus. Chacun raisonnait à sa manière sur cette singularité; mais nos idées devinrent plus calmes, lorsque nous vînmes à nous persuader que le besoin de forces avait fait accueillir le mémoire que j'avais rédigé le matin pour l'assemblée nationale, et qu'on délivrait en conséquence tous ceux qui n'étaient point prévenus de délits graves. C'était particulièrement l'opinion de nos compagnons d'infortune de Rulhière et de la Chenaye, avec lesquels je causais encore, lorsqu'à huit heures on nous enferma tous. Hélas! ils ne prévoyaient pas le sort funeste dont ils étaient menacés.

Relégués dans nos chambres, nous entendions sans cesse ouvrir le guichet qui donne sur le jardin, et le guichetier Baptiste venait tantôt dans l'une, tantôt dans l'autre, chercher des prisonniers qui en sortaient avec mille démonstrations de joie; ils s'adressaient principalement alors à ceux qui n'avaient que des affaires de police correctionnelle, ce qui bannissait les craintes que nous avions eues dans la journée.

Un dîner, que la disette de vivres avait rendu fort frugal, et une promenade de tout l'après-midi, m'avaient donné de l'appétit : le bon Durand fouilla toute la chambre pour nous trouver de quoi souper. Un morceau de pain d'une grosseur très-médiocre, que nous partageâmes entre sept, et un verre de vin qui se trouva dans une bouteille, furent toute notre ressource. Je prenais le parti de la résignation, et j'allais me mettre au lit, lorsque j'aperçus dans le jardin un jeune homme nommé Duvoy, qu'on n'avait point encore enfermé. Toute fierté étant inutile, je lui demandai s'il pouvait me donner de quoi souper; alors il se cramponna aux barreaux de notre fenêtre, et me présenta deux œufs, que l'impossibilité de me procurer du feu pour les faire cuire me fit refuser.

J'essayais de trouver le sommeil, lorsque la porte de ma chambre s'ouvrit avec un bruit effroyable, et qu'on en fit sortir Delange, détenu correctionnellement. Un instant après, il fut suivi d'un vieillard de soixante-treize ans, nommé Berger, qu'on retenait de même depuis dix-huit mois, et qui fut réemprisonné en 1794, sous le nom de Dupont.

Les autres chambres de notre corridor s'ouvraient aussi sans cesse. Nous étions encore cinq dans la mienne; tous, excepté moi, se livraient à l'espoir consolant d'être élargis avant le jour, lorsqu'on vint chercher Durand. Celui-ci se tenait tout habillé sur son lit, pour ne pas se faire attendre. Il me serra la main, me promit de me donner de ses nouvelles, et sortit. Nous distinguâmes en même temps la voix de Delange, qui, après avoir obtenu sa liberté, voulait absolument remonter à la chambre pour y prendre ses effets, et surtout un petit chien caniche blanc qui faisait tout son amusement. Ses sollicitations furent sans succès, parce qu'on voulait empêcher les prisonniers d'être informés des scènes affreuses qui se passaient déjà.

Pendant qu'on vidait ainsi les chambres, nous aperçûmes de la nôtre un nommé Caraco, qui, craignant sans doute, à cause de la nature de son délit, de ne point obtenir l'élargissement que, suivant le bruit commun, on accordait aux autres, montait le long des piliers de la galerie, inhabités depuis l'incendie de la Force, et gagnait les toits pour descendre ensuite dans la rue, où il fut massacré. Duvoy tenta aussi de s'évader : mais heureusement son peu d'agilité l'empêcha de réussir ; je dis heureusement, car il s'est tiré d'affaire ; il s'en est fait depuis une autre.

Vers minuit, un nommé Barat, qui, par la situation de son local, était à portée d'entendre ce qui se passait, appela Gérard, mon camarade de chambre, et lui dit ceci, que je n'oublierai jamais : « Mon ami, nous sommes morts ; on assassine les prisonniers à mesure qu'ils comparaissent ; j'entends leurs cris. » A peine Gérard eut-il appris cette fatale nouvelle, qu'il nous dit : « Notre dernière heure est venue ; nous n'avons plus aucune ressource. » J'avais quitté mon lit pour être plus à portée d'observer et d'écouter ; je répondis à Gérard (et je m'efforçais de penser ainsi) que le bruit venait du peuple du faubourg Saint-Antoine, qui faisait ses enrôlemens pour marcher au secours de Verdun, et qui traversait sans doute les rues pour se rendre auparavant à l'Hôtel-de-Ville.

A une heure du matin, le guichet qui conduisait à notre quartier s'ouvrit de nouveau. Quatre hommes en uniforme, tenant chacun un sabre nu et une torche ardente, montèrent à notre corridor, précédés d'un guichetier, et entrèrent dans une chambre attenante à la nôtre, pour faire perquisition dans une cassette qu'ils brisèrent. A peine furent-ils descendus, qu'ils s'arrêtèrent sur la galerie, où ils mirent à la question un nommé Cuissa, pour savoir où était Lamotte, qui, sous prétexte d'un trésor caché dont il offrait de donner la connaissance, avait, quelques mois auparavant, disaient-ils, escroqué une somme de 500 livres à l'un d'entre eux qu'il avait fait venir exprès dîner avec lui. Le malheureux qu'ils tenaient, et qui a perdu la vie cette nuit-là, leur répondait tout tremblant qu'il se souvenait bien du fait, mais ne pouvait leur dire ce qu'était devenu le prisonnier. Résolus de trouver ce Lamotte, et de le confronter à Cuissa, ils montèrent avec ce dernier dans d'autres chambres, où ils firent de nouvelles recherches qui, suivant les apparences, furent inutiles, puisqu'ils dirent entre eux : « Allons le chercher dans les cadavres ; car il faut, nom de D..., que nous sachions ce qu'il est devenu. »

J'entendis en même temps appeler Louis Bardy, dit l'abbé Bardy, qui fut amené et massacré sur l'heure, ainsi que je l'ai su. Il était accusé d'avoir, de concert avec sa concubine, assassiné et coupé en morceaux, cinq ou six ans auparavant, son frère, auditeur en la chambre des comptes de Montpellier, et déjouait la science de tous ses juges par la subtilité, l'adresse, l'éloquence même de ses réponses, et par les incidens qu'il faisait naître.

On peut se peindre la frayeur où m'avaient jeté ces mots : « Allons le chercher dans les cadavres. » Je ne vis plus d'autre parti à prendre que celui de me résigner à la mort. Je fis donc mon testament, que je terminai par cette phrase : « Je demande comme une grace à ceux qui me dépouilleront, je les somme même, par le respect dû aux morts, et au nom des lois qu'ils violent par des assassinats dont un jour la nation leur demandera compte, de faire passer à leurs adresses mon testament et la lettre qui y est jointe. »

A peine quittais-je la plume, que je vis de nouveau paraître deux hommes aussi en uniforme, dont l'un, qui avait un bras et une manche de son habit couverts de sang jusqu'à l'épaule, ainsi que son sabre, disait : « Depuis deux heures que j'abats des membres de droite et de gauche, je suis plus fatigué qu'un maçon qui bat le plâtre depuis deux jours. » Ils parlèrent ensuite de Rulhière, qu'ils se promirent de faire passer par tous les degrés de la plus cruelle souffrance ; ils jurèrent par d'affreux sermens de couper la tête à celui d'entre eux qui lui donnerait un coup de pointe. Le malheureux militaire leur ayant été livré, ils l'emmenèrent en criant *force à la loi*, puis le mirent nu, et lui appliquèrent de toutes leurs forces des coups de plat de sabre qui le dépouillèrent bientôt jusqu'aux entrailles, et firent ruisseler le sang de tout son corps. Enfin, après une demi-heure de cris terribles et une lutte des plus courageuses contre ses assassins, il expira.

Trois quarts d'heure après, c'est-à-dire environ sur les quatre heures du matin, on vint chercher Baudin de la Chenaye, qu'on força de s'habiller. Comme sa chambre était au-dessous de la mienne et que nos croisées étaient ouvertes, j'entendis le guichetier lui dire, lorsqu'il voulait prendre son chapeau : « Laissez-le là ; vous n'en avez plus besoin. » Il sortit et marcha avec la fermeté du philosophe au milieu des deux brigands dont j'ai parlé plus haut, et arriva au bureau du concierge, où il subit une espèce d'interrogatoire, après lequel l'interrogeant ordonna qu'on le conduisît à l'Abbaye ; ce qui voulait dire : Assommez-le. Il passa donc le fatal guichet d'entrée, et jeta un cri d'épouvante en apercevant un monceau de cadavres, se couvrit les yeux et le visage avec ses mains, puis tomba percé de coups.

Il était, ainsi que le précédent, accusé d'avoir trempé dans l'affaire du 10. Hélas ! il était innocent. Soixante ans de vertus, qui ont toujours été héréditaires dans sa famille, semblaient lui promettre une meilleure fin. Depuis sa mort, qui a fait à mon cœur une plaie incurable, j'ai su qu'une visite sévère faite dans ses papiers n'avait rien offert qui pût faire regarder son emprisonnement comme légitime, et que l'erreur de ses meurtriers a été constatée par un certificat délivré à sa respectable veuve. J'ai appris d'elle, en allant lui porter quelques paroles de consolation, qu'un nommé Toussaint, ci-devant domestique d'un ancien procureur au parlement, nommé Châtelain, s'est vanté d'avoir été un des juges à l'hôtel de la Force dans la nuit du 2 septembre, et d'avoir condamné à mort ce même la Chenaye, aux sollicitations duquel il doit une pension dont il jouit encore.

Une infinité de détenus des différens corps de logis de la prison, tels que René-François Gentilhomme, Staudé, dit l'Allemand, André Roussey, l'abbé de la Gardette, Simonot, de Louze de la Neufville, Étienne Deroncières et autres, eurent successivement le même sort que l'infortuné la Chenaye. Je craignais à chaque ouverture de guichet d'entendre prononcer mon nom et de voir entrer Rossignol. Le trouble de mes sens ne m'empêcha cependant pas de penser aux moyens de me soustraire à la fureur des assassins, s'il était possible. Je quittai ma robe de chambre et mon bonnet de nuit pour me vêtir d'une grosse chemise fort sale, d'une mauvaise redingote, sans gilet, et d'un vieux chapeau rond que, dans la crainte de ce qui arrivait, je m'étais fait apporter deux jours auparavant. J'imaginai qu'ainsi couvert, je ne serais pas soupçonné d'être du nombre des victimes qu'on devait immoler. On verra que cette précaution ne m'a point été inutile.

Sur les cinq heures, on vint chercher les abbés de Blinières et Bertrand. Un homme qui était dans le jardin cria, A l'Abbaye; mais un fédéré qui était au guichet dit qu'il ne fallait point leur faire de mal. J'ignore quel a été le sort du premier; mais je sais que le second s'est tiré d'affaire; car je l'ai revu plus d'une année après.

A six heures et demie, on se présenta une seconde fois à la chambre des deux ecclésiastiques, pour en faire sortir le notaire (Guillaume l'aîné), qui l'habitait aussi. Tous les événemens dont il avait été témoin depuis la fermeture de la veille lui ayant fait croire sa vie dans le plus grand danger, il hésita d'ouvrir sa porte, qu'il avait barricadée ou fermée en dedans. Alors les hommes qui l'assaillaient se répandirent en blasphèmes, le traitèrent d'ennemi de la nation, de scélérat, et allèrent chercher du renfort. A peine étaient-ils disparus, que, malgré le saisissement où j'étais moi-même, je lui observai par ma fenêtre, et sans pouvoir être vu de lui, qu'il venait de commettre une grande imprudence en résistant. « Eh ! monsieur, me répondit-il, ignorant sans doute à qui il parlait, on n'assassine pas les gens sans les entendre. » Ceux qu'on était allé chercher arrivèrent en même temps; il leur ouvrit sa porte, et ils se saisirent de lui. J'ai été inquiet sur son sort pendant plus de quinze jours ; enfin, j'ai su qu'il avait été relaxé.

Après toutes les horreurs qu'on vient de lire, plusieurs des individus qui, suivant le langage usité entre eux, faisaient justice des traîtres, se répandirent sur notre galerie, et dirent qu'il fallait lâcher les autres. Un cri de *vive la nation!* que fit entendre le premier, Decombe de Saint-Geniès, auquel on a rendu la liberté, fut la réponse des prisonniers qui restaient, et Benjamin Hurel-la-Vertu, l'un d'eux, fut emmené sur l'heure presque en triomphe.

On a vu que toutes les chambres de mon corridor avaient été vidées, à l'exception de la mienne. Nous y étions encore quatre qu'on semblait avoir oubliés, et nous adressions en commun nos prières à l'Éternel pour qu'il nous tirât du péril. Pendant que nous étions dans cette situation, mille fois plus horrible que la mort, le guichetier Baptiste vint nous visiter seul, nous parla des meurtres sans nombre qu'il avait vu commettre, nous dit qu'il nous avait sauvés, en protestant que nous étions emprisonnés pour batteries; qu'on avait voulu le tuer lui-même à cause de nous, que nous n'avions plus rien à craindre, et qu'il répondait de nos personnes. L'assurance qu'il nous avait sauvés me parut un moyen imaginé par lui pour exciter notre générosité ; car je l'avais vu exécuter, tout en tremblant et sans oser répondre, les ordres qu'il recevait. Néanmoins je lui pris les mains et le conjurai de nous faire sortir, en lui promettant de lui donner ou faire donner cent louis, s'il me conduisait chez moi ou chez quelqu'un de mes parens. Un bruit partant des guichets le fit retirer précipitamment.

Nous entendîmes aussitôt, et nous aperçûmes même de nos croisées, près desquelles nous étions couchés à plat-ventre, pour n'être point vus, douze ou quinze hommes armés jusqu'aux dents, et la plupart couverts de sang, qui tenaient conseil à voix basse dans le jardin. « Remontons dans toutes les chambres, disait l'un d'eux, et qu'il n'en reste pas un; point de pitié! »

A ces mots, je tirai de mon gousset un canif que j'ouvris. Je m'interrogeais sur l'endroit où je devais m'en frapper, lorsque je réfléchis que la lame était trop petite pour m'en percer mortellement sur l'heure, et que ce serait me livrer d'avance à des tourmens auxquels je pouvais échapper. La religion vint à mon secours; je pris la résolution d'attendre l'événement; j'excitai mes compagnons d'infortune, surtout Gérard, à nous jeter entre les bras de la Providence.

Entre sept et huit heures, quatre hommes armés de bûches et de sabres vinrent nous déclarer qu'il fallait les suivre. Un d'eux, haut d'environ six pieds, et dont l'uniforme me parut celui d'un gendarme, tira à quartier Gérard; ils causèrent à voix très-basse, et firent des gestes qui me firent soupçonner une corruption. La conversation finit par ces mots du prisonnier : « Comme vous voyez, mon camarade, je n'ai été arrêté que pour avoir souffleté un aristocrate. » L'accusation pour laquelle il était détenu était, malheureusement pour lui, d'une bien plus dangereuse conséquence : je ne crois pas devoir en rendre compte.

Pendant le colloque dont je viens de parler, je cherchais partout des souliers pour quitter les pantoufles de palais que je portais. Forcé de renoncer à ma recherche, je descendis avec les autres, et vêtu comme je l'ai dit précédemment. Constant, dit le Sauvage, Gérard et un troisième dont le nom échappe à ma mémoire, étaient libres de tout leur corps; quant à moi, quatre sabres étaient croisés sur ma poitrine. Mes camarades obtinrent leur élargissement sans paraître au bureau du concierge. Moi, je fus traduit devant le personnage en écharpe qui y siégeait. Il était boiteux, assez grand et fluet de taille. Il m'a reconnu et parlé sept ou huit mois après. Quelques personnes m'ont m'assuré qu'il était fils d'un ancien procureur, et se nommait Chepy. En traversant la cour dite des Nourrices, je la vis pleine d'égorgeurs que pérorait Pierre Manuel, alors procureur de la Commune, puis député à la Convention, à laquelle il a donné sa démission, puis enfin justement frappé de mort le 14 novembre 1794. Arrivé au tribunal terrible, j'y fus interrogé ainsi : « Comment vous nomme-t-on ? Quelle est votre qualité ? Depuis quand êtes-vous ici ? » Mes réponses furent simples. « Mon nom est Pierre-Anne-Louis Maton-de-la-Varenne ; je suis ancien avocat, et détenu depuis huit jours, sans savoir pourquoi ; j'espérais ma liberté samedi dernier : les affaires publiques l'ont retardée. »

Je m'abstins de parler de Rossignol ; car j'étais au milieu de tous ses camarades du faubourg, qui m'eussent immolé à son ressentiment, et dont un disait derrière moi sans me connaître : « Va, monsieur de la peau fine, je vas me régaler d'un verre de ton sang. » Le soi-disant juge du peuple cessa ses questions pour ne pas perdre de temps ; mais il ouvrit le registre de la prison, et après l'avoir examiné, il dit : « Je ne vois absolument rien contre lui. » Alors toutes les figures se déridèrent, et il s'éleva un cri de *vive la nation !* qui fut le signal de ma délivrance.

Ce fut dans ce moment que je sentis plus vivement qu'en aucun autre la grandeur du péril auquel j'échappais, et qu'une pâleur très-voisine de l'évanouissement se fit remarquer sur mon visage. Je fus enlevé sur-le-champ, et conduit hors du guichet par des hommes qui me soutinrent sous les aisselles, en m'assurant que je n'avais rien à craindre, et que j'étais sous la sauvegarde du peuple.

Je traversai ainsi la rue des Ballets, qui était couverte de chaque côté d'une triple haie de gens des deux sexes et de tous les âges. Parvenu au bout, je reculai d'horreur en apercevant dans le ruisseau un monceau énorme de cadavres nus souillés de boue et de sang, sur lesquels il me fallut prêter un serment. Un égorgeur était monté dessus et animait les autres. J'articulais les paroles qu'ils exigeaient de moi, quand je fus reconnu par un de mes anciens cliens qui, sans doute, passait par hasard. Il répondit de moi, m'embrassa mille fois, et apitoya en ma faveur les massacreurs mêmes. Son nom est Colange, Napolitain, fabricant de cordes à violon, rue de Charonne.

On voulut d'abord me mener boire et manger au comité de Saint-Louis; je refusai, en disant qu'échappé à la mort, je devais aller consoler plusieurs personnes qui pleuraient peut-être ma perte; mes raisons furent goûtées; je demandai un fiacre à cause de ma faiblesse; après avoir passé à pied une partie de la rue Saint-Antoine, où je fus rencontré et embrassé encore par trois personnes, il en passa un dont on fit descendre ceux qui l'occupaient, et j'y montai avec mes conducteurs, dont le nombre s'augmenta tellement en chemin, que le siége du cocher, les portières, l'impériale et le derrière en étaient couverts.

Mes lecteurs se rappelleront que je faillis perdre le tête à la guillotine, le 27 d'auguste, en traversant le quai Pelletier sous la conduite d'un gendarme. Il semble qu'un génie malfaisant était acharné à ma perte, et voulait que je tombasse sous le fer des assassins, à la place de Grève, soit en allant en prison, soit en revenant dans mes foyers. Au coin du même quai, un homme qui, à mon extérieur défait, et au désordre de mes vêtemens, me prit pour un conspirateur ou pour un criminel d'un autre genre, saisit la bride d'un des chevaux du fiacre, et s'écria, en excitant contre moi l'indignation publique : « Il ne faut pas qu'il aille plus loin : assommons-le ici. » A peine avait-il achevé, qu'un sabre fut levé sur lui par un jeune homme qui se tenait à une portière; il aurait été pourfendu jusqu'à la ceinture, sans un mouvement qu'il fit assez à temps pour éviter le coup.

Cet événement ne fit qu'augmenter l'espèce de pompe de ma marche triomphale, pendant laquelle je me rappelai ces paroles du psalmiste : *Circumdederunt me dolores mortis*. Sans cesse j'entendais des cris de félicitation autour de moi. « Citoyens, disait l'un, voilà un patriote qu'on avait renfermé pour avoir trop bien parlé pour la nation. —Voyez ce malheureux, disait un autre : ses parens l'avaient fait mettre aux oubliettes pour s'emparer de ses biens. » En même temps, chacun se pressait autour de la voiture pour me voir, et l'on m'embrassait sans cesse par les portières.

Au milieu de ces accueils, qui, en épuisant ma sensibilité, anéantissaient mes forces physiques, j'arrivai en face de la rue Planche-Mibray. Mes conducteurs m'annoncèrent que j'allais traverser le Pont-au-Change pour voir sur sa culée les cadavres des scélérats dont on avait fait justice au Châtelet, et ensuite dans la cour du Palais, ceux des prisonniers de la Conciergerie. Alors je rappelai ma présence d'esprit pour demander à ne point voir ce spectacle hideux, qu'il me serait impossible de supporter une seconde fois. Ma prière fut écoutée, et nous enfilâmes le pont Notre-Dame, d'où, par les rues adjacentes, nous parvînmes à celle de la Barillerie, où demeurait mon père. Mon arrivée chez lui causa la plus vive émotion à ma mère. J'éprouvai aussi quelques instans de saisissement, après lesquels je sentis ses joues collées sur les miennes, qu'elle arrosait de larmes. C'était le 3 septembre.

Après avoir ainsi passé environ une heure à la maison paternelle, où ceux qui m'y avaient conduit n'avaient voulu accepter qu'un simple rafraîchissement, la crainte où j'étais qu'on ne vînt m'y reprendre me détermina à m'aller retirer dans un lieu sûr.

LA VÉRITÉ TOUT ENTIÈRE

Sur les vrais acteurs de la journée du 2 septembre 1792, et sur plusieurs journées et nuits secrètes des anciens comités de gouvernement.

Exurgat tenebris.

Vous n'êtes plus un parlement, m'entendez-vous? Je vous déclare que vous n'êtes plus un parlement : fi, fi! par honte, retirez-vous, faites place à d'autres! le Seigneur a choisi d'autres instrumens, s'écriait Olivier Cromwel, s'adressant au *long* parlement d'Angleterre; puis saisissant de sa main un membre par son manteau : « *Tu es,* lui dit-il, *un coureur de filles,* » à un autre :

« *Tu es un adultère,* » à un troisième : « *Tu es un ivrogne et un gourmand.* — *Toi un voleur*, à un quatrième. (*Voyez David Hume, maison Stuart.*) Il dit, fait chasser en masse par ses soldats le *long* parlement, ferme la porte de la chambre et prend la clef.

Tel fut aussi le langage, telle allait être la conduite de Maximilien Robespierre envers les représentans du peuple français, si la Convention rappelée à son énergie si long-temps comprimée, n'avait, d'un mouvement unanime et spontané, brisé le nouveau protecteur.

Aux talens militaires près, on ne peut nier qu'il n'y ait eu une grande ressemblance entre ces deux ennemis de l'égalité, tant dans leur caractère de dissimulation flegmatiquement calculateur, que dans les moyens nouveaux qu'ils avaient suivis pour atteindre leur projet de domination.

Le parlement anglais, qui s'était long-temps glorifié de résister à la violence, fut dissous par un acte de la plus criante oppression. La Convention nationale, après avoir éprouvé des lacunes et des amputations fréquentes, allait périr de la même mort, sans le secours de quelques passions personnelles et rivales, qui ont animé et secondé le souvenir de ses devoirs et de sa mission oubliée, ou froissée par la terreur.

Cromwel résolut d'amuser les Anglais avec la forme d'une république, et de les familiariser par degrés avec un gouvernement arbitraire. Il ordonna donc, après avoir ôté au peuple ces véritables délégués, que cent quarante-quatre personnes, *choisies par lui-même*, seraient revêtues du pouvoir souverain ; les objets de son choix étaient de la plus basse extraction et joignaient à une faible conception, la plus grande ignorance. Il avait prévu que durant une telle administration, il gouvernerait seul, ce qui arriva effectivement, puisqu'il congédia même ce nouveau parlement, quoique composé de valets ; quelques-uns s'obstinaient à vouloir siéger ; Cromwel leur envoya Withe (le Henriot d'alors), avec un détachement de soldats. Celui-ci leur ayant demandé ce qu'ils faisaient là, ils répliquèrent *qu'ils cherchaient le seigneur*.

Vous pouvez aller le chercher ailleurs, leur cria White, car à ma connaissance, le seigneur n'a pas été ici depuis bien des années; et ils disparurent.

Après avoir enlevé au peuple ce simulacre conservateur de ses derniers droits, Cromwel se débarrassa de tous ceux qui l'environnaient, même de ses amis et des satellites exécuteurs de ses volontés, régna triomphant de ses spoliations, fit la paix, la guerre à sa volonté, et traita personnellement avec les puissances étrangères qui reconnurent son autorité.

Ainsi parlant de vertu, de probité, de justice, Robespierre usurpa sur une nation qui venait de punir son roi du crime héréditaire de la monarchie, une puissance de souveraineté, que n'avait jamais osé et que n'aurait jamais pu exercer la race capétienne. Il fonda comme Cromwel, son empire sur l'*asinocratie*, en composant le tribunal révolutionnaire, les commissions, les états-majors des armées de créatures affreuses, fanatiquement cruelles, et passivement obéissantes aux arrêts de sang prononcés par leur maître; jamais aucun sentiment tendre ou bienveillant ne parut toucher son ame féroce : il avait toujours été sombre et sévère, et c'est l'état de l'ame de tous les tyrans. *Tibère* et *Louis* XI étaient sombres aussi ; quand on est mal avec soi-même, on ne peut paraître content avec les autres ; la gaieté, la sérénité n'appartiennent qu'à la vertu intérieure : devenu de plus en plus violent, il regardait comme un crime impardonnable de contester ses opinions despotiques et royales. Le pouvoir de vie et de mort parut être le résultat et le comble de ses vœux ; il goûta le plaisir délicieux pour un tyran oriental, d'envoyer à l'échafaud les hommes qui l'avaient offensé, de les voir passer sous ses yeux devant sa porte, et traîner comme en réparation des outrages faits à son orgueil implacable.

Sous le prétexte de centralisation des pouvoirs, il avait saisi, accaparé tous les droits du peuple; sous le prétexte de gouvernement révolutionnaire, d'un geste, d'un signe, comme Jupiter, il envoyait à la mort ceux qui lui déplaisaient, et jouait dans sa main, la vie et la fortune de tout le peuple français; les cabinets de la coalition avaient tellement senti combien l'autorité de cet homme était saillante et unique dans la Convention, qu'il y avait des émissaires envoyés pour traiter avec Robespierre *seulement*, regardant comme nul le reste des représentans de la république.

Mais comment, se demande-t-on, un individu parvint-il à pouvoir impunément commettre tant de forfaits?

Si Robespierre fut si long-temps tyran suprême, c'est qu'il trouva des valets dociles et dévoués à l'exécution de ses volontés criminelles. Tibère, sans Séjan, Néron, sans Narcisse, eussent été moins funestes à l'humanité, et, livrés à leurs remords, peut-être s'arrêtant dans la route du crime, seraient-ils devenus honnêtes gens. Un observateur du cœur humain a dit que les mauvais princes étaient souvent les moins méchans de leur cour.

Robespierre fut puissament aidé, peut-être même poussé par certains hommes survenus tout à coup à la suite de la république, comme des oiseaux de proie à la suite d'une bataille pour prélever tous les bénéfices de la révolution, sans en avoir jamais éprouvé les peines ni les périls. Ainsi les comités de sûreté générale et de salut public, investis tout à coup par la Convention nationale, d'un pouvoir au-dessus d'elle-même, surpris par les circonstances, escobardés et conservés par l'intrigue, se sont trouvés, à cette époque dictatoriale, occupés par des hommes couverts de tackes inciviques et alliés à l'ancien régime, par les nœuds les plus impurs; ce fut sans doute pour Danton et Camille Desmoulins, ces artisans infortunés de la révolution, une réflexion pénible et humiliante, de se voir inopinément lancés à la mort par un *Amar*, trésorier de France; un *Barrère*, commensal de *Savalette de Langes*; un *Vadier*, royaliste soldé; un *Voulland*, secrétaire des Feuillans, etc., etc., qui, trouvant opportun le moment de la représaille, ont mis à exécution en 1794, *au nom de la république française*, les décrets rendus en 1789 contre Danton et Camille, *au nom de Capet*, par Boucher d'Argis; et ont ainsi vengé la monarchie vaincue, par la mort des hommes courageux qui avaient, le 10 août, jeté le trône dans la poussière.

Oui, c'est la monarchie qu'ils ont vengée; car ils ont hérité de ses forfaits, et recueilli sa succession; car enfin ils ont *régné*.

Et n'est-ce pas régner que s'emparer à perpétuité de fonctions suprêmes? n'est-ce pas assassiner la démocratie, dont l'essence est la transition rapide des fonctionnaires, que d'avoir, à l'issue de la tyrannie héréditaire, usurpé des pouvoirs plus monstrueux de vie et de mort; de s'être érigé en dictature *inamovible*, et de s'en être servi pour égorger les fondateurs de la république?

N'est-ce pas favoriser l'aristocratie, que de lui donner le spectacle ravissant de la mort des défenseurs de la liberté?

Tu sentais bien ces principes, ô *Danton!* lorsque tu disais ces paroles dignes de ton ame énergique et généreuse : *Quand les accusations frappent sur des hommes qui d'abord ont rendu des services à la patrie, on ne peut les incarcérer provisoirement, jusqu'à la preuve des délits matériellement acquise. Il faut consacrer ce grand principe : qu'un patriote doit avoir trois fois tort avant qu'on puisse sévir contre lui.*

Ces vérités sublimes, si odieusement violées dans ta personne, vengent déjà ta cendre, et lui garantissent la reconnaissance des républicains.

Cette digression peut d'abord paraître étrangère aux faits que j'ai à retracer; mais il est surtout à propos de se représenter les crimes de la tête de Robespierre, au moment où la queue de ce monstre cherche à se rattacher à son tronc venimeux. L'expérience de l'oppression est pour les peuples la meilleure leçon de liberté; et la boussole la plus sûre qu'ait à suivre la Convention nationale, pour se diriger à travers les écueils qui lui restent à gauchir et éviter, est de se rappeler qu'elle a été forcée, pour recouvrer son existance, de faire pour ainsi dire une insurrection et de se lever *en masse* contre *un homme* qui avait posé la première base de sa puissance sur l'abaissement de ses collègues.

Je te salue, révolution sublime du 9 thermidor, je te dois ma vie nouvelle, mon existence miraculeuse : je te dois un plus grand bienfait, la faculté d'exprimer ma pensée, de la confier à mes pairs, d'exhumer du tombeau les vérités que les tyrans retenaient ensevelies : c'est sous tes auspices que je vais restituer à la vérité la nuit du 2 septembre, rendre à César ce qui est à César, et à Billaud ce qui appartient à Billaud.

C'est Marat, c'est Danton, c'est Panis, qui ont machiné cette journée sanglante, vociférait sans cesse une des factions guillotinées; aujourd'hui que Marat est traduit au Panthéon, que Danton y est attendu, qu'il est reconnu que la mort de cet imprévoyant plébéien n'est autre chose que *la quittance de Billaud-Varennes*, le vulgaire curieux et inquiet remue les cadavres sous lesquels il croit la vérité cachée : il écoute, il veut deviner : mais la calomnie toujours prête est là, qui par l'organe de Cambon le *caissier des factions*, crée des auteurs afin d'empêcher qu'on ne se rapproche des véritables; ce croisement incohérent de versions diverses épaissit, et dérobe la lumière fugitive. Ce n'est plus Marat, ce n'est plus Danton, disent les amis des opérateurs septembristes et les opérateurs eux mêmes; mais c'est encore Panis et c'est de plus Tallien et Fréron.

Quand je considère combien les détails d'événemens à peine éloignés de nous de la distance de deux années sont peu connus ou mal connus : combien ce qui est échappé à la controverse des partis est défiguré : peut-être un jour, me dis-je, si nos neveux demandent quels furent les inventeurs des fusillades, des conspirations de prisons, ignoreront-ils que ce furent Barrère, Billaud, Collot : peut-être, s'ils étudient la langue française dans les dictionnaires de Carrier ou d'Audouin, croiront-ils que *déporter*, de notre temps, voulait dire *noyer*; et prendront-ils les massacres et les assassinats pour de simples méprises.

Il est donc du devoir d'un ami de la vérité de livrer à la guillotine de l'histoire les individus qu'on ne peut séparer des faits, dans la crainte qu'on n'attribue à une nation généreuse ce qui est l'ouvrage de quelques monstres qui ont égaré la main de quelques-uns de ses membres. En vain ils voudraient associer à leurs forfaits la multitude innocente; eux seuls sont la source *responsable* des flots de sang qui ont failli submerger la république.

Sans répéter les complimens fallacieux faits quotidiennement au peuple en masse par ceux qui le tuent ou qui le mangent, on peut, sans populacité, affirmer que le Français collectivement ne peut pas plus contempler le crime que le commettre.

Des moralistes hypocondres effrayés de quelques périodes de la révolution, ont cru voir dans ses accidens la solution du problème discuté par Hobbes et Jean-Jacques, de *l'Homme bon*, ou de *l'Homme méchant*; plusieurs n'ont pas craint d'affirmer qu'un des produits nets de la régénération française est la preuve démontrée de cette dernière proposition (l'Homme méchant). D'autres plus indulgens envers l'espèce humaine, mais moins respectueux envers ses associations, se sont plu à répéter avec Montaigne : « *Che il popolo est un animal sellé, bridé, attendant le premier cavalier qui voudra le grimper.* » Quelques autres, plus insolens encore, érigent en doctrine les argumens de Charron, paraphraseur du philosophe bordelais, qui a osé dire : « Le vul-
» gaire est une bête étrange à plusieurs têtes, inconstant, va-
» riable, sans arrêt, non plus que les vagues de la mer; il s'é-
» meut, il s'accoise, il approuve, et réprouve en un instant, il
» n'aime la guerre ni la paix pour sa fin; avec un sifflet ou son-
» nette de nouveauté on l'assemble comme les mouches au son
» du bassin : il soutient, favorise les brouillons et remueurs de
» ménage, préfère ceux qui ont la tête chaude et les mains fré-
» tillantes à ceux qui ont le sens rassis et qui pèsent les affaires :
» toujours gronde et murmure contre l'état, tout bouffi de mé-
» disance : ou très-bassement et vilement il sert d'esclave, ou
» sans mesure il est insolent et tyranniquement il domine : il ne
» peut souffrir le mords doux ou tempéré, ni jouir d'une liberté
» réglée; ingrat envers ses bienfaiteurs, la vérité dit qu'il n'en
» échapperait pas un de ceux qui procureraient le salut du peu-
» ple, comme sont les histoires célèbres de Moyse et tous les
» prophètes, de Socrate, Aristide, Phocion, Licurgus, Dé-
» mosthène, Thémistocle. »

Quoique en bonne logique il fût suffisant pour réfuter Montaigne d'observer que ce sceptitien était seigneur de castel, en cette qualité contempteur du peuple, aristocrate et de plus girondin : que Charron docteur en théologie, bénéficier, courtisan de roi et de reine, était très-suspect en matière politique, je croirai plus concluant de rappeler que la responsabilité des fautes populaires appartient à ceux qui les provoquent, qui les dirigent; que la bonté ou la méchanceté de l'homme a pour principes et pour régulateurs ses premiers besoins; qu'à Philadelphie par exemple le peuple n'ayant plus de traîtres ni de dominateurs à punir, n'étant pas obligé d'aller *à la queue* pour avoir une chandelle ou des œufs, parce que la liberté indéfinie du chandelier et du fruitier qui ne sont point terrifiés par l'Hébertisme et le Robespierrisme, éveille l'industrie, multiplie les approvisionnemens et le mets par la concurrence à la portée du pauvre qui peut manger et se vêtir; qu'à Philadelphie, dis-je, le peuple doit être et est effectivement moins inquiet et plus tranquille, ayant moins de causes d'exaspération, envers un gouvernement de qui il reçoit protection et non oppression, la vie et non la mort.

Ces réflexions reçoivent une de leurs applications aux causes de la journée affreuse que je vais décrire : elle a deux points de vue caractéristiques qu'il est important de saisir; d'un côté mouvement aveugle, (mouvement populaire) de l'autre mouvement dirigé; c'est ce second point de vue qui n'a point encore été présenté, mais qui va l'être par les faits qui seuls peuvent le faire apercevoir.

Lecteur prends place : écoute et vois : les masques tombent, la lumière paraît, les ténèbres fuient, je lève le rideau, tu vas voir le 2 septembre.

Je n'ai point entendu dire ce que je raconte. Témoin forcé, j'ai vu ces scènes sanglantes où la mort hideuse, armée de sa faux terrible, régnait et moissonnait aveuglement sans distinguer ni le sexe, ni surtout l'innocence d'avec le crime; j'ai vu des victimes sans défense lutter et se débattre contre ce passage subit de la vie au néant.

J'ai vu avec horreur Gorsas et Brissot célébrer, pendant un certain temps, ce que l'homme, je ne dis pas sensible, mais l'homme juste devait blâmer : avec quelle horreur plus grande les ai-je vus depuis, prêter méchamment à leurs ennemis leurs propres fureurs, et vociférer avec délire contre des choses qu'ils avaient canonisées avec impudeur et même fanatisme.

Cette versatilité, si coupable sur un point de fait dont ils ont perfidement voulu amalgamer les conséquences à la morale publique, trouve son explication dans la partialité connue de leurs passions personnelles ; le trait suivant éclaircira davantage ce changement d'opinion inopiné.

Brissot lors de l'assemblée électorale de Paris, qui le députa à la législative, était vivement poursuivi et dénoncé par *Morande comme escroc, espion de l'Angleterre*, etc.

Brissot intriguait auprès des patriotes, ceux-ci le crurent uniquement persécuté par l'aristocratie et le nommèrent.

Vainqueur de Morande, Brissot attendait l'occasion de la vengeance : il crut l'avoir trouvée au 2 septembre ; déjà persuadé que le corps d'un ennemi mort sent toujours bon, il s'imagine que Morande va périr : Morande était en prison, il s'échappe : Quoi ! s'écria Brissot, s'épanchant avec un ami, *quoi ! Morande n'est pas tué ?*

Ce fait a été recueilli et attesté par plusieurs témoins dignes de foi.

Gorsas apprit avec la même surprise qu'un nommé *Sainte-Luce*, par qui il avait été quelquefois plaisanté dans le journal du petit Gautier, était pareillement échappé.

Il est donc aisé de voir que des passions implacables ont tour à tour blâmé, approuvé, défiguré cette journée, lamentable sans doute, si l'on examine combien d'hommes ont péri sans le vœu de la loi ; mais moins affreuses par comparaison quand on se rappelle combien de victimes innocentes ont péri par la loi de Robespierre et pour ses menus plaisirs.

Peut-être pour donner à la journée du 2 septembre sa première cause et son caractère principal, n'est-il pas indifférent de remonter aux momens qui la précédèrent : et sans vouloir lui fixer une connexité précise avec le 10 août, on peut examiner sans passion si ces deux époques n'ont pas eu quelque chose de dépendant l'une de l'autre, de ressemblant dans leurs mouvemens.

Le peuple opprimé, trahi depuis long-temps venait d'obtenir le 10 août réparation des outrages et des crimes multipliés d'un roi parjure. Des citoyens nombreux venaient de périr sous ses fenêtres : le génie de la république présidait au combat ; la victoire demeure aux patriotes, le trône est renversé, le tyran est mis aux fers ; mais ses forfaits sont impunis ; les chevaliers du poignard ordonnateurs du carnage sont échappés, les soldats suisses sont seuls atteints : misérables et aveugles instrumens du despotisme, ils avaient été abandonnés des officiers qui les commandaient, et seuls ils payèrent de leur vie les crimes dont ils n'avaient été que les exécuteurs machines.

Nous n'avons frappé que des automates, se disait chacun en revenant du champ de bataille : « j'aurais bien donné cinquante » soldats suisses pour un seul chevalier du poignard, » me dit un garde national ; un cri universel répète que la vengeance nationale est éludée : déjà l'on s'apitoie sur le sort des soldats suisses ; mais la colère du peuple émoussée à l'égard de ces malheureux, s'aiguise davantage encore par le regret d'avoir laissé échapper les vrais coupables.

On se rappelle qu'un moment auparavant le royalisme impur avait été sur le point d'étouffer à jamais la liberté ; on incarcère tous ceux que leurs actions audacieuses faisaient reconnaître complices du tyran. Les prisons sont remplies, encombrées. Le tribunal du 17 août est institué. *Laporte*, intendant de la liste civile, *Brakman*, major des Suisses, sont envoyés à l'échafaud : la fermentation paraît se calmer un moment. *Montmorin* va être jugé ; ses crimes sont prouvés jusqu'à l'évidence morale, mais ils échappent à la loi qui n'atteint que le matériel : il est acquitté. Le peuple le fait remettre en prison. Cette nouvelle impunité échauffe, irrite ; on s'agglomère dans les places publiques, on s'étonne de voir que les hommes qui venaient d'assassiner le peuple sans forme de procès, parviennent, à l'ombre des formes lentes et juridiques, à se soustraire au châtiment. La mort des citoyens expirés sous les ruines du trône, se représente aux esprits. Déjà le Français est républicain, il délibère *dans le forum;* il discute, il agite, il juge.

Arrive ici le dimanche 2 septembre. Ce jour consacré au repos ramène dans l'esprit du peuple oisif les idées de la vengeance différée.

Le matin se publie dans Paris une proclamation par laquelle on invite les patriotes à voler à l'instant au secours de leurs frères.

On y déclare qu'il n'y a pas un moment à perdre, que nul prétexte ne peut être allégué, pas même celui d'être sans armes; que Verdun est pris, et que l'ennemi marche à grands pas vers la capitale.

Vers l'heure de midi on tire le canon d'alarme. Bientôt le tocsin sonne de toutes parts. On bat la générale. La terreur s'empare de tous les esprits, on court aux armes, un cri général se fait entendre : *Volons à l'ennemi.* Mais..... nos ennemis les plus cruels ne sont pas à Verdun. Ils sont à Paris, *dans les prisons.* Plusieurs voix répandent ce bruit, d'autres le répètent, l'accréditent. Nos femmes, nos enfans laissés à la merci de ces scélérats, vont donc être immolés, disent quelques hommes : eh bien! ajoutent d'autres, frappons avant de partir..... courons aux prisons.....

Ce cri terrible, j'en atteste tous les hommes impartiaux (1), retentit à l'instant d'une manière spontanée, unanime, universelle, dans les rues, dans les places publiques, dans tous les rassemblemens, enfin dans l'assemblée nationale même.

Mais si ce cri parut sortir naturellement des circonstances; s'il est vrai qu'après avoir renversé le trône qui l'opprimait, le peuple Français eût à s'attendre à la représaille implacable de tous les trônes; si après avoir brisé la principale clef qui retenait la voûte de l'Europe, il eût à craindre d'être écrasé lui même par

(1) C'est pour les hommes impartiaux que j'écris, et non pour caresser les aristocrates; c'est ceux ci que je poursuis dans leurs repaires, que j'atteindrai dans leurs déguisemens, dans la squalleur simulée de Granet, comme dans la perruque hypocrite de Billaud et dans la baionnie de Vieux-Sac.

(Note originale.)

la chute des rois ; toujours est-il essentiel à remarquer que certains hommes mirent dès-lors à profit ces sentimens de terreur pour les faire servir au crime, et que là précisément naquit *l'ingénieuse invention* des conspirations de prison, enfantée dès-lors par les mêmes, qui depuis revêtus d'un plus grand pouvoir, surent si bien les réaliser et les embellir.

J'allais à mon poste sur les deux heures et demie, je passais rue Dauphine, j'entends tout à coup des huées. Je regarde, j'aperçois quatre fiacres à la suite les uns des autres, escortés par des gardes nationaux de départemens (des fédérés marseillais et bretons).

Ces fiacres renfermaient chacun quatre individus ; c'étaient des gens arêtés dans les visites domiciliaires précédentes : ils venaient d'être interrogés à la mairie par Billaud-Varennes substitut du procureur de la Commune, qui les envoyait à l'Abbaye, pour y être provisoirement déposés. On s'ameute, les cris redoublent : un des prisonniers sans doute aliéné, échauffé par ces murmures, passe son bras à travers la portière et donne un coup de canne sur la tête d'un des fédérés qui accompagnaient ; celui-ci, furieux tire son sabre, monte sur le marche-pied de la voiture, et le plonge à trois reprises dans le cœur de son agresseur. J'ai vu jaillir le sang à gros bouillons. « Il faut les tuer tous, ce sont des scélérats, des aristocrates ! » s'écrient les assistans ; tous les fédérés mettent le sabre à la main et égorgent à l'instant les trois compagnons de celui qui venait d'être immolé ; j'aperçus dans ce moment un jeune homme vêtu d'une robe de chambre blanche, s'avancer hors de la même voiture ; sa physionomie intéressante, mais pâle et éteinte, annonçait qu'il était très-malade, il avait rassemblé ses forces chancelantes, et déjà atteint d'une blessure, il criait encore *grace, grace, pardon!* mais en vain : un coup mortel le réunit au sort des autres.

Cette voiture, qui était la dernière, ne conduisait plus que des cadavres ; elle n'avait pourtant pas été arrêtée pendant le carnage qui avait duré l'espace de deux minutes. La foule augmente, *crescit eundo* ; les hurlemens redoublent, on arrive à l'Abbaye ;

les cadavres des morts sont jetés dans la cour ; les douze prisonniers vivans descendent pour entrer au comité civil ; deux sont immolés en mettant pied à terre : dix parviennent à être introduits. Le comité n'avait pas eu le temps de procéder au plus léger interrogatoire, qu'une multitude armée de piques, d'épées, de sabres, de baïonnettes vient fondre, arrache et tue les prévenus. Un d'eux déjà percé de coups se tenait encore attaché à l'habit d'un membre du comité, luttant toujours contre la mort.

Trois restaient, du nombre desquels se trouvait l'abbé Sicard instituteur des sourds et muets ; déjà les sabres étaient levés sur sa tête, lorsque *Monnot*, horloger, se jette au-devant des piques, en s'écriant : « Percez-moi, plutôt que d'immoler un homme » utile à la patrie ; » ces paroles prononcées avec le feu et l'élan d'une ame généreuse suspendirent la mort ; on profita du moment du calme pour faire passer Sicard avec les deux autres dans le fond du comité. L'un de ces survivans était le sous instituteur des sourds et muets ; le second était un avocat de Metz, arrivé depuis quelques jours pour affaires, et reconnu par Jourdan, membre du comité civil. Ces trois infortunés s'assirent autour de la table du comité, faisant semblant de délibérer comme membres. Cette ruse courageuse était la seule qui pût réussir : car, un moment après, entrèrent des hommes furieux, demandant à grands cris la tête de *l'abbé Sicard* ; mais, ne le connaissant point, ils passèrent à côté de lui, et sortirent, persuadés qu'il était au nombre des cadavres.

Le sous-instituteur montra, pendant ces momens effrayans, un courage et une présence d'esprit dignes d'étonnement et d'admiration ; il parlait très-haut, il chantait, buvait à la santé de la nation, avec la gaîté de l'homme le moins en péril.

L'abbé Sicard tenant une plume à la main la laissait couler rapidement sur le papier, sans savoir ce qu'il traçait ; il écrivait entre autres l'histoire d'un de ses petits sourds et muets, qui, sans entendre ni parler, avait fait arrêter, quelque temps auparavant, un voleur qui lui avait dérobé son portefeuille ; il me la donna comme signe de reconnaissance, s'il s'échappait définitivement.

Il écrivit, un instant après, une lettre au président de l'assemblée nationale législative. Je remarquai l'inconséquence de cette démarche précipitée, je lui ôtai la lettre et lui ordonnai au nom de son salut, de suspendre tout acte qui pourrait le déceler.

Le moment de crise terrible où il venait de se trouver l'avait empêché de voir l'événement; je lui appris que ses compagnons n'étaient plus; il regarda l'instant d'après la cour, et vit leurs cadavres étendus : « Hélas, me dit-il, ma vie est un miracle !

Il était cinq heures du soir : arrive Billaud-de-Varennes, substitut de la Commune; il avait son écharpe, et le petit habit puce et la perruque noire qu'on lui connaît; il marche sur les cadavres, fait au peuple une courte harangue, et finit ainsi : « Peu-
» ple, tu immoles tes ennemis, tu fais ton devoir. » Cette oraison cannibale anime; les tueurs s'échauffent davantage, ils demandent à grands cris de nouvelles victimes; comment étancher cette soif de sang croissante, inextinguible? Une voix part d'à côté de Billaud : c'était celle de ce Maillard, depuis connu sous le nom de *Tappe-Dur* : « il n'y a plus rien à faire ici, allons aux Carmes. » Ils y courent, et cinq minutes après je vis amener les morts traînés par les pieds dans les ruisseaux. Un tueur (je ne puis dire un homme) vêtu très-grossièrement et qui avait apparemment la commission spéciale d'expédier *l'abbé Lenfant*, craignait d'avoir manqué sa proie, il prend de l'eau, en jette sur les cadavres couverts de sang et de poussière, frotte leurs figures ensanglantées, les retourne, et croit s'assurer enfin que l'abbé Lenfant est parmi eux.

L'expédition des Carmes est terminée, ou avancée ; une bande de massacreurs revient couverte de sang et de poussière; ces monstres sont *fatigués* de carnage, mais non *rassasiés de sang* : ils sont hors d'haleine, ils demandent à boire *du vin, du vin* ou la mort. Que répondre à cette volonté irrésistible? le comité civil de la section leur donne des bons de 24 pintes, assignés sur un marchand de vin voisin. Bientôt ils ont bu, ils sont saoulés et contemplent avec complaisance les cadavres jonchés dans la cour de l'Abbaye.

Que faisons-nous ici? s'écrie la même voix (du même Maillard revenu des Carmes,) « allons à l'Abbaye, il y a du gibier là. » Il dit : les tueurs répètent en chœur : « allons à l'Abbaye, » et ils y volent armés de leurs piques et de leurs sabres ensanglantés. A peine deux minutes étaient écoulées que l'on amenait les cadavres égorgés; déjà plusieurs, traînés dans les ruisseaux, venaient d'être réunis au monceau de la cour de l'Abbaye, lorsque se forma, *comme par inspiration*, une commission dite populaire, dont les journaux rendirent compte le lendemain et qu'ils appelèrent un tribunal *équitable*. La *Chronique* et Brissot lui donnèrent des éloges. Voici cependant quelle était sa composition, et quelle fut à peu près la conduite de ses membres :

Douze escrocs présidés par Maillard, avec qui ils avaient probablement combiné ce projet d'avance, se trouvent, *comme par hasard*, parmi le peuple : et là, bien connus les uns des autres, ils se réunissent *au nom du peuple souverain*, soit de leur audace privée, soit qu'ils eussent reçu mission secrète d'une autorité supérieure; ils s'emparent des registres d'écrou, ils les feuillettent et les parcourent : les porte-clefs tremblent, la femme du geôlier, le geôlier s'évanouissent : la prison est environnée d'hommes furieux : l'on crie, les clameurs augmentent, la porte est assaillie, elle va être forcée lorsqu'un des commissaires se présente au grillage extérieur, et demande qu'on l'écoute ; ses signes, ses gestes obtiennent un moment de silence, les portes s'ouvrent, il s'avance le livre des écrous à la main ; il se fait apporter un tabouret, monte dessus pour se mieux faire entendre : « Mes camarades, mes amis,
» s'écrie-t-il, vous êtes des bons patriotes, votre ressentiment est
» juste, et vos plaintes sont fondées. Guerre ouverte aux enne-
» mis du bien public; ni trèves, ni ménagemens, c'est un combat
» à mort : je sens comme vous qu'il faut qu'ils périssent, mais si
» vous êtes des bons citoyens vous devez aimer la justice. Il n'est
» pas un de vous qui ne frémisse de l'idée affreuse de tremper
» ses mains dans le sang de l'innocence. » Oui, oui, répond le peuple : « eh bien! je vous le demande, quand vous voulez, sans
» rien entendre, sans rien examiner, vous jeter comme des tigres

» en fureur, sur des hommes qui sont vos frères, ne vous exposez-
» vous pas au regret tardif et désespérant d'avoir frappé l'innocent
» au lieu du coupable. » Ici l'orateur est interrompu par un des assistans qui, armé d'un sabre ensanglanté, les yeux étincelans de
rage, fend la presse, et le réfute en ces termes : « Dites donc, mon-
» sieur le citoyen, parlez donc, est-ce que vous voulez aussi nous
» endormir ; si les sacrés gueux de Prussiens et d'Autrichiens
» étaient à Paris, chercheraient-ils aussi les coupables ? ne frappe-
» raient-ils pas à tort et à travers, comme les Suisses du 10 août ;
» eh bien ! moi je ne suis pas orateur, je n'endors personne, et
» je vous dis que je suis père de famille, que j'ai une femme
» et cinq enfans que je veux bien laisser ici à la garde de ma
» section, pour aller combattre l'ennemi ; mais, je n'entends pas
» que pendant ce temps-là, les scélérats qui sont dans cette pri-
» son, à qui d'autres scélérats viendront ouvrir les portes, aillent
» égorger ma femme et mes enfans ; j'ai trois garçons qui seront,
» je l'espère, un jour plus utiles à la patrie, que les coquins que
» vous voulez conserver ; au reste il n'y a qu'à les faire sortir,
» nous leur donnerons des armes, et nous les combattrons à nom-
» bre égal : mourir ici, mourir aux frontières, je n'en serai pas
» moins tué par des scélérats, et je leur vendrai chèrement ma
» vie ; et, soit par moi, soit par d'autres, la prison sera purgée de
» ces sacrés gueux-là. »

Il a raison, répète un cri général : point de grace, il faut entrer ; on se pousse, on s'avance : « Un moment, citoyens, vous
» allez être satisfaits, » dit le premier orateur : « voici le livre
» des écrous, il servira à donner des renseignemens : l'on pourra
» ainsi punir les scélérats, sans cesser d'être justes ; le président
» lira l'écrou en présence de chaque prisonnier, il recueillera en-
» suite les voix et prononcera. » A chaque phrase, on entendait de
toutes parts : « Oui, oui, fort bien ! il a raison ! bravo ! bravo ! »
à la fin du discours, plusieurs voix d'hommes apostés crièrent :
« M. Maillard, le citoyen Maillard, président c'est un brave
» homme, le citoyen Maillard président. » Celui-ci aux aguets de
cette nomination, jaloux d'un pareil ministère, entre aussitôt en

fonctions, et dit *qu'il va travailler en bon citoyen*. La commission s'organise, les compagnons de Maillard l'environnent ; ils conviennent entre eux d'une formule d'interrogatoire très-briève, qui ne devoit consister que dans l'identité des noms et prénoms ; ils arrêtent que pour éviter toute scène violente dans l'intérieur de la prison, on ne prononcera point la mort en présence des condamnés ; qu'on dira seulement, *A la Force*.

On finissait de régler ces formalités très-succinctes, lorsqu'une voix se fait entendre par la fenêtre de la salle de délibération, et s'annonçant comme chargé du vœu du peuple, dit : « Il y a des » Suisses dans la prison, ne perdez pas de temps à les interroger, » ils sont tous coupables, il ne doit pas en échapper un seul ; » et la foule de crier : « C'est juste, c'est juste, commençons par » eux. » Le tribunal aussitôt prononce unanimement : *A la Force*. Maillard président va leur annoncer leur sort. Il se présente à eux. « Vous avez, leur dit-il, assassiné le peuple au 10 août, il » demande aujourd'hui vengeance, il faut aller à la Force. » Les malheureux tombent tous à ses genoux et s'écrient : *Grace, grace!*
« Il ne s'agit, » répond flegmatiquement Maillard, « que de vous » transférer à la Force, peut-être ensuite vous fera-t-on grace. » Mais ils n'avaient que trop entendu les cris furieux de la multitude qui jurait de les exterminer : aussi répliquèrent-ils d'une commune voix: « Eh! monsieur, pourquoi nous trompez-vous ? nous savons » bien que nous ne sortirons d'ici que pour aller à la mort. » Paraissent au même temps deux égorgeurs du dehors, l'un garçon boulanger, l'autre Marseillais, qui leur disent du ton le plus inflexible : « Allons, allons, décidez-vous, marchons. » Alors ce ne fut plus que des lamentations, des gémissemens horribles. Au milieu de ce spectacle déchirant pour tout autre que Maillard, s'élève la voix d'un des commissaires qui environnaient ces infortunés, et leur dit : « Eh bien! voyons donc quel est celui de » vous qui sort le premier?.. » Tous les Suisses de s'enfoncer dans la prison, de se serrer mutuellement, de se cramponner les uns aux autres, s'embrassant et poussant des cris plaintifs et douloureux à l'aspect de la mort inévitable. L'empreinte du désespoir rendait

plus intéressante encore la figure de quelques vieux vétérans ; leurs cheveux blancs inspiraient le respect ; et leurs regards, semblables à celui de *Coligny*, paraissaient retenir les assassins qui étaient le plus près d'eux : mais la fureur de ceux qui étaient sur le derrière, et qui ne pouvaient rien voir, augmentait encore. Des hurlemens redoublés demandent des victimes. Tout à coup un de ces malheureux se présente avec intrépidité. Il avait une redingote bleue, paraissait âgé d'environ 30 ans. Sa taille était au-dessus de l'ordinaire, sa physionomie noble, son air martial. Il avait ce calme apparent d'une fureur concentrée; « Je passe le premier, » dit-il du ton le plus ferme, « je vais donner l'exemple : nous soldats ne sommes pas les coupables, nos chefs seuls le sont, cependant ils sont sauvés, et nous nous périssons, mais puisqu'il le faut, adieu..... » Puis lançant avec force son chapeau derrière sa tête, il crie à ceux qui étaient devant : « Par où faut-il aller ? montrez-le-moi donc ! » On lui ouvre les deux portes : il est annoncé à la multitude par ceux qui l'étaient venu chercher ainsi que ses camarades, il s'avance avec fierté. Tous les opérateurs se reculent, se séparent brusquement en deux. Il se forme autour de la victime un cercle des plus acharnés, le sabre, la baïonnette, la hache et la pique à la main ; le malheureux objet de ces terribles apprêts fait deux pas en arrière, promène tranquillement ses regards autour de lui, croise les bras, reste un moment immobile ; puis aussitôt qu'il aperçoit que tout est disposé, il s'élance lui-même sur les piques et les baïonnettes, et tombe percé de mille coups.

Les derniers soupirs de l'infortuné mourant sont entendus de ses malheureux camarades qui répondent par des cris affreux; déjà plusieurs avaient cherché à se cacher sous des tas de paille qui se trouvaient dans une des salles de leur prison, lorsque douze des plus forcenés massacreurs du dehors viennent les prendre l'un après l'autre, et les immolent successivement comme le premier. Un seul a le bonheur d'échapper, déjà saisi par son habit, atteint d'un premier coup, il allait subir le même sort que les autres, lorsqu'un Marseillais s'élance, se fait passage à travers la voûte d'acier prête à se refermer sur lui-même : « *Qu'allons-nous faire ?* s'écrie-t-il dans son patois, *mes camarades, je connais ce bon garçon : il n'est point un soldat du* 10 *août, il n'est que fils de Suisse, et il s'est rendu lui-même en prison, parce qu'on l'avait assuré que tout ce qui est Suisse serait égorgé.* »

Pendant cette minute de suspension d'égorgement le jeune homme tire rapidement de sa poche des certificats, les exhausse au bout de ses bras levés en l'air ; sa jeunesse, une figure ingénue, les larmes qui coulaient en abondance de ses yeux, son air de candeur et de simplicité, les papiers qu'il montrait de toute sa force, se tenant toujours dans l'attitude la plus apparente, tout cela paraît arrêter et émouvoir ; « *Voyez-vous,* s'écrie le Marseillais, profitant du moment favorable, *voyez-vous qu'il est innocent. — Mettez-le en liberté,* » lui répond la multitude ; aussitôt le Marseillais le prend par un bras, un massacreur le prend par un autre ; on met bas les armes, plusieurs l'embrassent et le félicitent. Il sort comme triomphant des étreintes de la mort qui l'enveloppait, et est reconduit au milieu des cris de *Vive la nation,* avec les démonstrations de la joie la plus vive et la plus bruyante.

Cet instant de clémence est de bien courte durée : on fait la lecture de la liste d'autres prisonniers : *Grandmaison, Champclos, Maron, Vidaut* et autres, accusés de fabrication de faux assignats, sont appelés les premiers : on les fait descendre ; ils sont interrogés dans la forme brève convenue ; ils veulent répondre *tous à la fois* ; mais, par jugement unanime du tribunal, ils sont aussitôt envoyés *à la Force.*

Après eux paraît *Montmorin* l'ex-ministre des affaires étrangères ; le président veut l'interroger. Il déclare d'une manière assez ferme « qu'il ne reconnaît point les membres de la commis-
» sion pour ses juges, qu'ils n'en ont point le caractère ; que l'af-
» faire pour laquelle il est détenu est pendante à un tribunal lé-
» gal, et qu'il ne doute pas que l'erreur dans laquelle le public pa-
» raît être à son égard ne soit bientôt rétractée ; qu'il espère con-
» fondre au plus tôt ses dénonciateurs, faire triompher son inno-
» cence et obtenir même des dommages et intérêts. »

Un des assistans l'interrompt, et dit brusquement : « Monsieur le président, les crimes de M. de Montmorin sont connus ; et puisque son affaire ne nous regarde pas, je demande qu'il soit envoyé à *la Force*. » — « Oui, oui, *à la Force !* » crièrent les juges. « *Vous allez donc être transféré à la Force*, » dit ensuite le président. « *Monsieur le président, puisqu'on vous appelle ainsi*, réplique M. Montmorin du ton le plus ironique, *monsieur le président, je vous prie de me faire avoir une voiture. — Vous allez l'avoir*, lui répond froidement Maillard. Un de ceux qui étaient là fait semblant de l'aller chercher, sort et revient un instant après dire à Montmorin : « *Monsieur, la voiture est à la porte : il faut partir, et promptement.* » Montmorin réclame alors des effets, un nécessaire, une montre, etc., qui étaient dans sa chambre. On lui répond *qu'ils lui seront renvoyés.* » Il se décide à aller trouver la fatale voiture qui l'attendait.

Telle fut la fin d'un homme qui, quoique gâté par les préjugés de la naissance et de la fortune, avait cependant assez de qualités personnelles pour mériter un tout autre sort, si une ambition aulique et démesurée ne l'eût entraîné à conspirer contre son pays.

Après la mort de Montmorin, on demande une seconde lecture de la liste des prisonniers ; le nom de Thierry, et plus encore la qualité de valet de chambre du roi, fixe l'attention de la commission. Un membre prend la parole et reproche à Thierry qu'on venait d'amener quelques faits de royalisme : il l'accuse surtout de s'être montré le 10 août, au château des Tuileries, armé d'un poignard. Thierry nie ; il prétend hardiment « qu'il a toujours été honnête homme, que loin de conspirer contre son pays, il eût été le premier à le défendre contre ses ennemis ; que s'il s'est trouvé auprès du roi le 10 août, c'est que son service l'y appelait, et qu'il avait fait son devoir. » Maillard le somme de déclarer dans quel poste du Château il se trouvait au moment du combat. Il répond « qu'il ne se rappelait pas précisément l'endroit ; qu'il était à ses affaires, qu'au surplus il devait être traduit devant un tribunal légalement institué, et

» que là il répondrait. » — « Vous ne nous persuaderez jamais,
» monsieur, » lui dit un membre, « que vous n'êtes point un aris-
» tocrate : vous approchiez trop près du veto ; vous allez nous
» dire que vous étiez obligé de faire ce qui vous était ordonné ;
» moi je vous répondrai : Tel maître, tel valet ; en conséquence, je
» demande au président qu'il vous fasse transférer à la Force. »
Maillard prononce : *A la Force*, et Thierry n'est plus.

Viennent ensuite Bocquillon et Buos juges de paix. « Vous
» êtes accusés par le peuple » leur dit aussitôt Maillard « de vous
» être réunis à des collègues aussi infâmes que vous, pour for-
» mer au château de Tuileries un comité secret, destiné à venger
» la Cour de la journée du 20 juin, et à en punir les auteurs. »
« Il est vrai » répondit Bocquillon d'un visage calme et serein,
» que je me suis trouvé à ce comité ; mais je défie qu'on me
» prouve que j'aie participé à aucun acte arbitraire. » *A la Force !
à la Force !* s'écrièrent les membres ; le président prononce : Bocquillon et Buos ne sont plus.

Vigné de Cusay, prévenu d'avoir participé à la conduite des
troupes qui avaient fusillé au Champ-de-Mars : Protot et Valvin
accusés d'avoir volé la nation en émettant de faux billets de quarante sous de la maison de secours, non numérotés et sans hypo-
thèque, furent de même envoyés *à la Force* d'après le prononcé
de Maillard, et au nom du *peuple souverain*.

Peut-être, sur l'étiquette des personnages que l'on vient de
voir passer *à la Force*, va-t-on s'imaginer que le crime seul a
péri ; sans doute, beaucoup de coupables ont payé de leur vie de
véritables forfaits ; mais le plus grand tort qu'ont fait à la morale
publique ces massacres affreux, c'est que des actes d'une illéga-
lité aussi cruelle, loin de tourner au profit de l'exemple, seule
fin des supplices, honorent presque les victimes au lieu de les
flétrir ; et laissent à leurs adhérens le droit de réclamer leur mémoire, comme celle de l'innocence martyrisée.

J'ai oublié de rappeler un forfait de plus commis par les soi-
disant chargés du peuple souverain. Avec quelque rapidité ue
se fissent les opérations, ces messieurs avaient encore le temps

et la précaution, au lieu d'orner les victimes, de les dépouiller au vif. Ils commençaient par leur enlever portefeuilles, montres, bagues, diamans, assignats; puis mettaient toutes ces défroques tant dans leurs poches que dans des corbeilles et cartons; et j'ai les deux preuves suivantes qu'ils se sont tout approprié.

1° Deux commissaires furent envoyés par la section de Quatre-Nations pour réclamer, à la prière de ses parens, un prisonnier qui n'avait aucune note royaliste; ils parvinrent, après bien de la peine, à le faire élargir; mais s'étant aperçus qu'il n'était dressé aucun procès-verbal des effets précieux enlevés aux condamnés, ils se permirent d'en faire l'observation à ces prévots spoliateurs; ceux-ci très-gênés d'être devinés par des yeux dénonciateurs voulurent d'abord biaiser, éluder; bientôt ils élevèrent le ton d'une manière tellement torse et oblique, que le peuple, trompé sur l'objet de la discussion, et prenant les commissaires de la section pour des prisonniers, allait les égorger; lorsque ceux-ci baissant la voix et adoucissant les reproches d'une probité intempestive, filèrent promptement, et revinrent comme des échappés.

2° Le comité civil de la section, chargé de se faire rendre compte, n'a rien pu découvrir de toutes ces dépouilles très-précieuses, quoique les prisonniers de l'Abbaye particulièrement fussent la plupart des gens de qualité très-opulens.

La commission se divisa sur les deux heures du matin, et se distribua les autres prisons de Paris.

Il restait cependant encore quelques prisonniers à l'Abbaye; la lassitude des opérateurs leur fit abandonner ce poste pendant quelques heures; ils vinrent se reposer au comité qu'ils avaient choisi pour le théâtre de leurs orgies, se faisant donner *à boire, à boire*, et passèrent ainsi la nuit dans des ruisseaux de vin. Ils retournèrent le matin à la prison de l'Abbaye, et tuèrent ce qui restait, d'intervalle en intervalle.

J'ai dit comme Billaud-Varennes était venu la veille à la cour de l'Abbaye; Manuel était, de son côté, venu à la prison vers les huit heures du soir, à la lueur des flambeaux. Il avait harangué la commission populaire, mais ses yeux exprimaient plus le caractère de la contrainte, que de la joie sanglante qui animait ceux de Billaud.

Billaud-Varennes revint le lendemain matin 3 septembre, vers midi, au comité de la section ; il parlait, monté sur les marches de l'escalier, lorsqu'un nommé Rhulières, prisonnier de l'Abbaye, déjà percé de plusieurs coups de pique, courait nu dans la cour, tombant, se relevant : je l'ai vu faire encore quelques pas chancelans, et lutter pendant plus de dix minutes contre la mort qui l'atteignit enfin. Voici les paroles abrégées, mais textuellement fidèles de Billaud-Varennes aux massacreurs : « Respectables citoyens, vous venez d'égorger des scélérats ; vous avez sauvé la patrie ; la France entière vous doit une reconnaissance éternelle ; la municipalité ne sait comment s'acquitter envers vous ; sans doute le butin et la dépouille de ces scélérats (montrant les cadavres) appartiennent à ceux qui nous en ont délivrés ; mais sans croire pour cela vous récompenser, je suis chargé de vous offrir à chacun vingt-quatre livres, qui vont vous être payées sur-le-champ. (Applaudissemens nombreux des égorgeurs.) Respectables citoyens, *continuez votre ouvrage*, et la patrie vous devra de nouveaux hommages. »

Nota bene que Billaud-Varennes est celui qui, en sa qualité de substitut de procureur de la Commune, avait, dans la matinée des jours précédens, interrogé, à la mairie, les détenus par suite des visites domiciliaires, notamment la femme Lamballe ; et qu'ils avaient été distribués dans les diverses prisons.

Après le discours que je viens de rappeler, Billaud-Varennes entre au comité et le charge de donner les 24 livres qu'il vient de promettre aux opérateurs. Le comité, qui ne possède aucun fonds lui demande les moyens de satisfaire aux engagemens qu'il vient d'imposer. Il répond laconiquement de faire une liste, et s'en va sans donner d'autre solution, et laissant le comité tremblant et effrayé de cette terrible responsabilité envers les opérateurs.

En effet, à peine était-il sorti que ceux-ci fondent en masse et demandent à grands cris la somme qui leur vient d'être allouée par Billaud-Varennes. Jamais position ni spectacle ne furent plus horribles.

L'un a un sabre, une baïonnette ensanglantée; l'autre une pique cassée et couverte de cervelle humaine; un autre a arraché un cœur palpitant qu'il porte au bout d'une hallebarde brisée; l'autre a coupé des parties viriles, qui lui servent à faire aux femmes des plaisanteries outrageantes. Voilà les trophées, les justifications abominables sur lesquelles ils fondent leurs réclamations menaçantes. « *Croyez-vous que je n'ai gagné que 24 livres*, disait hautement un garçon boulanger, armé d'une massue, *j'en ai tué plus de quarante pour ma part.* » Deux femmes furent rencontrées le matin, tenant à la main de la soupe et de la viande dans un potage: « *Où allez-vous donc?* leur dit leur voisine. — *Je portons à déjeuner*, répondirent-elles, *à nos hommes qui travaillent à l'Abbaye.* — *Y a-t-il encore de la besogne?* leur demande un tueur qui venait de cuver son vin dans la cour. — *S'il n'y en a plus, il faudra bien en faire* » répliquèrent ces deux femmes.

Inquiet de satisfaire ces réclamans furieux, le comité s'occupe de dresser à l'instant la liste de chacun d'eux, leur dit que l'argent est à la municipalité, et les engage à aller le toucher eux-mêmes; ils y consentent et partent munis de la liste. Point d'argent au comité de surveillance de la Commune. Ils attendent en vain jusqu'à onze heures du soir: à minuit ils reviennent jurant, sacrant, écumans de rage, et menaçant le comité collectivement de lui couper solidairement la gorge, s'ils ne sont à l'instant payés. Point de réplique à cette décision impérative; un membre du comité veut user de la voie de représentation, mais le sabre est levé sur sa tête; ils se trouve muet; en un mot, c'est *la bourse ou la vie* qui leur faut. A cet argument irrésistible un membre du comité, marchand de drap, demande la permission de courir chez lui chercher de l'argent; elle lui est accordée; il revient incontinent, et avance à ses risques la moitié du traitement des égorgeurs.

Voilà donc le comité provisoirement débarrassé de ces monstres pour la nuit; mais, après avoir cuvé la boisson immodérée de quarante-huit heures continues, ils reviennent de grand matin chercher l'autre moitié. Deux commissaires les conduisent fraternellement à la Commune; j'ai appris qu'ils avaient été définitivement payés par le ministre Rolland, et j'affirme qu'on ne les a point revus.

Le 3 septembre matin, Billaud-de-Varennes est entré au conseil-général de la Commune, tenant amicalement par la main un massacreur couvert de sang, et l'a présenté *comme un brave homme qui avait bien travaillé*, suivant son expression.

Voilà une esquisse très-faible de ce qu'un seul homme a pu recueillir, mais surtout de ce qu'il a pu voir par lui-même, des horreurs du 2 septembre. Dans le récit des faits abrégés, mais vrais, l'on distingue d'un côté, vengeance aveugle et naturelle du peuple; de l'autre, une soif inextinguible de sang, de la part des tigres qu'on ne peut ranger dans la classe du peuple, ni même dans celle des hommes; d'un autre côté, enfin, on remarque un ordre et une direction très-suivis. Je laisse au lecteur à saisir le fil. C'est à lui seul à faire les réflexions dont l'historien doit s'abstenir, et qu'il ne pourrait épancher sans encourir, au moins, le soupçon de partialité.

FELHEMESI. (*Anagrame de* Méhée fils.)

HISTOIRE

DES HOMMES DE PROIE,

ou

LES CRIMES DU COMITÉ DE SURVEILLANCE,

PAR ROCH MARCANDIER (1).

Verba volant, scripta manent.

Les sinistres événemens dont Paris a été le théâtre, les scènes de sang qui se sont passées dans son sein ont jeté l'effroi et la consternation dans l'ame des citoyens honnêtes et sensibles ; et il n'appartient, j'ose le dire, qu'à des assassins ou à ceux qui sont prêts à l'être, de se rappeler sans frémir les crimes qui ont été commis pendant les cinq premiers jours de septembre 1792.

Les générations futures se refuseront à croire que ces forfaits exécrables ont pu avoir lieu chez un peuple civilisé, *en présence du corps législatif, sous les yeux et par la volonté des dépositaires des lois, dans une ville peuplée de huit cent mille habitans*, restés immobiles et frappés de stupeur, à l'aspect d'une poignée de scélérats soudoyés pour commettre des crimes (2).

---

(1) Cette brochure est un recueil de toutes les légendes qui eurent cours sur les journées de septembre ; elle est marquée du cachet de l'exagération la plus outrée. On pourra s'en assurer si l'on veut en comparer quelques récits avec notre propre narration ; nous avons cru néanmoins devoir la réimprimer, soit parce qu'elle contient des détails importans, sur l'intérieur du comité de surveillance, soit parce qu'elle contient toutes les exagérations dont se sont servis la plupart des historiens avant nous, et que nous-mêmes nous n'avons pu accueillir dans notre histoire, parce qu'elles ne nous ont paru rien moins que conformes à la vérité. Mais, nous devons mettre toutes les pièces sous les yeux de nos lecteurs. Voici maintenant quelques mots de biographie sur Marcandier.

Roch Marcandier avait été secrétaire de Camille Desmoulins; il fut condamné à mort le 24 messidor an II, par le tribunal révolutionnaire de Paris, comme étant l'un des principaux meneurs fédéralistes, et pour avoir imprimé dans le *véritable Ami du Peuple*, dont il était auteur, que « la Convention n'était plus qu'un noyau de sédition, un conciliabule d'anarchistes, un assemblage monstrueux d'hommes sans caractère, » etc. *(Note des auteurs.)*

(2) Le nombre des assassins n'excédait pas trois cents, encore faut-il y com-

Les promoteurs de l'anarchie, les agitateurs du peuple, en un mot, les partisans du crime ne cessent de nous dire qu'une grande conspiration devait éclater à Paris dans les premiers jours de septembre. Personne, hélas! ne leur conteste cette vérité que l'événement a justifiée d'une manière aussi atroce que cruelle; mais pour connaître les conspirateurs et de quelle nature était leur conspiration, il faut remonter à la source.

En établissant une chaîne de faits, il ne faudra point une pénétration surnaturelle pour se convaincre que ces massacres sont l'ouvrage de cette faction dévorante qui est parvenue à la domination par le vol et l'assassinat.

Quelle que soit l'horreur que m'inspirent ces journées de sang et d'opprobre, je les rappellerai sans cesse aux Parisiens, jusqu'à ce qu'ils aient eu le courage d'en demander vengeance. Quelque pénible et douloureuse que soit cette tâche, je la remplirai avec constance, car il me semble que le plus sûr moyen d'arrêter l'anarchie est de mettre ses parties honteuses à découvert, et de la montrer au peuple dans toute sa laideur.

Je dirai donc la vérité sans ménagement pour personne; je raconterai les faits sans les pallier. Si je fais par hasard quelques digressions, ce ne sera que pour mieux faire sentir combien il est important de demander compte aux membres du comité de surveillance du sang qu'ils ont fait répandre et des richesses qu'ils ont dévorées.

Descendons maintenant dans cette caverne, et tâchons, s'il est possible, d'y porter la lumière.

Avant la journée du 10 août, l'administration de police était composée de Perron, Sergent et Viguier. La situation de la ville de Paris paraissant exiger une surveillance plus active et plus étendue, le conseil-général de la Commune créa un comité de douze commissaires. Ces nouveaux administrateurs arrivés à la mairie, expulsèrent de l'administration de police Perron et Viguier; mais Panis et Sergent furent exceptés. Ils restèrent avec

prendre les quidam, qui dans l'intérieur du guichet s'étaient constitués les juges des détenus. *(Note de Marcandier.)*

JOURNÉES DE SEPTEMBRE (1792).

les autres membres composant le nouveau comité établi sur les ruines de l'ancienne police.

Soit par répugnance, ou, ce qui est plus vraisemblable, pour écarter d'abord tout soupçon d'intrigues, Panis et Sergent n'opéraient que rarement avec leurs collègues.

Panis prétextait des incommodités et des fatigues, ils ne paraissait à la mairie que pour prendre une connaissance succincte de ce qui s'était passé en son absence, du nombre des personnes qui étaient arrêtées et des dépôts arrivés (1); il s'en retournait ensuite en rudoyant tous ceux qui se trouvaient sur son passage.

Sergent montrait un peu plus de vigilance et d'aptitude au travail, et il avait moins de rudesse dans ses manières. Il passait en revue avec une exactitude et un scrupule remarquables les *bijoux*, *montres*, *chaînes de montres*, *bagues*, *or et argent*, *assignats*, généralement tous les objets qui peuvent flatter l'œil curieux d'un homme de goût, d'un véritable amateur. A la vue d'objets si séduisans, il était difficile à un homme ami des belles choses de tenir long-temps à cette rude épreuve. Aussi ne tarda-t-il point à donner un exemple de la fragilité humaine; le malheureux succomba à la tentation. A l'exemple de notre premier père qui, entraîné par la gourmandise, se perdit en portant une main furace sur le fruit défendu, Sergent se perdit par un autre larcin; non content de la quote part qui lui était dévolue dans les dépôts, *il se fit présent de deux montres d'or ornées de leurs chaînes et d'une agate du plus grand prix* (2).

Les dépôts faits au comité de surveillance provenaient d'effets enlevés aux Tuileries et chez les personnes arrêtées, telles que Laporte et Septeuil, ainsi que beaucoup d'autres qui avaient

---

(1) Les partisans des massacres ne diront pas, sans doute, que les diamans et les bijoux, etc., des personnes arrêtées, étaient suspects! Cependant on s'emparait avec soin des personnes et des choses. Ce seul fait suffit, ce me semble, pour donner la clef des massacres. Quand on demande aux anarchistes pourquoi le comité de surveillance faisait enlever les propriétés avec les personnes, ils ne savent que répondre. (*Note de Marcandier.*)

(2) De là lui vient le surnom d'*Agate*. (*Note de Marcandier.*)

abandonné leurs maisons et leurs richesses à l'époque des visites domiciliaires, qui ont précédé les massacres.

Chaque dépôt devait être accompagné d'un procès-verbal qui énonçât la nature et l'état des objets déposés ; mais pour voler impunément il fallait employer des moyens extraordinaires. Dès-lors on travailla à soustraire les procès-verbaux, et à jeter la confusion et le désordre parmi ceux dont la soustraction était trop difficile.

Les procès-verbaux auraient dû être dans une seule main, avec indication précise, sur un registre, du lieu où se trouvaient les objets déposés ; voilà du moins, ce qu'auraient fait des administrateurs sages et bien intentionnés ; mais des brigands, des voleurs capables de tous les crimes, ont dû prendre une autre marche et mépriser le vœu impératif de la loi ; voici la route tortueuse que ces hommes de proie ont suivie pour arriver à leur but.

Plusieurs commissaires du comité de surveillance, avaient observé à différentes reprises, que leurs pouvoirs ne les autorisaient qu'à rechercher les conspirateurs et les contre-révolutionnaires avec leurs papiers et leurs correspondances ; que le conseil-général ne leur avait point conféré le pouvoir d'être dépositaires ; en conséquence, il fut décidé que l'on en référerait au conseil-général, afin qu'il déchargeât le comité de surveillance de cette responsabilité. On convint d'assembler le comité pour délibérer sur cet objet ; l'assemblée se tint vers les derniers jours d'août, dans le bureau principal du comité de surveillance, où vinrent Panis et Sergent, accompagnés de Marat qui n'avait aucun droit, aucun caractère pour s'y trouver, attendu qu'il n'était point administrateur ; mais il y avait du butin à partager, il n'en fallait pas davantage pour provoquer la réunion des hommes de proie.

L'objet fut à peine soumis à la délibération, que Panis interrompit ses collègues en les assurant qu'il avait trouvé un moyen aussi simple que prompt de terminer la chose, et de tirer le comité de surveillance d'embarras. On écoute : le fripon propose d'adjoindre au comité, d'abord *son intime Marat* « et quatre à

» cinq autres dont il répondait comme de lui même; d'après
» cela, ajoutait-il, il n'y a nulle inquiétude à avoir sur les dé-
» pôts; on mettra tout en ordre. »

Ceux qui n'avaient pas les mêmes desseins que Barrabas Panis, trouvèrent cette adjonction illusoire et ridicule. La majorité observa, qu'il n'y avait point plus de sûreté pour l'avenir, qu'il y en avait eu par le passé, que par la proposition de Barrabas, ils se trouvaient toujours *sujets à une responsabilité solidaire;* qu'en conséquence, pour leur tranquillité personnelle et l'honneur du comité, il fallait demander au conseil général *qu'il remît à d'autres le soin et la conservation des dépôts;* d'ailleurs, ajoutaient-ils encore, il est hors des principes et fort étranger à notre mission *de communiquer des pouvoirs d'administrer,* sans la participation du conseil-général, à des hommes qui ne sont pas nommés par le peuple membres du conseil-général.

Ces observations faites en présence de Marat, annonçaient une sévérité de principes qui ne pouvait que déplaire à Barrabas et à Sergent. Ces deux inséparables larrons entrèrent dans une colère horrible contre les administrateurs pusillanimes qui s'avisaient de parler principes dans un moment où il ne s'agissait que de déployer les grands moyens de faire rapidement fortune.

Panis avait l'air d'un frénétique; il leur reprocha *qu'ils n'étaient point à la hauteur de la révolution;* Marat, l'œil rouge de sang, menaça *de les traîner dans la boue* s'ils n'agissaient au gré de son ami Barrabas. Sergent était un peu plus calme; il avait l'air suppliant, et il semblait leur dire : terminons ces débats, vivons en bonne intelligence; mais les commissaires se tinrent constamment *au-dessous de la révolution,* et ne voulurent pas des adjoints de Barrabas.

Cette séance fort orageuse se termina par un présent que Marat exigea des commissaires, et qu'ils eurent la faiblesse de lui permettre d'enlever, ce furent quelques presses et des caractères de l'imprimerie ci-devant royale, dont ils n'avaient pas le droit de disposer. Aussi fut-il reconnaissant. Ce premier acte de faiblesse lui donna des espérances pour l'avenir, il ne les traînera point dans la boue comme il les en avait menacés.

Il est essentiel de rappeler ici, que le comité de surveillance était composé de douze membres, non compris Panis et Sergent, ce qui faisait quatorze; huit s'opposèrent à l'adjonction et les quatre autres hommes de proie décidés (1), se rangèrent au sentiment de Barrabas et de Sergent.

Par le refus motivé des commissaires, d'accéder à la proposition de Barrabas, relative à l'adjonction qu'il avait proposée, son plan de rapine se trouvait absolument bouleversé, son but était manqué; cependant il voulait, à quelque prix que ce fût, s'adjuger tous les dépôts et n'en pas laisser le moindre vestige. Ce vaste projet ne pouvait s'accomplir que par la soustraction des procès-verbaux, et la ténacité des commissaires était un obstacle qu'il n'avait pas prévu. Il était heureusement *à la hauteur de la révolution*; il ne s'agissait que d'avoir avec lui des gens dont il pût répondre comme de lui-même. Aidé de son bon génie qui lui inspira ce qu'il fallait faire, il leva soudain tous les obstacles; voici comment il dressa ses batteries :

Il avoit d'abord rejeté la mesure proposée par les commissaires, tendant à demander au conseil-général qu'il remît en d'autres mains la conservation des dépôts; après y avoir mûrement réfléchi, il trouva dans cette proposition le moyen d'arriver à son but.

Le 30 août *à l'insu* des commissaires, il se retire auprès du conseil-général, c'était un instant avant la levée de la séance; le moment était favorable, il y avait peu de monde; il prend la parole, non pour parler dans le sens des opposans à l'adjonction, mais, pour les dénoncer et les calomnier : « La majorité des mem-

---

(1) Ces brigands sans pudeur qui ont vendu leurs suffrages à Barrabas, se nomment Duffort, Leclerc, Lenfant et Cailly, placardés par la Commune et dénoncés à l'accusateur public ainsi que Barrabas et Sergent, pour raison des larcins qu'ils ont commis dans leur administration. Malgré les preuves multipliées de leur forfaiture, cette bande de voleurs reste impunie; l'accusateur public n'ose les poursuivre. Cette faiblesse des organes de la loi contre les spoliateurs des deniers du peuple, répond victorieusement à ceux qui soutiennent que nous ne sommes pas dans l'anarchie. *(Note de Marcandier.)*

bres du comité de surveillance sont ineptes, dit-il, ils ne marchent pas; *le plus grand désordre règne dans le comité.* » Il termine la diatribe par demander que le conseil-général l'autorise à s'adjoindre des membres, pour composer un comité à sa façon, de gens dont il répondrait comme de lui-même. C'était une tournure astucieuse par laquelle il revenait, malgré les commissaires, au point d'où il était parti.

Le conseil-général prend aussitôt un arrêté conforme à la demande de Barrabas; muni de cet arrêté, le voilà maître de tout. Jusqu'à cette époque il avait affecté dans ses discours les grands airs du désintéressement, et dans le cours de la discussion qui eut lieu relativement à l'adjonction, il disait à ses collègues, que jamais il n'était entré dans les magasins où étaient les dépôts, qu'il ne les connaissait pas. Le coquin ! l'imposteur ! il les avait tous vus, et déjà il avait fait enlever par des commis affidés, nombre de procès-verbaux dont il tenait note exacte, pour savoir combien il en restait et quels étaient ceux sur lesquels il lui importait de mettre la main.

Dans les premiers temps, comme je l'ai observé ailleurs, Barrabas et Sergent, son émule, affectaient de ne paraître que momentanément au comité; mais depuis le 15 août jusque après les massacres, l'un et l'autre y vinrent régulièrement tous les jours, et ne désemparèrent plus que pour passer à la Convention couverts de sang et chargés de vols. Les magasins de dépôts étaient les salles mêmes des bureaux du comité de surveillance; c'étaient notamment dans ce bureau où étaient déposées les malles, boîtes, cartons, etc., etc. Il y avait en outre dans cette salle, une ou deux grandes armoires qui étaient remplies d'objets précieux. Seulement on avait placé dans une chambre haute quelques objets peu dignes des hommes de proie, tels que pistolets, sabres, fusils, cannes à sabre, etc.; Barrabas connaissait donc les dépôts, il les avait donc vus, puisqu'il entrait chaque jour et à toute heure dans les salles où ils étaient renfermés ; mais en admettant qu'il les eût ignorés, ce qui suit montrera qu'il ne tarda point à faire une intime connaissance avec eux.

Le 31 août, en vertu de l'arrêté du 30 qu'il avait surpris au conseil-général, il mit les scellés sur le principal bureau du comité de surveillance, où étaient précisément les dépôts précieux qu'il avait dit ne pas connaître. Il profita de l'absence des commissaires, et fit en sorte que les scellés furent apposés par lui seul, et il les leva de même sans leur participation. Barrabas posant et levant les scellés lui seul, sans le concours d'aucuns témoins... quelle source féconde de réflexions! Quelle matière à conjectures, surtout quand on se rappelle que Barrabas était jadis avocat au Châtelet, et qu'en cette qualité il ne pouvait ignorer les lois (1). D'intelligence avec son digne ami Sergent, ils prirent encore une mesure également hardie qui acheva de les rendre maîtres absolus du butin. Ils couronnèrent l'œuvre en s'emparant d'une quantité d'autres procès-verbaux qui, jusqu'alors, n'étaient point tombés en leur puissance.

Des commissaires de section avaient déposé à la mairie des procès-verbaux et des effets en tout genre, enlevés chez les personnes que l'on jetait par centaines en prison (car dans ce moment les sections se mêlaient aussi du métier; il y eut même des arrestations faites par des quidam qui n'avaient point de mission). Plusieurs membres du comité de surveillance ayant vu, ce qui s'appelle vu de leurs propres yeux, que Barrabas exerçait un brigandage illimité, résolurent d'y mettre un frein. Au fur et à mesure que les procès-verbaux arrivaient, ils avaient la précaution de les envoyer au bureau central, pour que les commis prissent le soin de les mettre en ordre et que le chef de ce bureau en répondît; mais, avec l'arrêté du 30, que Barrabas interprétait toujours suivant ses intérêts, il renversa encore cette nouvelle barrière. Toujours à la hauteur de la révolution, il mit les scellés sur le bureau central comme il les avait mis sur le comité de surveillance, chassa de ce bureau les commis qui ne mé-

---

(1) C'est sans doute cette espièglerie qui a donné lieu à l'arrêté de la Commune en date du 10 mai, par lequel il est dit qu'à compter de septembre, il y a eu bris de scellés, violation, dilapidation de dépôts, fausses déclarations et autres infidélités. *(Note de Marcandier.)*

ritaient pas tous de l'être, puisqu'il donna lui-même un certificat de civisme à celui qui était à la tête du bureau central après l'en avoir expulsé. Dès-lors il ne restait plus avec lui que des hommes sûrs dont il pouvait répondre comme de lui-même. De ce nombre, étaient les administrateurs Leclerc, Lenfant, Cailly et Duffort, trop intéréssés au brigandage pour s'aviser jamais d'entraver les opérations de Barrabas; la certitude d'être admis au partage, leur faisait contempler d'un œil complaisant les entreprises les plus révoltantes, les attentats les plus horribles. D'un autre côté, le Prussien Marat, fraîchement sorti de sa caverne, Jourdeuil le grippe-sous, Duplain le banqueroutier et Deforgues autre fripon, n'étaient pas gens non plus à contrarier Barrabas. On conçoit donc aisément que cette monstrueuse association, dont l'ensemble rappelait l'idée de tous les vices et de toutes les turpitudes, ne pouvait enfanter que de grands crimes, et c'est ce qui est arrivé. Ce fut dans cette caverne que furent préparés les massacres de septembre, ce fut dans cet abominable repaire que fut prononcé l'arrêt de mort de huit mille Français, détenus la plupart sans aucun motif légitime, sans dénonciation, sans aucune trace de délit, uniquement par la volonté et l'arbitraire des voleurs du comité de surveillance.

Quelques jours avant les massacres, des membres du comité, effrayés de cette violation des principes, touchés du spectacle affreux d'une multitude de citoyens enfermés à la mairie, qui réclamaient contre leur arrestation, et demandaient à grands cris qu'on leur en fît connaître les motifs; ces commissaires, dis-je, voulurent consacrer le jour et la nuit à les interroger, pour remettre en liberté ceux qui étaient retenus sans griefs, et envoyer en prison ceux qui étaient dans le cas d'être traduits devant les tribunaux.

Dans le nombre de ces détenus, il y en avait plusieurs qui étaient réclamés par leurs sections; mais ils étaient riches, et aux yeux de Barrabas c'était un crime qu'il ne pardonnait pas. Ils ne furent point interrogés, il les envoya en prison sans aucune formalité; il était nuisible à ses intérêts qu'on les interrogeât, car, en remplissant cette formalité, il aurait fallu des motifs pour les retenir, et ceux contre lesquels il n'y en avait pas recouvraient de droit leur liberté. Alors il fallait nécessairement leur remettre leurs richesses; au lieu qu'en les faisant massacrer sans rédaction de procès-verbal, sans interrogatoire, il ne restait aucune trace ni des personnes ni des choses; il fermait là porte à toutes les réclamations, ce qui le laissait fort à son aise pour se mettre impunément en possession de l'hérédité vacante, ou, pour me servir d'une expression triviale, il était à même de pêcher en eau trouble.

Le 2 septembre, on apprend que la ville de Verdun est prise par les Prussiens qui, ajoutent les colporteurs de cette nouvelle, s'y sont introduits par la trahison des Verdunois, après une résistance simulée de leur part. Aussitôt on tire le canon d'alarme, la générale bat et le tocsin sonne. Des municipaux à cheval courent sur les places publiques, confirment cette nouvelle, font des proclamations pour exciter les citoyens à marcher contre l'ennemi.

Au premier coup de tocsin, chacun se demandait avec raison pourquoi, au moindre danger, on se complaisait à jeter ainsi l'alarme dans Paris, et à frapper de terreur tous ses habitans. Loin d'entretenir dans leur ame cette mâle énergie qui convient à des guerriers et assure le gain des batailles, n'était-ce pas en effet un moyen puissant d'énerver leur courage? Mais ceux qui ne connaissaient pas le secret des conjurés furent bientôt instruits par leur propre expérience. O jour de deuil et d'opprobre! C'étoit à ce signal que devaient se réunir les assassins qui se portèrent aux prisons; c'était le prélude du plus affreux carnage.

Les brigands distribués par bandes se portent aux prisons; aux unes ils fracturent les portes, aux autres ils se font livrer les clefs et s'emparent des victimes que le comité de surveillance y avait amoncelées pendant quinze jours.

Ces assassins armés de sabres et d'instrumens meurtriers, les bras retroussés jusqu'aux coudes, ayant à la main des listes de proscription dressées quelques jours auparavant, appelaient nominativement chaque prisonnier.

Des membres du conseil-général, revêtus de l'écharpe tricolore, et d'autres particuliers s'établissaient au guichet dans l'intérieur de la prison. Là était une table couverte de bouteilles et de verres, autour étaient groupés les prétendus juges et quelques-uns des exécuteurs de leurs sentences de mort. Au milieu de la table était déposé le registre d'écrou.

Les assassins allaient d'une chambre à l'autre, appelaient chaque prisonnier à tour de rôle, puis le conduisaient devant le tribunal de sang qui lui faisait ordinairement cette question : Qui êtes-vous ? Aussitôt après que le prisonnier avait décliné son nom, les cannibales en écharpe inspectaient le registre, et après quelques interpellations aussi vagues qu'insignifiantes, ils les remettaient entre les mains des satellites de leurs cruautés, qui les conduisaient à la porte de la prison, où étaient d'autres assassins qui les massacraient avec une férocité dont on chercherait en vain des exemples chez les peuples les plus barbares (1).

A la prison de l'Abbaye ils étaient convenus entre eux que toutes les fois que l'on conduirait un prisonnier hors du guichet en prononçant ce mot : *à la Force*, ce serait l'équivalent d'une sentence de mort. Ceux qui remplissaient à la Force le même emploi, c'est-à-dire le métier de bourreau, étaient convenus de même qu'en prononçant ce mot : *à l'Abbaye*, cela voudrait dire qu'il fallait donner la mort au prisonnier, qu'il était condamné. Ceux qui étaient absous par le sanglant tribunal, étaient mis en liberté et conduits à quelque distance de la prison, au milieu des cris de *vive la nation* (2) !

(1) *L'Agonie de trente-huit heures* de Journiac Saint-Méard, détenu à l'Abbaye, nous donne sur cette prison des détails que je passe sous silence, parce qu'ils sont déjà connus et qu'on peut les lire dans son écrit. (*N. de Marcandier.*)

(2) Peu furent mis en liberté. Le citoyen Bonneville, peintre, me raconta qu'étant allé à l'Abbaye pour réclamer trois personnes ; les soi-disant juges se récrièrent sur le nombre trois ; c'est beaucoup, disaient-ils. Mais ils sont innocens, répliqua Bonneville. Attendez, continua le président : je vais donner un os à ronger à ceux qui sont à la porte, et je vous satisferai ensuite. Ce fut l'abbé

L'assemblée législative députa plusieurs de ses membres, qu'elle chargea de rappeler à la loi les brigands qui s'en écartaient d'une manière aussi atroce ; mais que pouvait le langage de la raison et de la morale sur des assassins altérés de sang, et la plupart plongés dans la plus crapuleuse ivresse ? Cette mesure était insuffisante ; toute harangue devenait vaine, attendu que pour dompter des tigres il fallait de la force armée, il fallait que l'assemblée sortît tout entière, et qu'elle vînt former autour de chaque prison un rempart inexpugnable. Ils repoussèrent par des menaces tous les avis et les conseils de paix qui leur étaient portés. L'abbé Fauchet, évêque du Calvados, membre de la députation, fut menacé, injurié, et peu s'en est fallu que de la menace on n'en vînt aux coups ; il vit l'instant où les assassins allaient les comprendre au nombre de leurs victimes. Il se retira, et vint rendre compte à l'assemblée qui était elle-même dans la stupeur et l'avilissement, menacée d'une dissolution totale par l'infâme Robespierre, qui exerçait une tyrannie sans bornes dans Paris (1).

Les prêtres renfermés dans l'église des Carmes, furent tous massacrés à l'exception d'un seul ; on les faisait sortir les uns après les autres et souvent deux ensemble. D'abord les assassins les tuèrent à coups de fusil ; mais sur l'observation d'une multitude de femmes qui étaient là présentes, que cette manière était trop bruyante, on se servit de sabres et de baïonnettes. Ces malheu-

---

de Rastignac qui fut massacré en cet instant, et les trois personnes que Bonneville demandait lui furent rendues. (*Note de Marcandier*.)

(1) Voyez l'accusation du député Louvet contre Robespierre, publiée dans les premiers temps de la convention ; la Conduite que ce faux patriote a tenue à l'égard de l'assemblée législative, y est montrée au grand jour. On voit un conspirateur audacieux, qui voulait asseoir la dictature sur les débris de la représentation nationale ; cependant Robespierre ne cesse de parler de ses vertus civiques, de son désintéressement, et si on veut l'en croire, personne n'est moins ambitieux que lui. Ce misérable quitta la place d'accusateur-public au tribunal criminel de Paris, pour vivre, disait-il, dans la retraite ; il avait imprimé qu'il n'était point intrigant, qu'il ne voulait aucune place, qu'il n'en accepterait aucune, et tout à coup il fut se nicher dans le conseil-général de la Commune et de-là au Capitole ; du Capitole, quel saut fera-t-il ?... Consultez l'histoire, elle vous apprendra ce que devenaient les ennemis du peuple romain. (*N. de Marc.*)

reuses victimes se prosternaient au milieu de la cour et se recueillaient un instant; abandonnés de la nature entière, sans appui, sans consolation autre que le témoignage de leur conscience, ils élevaient les yeux et les mains vers le ciel, et semblaient conjurer l'Être-Suprême de pardonner à leurs assassins. Le seul qui échappa à leur fureur s'était caché dans un lieu dérobé; deux gardes nationales l'aperçoivent; ce prêtre vénérable courbé sous le poids des années, les cheveux blanchis par la vieillesse, tombe à leurs genoux, les yeux baignés de larmes, il invoque leur appui, il leur parle d'humanité. Ce beau sentiment ne leur était pas inconnu; ils ne s'étaient glissés parmi les assassins que dans l'espérance de leur arracher quelques victimes; mais, hélas! en lui sauvant la vie ils s'exposaient de tomber à sa place. Cependant, leur résolution fut aussi prompte que le péril était imminent. « Prenez mon fusil, lui dit l'un d'eux, et suivez-nous, » en traversant la cour ensemble, nous crierons *vive la nation!* » les assassins croiront que vous êtes de l'expédition; » ce stratagème heureux mit le vieillard hors de tout soupçon; il traversa la cour et sortit de la foule sans être connu.

Et vous, partisans de ces massacres, conjurés féroces qui n'avez cessé de tromper la multitude crédule, direz-vous qu'il était impossible d'arrêter le bras des assassins? Direz-vous qu'il n'était point en votre puissance de les réprimer? Vous avez dit aux départemens, par l'organe imposteur de vos commissaires, que vous n'aviez pu arrêter la colère du peuple. Malheureux! vous prostituez le nom du peuple, vous ne l'invoquez que pour le déshonorer et couvrir vos turpitudes et vos crimes! Était-ce donc le peuple qui commettait ces forfaits exécrables? Non, il gémissait en silence; c'est vous, administrateurs féroces, qui, d'intelligence avec le conseil-général de la Commune et le ministre Danton, avez tout préparé, tout fait exécuter. C'est vous qui avez fait commettre tous ces crimes par un petit nombre d'affidés, afin de vous enrichir des dépouilles sanglantes de vos nombreuses victimes; c'est vous qui avez fait de Paris le coupe-gorge du riche, te préparé la misère du peuple en brisant tous les liens sociaux, en tarrissant tous les canaux de la circulation, en détruisant la confiance publique si nécessaire, si indispensable à la prospérité commune et au bonheur de tous.

S'il n'était pas prouvé qu'à vous seuls appartient l'opprobre des premiers jours de septembre, je vous rappellerais deux faits que vous ne pouvez nier. Je vous rappellerais ce paiement de 850 liv., fait par ordre du conseil-général, au marchand de vin qui fournissait vos assassins à la Force pendant leur horrible exécution; je vous rappellerais le comité de surveillance, louant la veille du massacre les voitures qu'il destinait, et qui ont servi à conduire à la carrière de Charenton les cadavres de septembre.

Mais tous ces crimes sont attestés par des milliers de témoins, et s'ils ne l'étaient pas, on aurait encore le droit de vous punir de votre inaction criminelle.

Pourquoi, après vous être emparé de tous les pouvoirs, n'en avez-vous point fait usage pour tempérer la fureur des assassins? Quel mouvement vous êtes-vous donné? Quelle mesure avez-vous prise pour arrêter l'effusion du sang? Lorsque des citoyens accablés de douleur se sont présentés au conseil-général pour esquisser ce tableau hideux et déchirant, que leur a-t-on répondu?.. Juste ciel! je frémis d'y penser. Plusieurs de ces tigres ont applaudi. Le commandant général a-t-il été requis de donner les ordres à la garde nationale? Non, et ce fait est prouvé. Santerre osa dire qu'il avait requis la force armée; mais tout dément son assertion. Roland, le seul Roland, l'objet des calomnies et des persécutions de tout ce qu'il y a de vil, d'assassins et de voleurs en France, fut l'unique dans Paris qui osa lever une tête altière, et rappeler à leur devoir les autorités perfides et criminelles qui encourageaient les massacres par leur immobilité.

Si la force armée eût été requise, ne se serait-il point trouvé dans la garde nationale un nombre suffisant de bons citoyens pour repousser, pour anéantir même une poignée d'assassins qui, par la seule crainte du châtiment que la justice inflige au crime, se seraient hâtés de prendre la fuite au moindre mouvement répressif?

Je présume plus favorablement des Parisiens. Il n'est pas permis de prétendre que la garde nationale tout entière aurait abandonné lâchement la vie de plusieurs milliers d'hommes, que son devoir et ses sermens, d'accord avec les principes de l'humanité et de l'éternelle justice, lui commandaient de défendre.

Si la garde nationale eût été requise, si on l'eût commandée au nom de la loi, que des chefs perfides et sanguinaires s'appliquaient à paralyser, combien elle eût été forte et courageuse; elle se serait levée tout entière; mais, cette garde nationale, dont la masse est restée pure au milieu de tous les genres de corruption et de brigandage, n'a-t-elle pas craint qu'on l'accusât d'avoir agi sans réquisition (1)? n'a-t-elle pas craint qu'en voulant punir le crime, on l'accusât elle-même de s'être rendue criminelle; retenue par ces motifs, elle est restée immobile.

J'ai vu la place du Théâtre-Français couverte de soldats que le tocsin avait rassemblés, je les ai vus prêts à marcher, et tout à coup se disperser, parce qu'on était venu traîtreusement leur annoncer que ce n'était qu'une fausse alerte, que ce n'était rien. Ce n'était rien, grands dieux! Déjà la cour des Carmes et celle de l'Abbaye étaient inondées de sang, et se remplissaient de cadavres. Ce n'était rien!

J'ai vu trois cents hommes armés, faisant l'exercice dans le jardin du Luxembourg, à deux cents pas des prêtres que l'on massacrait dans la cour des Carmes; direz-vous qu'ils seraient restés immobiles si on leur eût donné l'ordre de marcher contre les assassins?

Aux portes de l'Abbaye et des autres prisons, étaient des

---

(1) Cette crainte mal fondée prend sa source dans l'ignorance de nos droits et de nos devoirs. La déclaration des droits, quelque interprétation qu'on lui donne, ne dit pas d'attendre la réquisition des autorités quand le danger presse; souvent les magistrats ressemblent à ces médecins négligens, qui apportent au malade le remède après la mort. C'est au moment, et non après le péril, que nous nous devons des secours réciproques et une assistance mutuelle. Par exemple, lorsque l'incendie commence quelque part, tout le monde s'y porte pour en arrêter les progrès, on n'attend pas de réquisition. Lors des massacres de septembre les citoyens attendaient le signal des magistrats, tandis qu'ils auraient dû fondre le pistolet et le sabre à la main sur les massacreurs et les tailler en pièces.

(*Note de Marcandier.*)

épouses éplorées redemandant à grands cris leur époux, qu'une fin tragique venait de séparer d'elles; d'autres avaient la douleur de les voir massacrer à leurs pieds.

Le même carnage, les mêmes atrocités se répétaient en même temps dans les prisons et dans tous les endroits où gémissaient les victimes du pouvoir arbitraire; partout on exerçait des cruautés toujours accompagnées de particularités plus ou moins douloureusement remarquables.

Au séminaire de Saint-Firmin, les prêtres que l'on y retenait en charte privée attendaient paisiblement, comme les autres prêtres détenus aux Carmes, que la municipalité de Paris leur indiquât le jour de leur départ, et leur délivrât des passe-ports (1) pour sortir de France, aux termes d'un décret tout récent qui leur faisait cette injonction en leur accordant trois livres par jour pendant leur voyage; il est incontestable qu'il n'a tenu qu'aux autorités du jour que ce décret eût son exécution avant les massacres; mais les prêtres détenus étaient désignés et réservés pour ce jour. Ils furent mutilés et déchirés par lambeaux. A Saint-Firmin, ils trouvèrent plaisant d'en précipiter quelques-uns du dernier étage sur le pavé.

A l'hôpital général de la Salpêtrière, ces monstres ont égorgé treize femmes, après en avoir violé plusieurs.

A Bicêtre, le concierge, voyant arriver ce ramas d'assassins, voulut se mettre en mesure de les bien recevoir, il avait braqué deux pièces de canon, et dans l'instant où il allait y mettre le feu il reçut un coup mortel; les assassins vainqueurs ne laissèrent la vie à aucun des prisonniers.

(1) Les coquins qui se servent du peuple comme d'un instrument servile, qu'ils briseraient bientôt s'ils pouvaient s'en passer, n'ont pas manqué dans leurs populaires flagorneries, de présenter les cinq jours de septembre comme un grand acte de justice exercé par le peuple exclusivement sur les coupables. On était pourtant si éloigné de croire que les prêtres étaient coupables, qu'il ne fut pas question un seul instant de faire le procès à aucun de ceux qui étaient séquestrés à Saint-Firmin et aux Carmes. Leur détention n'était que provisoire; elle devait cesser au moment où, munis de passe-ports, ils auraient pu sortir de France. C'était uniquement, disait-on, une mesure de sûreté que l'on prenait à leur égard, afin que le décret ne fût point illusoire. On n'avait donc jamais pensé qu'ils fussent coupables. (*Note de Marcandier.*)

A la prison du Châtelet même carnage, même férocité; rien n'échappait à la rage de ces cannibales, tout ce qui était prisonnier leur parut digne du même traitement.

A la Force ils y restèrent pendant cinq jours. Madame la ci-devant princesse de Lamballe y était retenue; son sincère attachement à l'épouse de Louis XVI était tout son crime aux yeux de la multitude. Au milieu de nos agitations elle n'avait joué aucun rôle, rien ne pouvait la rendre suspecte au peuple, à qui elle n'était connue que par des actes multipliés de bienfaisance. Les écrivains les plus féroces, les déclamateurs les plus fougueux ne l'avaient jamais signalée dans leurs feuilles.

Le 3 septembre on l'appelle au greffe de la Force, elle comparaît devant le sanglant tribunal composé de quelques particuliers. A l'aspect effrayant des bourreaux couverts de sang, il fallait un courage surnaturel pour ne pas succomber. Fieffé, greffier de la Force, nommé par la Commune, lui fait quelques questions; elle ranime ses forces abattues, et répond de manière à prouver que sa détention est l'effet de la prévention la plus cruelle (1).

Les exécuteurs féroces attendaient leur victime à la porte, impatiens de ne point la voir paraître, ils l'appellent plusieurs fois; elle tarde, on l'appelle encore; enfin les assassins se présentent, ils s'en emparent et l'entraînent au supplice.

Plusieurs voix s'élèvent du milieu des spectateurs et demandent grâce pour madame de Lamballe. Un instant indécis, les assassins s'arrêtent; mais bientôt après elle est frappée de plusieurs coups, elle tombe baignée dans son sang et elle expire.

Aussitôt on lui coupe la tête et les mamelles, son corps est ouvert, on lui arrache le cœur; sa tête fut ensuite portée au bout d'une pique et promenée dans Paris, à quelque distance on traînait son corps.

(1) Fieffé m'assura, en me montrant l'espèce d'interrogatoire qu'il avait fait subir à madame de Lamballe, qu'il n'y avait absolument aucun grief contre elle; d'autres dirent que d'Orléans lui payait une rente considérable, et qu'en la faisant assassiner la rente était éteinte. *(Note de Marcandier.)*

Les tigres qui venaient de la déchirer ainsi, se sont donné le plaisir barbare d'aller au Temple, montrer sa tête et son cœur à Louis XVI et à sa famille (1).

Tout ce que la férocité peut produire de plus horrible et de plus froidement cruel fut exercé sur madame de Lamballe.

Il est un fait que la pudeur laisse à peine l'expression propre à le décrire ; mais, je dois dire la vérité toute entière et ne me permettre aucune omission. Lorsque madame de Lamballe fut mutilée de cent manières différentes, lorsque les assassins se furent partagé les morceaux sanglans de son corps, l'un de ces monstres lui coupa la partie virginale et s'en fit des moustaches, en présence des spectateurs saisis d'horreur et d'épouvante.

A la Conciergerie était une femme connue sous le nom de bouquetière du Palais-Royal, elle était condamnée à perdre la vie. La procédure instruite contre elle était viciée de plusieurs nullités qui la rendaient sujette à cassation. Le tribunal de cassation avait prononcé, et renvoyé, afin d'instruire de nouveau devant un tribunal qui devait en connaître. Le chef d'accusation porté contre elle était certain, il est vrai ; par un mouvement de fureur jalouse elle avait fait de son amant un nouvel Abeilard, et cette amputation cruelle avait causé sa mort. On l'amène au guichet ; soudain elle est frappée, elle tombe étant encore en vie ; on se sert d'un mauvais couteau pour lui couper les mamelles. Après cette barbare et douloureuse incision, on lui passe dans la matrice un bouchon de paille qu'on ne lui ôte que pour la fendre d'un coup de sabre ; elle expire dans ce tourment cruel au milieu de cette dissection effroyable, en frappant les airs de cris lamentables ; et loin que ce genre de supplice inconnu jusqu'à nous, touchât les spectateurs, ils encourageaient les assassins par des applaudissemens répétés, par des bravos féroces. On remarqua,

(1) Ils poussèrent plus loin l'excès de leur barbare jouissance. Ils furent chez une femme de chambre de Marie-Antoinette ; une jeune personne de dix-huit ans se présente à eux : à peine aperçoit-elle la tête de madame de Lamballe, qu'elle tombe évanouie, et il fut impossible de lui arracher une seule parole ; elle resta huit jours dans cette situation déplorable, au bout desquels elle mourut. *(Note de Marcandier.)*

dans la cour du palais, un individu tenant un jeune enfant par la main, il le conduisait sur les cadavres, et lui en fit mordre plusieurs, afin d'apprendre à cet enfant à devenir barbare et sanguinaire. O nature! quels monstres as-tu vomis sur la terre!

M. Montmorin, gouverneur de Fontainebleau, accusé et détenu dans cette prison, avait été jugé et déchargé d'accusation par le tribunal du 17 août sur la déclaration du juré de jugement. Des hommes apostés à l'audience, des scélérats altérés de sang voulurent le massacrer en présence des juges; Osselin, président du tribunal le prend sous sa sauvegarde, il le reconduit en prison et l'écroue de nouveau. Le tribunal en réfère à l'instant au ministre de la justice et au comité de législation de l'assemblée; le comité fut d'avis que M. Montmorin, légalement acquitté, devait être mis en liberté; mais en considérant les suites funestes que pouvait avoir la fureur délirante des antropophages attroupés devant la prison, le comité pensa qu'il était prudent, pour la sûreté personnelle de M. Montmorin, de le tenir en prison jusqu'à ce que la fureur fût calmée; mais Danton pensait autrement, en dînant à l'hôtel de l'intérieur avec Roland et les autres ministres, il protesta que M. Montmorin serait puni; cependant il était légalement acquitté de l'accusation intentée contre lui, et la loi défend d'exercer aucune nouvelle poursuite pour le même délit, fût-il prouvé, quand le délinquant a été acquitté; mais Danton, le Néron de nos jours, ce tigre altéré du sang de ses concitoyens, voulait que M. Montmorin fût massacré; en effet, ce fut la veille du massacre qu'il tint cet horrible langage, et M. Montmorin fut le premier qui tomba sous le fer des assassins qui se portèrent à la Conciergerie; criblé de coups et couvert de blessures, il se releva plusieurs fois et fut mourir à l'extrémité de la cour, à une distance assez éloignée de l'endroit où il avait reçu le premier coup.

La menace de Danton de faire punir un homme que la loi avait absous, et qu'en sa qualité de ministre de la justice il aurait dû défendre, me rappelle la conduite qu'il a tenue à l'égard d'un de ses parens; les plus difficiles à convaincre ne pourront se dissimuler, par la narration des faits, que Danton était le chef suprême des assassins.

A Sainte-Pélagie était renfermé un sieur Godot, autrefois receveur des traites au port Saint-Paul. Ce particulier, parent de Danton, était constitué prisonnier à la requête de la ferme-générale, envers laquelle il était débiteur d'une somme de 500,000 livres par suite d'exactions dans sa recette, et pour diverses opérations cauteleuses qu'il avait faites avec des escrocs de tout genre qu'il s'était associés; Originairement il était détenu à la Conciergerie, d'où il fut tran-féré. Godot se disposait à présenter une requête au tribunal saisi de son affaire, afin d'obtenir sa liberté provisoire. Six jours avant le massacre, Danton lui fit dire à Sainte-Pélagie, qu'il fût tranquille, qu'il ne fallait pas présenter de requête, que sous peu de jours il aurait sa liberté définitive. En effet, le jour du crime arrive, Godot est mis en liberté, comptable envers la nation d'une somme énorme (cette somme par les décrets se trouve reversible au Trésor public), il court tranquillement tout Paris, tandis qu'à ses côtés et sous ses yeux il a vu massacrer tous les autres prisonniers. Je ne prétends pas dire qu'il fallait ajouter encore cette victime aux autres; loin de moi ce vœu barbare, j'ai trop en horreur les assassinats, le souvenir affreux des massacres me déchire le cœur; mais je ne puis penser à ces jours de carnage sans voir dans ce fait la preuve des forfaits de Danton; car, si les victimes n'eussent été marquées d'avance, comment Godot aurait-il pu échapper, tandis qu'à ses côtés et sous ses yeux il a vu égorger de malheureux prêtres pour avoir refusé de prêter un serment qu'on voulait leur arracher par la violence, et qu'une loi formelle et récente leur laissait le droit de refuser (1).

Il suffit de rapprocher la menace de Danton de faire punir M. Montmorin, légalement acquitté, de l'avis qu'il donne à son

---

(1) Les prêtres qui avaient refusé leur serment étaient déjà punis par la privation de leurs bénéfices; toute autre peine qu'on aurait voulu leur infliger devenait une véritable persécution. Je ne saurais mieux comparer la conduite que l'on a tenue depuis à leur égard qu'à la révocation de l'édit de Nantes.

(*Note de Marcandier*.)

parent que dans peu de jours il sera libre : il ne faut pas, dis-je, de réflexion bien profonde pour se convaincre que Danton et ses satellites s'étaient arrogé le droit de vie et de mort sur les prisonniers, que d'une main ce moderne Sylla dirigeait la hache des assassins, et de l'autre signait des lettres de grace à ses protégés. La preuve de ce fait se fortifie davantage encore, quand on se rappelle Camille Desmoulins, secrétaire du sceau, disant à qui voulait l'entendre la veille du massacre, que, de concert avec Danton et d'Églantine, secrétaire du département de la justice, ils avaient pris de grandes mesures qui sauveraient la France.

Que serait-ce donc pour confondre Danton et lui arracher le masque hypocrite dont il se couvre, si j'allais rappeler qu'à l'exemple des ministres de l'ancien régime, qu'il accusait sans cesse de vols et de rapines, il est sorti du ministère sans rendre ses comptes à la nation, comme Montmorin, Latour-Dupin, Lessart, et tant d'autres ennemis du peuple qui n'en rendaient aucun.

Que serait-ce, si pour prouver qu'il est l'ennemi juré du peuple, j'allais rechercher sa conduite dans la Belgique, ses intelligences avec Dumourier dont il faisait l'éloge à la Convention, dans l'instant même où ce général perfide conspirait ouvertement contre la liberté publique.

Que serait-ce si j'approfondissais les déclarations de Miaczinsky, coupable sans doute, mais dont on s'est bien gardé de prolonger la vie, de crainte d'obtenir des révélations utiles à la patrie.

Que serait-ce si, jetant les yeux sur les débris enflammés de la ville de Lyon, je trouvais dans une lettre écrite par Danton à Dubois-Crancé, le résultat des conseils atroces qu'il lui donne de réduire cette ville en cendres, afin de régner sur ses débris fumans, comme cet empereur qui naguère, lors de l'insurrection des Belges, écrivait au général Dalton de brûler la Belgique, ajoutant qu'il aimait mieux régner sur des villes incendiées que sur des peuples rebelles ; quelle différence les Lyonnais pourront-ils faire désormais d'un empereur autrichien d'avec un député semblable à Danton ?

Que serait-ce si le peuple français, frappé d'aveuglement jusqu'à ce jour, allait enfin reconnaître que Danton est un conspirateur féroce, l'assassin du peuple de Lyon; que l'invitation barbare qu'il fait à Dubois-Crancé, de s'ouvrir un passage à travers les décombres de cette cité opulente, n'est autre chose qu'un projet concerté de faire périr sur l'échafaud les plus riches commerçans de cette ville, afin de s'emparer de leurs trésors? Suffit-il à ce monstre d'avoir désavoué cette lettre déjà réalisée? Suffit-il que Barrère ait douté qu'elle fût de Danton, pour que la France soit obligée de les en croire l'un et l'autre sur parole?

Que serait-ce si, je reprochais à Danton que les chevaux qu'il attache à son char ont été volés dans les écuries ci-devant royales, tandis qu'ils devaient être vendus au profit de la nation.

Que serait-ce si, remontant à la source de sa fortune, je découvrais au peuple un homme noyé de dettes avant le 10 août 1792, et, immédiatement après cette époque, renonçant à toute pudeur, étaler en public un faste insultant à la misère commune, et chez lui un luxe asiatique.

Que serait-ce si, l'interpellant de déclarer comment, et par quels moyens sa fortune s'est subitement accrue et d'une manière incalculable, avec quel or il a acquis des domaines considérables et avantagé sa femme de sommes énormes, lui qui n'aurait pu, il y a un an, lui apporter en dot qu'une longue liste de créanciers; que serait-ce, dis-je, si Danton, interpellé sur tous ces faits en présence du peuple, ne pouvait rien répondre de plausible? Mais laissons à part les rapines et revenons aux massacres.

En même temps que Danton donnait des lettres de grace à son parent, d'Églantine en donnait aussi à sa servante, qui était détenue à la Conciergerie. Il l'avait accusée de vol; et véritablement elle lui avait dérobé quelques effets; mais l'accusation qu'il dirigea contre elle, lui servit à couvrir une infâme escroquerie, dont il s'était rendu coupable envers une jeune personne qu'il avait eue pour maîtresse.

Camille-Desmoulins, de son côté, fit sortir de la Force, la veille du massacre, un prêtre de ses amis ; pourquoi misérables, puisque vous étiez les dispensateurs de la vie de nos concitoyens, n'avez-vous sauvé que ces trois individus? Si vous eussiez fait usage de votre puissance pour sauver tous les autres, on eût jeté avec horreur, sans doute, mais enfin, on eût essayé de jeter un voile sur les larcins de tout genre dont Paris entier vous accuse.

Panis, Duplain et Leclerc, ne voulurent pas non plus que cette époque sanglante devînt funeste à leurs amis. A l'exemple de Danton, qui exerçait une dictature anticipée dans Paris, ils partagèrent ce pouvoir suprême avec lui. Un sieur Daubigny, convaincu par la section des Tuilleries d'avoir volé plusieurs objets d'or et d'argent massifs, chandeliers d'or, etc., fut mis en liberté le 2 septembre à huit heures du matin, en vertu d'un mandat de délivrance, signé Panis, Duplain et Leclerc; Marat, l'ami et le complice des assassins et des voleurs, accordait sa protection spéciale à ce Daubigny, qui en était bien digne sous tous les rapports; il fut le visiter le jour ou la veille du massacre à la Force (1).

Je souffre d'être contraint de placer Manuel au rang des assassins de septembre, et d'avoir contre lui un fait qui prouve qu'il était initié à ces mystères d'iniquité ; je ne puis concevoir, comment l'auteur de *La Police dévoilée* a pu s'associer aux forfaits d'une police plus révoltante et plus atroce que celle dont il nous avait fait connaître les attentats; mais il n'est pas de mon sujet d'épargner personne. Le jour du carnage au matin il fut à l'Abbaye, où Beaumarchais était détenu après avoir passé trois jours entre les griffes des vautours du comité de surveillance; il le remit en liberté. Vous m'avez cru votre ennemi, lui dit-il, vous reconnaîtrez plus tard le contraire.

J'ai entendu des êtres immoraux, incapables d'aucuns de ces beaux sentimens dont les hommes s'enorgueillissent et s'honorent, faire éclater une joie barbare au récit de ces atrocités, et

(1) Ce fait est authentique, il est prouvé par la déclaration du concierge, appuyée de la vérification de ses registres.   (*Note de Marcandier.*)

faire une apologie pompeuse du bon ordre dans lequel tout s'était passé. (1).

Il est vrai que nombre de prisonniers prévenus de vol et d'assassinat ont été mis à mort; mais ce n'était pas directement contre eux que les conjurés voulaient diriger leurs coups; ils ne furent le prétexte du massacre que pour confondre parmi eux les détenus pour leurs opinions, dont la fortune et les richesses étaient ensevelies au comité de surveillance. Et bien encore, qu'il y ait eu des voleurs et des assassins dans les prisons, que devient ce passage de notre *Déclaration des Droits*: *Nul n'est présumé coupable avant la condamnation?* Que devient cette maxime révérée même par les Parlemens et sous le despotisme des rois : il vaut mieux faire grace à cent coupables que d'immoler un innocent!

Celui qui périt au milieu d'une émeute a plutôt l'air d'une victime que d'un coupable; et fût-il souillé de tous les crimes, il est à peine immolé que sa mort fait oublier sa vie; mais, je le répète, s'il n'y avait eu que des voleurs et des assassins dans les prisons, on eût laissé à la justice son libre cours, c'étaient les citoyens détenus pour leurs opinions que la horde barbare voulait faire massacrer; c'étaient les riches qu'ils voulaient dépouiller.

Cette triste vérité est consignée d'une manière bien frappante, dans une lettre adressée par les administrateurs du comité de surveillance à tous les départemens, dans laquelle on lit cette phrase, qui ne serait pas autrement tracée par la griffe d'un *Léopard*. « *Le peuple a mis à mort les conspirateurs féroces qui étaient dans ses prisons, nous invitons nos frères des départemens à suivre cette mesure de salut public* (2). »

On voit par cette lettre que les brigands du comité de surveillance ne font aucune mention des prisonniers prévenus de vol et d'assassinat, et qu'ils appellent exclusivement l'attention des dé-

(1) Quel bon ordre, quand on y pense! Lanievette, Dunau et Delaunay, traiteur, rue du Théâtre-Français, accusés de fabrication et d'émission de faux assignats, trouvèrent le moyen de s'échapper. (*Note de Marcandier.*)

(2) Cette provocation au meurtre était signée Panis, Sergent, Marat, Pierre Duplaix, Leclerc, Guermeure, etc., ce dernier signataire fut choisi pour porter cette lettre dans les départemens, et répandre la doctrine du comité de septembre.

partemens sur des hommes qu'ils qualifient de conspirateurs féroces ; sur des hommes arbitrairement arrêtés et détenus sans preuves, sur des hommes que le peuple ne connaissait pas et dont il ignorait même l'existence et l'incarcération ; on voit enfin que, pour rendre leurs crimes moins abominables aux yeux des Français et de l'Europe entière, ils voulaient que leurs frères des départemens les partageassent avec eux et imitassent leur exemple, afin d'avoir la ressource de dire que c'était une insurrection. O Caïns de notre siècle ! vous avez été trompés dans votre attente ; les Français vous ont en horreur, les Parisiens s'éclairent et vous maudissent, en attendant l'heureux jour où la loi, triomphant de l'anarchie, appesantira son glaive vengeur sur la tête des coupables.

Le premier septembre, les administrateurs du comité de surveillance eurent grand soin de tapisser les rues de placards incendiaires, dans lesquels ils semèrent leur doctrine et leurs principes, afin de disposer les esprits en faveur des massacres, ainsi qu'à la dictature que Marat osa proposer quelques jours après.

Le 2 septembre, pendant le carnage, on les vit se porter avec rapidité d'un bout de Paris à un autre ; ils circulèrent dans les prisons ; des subalternes à leurs gages faisaient ce qu'ils ne pouvaient exécuter par eux-mêmes.

Un particulier nommé Chanay, confident de Panis et mouchard par excellence, portait promptement leurs ordres et venait ensuite leur rendre compte. Cela va bien, lui entendit-on dire, c'est fait d'un tel, j'ai sauvé tel autre, j'ai fait échapper la princesse de Tarente (1), elle peut aller rejoindre le prince de Poix.

Ce fut ce même Chanay qui arrêta le ci-devant prince de Poix, et qui l'emmena à la mairie dans la caverne de Barrabas ; ce fut

Il fut arrêté à Quimper, en s'acquittant de cette atroce mission. Les habitans de Quimper l'ont gardé prisonnier pendant plusieurs mois ; on parlait déjà de le guillotiner ; mais la Convention interrompit le cours de la justice, en décrétant que Guermeure serait mis en liberté ; c'est en prostituant ainsi les décrets que la faction des *hommes de proye* conserva un suppôt fidèle qui avait bien mérité des voleurs et des assassins. (*Note de Marcandier.*)

(1) Elle était détenue à l'Abbaye. (*Note de Marcandier.*)

cet insigne voleur qui le mit en liberté. On imagine bien que ce n'est qu'à force d'argent, en lui volant sa bourse, qu'il lui laissa la vie; car Barrabas est trop cupide et trop cruel pour avoir lâché sa proie sans intérêt; cet odieux scélérat est incapable d'aucune action dont l'humanité n'ait point à rougir. J'ai entre les mains le récit d'un administrateur, écrit par lui-même, qui démontre que le prince de Poix ne s'est évadé que du consentement et par les moyens que Panis et Sergent lui ont fournis.

« Chanay vint m'avertir un soir (c'est l'administrateur qui » parle) comme j'étais occupé dans le principal bureau du co-
» mité, que le ci-devant prince de Poix y arrivait; il mit même à
» côté de moi un carton qu'il dit appartenir à cet individu. Mes
» yeux se fixèrent sur la porte à chaque fois qu'on l'ouvrait pour
» voir entrer ce prisonnier. J'entendis des hommes de l'escorte
» de Chanay dire à la porte : Il est là. Je ne le vis point entrer;
» je me persuadai à la fin qu'on l'avait conduit au fond du corri-
» dor, dans le bureau de Panis, que l'on nommait le comité se-
» cret. Le lendemain, Chanay me dit, en m'abordant d'un air
» de surprise affecté, que l'on ne retrouvait point le carton qu'il
» avait mis à côté de moi la veille, qu'on l'avait volé et qu'on l'a-
» vait apporté de chez le prince de Poix. Panis cria au voleur à
» cette prétendue nouvelle. Le lendemain ou surlendemain, on
» rapporte que le prince de Poix ne se trouve point dans les pri-
» sons où il devait se trouver. Panis cria que des membres du
» comité l'avaient mis en liberté, tandis qu'il n'était pas entré
» dans leurs bureaux, mais dans celui de Panis, où Sergent
» travaillait; cette circonstance m'inquiéta. J'ouvris un registre
» sur lequel un commis inscrivait le texte des procès-verbaux;
» j'y vis celui de l'arrestation et envoi du ci-devant prince de Poix
» en prison; je questionnai ce commis qui balbutia, en disant
» qu'il ne savait pas qui lui avait fait inscrire cet article sur son
» registre, et que c'était par erreur qu'il l'avait inscrit. »

Il suffit que le ci-devant prince de Poix ne soit entré que dans la caverne de Barrabas, où Sergent travaillait, pour qu'il ne soit pas nécessaire d'aller chercher plus loin quels sont les auteurs de son évasion. La réponse du commis est une chétive et misérable excuse dont personne ne peut être dupe.

Combien de crimes, de perfidies et de turpitudes entassés les uns sur les autres! Eh bien! ce n'était point encore assez pour ces féroces brigands d'avoir fait déchirer par lambeaux huit mille Français dans l'espace de cinq jours; d'avoir dit à ceux-ci : Payez, vous serez libres; à ceux-là, ne craignez rien des proscriptions; allez en paix, vos péchés vous sont remis. Les prisons furent à peine vidées par les massacres, qu'elles se remplirent aussitôt de personnes arrêtées par des mandats de Marat et des autres membres du comité de surveillance.

Manuel, qui n'était que dans le premier secret, fut effrayé de ces nouvelles arrestations. Il se rendit aux prisons avec ses substituts; ils virent que, parmi les nouveaux détenus, il y en avait plusieurs qui l'étaient sans écrou et sans procès-verbal d'arrestation. Ils interrogèrent ces nouveaux prisonniers. L'un dit : J'ai eu dispute avec Marat, il y a dix ans, en Angleterre; l'autre, c'est Jourdeuil, huissier, que j'ai convaincu de friponneries. Il paraît que ces monstres arrêtaient également ceux qui pouvaient révéler leurs turpitudes comme ceux qui avaient de la fortune.

Le 14 février dernier, Barrabas, qui se voyait inculpé de toute part, voulut donner une preuve de son désintéressement et de sa probité. Il dit à la Convention, qu'en sa qualité d'administrateur, il avait conservé à la nation une somme de 1,800,000 livres, dont il n'existait point de procès-verbal. Cela est vrai; mais il s'est bien gardé de dire pourquoi il n'y avait point de procès-verbal; car alors, en faisant cet aveu, il donnait la clef de tous ses larcins; il se montrait criminel à tel point, qu'il n'y avait plus qu'à le conduire à l'échafaud.

Quant à moi, qui ai juré guerre éternelle aux assassins et aux voleurs, je ne garderai aucun ménagement envers Barrabas, et c'est sous ce double rapport que je continue de narrer les faits qui le concernent.

Dans les jours et nuits qui précédèrent les massacres, il y eut un grand nombre de mandats d'arrêt signés Panis et Sergent, et auxquels les autres commissaires n'eurent absolument aucune part. Ces expéditions secrètes se faisaient à leur insu, chez des personnes très-riches que l'on arrêtait comme suspectes. Des commis affidés, surtout Chanay, leur homme de confiance, servaient à faire ces captures. On conçoit, d'après cette marche ténébreuse, dans cette guerre des voleurs contre les riches, qu'il n'était pas de l'intérêt des *hommes de proie* de dresser le moindre procès-verbal. Or, il n'est pas surprenant que l'on ne sache pas encore exactement le nombre des victimes du comité de surveillance. Dans cet état de choses, que Barrabas ait conservé à la nation 1,800,000 livres dont il n'existait point de procès-verbal, qu'y a-t-il d'étonnant?

S'il ne s'est point approprié cette somme, il est présumable qu'il a craint d'être découvert, ou bien il a pu croire qu'en faisant un acte qui annonçât quelque probité, ce serait un voile jeté sur les autres larcins, un moyen d'écarter les soupçons, une sorte de fin de non-recevoir qu'il pourrait opposer à ceux qui auraient le courage de le dénoncer.

Pendant que les membres du comité de surveillance surveillaient et dirigeaient les assassins, et qu'ils étendaient une main furace sur les richesses de leurs victimes, une autre scène non moins sanglante se préparait à Versailles. Le conseil-général de la Commune avait détaché une force de mille hommes qui était allée à Orléans s'emparer des prisonniers de la haute cour nationale pour les amener à Paris, sous prétexte de les faire juger. A la tête de cette force armée était le brigand Lazonwky et deux commissaires civils, Fournier l'Américain et Dubail, envoyés par la Commune. Il n'y avait point de décret qui permît à la Commune d'envoyer à Orléans chercher les prisonniers : c'était une infraction manifeste à tous les décrets. Mais cette Commune, qui n'en respectait aucun, cette Commune dévorante, despote et tyrannique, non contente de tout prendre, de tout envahir et de ne rien restituer, voulait encore imposer son joug au reste de la France.

A l'arrivée de Lazonwky à Orléans, les habitans de cette

JOURNÉES DE SEPTEMBRE (1792).

ville ne virent en lui qu'un chef de bandits, qui, sans aucune autorisation légale, venait s'emparer d'un dépôt qui était en leurs mains le gage précieux de la confiance publique. D'abord, ils voulurent repousser la soldatesque révoltée par la force des armes ; mais on entra en pourparler : les esprits se calmèrent, l'agitation cessa, et les Orléanais consentirent à remettre les prisonniers entre les mains de Lazonwky.

Dans ces entrefaites, l'assemblée législative, pénétrée de la plus profonde indignation, décréta que les prisonniers d'Orléans seraient conduits à la citadelle de Saumur, et non à Paris ; puis, par un second décret, elle proclama indigne de porter les armes et ordonnait le désarmement de quiconque refuserait d'obéir à ce décret.

Les législateurs ne se dissimulaient pas que, si l'on ramenait dans une ville accoutumée au carnage des hommes que tous les genres de calomnies et de diffamations avaient poursuivis jusque dans leurs cachots, c'en était fait de leurs jours ; malgré qu'il en soit, leur sage prévoyance fut en défaut ; Lazonwky, délégué par les assassins, se tint en révolte ouverte contre les décrets.

Il s'achemine vers Paris. Sur sa route, il met en liberté les assassins de Simoneau, maire d'Étampes, qui étaient condamnés, les uns à la peine de mort, les autres aux fers, suivant qu'ils avaient pris plus ou moins part à cet assassinat.

Le 8 septembre, dans le courant de l'après-midi, il arrive à Versailles avec les prisonniers. Au moment de les déposer à la prison, une bande d'assassins à portée se présente, et s'élance avec la férocité du tigre sur les prisonniers, qui étaient assis sur des planches dans plusieurs charrettes, et en un instant ils furent percés de mille coups et déchirés par lambeaux.

M. Cossé-Brissac, commandant en chef de la garde de Louis XVI, fut coupé en pièces. Ici était une de ses cuisses, là une de ses jambes, plus loin l'un de ses bras, à quelque distance le reste de son corps, et plus loin on roulait sa tête. Le lendemain de cette boucherie, on voyait encore dans les rues de Versailles les membres épars de ces infortunés.

Lazonwky et ses pareils ont dit qu'ils n'avaient point eu de part à ce carnage, et les *hommes de proie* ont publié partout que c'étaient des inconnus qui s'en étaient rendus coupables; poussant même jusqu'au bout leur perfidie, ils tentèrent de rejeter sur les citoyens de Versailles l'odieux de cette journée. Assassins imposteurs, hommes de sang et de boue, dont l'existence est un crime de la nature, vous me trouverez toujours sur vos pas pour vous confondre.

J'étais à la section du Finistère, au faubourg Saint-Marceau, lorsque Lazonwky, de retour de Versailles, vint rendre compte de sa mission. Écoutez l'horrible langage de cet affreux brigand : « Nous aurions bien voulu terminer à Orléans, dit-il; mais nous » n'avons pas trouvé les membres de la haute cour animés des » bons principes; vous savez le reste, poursuivit-il; je ne vous » en dirai pas davantage. » Il déposa ensuite sur le bureau les fers des assassins du maire d'Étampes; on les reçut avec des transports de joie et des applaudissemens multipliés.

Avouer qu'ils auraient bien voulu terminer à Orléans, n'était-ce pas dire qu'ils étaient chargés de les égorger dans cette ville, et qu'ils se seraient acquittés de cette sanglante mission, si les membres de la haute cour eussent été des cannibales animés des principes d'assassinat que Lazonwky appelait bons principes? Avec cette explication, tout devient clair. La troupe de Lazonwky était disposée à massacrer les prisonniers et à laisser faire ceux qui se présenteraient pour les seconder. S'ils n'étaient pas eux-mêmes coupables de crime, comment se fait-il qu'aucun des assassins n'est resté sur la place? Pourquoi, d'ailleurs, ont-ils emmené d'Orléans à Versailles des hommes qu'un décret leur ordonnait de conduire d'Orléans à Saumur? Pourquoi cet autre décret, qui les déclarait indignes de porter les armes en cas de désobéissance, est-il resté sans effet?

En terminant cet horrible récit, je retracerai encore un fait qu'il m'est impossible d'effacer de ma mémoire. L'identité de ce fait avec le discours de Lazonwky, achève de me prouver que, dans la troupe qu'il conduisait à Orléans, plusieurs étaient partis à dessein d'assassiner les prisonniers.

Le 8 septembre, à six heures du soir, je rencontrai une femme (je me trompe, c'était une furie); elle me communiqua une lettre de son fils, qui était allé à Orléans, sous les ordres de Lazonwky. Voici mot pour mot les termes de cette lettre :
« Nous avons trouvé les prisonniers tous gras et bien portans,
» surtout le scélérat de Lessart et le coquin de Brissac; j'espère
» vous en porter une cuisse pour la manger en fricassée de
» poulet. »

Si j'essayais de décrire l'impression douloureuse que fit sur moi la lecture de ce paragraphe, ce serait en affaiblir les traits. Je crois de même inutile de dire que les prisonniers d'Orléans étaient tous riches, et que la majeure partie des richesses qu'ils avaient alors devint la proie des assassins.

Hommes de proie, en faut-il davantage pour prouver à la France que ces crimes sont votre ouvrage, et que tous ces cadavres vous appartiennent? Que signifient ces mandats de délivrance donnés à vos parens et à vos amis? Que signifie votre présence dans les prisons à l'instant des massacres? Que vous aviez tout préparé; que vous dirigiez les assassins, lorsque, d'un autre côté, vous rendiez nuls les moyens de répression; que vous partageâtes les pouvoirs, afin de faire égorger tel homme dont vous convoitiez la fortune, en même temps que vous mettiez en liberté tel autre qui était digne d'être associé à votre infamie et à vos larcins.

Que les anarchistes, amis du brigandage dont ils partagent les fruits, fassent un dernier effort pour atténuer les conséquences accablantes et les preuves irrésistibles qui résultent de tous ces faits; qu'ils s'épuisent, s'ils le veulent, en déclamations et en mensonges pour prolonger l'égarement du peuple, et distraire ses regards par des dénonciations vagues ou controuvées, afin qu'il ne s'attache point à la poursuite des auteurs de ces forfaits; que les plumes vénales, les écrivains mercenaires, sans cesse occupés à corrompre les sources de l'opinion publique, impriment, contre le cri de leur conscience, que ces massacres ont été commis par des étrangers; que le frocard Chabot,

> Grand orateur tiré de cet ordre de saints,
> Que le grand Séraphique a nommé capucin,

vienne nous dire à la lecture que c'est une insurrection, rien ne m'empêchera de vous répéter sans cesse qu'il n'y a point là d'insurrection; que pour donner ce nom aux cinq jours de septembre, il faudrait que ce fût l'action libre et volontaire du peuple entier, un mouvement subit et spontané de la masse, et dans cet état de chose même ce serait toujours des massacres, rien que des massacres exécutés par les ordres et sous la direction des autorités, qui seraient toujours coupables de n'avoir pas essayé de les empêcher; mais pourquoi cette réfutation de Chabot?

Les jours du prestige sont passés; personne ne croit maintenant que ce sont des étrangers qui ont sonné le tocsin pour rallier les septembriseurs, que ces vils scélérats étaient eux-mêmes des étrangers; si quelques vagabonds sans patrie, sans famille, se sont mêlés aux assassins, il faut en accuser ceux qui leur en ont montré l'exemple.

C'est en vain que les hommes de proie ont attaché pendant un an avec des poignards, un bandeau sur les yeux des parens et des amis de ceux qu'ils qualifient sans preuves de conspirateurs féroces, le voile est tombé; les conspirateurs féroces, ce sont ces hommes de sang qui ont préparé froidement, et renouvelé parmi nous les horreurs d'une Saint-Barthelemi; les conspirateurs féroces, ce sont ceux qui lançaient à pleines mains les mandats d'arrêt, en sautant de pied joint par-dessus toutes les lois; les conspirateurs féroces et cent fois dignes de mort, ce sont ceux enfin qui opéraient dans les ténèbres du comité de surveillance, et qui attiraient sur Paris la haine de toutes les nations.

En supposant, contre toute vérité, uniquement pour le besoin de leur cause, que l'on pût pallier l'horreur de ces massacres en les imputant à des étrangers, il ne serait pas moins vrai de dire que de pareils attentats ne devaient pas être impunis (1); quels que

---

(1) On s que les assassins étaient gagés à 12 francs pendant le jour, et 24

soient les instigateurs et les complices, il fallait les rechercher et les poursuivre jusqu'à l'échafaud ; cependant depuis trois ans aucune recherche n'a été faite contre les coupables, ce qui prouve que l'on craint de les découvrir ; que dis-je, ils sont connus, on les nomme, leurs noms exécrables passent de bouche en bouche, du nord au midi de la France ; on les accuse, et la Convention se tait ; est-ce faiblesse? est-ce complicité? je m'abstiens de prononcer ; passons à l'appel nominal des chefs les plus connus ;

Danton, ex-ministre de la justice, député de Paris à la Convention nationale ;

Camille Desmoulins, secrétaire du sceau, député de Paris à la Convention ;

D'Eglantine, secrétaire du département de la justice, député de Paris à la Convention ;

Panis, membre du comité de surveillance, député de Paris à la Convention ;

Sergent, membre du comité de surveillance, député de Paris à la Convention ;

Manuel, alors procureur de la Commune, ex-député à la Convention ;

Pierre Duplain, membre du comité de surveillance, juge au tribunal révolutionnaire ;

Jourdeuil, membre du comité de surveillance, juge au tribunal révolutionnaire ;

---

pendant la nuit. Plusieurs se présentèrent au conseil-général de la Commune pour demander leur salaire ; outre ce paiement, la dépouille de leurs victimes était acquise et confisquée à leur profit, c'était leur casuel. Barrabas doit se souvenir qu'à cette occasion il y eu grand débat en sa présence au comité, entre deux assassins qui le choisirent pour arbitre ; il s'agissait d'une montre d'argent que deux brigands se disputaient : l'un invoquait la loi du premier occupant ; l'autre disait, j'ai tué le prisonnier porteur de cette montre, elle est à moi ; enfin, pour terminer cette querelle, ils vinrent trouver Panis qui, après une discussion contradictoire entre les parties litigantes, jugea l'affaire en dernier ressort ; voici le dispositif de son jugement : Vous êtes tous deux de bons patriotes, il faut s'accommoder, vendez la montre et vous partagerez le produit ; si ces deux coquins étaient des étrangers, il faut convenir que Barrabas usa à leur égard d'une bien grande indulgence. (*Note de Marcandier.*)

Guermeure, membre du comité de surveillance;

Leclerc, membre du comité de surveillance;

Lenfant, membre du comité de surveillance;

Cailly, membre du comité de surveil'ance;

Duffort, membre du comité de surveillance.

Je les dénonce nominativement en présence du peuple de Paris, à la nation française, comme les chefs suprêmes des assassins et des voleurs, je les dénonce à la nature entière comme les plus implacab'es ennemis de l'humanité, comme le plus impur fléau dont le ciel irrité ait jamais accablé la terre; qu'ils osent m'accuser de les avoir calomniés, je les provoque à descendre avec moi aux pie's des tribunaux, et je m'engage à monter à leur place à l'échafaud s'ils peuvent me prouver que je suis un calomniateur.

Liste des assassins et voleurs subalternes.

Chateau, oiseleur, sur le quai de la Ferraille; ce tigre a tué quatre-vingt-sept prisonniers à l'Abbaye; il revint chez lui rendu de fatigue, en regrettant beaucoup de n'avoir plus assez de force pour continuer.

Boudier, boulanger, rue du Four, près la Croix-Rouge; il cessa de massacrer aux Carmes, parce que son sabre se brisa en deux morceaux.

Duval, le jeune, neveu du traiteur de ce nom, rue de Boucheries, cinq pour sa part aux convens des Carmes; après cette brillante expédition, il partit pour l'armée du nord en qualité de volontaire, puis déserta en emportant son fusil, qu'il a vendu; puis, par arrangement, il fut rejoindre l'armée du Nord.

Kermann, tailleur, maison de Lerouge, fruitier, rue de Tournon, assassin aux Carmes.

Sauvage, marchand de vin, rue Mazarine; cet ex-laquais a fait tuer à l'Abbaye un évêque qu'il avait servi autrefois, et qui, pour l'aider à s'établir marchand de vin, lui avait donné 5 à 6,000 liv; de son propre aveu, il a égorgé treize personnes à l'Abbaye.

— *Nota.* — Je ne publie en ce moment qu'un abrégé de la liste; c'est pour répondre à ces fripons du premier ordre, qui feignent de croire que les massacres ont été commis par des étrangers. En attendant que j'imprime le nom des autres, l'accusateur public du tribunal révolutionnaire peut instruire sur les faits, il y a ample matière.

DÉCLARATION

DU CITOYEN

ANTOINE-GABRIEL-AIMÉ JOURDAN,

ANCIEN PRÉSIDENT DU DISTRICT DES PETITS-AUGUSTINS
ET DE LA SECTION DES QUATRE-NATIONS.

1er Floréal an III (1).

Préface de l'édition Baudoin.

« Parmi les manuscrits vendus avec la bibliothèque de M. le marquis Garnier, pair de France, se trouvait un recueil de pièces relatives aux journées de septembre. Ce recueil est terminé par la lettre suivante qui en fait connaître l'origine, l'objet et l'authenticité. C'est un devoir pour nous de copier cette lettre très-fidèlement et dans son entier ; la voici :

« Paris, ce 7 vendémiaire an IX de la république française.

» *Guenot, membre de la commission des contributions, au premier consul.*

» Citoyen consul,

» C'est à vous qu'il appartient de recueillir tous les matériaux
» propres à transmettre à la postérité et aux nations étrangères,
» une histoire impartiale de la nation française dégagée de tout le

---

(1) Nous tirons cette pièce de la collection des mémoires sur la révolution française, imprimée chez Baudoin (11e livraison. Journées de septembre. Paris, 1823) Nous la réimprimons entière, avec la préface des éditeurs, MM. Berville et Barrière.) (*Note des auteurs.*)

» ferment des passions qui y ont eu trop de part. C'est à tous les
» bons Français aimant sincèrement leur patrie, attachés à cette
» révolution, mais détestant les crimes qu'elle a enfantés, à
» vous procurer ces matériaux : je veux acquitter cette dette
» pour ce qui me concerne.

» En 1792, j'étais administrateur des domaines et finances de
» la Commune de Paris, je l'étais également des contributions.

» En acceptant cette place pénible, j'ai pris la ferme résolution
» de rendre des comptes, de les rendre fidèles, de les appuyer
» de toutes les pièces justificatives.

» Un des élémens de ce compte général, est celui des journées
» des 10 août, 2, 3, 4 septembre et jours suivans 1792. J'ai eu
» le courage, même la hardiesse, d'y joindre les pièces justifica-
» tives originales.

» Ces pièces ont été brûlées par ordre du comité d'exécution,
» qui a reçu ce compte séparé : je m'y attendais, mais il impor-
» tait à mon honneur d'en conserver des doubles authentiques
» pour, dans d'autres temps, justifier ma conduite ; j'ai risqué
» mon existence pour les conserver. Je les ai enfouies : elles
» ont revu le jour lorsque la mort a cessé de planer sur la tête
» des bons citoyens.

» C'est à vous, citoyen consul, que je veux faire hommage
» de ces pièces ; mais à vous seul.

» Déjà avancé en âge, sans postérité masculine, je puis crain-
» dre l'abus de ce dépôt. Sous un gouvernement sage il doit
» éclairer, jamais nuire ; vous seul pouvez en faire usage de ma-
» nière à remplir ce double but. Je le remettrai entre vos mains,
» comme une preuve éclatante de la confiance que vous inspirez
» à juste titre. Veuillez bien m'indiquer le jour et l'heure aux-
» quels il vous plaira de le recevoir.

» Salut et profond respect. »

» Ce manuscrit qui appartenait à M. le marquis Garnier, n'était
qu'une copie des comptes et des pièces dont il s'agit ; mais les
fonctions qu'avait remplies M. Garnier, l'importance qu'il at-

tachait aux recherches historiques ou littéraires, le soin avec laquel cette copie avait été faite, ne laissent aucun doute sur son exactitude.

» Ce recueil contient : 1° l'état des sommes payées par le trésorier de la Commune de Paris, pour les dépenses faites pendant les mois d'août, septembre, octobre et novembre 1792. Nous donnerons plus bas les articles les plus curieux de cet important document (1).

» 2° la déclaration qu'on va lire. Cette pièce inédite est sans contredit un des témoignages les plus graves que puisse recueillir l'histoire contre les auteurs et les acteurs de ces horribles scènes, et cela même nous imposait l'obligation d'indiquer l'origine d'un semblable écrit. Nous ajouterons qu'il reçoit un grand degré d'authenticité de la relation précédente, écrite par l'abbé Sicard. »

Déclaration du citoyen Antoine-Gabriel-Aimé Jourdan.

La section de l'Unité, ci-devant des Quatre-Nations, m'ayant invité de lui faire part de ce que je sais touchant les trop fameuses journées du 2 septembre 1792 et suivantes, je vais répondre à ses désirs; mais j'annonce que je ne parlerai que des faits dont j ai été témoin oculaire.

J'étais, à cette funeste époque, président de comité civil et de surveillance des Quatre-Nations. L'invasion des Prussiens qui s'avançaient sur Châlons avait jeté l'alarme dans Paris. Cent mille habitans de cette vaste cité se préparaient à marcher contre l'ennemi, et à le chasser hors du territoire français. Les comités de la section des Quatre-Nations étaient en permanence. Le dimanche 2 septembre, sur une heure après-midi, je proposai à nos collègues de nous arranger pour que moitié de nous allât dîner, tandis que l'autre moitié tiendrait le comité, afin que les af-

(1) Nous réimprimerons également cet état.
(*Note des auteurs de* l'Histoire parlementaire.)

faires publiques ne souffrissent point de retard. Je ne sortis qu'à trois heures.

A mon retour, j'appris que, pendant mon absence, on avait massacré plusieurs particuliers qui avaient été amenés des prisons de la mairie dans quatre fiacres.

Je n'entrerai pas dans les détails de ces premières horreurs. Je ne les ai pas vues; mais la section possède encore actuellement dans son sein la plus grande partie de mes anciens collègues, qui furent témoins de ce qui se passa : entre autres le citoyen Monnot, rue des Petits-Augustins, qui fit un rempart de son corps à l'abbé Sicard, instituteur des sourds et muets (1) ; le citoyen Maillot, peintre, rue Saint-Benoît, qui sauva un particulier de Metz, nommé Dubalay, qui me connaissait et qui se réclama de moi. Le citoyen Maillot eut recours à une ruse aussi adroite que généreuse, et parvint, pendant quatorze heures, à dérober ce particulier aux recherches des assassins, quoiqu'il fût continuellement sous leurs yeux; et il finit par le soustraire à leur rage en leur présence (2).

Sur les sept heures du soir, tout était assez calme. Je profitai de ce moment pour vaquer à des affaires qui m'étaient personnelles et très-urgentes. Je revins sur les neuf heures. En entrant

---

(1) Voyez, dans la Relation de l'abbé Sicard, ce qu'il a dit lui-même de ce beau trait de dévouement. (*Note de MM. Berville et Barrière.*)

(2) « Nous ne devons pas oublier de rappeler un trait de courage et de présence d'esprit bien rare. Pendant qu'on massacrait à l'Abbaye, un horloger demande des pouvoirs à sa section pour aller réclamer deux jeunes gens. Il se rend dans l'antre des assassins, marche dans le sang et sur des membres palpitans. « Es-tu las de vivre ? » lui dit un bourreau en le prenant au collet. Le désir de faire une bonne action donne des forces à cet homme estimable. « Je demande à parler au président. » On le laisse entrer. « Que viens-tu faire ici ? — Je viens réclamer deux jeunes gens de ma section. Voilà mes pouvoirs. — Qui sont-ils ? — Tel et tel ; vivent-ils ? — Oui... Pourquoi sont-ils ici ? — Pour une faute légère, une querelle qui n'a pas eu de suite. — En réponds-tu ? — J'en réponds sur ma tête. — Eh bien, voilà du papier, signe ; mais prends garde à toi. » On examine les registres, et très-heureusement l'acte d'écrou ne portait point cause d'aristocratie : car le répondant aurait péri. Les prisonniers arrivent. — Tiens, lui dit le président, les voilà. Va-t'en. » Extrait de l'*Espion de la révolution française*.

« Ce trait honorable console un peu de tant d'autres traits sanguinaires, et réconcilie, pour un moment avec l'humanité. » (*Note de MM. Berville et Barrière.*)

dans la cour de l'église de l'Abbaye, je vis une multitude d'hommes et de femmes rassemblés. J'entendis des cris répétés de *vive la nation!* au milieu desquels s'élevaient des hurlemens épouvantables. Ce vacarme était occasioné par des prisonniers que l'on tirait de l'Abbaye, que l'on amenait pour être massacrés dans la grande cour du jardin, et que, chemin faisant, on lardait de coups de sabres.

La porte du comité était dans cette grande cour du jardin. J'avance pour m'y rendre. On me laisse passer librement sous la porte charretière qui sépare les deux cours. En entrant dans cette cour, j'y aperçois une troupe de gens armés, à moi inconnus, qui massacraient impitoyablement toutes les malheureuses victimes qu'on leur amenait. La cour était jonchée d'environ une centaine de cadavres. Mais ce que j'aperçus de plus horrible, c'étaient des cadavres qui entouraient des tables couvertes de bouteilles de vin. Les verres dégouttaient le sang dont étaient fumantes les mains des cannibales qui buvaient dedans.

Pour parvenir au comité, il fallait monter cinq marches. Elles étaient également couvertes de cadavres sur lesquelles je fus forcé d'emjamber. Je trouvai au comité plusieurs de mes collègues stupéfiés d'horreur et d'effroi. Je leur aidai, non pas à faire le bien, mais à empêcher le mal le plus qu'il était possible. Nous trouvâmes les moyens de sauver plusieurs infortunés.

Sur le minuit, les sensations douloureuses et horribles que j'éprouvais à chaque instant, jointes à la vapeur du sang humain qui me porta au cerveau, furent cause que je me trouvai mal. Je cherchai en vain un flacon ou de l'eau. Comme je demeurais à deux pas, au coin de la rue Taranne, je sortis pour aller chez chez moi, à l'effet d'y prendre quelque soulagement.

Lorsque je me présentai sous la porte charretière, j'y trouvai un poste d'environ douze gardes nationaux que je n'avais pas remarqués en entrant. Ils me couchèrent en joue. Je fus plus surpris qu'effrayé; la crainte de la mort ne pouvait avoir d'action sur moi; je n'étais malheureusement que trop familiarisé avec elle. J'avançai sur ces gardes nationaux, je soulevai avec sang-froid leurs fusils, et je les élevai au-dessus de ma tête. Je reconnus celui qui les commandait : c'était le sieur Leprince, ancien perruquier, et qui, je crois, était officier de police. Je lui demandai s'il ne me connaissait pas : « Oui, me dit-il, je sais que vous êtes notre président; mais notre consigne est de laisser entrer tous les hommes et de n'en laisser sortir aucun. — Qui vous a donné une pareille consigne? — Le commandant du bataillon. — Je suis bien étonné qu'il vous ait donné de tels ordres, sans en avoir parlé au comité. Où est-il? Cherchez-le. — Nous ne l'avons pas vu depuis qu'il nous a placés ici, il y a cinq ou six heures. Nous sommes excédés d'horreurs et de fatigue. »

Je rentrai dans la grande cour; je cherchai le commandant de bataillon, je ne le trouvai pas. Je revins auprès du citoyen Leprince. « Je n'ai pas aperçu, lui dis-je, le commandant de bataillon; il est vraisemblablement à l'assemblée générale (elle se tenait dans la grande église). Laissez-moi passer; si je le rencontre, je vous ferai relever le poste. »

L'on me fit passage. J'allai dans l'église; j'y fis deux fois le tour de l'assemblée, je n'y vis point le commandant de bataillon. Mon malaise augmentant, je me décidai à me rendre chez moi. En sortant de l'église, je fus arrêté dans la cour par une haie de spectateurs, qui regardaient passer une victime que l'on traînait à la mort, en la tirant par les pieds et en la hachant à coups de sabres.

Je vis alors deux Anglais, un de chaque côté de la haie, vis-à-vis l'un de l'autre. Ils tenaient des bouteilles et des verres. Ils offraient à boire aux massacreurs, et les pressaient en leur portant le verre à la bouche. J'entendis un de ces massacreurs, qu'ils voulaient faire boire de force, leur dire : « Eh! f.....! laissez-nous tranquilles; vous nous avez fait assez boire; nous n'en voulons pas davantage. » Je remarquai, à la lueur de quelques flambeaux qui entouraient la victime, que ces deux Anglais étaient en redingote; elles descendaient jusqu'aux talons. Celui à côté de qui j'étais me parut être un homme d'environ trente-huit ans, de la taille d'environ cinq pieds quatre à cinq pouces, d'une complexion grasse; sa redingote était d'un vert clair, tirant sur l'olive; l'autre Anglais était plus maigre. Sa redingote me parut d'une couleur foncée, tirant sur l'ardoise. Je reconnus que c'étaient des Anglais, parce que je les entendis parler entre eux, et quoique je ne sache pas leur langue, je la connais assez pour la distinguer de toute autre, et en reconnaître l'accent. Je rentrai chez moi, où je pris quelques eaux spiritueuses. Je passai le reste de la nuit dans un état cruel, qui continua pendant environ six semaines, et qui aboutit à un coup de sang ou d'apoplexie, dont je me ressentirai toute la vie.

Le lendemain, je m'efforçai pour retourner au comité. Dans le cours de la matinée, sept ou huit massacreurs vinrent me demander leur salaire. « Quel salaire? » leur dis-je. Le ton d'indignation avec lequel je leur fis cette demande les déconcerta. « Nous avons passé, dirent-ils, notre journée à dépouiller les morts; vous êtes juste, monsieur le président, vous nous donnerez ce qu'il vous plaira. » Le citoyen L......, un de mes collègues, était à côté de moi; je lui proposai de donner un petit écu à ces monstres pour nous en débarrasser. « Ce n'est pas assez, me répondit le citoyen L......; ils ne seraient pas contens. »

Au même instant entra le citoyen Billaud-Varennes, alors officier municipal; il nous fit un grand discours pour nous prouver l'utilité et la nécessité de tout ce qui s'était passé. Il finit par nous dire qu'en venant à notre comité, il avait rencontré plusieurs des ouvriers (ce sont ses expressions) qui avaient travaillé dans cette journée, lesquels lui avaient demandé leur salaire; qu'il leur avait promis que nous leur donnerions à chacun un louis. Je me levai alors avec vivacité, et je lui dis : « Où voulez-vous que nous prenions ces sommes? Vous savez aussi bien que nous que les sections n'ont aucuns fonds à leur disposition! » Il fut interdit pendant un moment, ensuite il me dit qu'il fallait nous adresser au ministre de l'intérieur, qui avait des fonds destinés à cet objet.

Le citoyen L... m'observa qu'il devait aller dîner chez le ministre de l'intérieur, et il m'offrit de lui en parler. J'acceptai sa proposition, et je lui donnai sur-le-champ, par écrit, une autorisation pour demander au ministre une somme de 5,000 francs, de l'emploi de laquelle la section des Quatre-Nations justifierait.

Le citoyen L... me rapporta que le ministre lui avait répondu qu'il n'avait pas de fonds destinés pour de semblables objets: qu'il fallait s'adresser à la municipalité.

Les soi-disant ouvriers étant revenus, je leurs fis part de la réponse du ministre; ils allèrent le lendemain matin à la municipalité où ils ne purent parvenir à être entendus que sur les huit à neuf heures du soir. On leur dit (suivant leur rapport) qu'il était bien étonnant que la section des Quatre-Nations refusât de les payer; qu'elle avait des fonds pour cela.

Ces gens revinrent au comité; je venais de lever dans l'instant la séance, et nous sortions. Ils étaient furieux, et je vis l'instant où nous allions être massacrés. Heureusement le citoyen C..., l'un de nos collègues, nous sauva la vie, en leur donnant d'abord des assignats qu'il avait sur lui, et en les invitant à le suivre chez lui, pour leur donner le surplus de ce qu'ils demandaient.

Vraisemblablement ces ouvriers dirent aux autres ouvriers, qui avaient travaillé dans les autres prisons, que l'on donnait un louis dans le comité des Quatre-Nations. Le lendemain, un nombre considérable vint nous demander aussi son salaire. Craignant qu'il ne nous en résultât quelque aventure sinistre, je pris mon parti, et j'allai à la Commune pour m'expliquer avec les officiers municipaux. Je ne pus jamais entrer dans la grande salle, tant elle était pleine de monde. Je crus devoir m'adresser au citoyen Tallien, qui était alors secrétaire de la municipalité. Je lui expliquai le motif qui m'amenait. Il me répondit que cela ne le regardait pas, mais le comité d'exécution. J'avoue que je ne pus m'empêcher de tressaillir à ce mot d'*exécution*. Le citoyen Tallien s'en aperçut: « Ce n'est pas, dit-il, ce que vous pouvez penser, c'est un comité qui a été établi pour payer les dépenses ordonnées par la municipalité. » Il m'offrit un de ses commis pour m'y conduire.

Arrivé à ce comité, qui était composé de quatre ou cinq membres, je lui demandai quel était le parti qu'il voulait que nous prissions; que nous étions assiégés par une multitude de ces ouvriers, qui nous menaçaient hautement; qu'enfin nous serions forcés d'abandonner le comité de la section. Le président me demanda si l'on n'avait pas trouvé des assignats et de l'argent sur ceux qui avaient été tués. « Quoi! m'écriai-je, faudra-t-il que ces victimes infortunées paient encore leur bourreau? Mais quand nous voudrions disposer de ces sommes, nous ne le pourrions pas, parce qu'elles ont été mises dans un sac, sur lequel nous avons apposé le sceau de la section, et une douzaine de ces gens-là y ont joint leurs cachets. » Le président me répliqua que ces gens-là étaient de très-honnêtes gens; et il ajouta que la veille ou l'avant-veille, un d'entre eux s'était présenté à leur comité en veste et en sabots tout couvert de sang; qu'il leur avait présenté dans son chapeau vingt-cinq louis en or, qu'il avait trouvé sur une personne qu'il avait tuée; que le comité d'exécution avait été si touché de cet acte de probité, qu'il avait donné à cet homme dix écus pour acheter une redingote, et, parlant par respect, une paire de souliers.

Un des commissaires qui était à gauche du président me dit : « Est-il vrai qu'il y a eu des personnes sauvées aux Quatre-Nations? — Oui, il y en a eu quelques-unes. — Combien? — Pas autant que j'aurais voulu. — Que dites-vous? Savez-vous que si ces scélérats avaient eu le dessus, ils nous auraient tous égorgés? — J'ignore ce qu'ils auraient voulu faire; mais tout ce que je sais, c'est que lorsque mon ennemi est à terre, je lui tends la main pour le relever et je ne l'assassine pas. — Oh! oh! monsieur, avec vos beaux sentimens, apprenez que ces gens-là savaient le nombre de leurs victimes, et que s'il leur en manque quelques-unes, la tête du président des Quatre-Nations leur en répond. — J'entends... Eh bien! j'ai juré de mourir, s'il le faut, à mon poste; mon poste est le fauteuil du comité de la section des Quatre-Nations, l'on m'y trouvera toujours; mais, si l'on vient pour m'y assassiner, ne croyez pas que je me laisse égorger comme un mouton, ainsi que tous ces infortunés; soyez assuré que ce ne sera pas impunément. » En disant ces mots, je portai les mains sur des pistolets qui étaient dans mes goussets. Le président chercha à me calmer et finit par me dire que nous pouvions leur renvoyer tous ces ouvriers, et que le comité d'exécution verrait à s'arranger pour les satisfaire... A'ors je me retirai.

Je finis ici ma déclaration ; le surplus n'aurait rapport qu'aux comptes, ils ont été rendus dans le temps ; la section les possède avec les pièces justificatives.

Mais qu'il me soit permis de faire quelques observations qui résultent de ma déclaration.

L'on ne peut se dissimuler que la journée du 2 septembre ne soit beaucoup plus flétrissante pour la France que celle de la Saint-Barthélemi. Du moins cette dernière était l'ouvrage de la cour d'alors, au lieu que celle-ci paraît être l'ouvrage du peuple.

Il est donc de l'honneur du peuple français d'être lavé d'une pareille tache. Je présume que ma déclaration en découvre les moyens et indique le fil de cette trame infernale. Il y a tout lieu de croire que c'est le gouvernement anglais qui a été le moteur et l'instigateur de toutes les horreurs qui ont couvert la France de deuil.

Rappelons-nous que, dans les commencemens, le peuple anglais était enthousiaste de notre révolution. Le cabinet de Londres avait à craindre que les Anglais ne voulussent nous imiter. Il était donc de sa politique d'être en guerre avec nous et de nous y mettre avec l'univers entier. Le plus difficile était d'avoir le consentement du peuple anglais, afin d'en obtenir des subsides. Rappelons-nous aussi que c'est au moment où l'on apprit à Londres la journée du 2 septembre, que le peuple anglais demanda la guerre contre nous. Il y a donc tout lieu de soupçonner que le cabinet de Londres avait suscité cette journée : ce soupçon se tourne en une espèce de certitude, si l'on fait attention à ces deux Anglais dont j'ai parlé dans ma déclaration ; je ne suis certainement pas le seul qui les ai vus. Il sera facile d'interroger à ce sujet la plupart des citoyens et citoyennes qui habitent autour de l'Abbaye, et qui étaient dans la cour de l'église, le 2 septembre, sur les onze heures du soir ou minuit. L'on pourrait encore interroger le limonadier et le marchand de vin qui demeuraient rue Saint-Benoît, vis-à-vis de la porte de l'Abbaye. Je présume que ce sont eux qui ont fourni à ces Anglais le vin et les liqueurs qu'ils faisaient boire aux massacreurs : peut-être dira-t-on que le crime de deux particuliers isolés ne prouve pas que le gouvernement anglais soit leur complice. Ce serait très-mal connaître le cabinet de Londres et son exécrable politique. Ne perdons pas de vue que c'est précisément à cette époque qu'il parvint à soulever le peuple en lui inspirant de l'horreur contre nous. D'ailleurs, de tout temps, tous les moyens lui ont été bons. Mais il est encore un autre fait dont tout Paris a eu connaissance, et qui coïncide parfaitement avec celui dont j'ai parlé. Après l'exécution de Louis XVI, un Anglais remit un mouchoir blanc au bourreau pour le tremper dans le sang du roi. Peu de jours après, ce mouchoir fut arboré au haut de la tour de Londres. Aussitôt le peuple anglais devint semblable aux éléphans que l'on rend furieux en leur montrant une couleur rouge. Il demande à grands cris l'anéantissement de la France. Si l'on rapproche ces deux faits, ils formeront une espèce d'identité qui peut amener à découvrir la vérité. Il sera facile de découvrir quel est cet Anglais qui a donné son mouchoir au bourreau ; peut-être est-il un de ceux qui excitaient les massacres dans la nuit du 2 septembre. Pourquoi le bourreau accepta-t-il ce mouchoir? pourquoi le trempa-t-il, et pourquoi le rendit-il? C'est aux autorités constituées à suivre et à découvrir cette trame. Je suis convaincu qu'elles sont aussi jalouses que moi de l'honneur de la patrie, et qu'elles découvriront, aux yeux de l'univers et de la postérité, la source d'où sont découlés tous ces crimes affreux; elles purifieront le peuple français d'une tache qui sans cela serait indélébile.

Signé, JOURDAN.

ÉTAT

Des sommes payées par le trésorier de la Commune de Paris, pour le compte du conseil-général, pour dépenses occasionées par la révolution du 10 août 1792.

EXTRAIT CONFORME (1).

(25 août 1792.) Ordonnance du 24 août, signée Levasseur et Fallet, administrateurs des travaux publics, pour payer au sieur Menu le prix d'un câble pour la destruction de la statue de Louis XV, place Louis XV, suivant le certificat des commissaires de la section des Champs-Élysées; ci. . . . . 100 liv.

(7 septembre.) Certificat des commissaires Lemonier et Écoffon, fait au comité permanent de la section de la maison commune, du 27 août, qui constate que Jean-Louis Baillard a conduit à la maison commune, sur une petite charrette à bras, l'argenterie trouvée en l'église Saint-Gervais, ainsi qu'il résulte de leur procès-verbal du 21 août; ledit certificat visé le 27 août par Payen et Grenier, commissaires du conseil-général; la peine dudit Baillard taxée à six livres par un bon du 28 août, de Jolly, secrétaire, et Lemonier, commissaire de la maison commune, ledit bon visé par Sergent, auditeur de police, ci. . . . . . . 6 liv.

Mandat pour deux hommes de peine occupés au transport des effets déposés au greffe et mis dans le magasin actuel, ci. 8 liv.

Le 19 août, payé au citoyen James, au pied d'un mémoire de dépenses faites pour l'expédition de Saint-Germain-en-Laye, les 17 et 18 août 1792, relativement à l'arrestation de MM. Mon-

---

(1) Les détails qu'on va lire sont extraits du compte-rendu dont il est parlé dans l'avant-propos et dans l'avertissement de la page 159 (215 de *l'Histoire parlementaire*). On n'a cité que les articles de dépenses les plus remarquables, et ceux surtout qui ont un rapport direct avec les massacres de septembre; des documens plus étendus auraient trop surchargé cet extrait : il suffit qu'on y voie toutes les atrocités de cette époque réduites aux formes méthodiques et froides de la comptabilité. (*Note des éditeurs de la collection Baudoin.*)

tesquiou et l'abbé Bremcon, ci-devant chanoine de Notre-
Dame. . . . . 105 l. 19 s.
Pour dépenses, tant dans l'expédition des Suisses
de Courbevoie que dans celle de M. Dubut de Long-
champ, des 15 au 16 août. 10   1

                              Total. 116   »

Mandat du 23 août, signé Guérard, Roneel et Duval-Destaing,
payé à Collet pour trois voitures attelées de trois chevaux, venant de Chantilly, chargées des dépouilles de M. de Condé,
sous la conduite du sieur Duval-Destaing, ci. . . . . . 117 liv.

Mandat du 22 août, signé Huguenin, président, pour payer
5 livres à chacun des quatorze citoyens qui ont travaillé à la décharge des fusils et autres objets venant de Chantilly, ci. 70 liv.

Note, signée Huguenin, président, visée par Tallien, pour
une poularde, deux bouteilles de vin, salade et pain, payée à
Brard, ci . . . . 5 liv. 11 s.

Autre idem, du 18, payée à Brard pour souper par lui servi
dans la salle de la Reine, de la part de M. le président,
ci. . . . . 5 liv. 8 s.

Bon du 18 août, signé Tallien, payé à lui-même pour acquisi-
tion d'un coffre-fort, pour assurer la conservation des dépôts
qui lui sont confiés, ci. . . . . 30 liv.

Ordre de Sigault, officier municipal, pour rembourser à De-
lore deux flambeaux pour une proclamation, ci. . . . . . . 5 liv.

Ordre du 15 août, A. signé L...., président, pour fournir
seize chevaux, pour la proclamation du décret qui rend aux citoyens passifs le droit de citoyens actifs. Payé à la veuve Binet,
ci. . . . . 64 liv.

Mémoire de madame Michel, marchande de rubans, rue aux
Fers, n° 50, pour fourniture par elle faite d'après les ordres qui
lui ont été donnés les 11 et 12 août, par Léonard Bourdon, président; Lullier, secrétaire; Lullier, président; Tallien, secrétaire; ledit mémoire réglé à huit cent soixante-treize livres par
Huguenin, président, et Bernard, secrétaire : 351 aunes, ruban

tricolore, à 45 sous.................. 789 liv.
280 cocardes de laine, à 6 sous............. 84

       Total......... 873

 Mémoire de la même, pour fourniture de dix pièces de ruban à 45 sous l'aune.................... 270 liv.
 80 cocardes de laine à 6 sous (lesdites fournitures faites d'après l'ordre de Tallien, du 21 août)...... 24

       Total......... 294

 Arrêté du conseil-général de la Commune, qui ordonne d'avancer six mille livres pour les troupes qui se rendent à Orléans en conséquence d'un décret de l'assemblée nationale, ladite somme payée à Fournier, ci............. 6,000 liv.

 Autorisation du conseil-général du 18 août, signé Huguenin, président; Bernard, secrétaire, pour payer six cents livres à compte d'un mémoire de dépenses faites par Lafrance, traiteur et restaurateur, pour les Suisses prisonniers au Palais-Bourbon, à raison de 15 sous par homme, ci............ 600 liv.

 Bon, signé Huguenin, président; Tallien, secrétaire, payé à Pétronne, à la suite d'une invitation signée le 10 août, par Huguenin, président; Martin, secrétaire; ladite invitation faite par l'assemblée générale pour avoir tous cimetières ou charniers à l'effet d'y déposer les corps morts, ci.......... 36 liv.

 Mandat du 19 août, signé Renu, pour une voiture qui a conduit de la maison commune à la Force les femmes de mesdames Lamballe et de Tourzel, et qui a été gardée depuis midi jusqu'à quatre heures, ci................... 5 liv. 5 s.

 Mandat du 11 août, signé Wisnick, juge de paix, pour une course de fiacre qui a conduit au bureau central un homme paraissant en léthargie, payé à Morel, ci.......... 3 liv.

 Mandat du 23 août, signé Leclerc, capitaine de canonniers du bataillon le Petit-Saint-Antoine, certifié par Hubert, commandant, au profit de Blondeaux, pour quatre chevaux qui ont conduit les canons aux Tuileries dans la journée du 10 août, ci....................... 24 liv.

(15 *septembre*.) Arrêté du conseil-général de la Commune, du 13 septembre, signé Mehée, secrétaire-greffier, qui met à la disposition de citoyens Talbot et de l'Épine dix mille livres, pour les distribuer aux différens entrepreneurs du Temple, d'après leur mémoire détaillé et certifié, à la charge par eux de représenter l'état général de leurs paiemens et de les faire approuver par le conseil-général, ci. . . . . 10,000 liv.

(17 *septembre*.) Pour deux voitures qui ont conduit au Temple quarante matelas et quarante couvertures, ci. . . . . 6 liv.

Bon du 26 août, signé Sénéchal, Gendé, maire de Longjumeau; Lejeune fils, caporal du poste des sans-culottes, visé Léonard Bourdon et Tallien, payé à Jugé, aubergiste à Longjumeau, pour le souper de huit personnes du bataillon des sansculottes, faisant partie du détachement d'Orléans, ci. . . 9 liv.

Bon, signé Desroches et Gendé, maire de Longjumeau, Lietard, payé à Jugé, aubergiste à Longjumeau, pour le souper de huit hommes de la section du Ponceau, faisant partie du détachement parti pour Orléans, ci. . . . . 9 liv.

(17 *septembre*.) Bon, signé Couvé, Gendé, maire de Longjumeau, visé Léonard Bourdon et Tallien, pour le souper de deux personnes de la section du faubourg Montmartre, faisant partie du détachement parti pour Orléans, ci. . 1. liv. 14 s.

Certificat, signé Dunouy, chargé des détails par le commandant, visé Léonard Bourdon et Tallien, qui atteste qu'il a été dépensé chez M. Gendé, maire à Longjumeau, pour nourriture et logement de plusieurs sections du détachement de Paris, qui se portent à Orléans, quatre-vingts livres treize sous qui doivent être remboursés par la municipalité de Paris, conformément à l'ordre donné par MM. Bourdon-Lacrosnière et Tallien, ci. . . . . 80 liv. 13 s.

Mandat de Leloup père, membre du conseil-général, pour la nourriture et l'hébergement de six Suisses chez le sieur Marteau, aubergiste, rue de la Mortellerie, au Barillet d'or. . . . 18 liv.

A Mazoyer, guichetier, qui a été chargé de retirer les divers effets trouvés sur les individus morts et qui ont été remis à

MM. G..., C... et N..., membres du conseil-général de la Commune. . . . . 24 liv.

A Breton, pour une voiture qu'il a fournie. 15

A Chernot, pour deux voitures. 30

A Jean Naudin, pour une voiture. 15

Total 84

Mandat de Mou...-Ne..., commissaire de la Commune à l'effet de procéder à l'inhumation des cadavres apportés des différentes prisons aux cimetières de Clamart, Mont-Rouge et Vaugirard; pour voitures prises par lui dans l'après-dîner du 3 et la journée du 4 septembre, payé. . . . . 9 liv.

Mandat signé Mic..., Mou...-N..., commissaires, Mar..., président, lesdits commissaires nommés par le conseil-général à l'effet de se transporter aux différens cimetières pour y faire prendre toutes les précautions tendantes à la consommation des cadavres apportés des prisons, et notamment y faire porter la chaux nécessaire, deux heures et demie de fiacre, ci. . . 4 liv.

Certificat du 4 septembre, signé Cout..., Desc..., Desv., Ge..., commissaires, Le Bre..., président, et Coulom..., secrétaire-greffier adjoint, qui atteste que Parrain fils a chargé dans sa voiture, à neuf heures du matin, sur le Pont-au-Change, vingt cadavres, et qu'il les a déchargés, à trois heures après-midi, à Clamart dans le cimetière; la voiture estimée à neuf francs, le 6 septembre par Chel., commissaire, ci. . . . . . . 9 liv.

Arrêté du conseil-général du 6 septembre, signé Coulo..., secrétaire-greffier, pour avancer à C..., pour salaire des personnes qui ont travaillé à conserver la salubrité de l'air, les 3, 4 et 5 septembre; et de ceux qui ont présidé à ces opérations dangereuses, suivant son mémoire y annexé, lequel mémoire contient les noms de V..., P..., C... et R..., commissaires nommés par l'assemblée générale de la section du Finistère, ceux des ouvriers qui y ont travaillé, les fournitures qui ont été faites, et le paiement de trois des quatre commissaires de la section du Finistère, ledit mémoire taxé par V..., président; Co..., secrétaire-adjoint, et payé à Ch..., ci. . . . . 1,463 liv.

Mandat du 4 septembre, signé N..., Jé..., La..., commissaires de la Commune, visé Me..., au profit de Gil... Pet...; pour prix du temps qu'ils ont mis, lui et trois de ses camarades, à l'expédition des prêtres de Saint-Firmin pendant deux jours, suivant la réquisition qui est faite auxdits commissaires par la section des Sans-Culottes, qui les a mis en ouvrage, ci. . 48 liv.

Mandat fait au comité de la section des Quatre-Nations, signé Aube..., Delac..., Pré..., commissaires, Jé..., secrétaire, au profit de Jol...; pour voitures qui ont fait cinq voyages pour transporter les corps des décédés en l'enclos de la ci-devant abbaye de Saint-Germain-de-Prés, tant dans la journée du 2 septembre que dans la nuit du 2 au 3 septembre, ci. . . . . 30 liv.

Mandat de la commission d'exécution, chargée par le conseil-général de la Commune, fait au comité d'exécution, le 3 septembre, signé Ni..., président, au profit de Jé..., un des commissaires de ladite commission, pour acquitter les citoyens qui se sont employés depuis ce matin au chargement des voitures des cadavres des prisonniers, ci. . . . . 50 liv.

Arrêté du conseil-général du 8 septembre, signé de Coulombeau, secrétaire-greffier, adjoint, au profit de MM. Benoist, Pifler, Lécureuil, Cornet, Lauverjat et Legrand, gendarmes de Paris, payé à Benoist, maréchal des logis, pour frais du voyage aux eaux de Forges, où ils ont arrêté M. de La Rochefoucauld, ci. . . . . 45 liv.

A un peintre qui a effacé les armes sur les colliers des chevaux du ci-devant prince de Condé, ci. . . . . 5 liv. 5 s.

Mandat du 14 septembre, signé Legoye, commissaire suppléant, Spietler et Lefèvre, commissaires, au profit de François Portrait, qui a fourni à la section armée de l'Observatoire deux chevaux pour conduire une pièce de canon, qui est partie le 3 septembre à neuf heures du matin, et est rentrée le 4 à onze heures, ci. . . . . 15 liv.

Mandat du comité militaire du 10 septembre, A. Demarcenai, président, Gilles et Travers, commissaires, pour secours à la femme Joigny, rue des Prouvaires, section du Contrat-Social, se trouvant seule avec deux enfans, son mari qui les faisait vivre étant parti pour les frontières, ci. . . . . 25 liv.

Arrêté du conseil-général du 8 septembre, au profit de madame Moreau, native de la Ville-Momble, département de Paris, victime du pouvoir arbitraire, et meurtrie par les fers qu'elle a portés injustement, comme secours provisoire, pour se rendre au sein de sa famille, ci. . . . . 50 liv.

Arrêté du conseil-général du 31 août, signé Coulombeau, secrétaire, pour payer à madame Chabaud pour trois cents aunes de ruban à 45 sous l'aune. . . . . 675 l. » s.

Pour cent trente-six cocardes de laine à 4 l. 16 s. la douzaine. 54 8

Total. . . . . . . 729 l. 8 s.

Mandat du 2 août, signé Tessier, Sigault, Mille et Coulombeau, au profit de Julien Martin, pour avoir transporté des sacs d'argent à la maison commune ; ces sacs contenaient vingt mille quatre cents livres, et ont été déposés entre les mains de M. Tallien, ci. . . . . 1 liv.

Mandat du 5 septembre, signé Simon, Michonis, au porteur, pour vingt-une heures qu'il a été employé avec son carrosse pour conduire les deux commissaires pris parmi le peuple présent à la séance, pour se transporter à Bicêtre et à la Salpêtrière, à l'effet de calmer les citoyens, ci. . . . . 25 liv. 12 s.

Pour avoir pris le 13 à la section deux prisonniers voleurs de hardes et autres effets au château des Tuileries, qu'il a conduits à la maison commune, et de là renvoyés au jury d'accusation du tribunal du 1er arrondissement, et aux prisons de la Force, ci. . . . . 3 liv.

Pour avoir été envoyé par le conseil-général avec un collègue, le 15 août, à la section de Bonne-Nouvelle, pour y prendre huit commissaires, à l'effet de se transporter dans une maison où l'on disait qu'on avait recelé quantité d'effets précieux du Château, et notamment une vierge d'or de la grandeur d'un enfant, et où ils n'ont trouvé qu'une vierge de cuivre doré d'or moulu, qu'ils ont portée au conseil-général, ci. . . . . 9 liv.

Pour avoir, le 16, donné à un malheureux qui lui a remis un grand bougeoir de vermeil à longue queue, qu'il avait trouvé dans les appartemens du roi, et que le commissaire a déposé sur le bureau du président, ci. . . . . 5 liv.

Pour avoir été envoyé le 30 par le conseil-général à la barrière de Clichy, pour sauver quatorze personnes à cheval, chargées d'une mission importante, munies de passeports signés Sergent, Rossignol et Santerre, que cependant on avait arrêtées, désarmées, démontées, déshabillées, et qu'on voulait égorger, et qu'il n'a pu faire rentrer avec lui dans Paris que vers les cinq heures du matin, en abandonnant armes et chevaux, ci. . . . . 12 liv.

(11 *octobre*.) Ordonnance du 1er octobre, signée Fa...Ja..., et Le..., au profit de Chr..., entrepreneur des carrières, pour journées des ouvriers employés tant à dépouiller les cadavres qui ont été apportés dans le lieu appelé le Tombisoire, au petit Mont-Rouge, que pour les descendre par un puits de service dans la carrière existante sous cet emplacement; les transporter ensuite à bras dans la partie de cette carrière qui a été disposée à usage de cimetière pour le gouvernement, et pour faire les fouilles nécessaires pour l'inhumation desdits cadavres, les couvrir de lits de chaux pour prévenir les effets de la putréfaction; pour fournitures faites aux ouvriers pendant le travail, et augmentation de salaire qu'il a été nécessaire d'accorder auxdits ouvriers à cause des dangers qu'ils ont courus lors de cette inhumation; enfin pour fournitures de chaux, ci. . . . . . . 120 liv. 5 s. 6 d.

(19 *octobre*.) Arrêté du conseil-général du 10 octobre, signé Huguenin, président, Coulombeau, secrétaire, au profit de Boy, pour indemnité de la perte de son portefeuille et de ses effets, en revenant de l'expédition d'Orléans, pour le transport des prisonniers, ci. . . . . 150 liv.

Mandat du 10 septembre, signé Moulin-Neuf, commissaire de la commune, nommé par le conseil-géneral pour l'inhumation des corps apportés des différentes prisons aux cimetières de Clamart et de Vaugirard, au profit de Ruelle, pour voiture de vingt-un tombereaux de chaux de chacun quarante minots, ci. 94 l. 10 s.

Certificat du 12 septembre, signé Gre...., officier municipal, visé le 12 septembre par de Bi...., vice-président, au profit de Toussaint Letellier, Guillaume Androt et Pierre, qui ont travaillé pour charger sur des voitures les corps qui étaient au Pont-au-Change; ledit travail a été taxé par Coulombeau à. . . . . 18 liv.

Mandat du 5 septembre, signé Ni....., Pa......, officier-municipal, au profit de Noiste, marchand fripier; pour fourniture d'un gilet, veste et pantalon, pour un citoyen qui a travaillé à porter les cadavres de la conciergerie, ci. . . . . 20 liv.

(11 *octobre*.) Mandat du 15 septembre, signé Venineux, Langlois, officiers-municipaux, au profit de David, serrurier, pour l'ouverture de cinq malles trouvées dans un chariot qui a paru suspect au peuple, ci. . . . . 12 liv.

Arrêté du conseil-général du 21 septembre, signé Boula, président, Tallien, secrétaire, au profit du sieur Collin, pour le dédommager du retard à lui causé par l'arrestation de sa voiture, ci. . . . . 50 liv.

Arrêté du conseil-général, signé Boula, président, Coulombeau, secrétaire, pour paiement du travail de onze ouvriers qui ont déchargé et rechargé un chariot amené à la maison commune, ci. . . . . 21 liv.

Mandat du 19 septembre, signé Bonnay, commissaire au conseil-général, au profit de Picard qui a été employé avec sa voiture, quatre chevaux et deux hommes, à l'enlèvement de l'argenterie de l'église de la Madeleine-la-Ville-l'Évêque, ci. . 12 l.

Idem du 20 septembre, signé dudit, au profit de François Marie, pour solde de ce qui lui est dû comme employé au déménagement des maisons des émigrés, ci. . . . . 51 liv.

Idem, au profit d'Antoine Portier, pour solde de ce qui lui est dû comme employé au déménagement des maisons des émigrés, ci. . . . . 51 liv.

Mandat du 14 septembre, signé Carette et Boulanger, commissaires, pour secours aux femmes méphitisées aux Célestins, ci. . . . . 16 liv. 9 s.

Mandat du 1er octobre, signé Codieu, officier-municipal, pour un fiacre qu'il a employé pour porter à la Monnaie l'argenterie, et de là au Trésor national, suivant l'arrêté du 29 septembre, ci. . . . . 5 liv.

Mandat du 3 septembre, signé Vasseur, membre du conseil général de la commune, au profit de d'Élevé, marchand tapissier, pour l'indemniser des peines et soins qu'il a eus de placer un bureau et des chaises pendant chaque jour, à compter du 22 août jusqu'au 1er septembre, à l'amphithéâtre de la place Saint-Martin, pour y servir à recevoir les enrôlemens volontaires ordonnés par arrêté du conseil général du 21 août, ci. . . . . 10 liv.

Mémoire du citoyen Lefévre, certifié par Léonard Bourdon, pour alimens que ce dernier lui a ordonné de fournir dans la journée du 10 août, ci. 4 liv. 10 s.

Mémoire de Cornu, limonadier, certifié par Tallien, secrétaire-greffier, pour rafraîchissemens fournis depuis le 22 août jusqu'au 17 septembre, ci. . . . . 99 liv. 17 s.

Ordonnance du 24 octobre au profit de Benoist fils, charpentier, préposé par la section des Quinze-Vingts, pour l'enlèvement des monumens restés de l'ancienne féodalité dans l'étendue de ladite section, ci. 158 liv. 8 s.

PIÈCES OFFICIELLES

RELATIVES AU

MASSACRE DES PRISONNIERS D'ORLÉANS,

A VERSAILLES,

LE 9 SEPTEMBRE 1792 (1).

MAIRIE DE VERSAILLES.

Procès-verbal des événemens des 8, 9 et 10 septembre, à l'occasion des massacres des prisons d'Orléans et des prisonniers détenus dans les prisons de cette ville.

Du 8 septembre 1792, l'an IVe de la liberté et le 1er de l'égalité.

M. le maire donne lecture d'une lettre de M. Roland, ministre de l'intérieur, adressée aux administrateurs du département qui la lui ont fait passer ; elle est ainsi conçue :

« On m'annonce, messieurs, que les prisonniers d'état, ci-de-
» vant détenus à Orléans, doivent arriver dimanche matin à Ver-
» sailles, et je vous prie de faire toutes les dispositions pour qu'ils
» puissent être déposés en sûreté dans les prisons de notre ville,
» et en même temps pour qu'il soit pourvu tant au logement et à
» la subsistance de ces prisonniers, qu'à celle de la nombreuse
» garde qui leur sert de cortége et des commissaires de Paris
» chargés de veiller à leur conservation ; le nombre total de ces
» personnes étant à peu près de quinze cents, vous sentez la né-
» cessité de prendre sur-le-champ les mesures convenables à cet
» égard.

» Je ne puis trop recommander à votre sollicitude, messieurs,
» les précautions les plus sages pour préserver de tous événemens

---

(1) Ces pièces sont extraites littéralement du registre des assemblées du conseil-général de la commune de Versailles, pour l'année 1792. (*Note des auteurs.*)

» les personnes qui, étant sous le glaive de la loi, méritent tous
» les égards de l'humanité. »

Plusieurs membres font observer que les journaux font mention d'un décret par lequel l'assemblée nationale ordonne expressément l'exécution de celui qui porte que les prisonniers d'état seront conduits à Saumur ; que vraisemblablement le ministre avait écrit sa lettre avant d'avoir connaissance de ce nouveau décret.

Pour lever toute incertitude, le conseil-général envoie un exprès aux administrateurs du district d'Étampes et aux commissaires civils chargés de veiller à la conservation de ces prisonniers.

Et à tout événement le conseil-général s'occupe de l'établissement d'un local suffisant pour les recevoir, et des moyens de les mettre à l'abri des effets de la haine publique.

Plusieurs propositions sont faites et discutées, il en résulte l'arrêté suivant :

« Le conseil-général, considérant que Versailles renferme en ce moment cinq à six mille hommes arrivés des diverses parties du département pour se former en bataillons de volontaires; que, depuis plusieurs jours, des hommes pervers cherchent, par des instigations perfides, à égarer le civisme de ces citoyens, pour les porter à des exécutions sanglantes; que si, jusqu'à ce moment, les magistrats sont parvenus à déjouer ces manœuvres odieuses, il est à craindre que l'arrivée des prisonniers d'état ne fournisse l'occasion de les renouveler avec plus de succès ;

» Considérant que les maisons de justice et d'arrêts sont remplies; qu'il n'existe dans la ville aucun local propre à recevoir les prisonniers; que, hors les murs et à peu de distance, il en est un qui, par sa position et par sa construction, offre à la fois les moyens de retenir les prisonniers et les moyens de les garantir; que, par son nom même, il aura encore l'avantage de satisfaire, en quelque sorte, l'animadversion populaire et d'atténuer le sentiment de la haine en faisant naître des idées de mépris;

» Ouï le procureur de la commune ;

» Arrête que MM. Fadriel, Devienne, Gauchez, Sirot et Pacou, iront à l'instant visiter les bâtimens de la Ménagerie et y faire les dispositions convenables pour recevoir les prisonniers et loger une partie de la garde qui les accompagne. »

Le courrier arrive avec une réponse des commissaires civils ainsi conçue :

« Messieurs, nous avons reçu la lettre que vous nous avez fait l'honneur de nous écrire. Très-pressés pour y répondre, nous en référons à M. le ministre de l'intérieur, auquel nous vous prions de faire parvenir tout de suite ce paquet, lequel vous instruira de tout ce que vous aurez à faire. »

Cette réponse laissant l'assemblée dans la même incertitude sur la véritable destination des prisonniers, elle dépêche un aide-de-camp auprès du ministre.

Et elle arrête que, dans les cas où les prisonniers seront amenés à Versailles, les citoyens en seront prévenus par une proclamation.

Signé HIPPOLYTE RICHAUD, maire; COUTURIER, procureur de la commune, et BROU, vice-secrétaire-greffier.

Du 9 dudit mois.

A huit heures du matin, le département fait passer à la maison commune la réponse du ministre. Elle porte très-positivement que les prisonniers d'état arriveront aujourd'hui à Versailles; qu'ils sont accompagnés de deux mille hommes armés et chargés de veiller à leur conservation.

Cette lettre annonce aussi que le ministre va prendre les mesures nécessaires pour que leur séjour ne soit pas de longue durée.

MM. les commissaires chargés de faire préparer des logemens à la Ménagerie disent que tout y est disposé.

A neuf heures, des officiers de l'escorte arrivent; ils disent qu'ils ont laissé les prisonniers et le détachement à deux lieues de la ville; plusieurs d'entre eux sortent pour aller visiter le local de la Ménagerie.

Il s'agit alors d'exécuter l'arrêté pris hier pour annoncer l'arrivée aux citoyens.

Le comité de rédaction présente un projet de proclamation ; l'assemblée l'adopte en ces termes :

« Citoyens et frères d'armes,

» On transfère d'Orléans les prisonniers d'état que la haute-
» cour nationale doit juger.

» On leur avait assigné Saumur pour résidence ; ils sont con-
» duits à Versailles et y arrivent aujourd'hui.

» Le devoir nous ordonne impérieusement de garder ce dé-
» pôt ; la cité de Versailles méritait qu'on le lui confiât, puisque la
» tranquillité n'a pas cessé de régner dans ses murs.

» Nous ne croyons pas devoir rappeler à des hommes libres
» que ces prisonniers appartiennent à la loi et qu'ils sont sous la
» sauvegarde publique.

» Français ! la loyauté des citoyens de Versailles, ainsi que celle
» des braves légions qui s'y réunissent pour aller défendre la
» liberté et l'égalité, nous répondent que ce dépôt sera conservé. »

Il était dix heures. M. le maire et les officiers du détachement ainsi que les officiers de la garde nationale, montent à cheval pour publier cette proclamation.

Pendant ce temps, l'assemblée est avertie qu'il se forme un rassemblement sur la route, lequel fait craindre pour les prisonniers. Cet avis est aussitôt rendu à M. le maire qui, avec les officiers qui l'accompagnent, va au-devant de l'escorte, dans l'intention de diriger la marche, s'il est possible, de manière à éviter le passage de la ville.

A une heure, le conseil-général reçoit de M. le maire la lettre suivante :

« Mes chers collègues,

» Le cortége arrive à Jouy ; il est impossible, avec les chariots, les canons, les caissons, de passer par les derrières, comme nous l'avions projeté ; ils veulent passer par Versailles ; rassemblez les administrations, je vais faire les dispositions les meilleures pour faire ce passage aussi sûrement que possible. »

Le conseil-général se rend sur-le-champ au département, accompagné d'un détachement de la garde nationale. Le district est aussitôt appelé. On fait lecture de la lettre de M. le maire.

L'assemblée, sachant que l'escorte est composée de deux mille hommes et d'une forte artillerie, demeure persuadée que les prisonniers sont à l'abri du danger. Elle arrête seulement que trois magistrats, un de chaque corps, iront, avec un détachement de la garde nationale, au-devant de l'escorte jusqu'à la grille de Montreuil, pour ensuite la conduire jusqu'à celle de l'Orangerie.

MM. Latrufe, Deplane et Trufet sont chargés de cette mission; ils sortent à une heure et demie.

A deux heures, l'assemblée est instruite que les prisonniers ont bientôt traversé la ville; qu'il y a sur le passage une grande affluence de personnes de tout sexe et de tout âge; qu'il ne paraît pas, jusqu'à ce moment, que l'on veuille se porter à des excès contre eux; que le peuple se contente de les accabler de huées.

A deux heures trois quarts, arrive le sieurs Pille, appariteur de police; il annonce que les prisonniers viennent d'être massacrés dans la rue de l'Orangerie; que M. le maire a failli d'être la victime de son dévouement; qu'il a couvert de son corps les prisonniers en criant à la foule égarée de respecter la loi; qu'il s'est évanoui et a été porté dans une maison.

L'assemblée jette un cri de douleur; elle arrête qu'il sera écrit à l'instant à l'Assemblée nationale et au ministre de l'intérieur pour leur apprendre cet événement. Les membres sortent ensuite pour rétablir l'ordre, s'il est possible.

Signé H. Richaud, maire; Couturier, procureur de la commune, et Brou, vice-secrétaire-greffier.

Du 10 dudit mois, le matin.

M. le maire et plusieurs officiers municipaux ont fait le récit des malheureux événemens arrivés hier.

L'assemblée, considérant qu'il est important d'en constater les détails, arrête que le secrétaire-greffier en dressera procès-verbal pour être inséré à la suite de cette séance; ce qui a été exécuté ainsi qu'il suit :

Procès-verbal des événemens du 9, dressé d'après le récit de M. le maire et de plusieurs officiers municipaux.

M. le maire, ayant proclamé l'arrivée des prisonniers d'état, reçoit l'avis qu'il se forme sur la route un rassemblement qui donne de l'inquiétude. Il dirige aussitôt sa marche vers Jouy, accompagné des officiers du détachement de l'escorte et de plusieurs officiers de la garde nationale; il rencontre à moitié chemin l'avant-garde et les commissaires de la commune de Paris. Les derniers lui disent qu'ils attendront les prisonniers à l'entrée de la ville; il continue le chemin jusqu'à Jouy; il parle au maire de ce bourg; il s'informe s'il n'y a pas un chemin pour aller à la Ménagerie sans passer par Versailles; on lui répond que oui, mais que ce chemin n'est pas praticable pour l'artillerie et les chariots. Les Parisiens disent qu'il faut passer par Versailles; que l'escorte est assez forte pour résister à un attroupement de vingt mille hommes.

M. le maire écrit la lettre dont il fut fait hier lecture aux administrations réunies; peu de temps après, un aide-de-camp lui apporte une réponse du président.

Alors l'escorte prend la route de Versailles; près d'entrer dans la ville, M. le maire observe au commandant qu'au lieu de faire marcher la cavalerie devant et derrière, il serait peut-être mieux de la ranger sur deux files, aux deux côtés des chariots, afin de soutenir la double file de l'infanterie; le commandant répond que cela est inutile, *qu'il est sûr de son monde.*

On arrive à Versailles : à la Patte-d'Oie était une compagnie de grenadiers qui se retourne pour ouvrir la marche.

L'escorte prend la rue des Chantiers, l'avenue de Paris, la place d'Armes et la rue de la Surintendance; jusqu'à cette dernière rue, le peuple ne faisait entendre que des cris de *vive la nation,* et de fortes huées contre les prisonniers.

Comme l'agitation paraissait plus vive en approchant de la rue de la Surintendance, M. le maire veut aller se mettre à côté des prisonniers ; on lui observe que le peuple se tranquilliserait plus tôt en le voyant devant entre les commandans.

M. le maire et l'avant-garde passent la grille de l'Orangerie ; on crie que les chariots des prisonniers sont arrêtés par la multitude. M. le maire revient au galop avec le commandant en second de la troupe parisienne. Ils trouvent le premier chariot un peu plus bas que l'hôtel de la Guerre ; la foule l'entourait et menaçait les prisonniers. M. le maire s'adresse aux plus échauffés : *Ne vous déshonorez pas, laissez agir la justice, elle vous vengera des traîtres ; il peut y avoir des innocens.* Plusieurs répondent : *Nous avons confiance en vous, vous êtes le maire de Versailles ; mais vous êtes trop bon pour les scélérats ; ils méritent la mort.*

M. le maire donne l'ordre de faire marcher les chariots ; alors on lui dit : *Livrez-nous au moins Brissac et Delessart, nous vous laisserons emmener les autres : autrement ils périront tôt ou tard ; nous irons à la Ménagerie ; si nous les laissions aller, on les sauverait encore.*

Pendant ce temps, la multitude avait fermé la grille de l'Orangerie, de manière que l'avant-garde était toujours séparée du reste de l'escorte. M. Deplane, administrateur du district, veut la faire ouvrir ; on le menace, il est forcé de se retirer.

M. le maire descend de cheval ; il parvient à faire ouvrir la grille ; la foule augmente et veut la refermer ; il s'y oppose de toutes ses forces, il se met entre les deux battans ; on veut l'en arracher ; il donne l'ordre à un officier de la garde nationale d'aller avertir les administrations ; il se sent enlever par des hommes qui crient : « C'est le maire, sauvons le maire. » On le porte chez le suisse ; on veut le retenir pour qu'il se remette. « Ce n'est pas mon poste, » s'écrie-t-il, et il sort. La grille était fermée de nouveau, un sapeur l'ouvre avec sa hache ; M. le maire rentre dans la ville, et aussitôt la grille se retrouve fermée.

Le danger croissait de plus en plus : un moment de station pouvait devenir fatal aux prisonniers ; l'ordre avait été donné pour que les voitures descendissent la rue de l'Orangerie, afin de mettre les prisonniers, jusqu'à la nuit, soit à la maison com-

JOURNÉES DE SEPTEMBRE (1792).

mune, soit dans une autre maison de la ville. M. le maire ne pouvant plus se servir de son cheval à cause de la foule, s'empresse de parvenir à pied à la tête des chariots; plusieurs hommes l'accostent en lui disant : « Il est impossible d'arrêter dans cette circonstance la vengeance publique. » Un homme bouillant de colère le suivait en criant : *Ah! monsieur, si vous saviez le mal que ces gens-là ont fait à moi et à ma famille, vous ne vous opposeriez pas, ils méritent le plus grand supplice.* M. Trufet s'était placé près d'un chariot; il exhortait les hommes de l'escorte à remplir leur devoir, à se serrer de manière que les séditieux ne pussent pas parvenir près des prisonniers.

M. le maire arrive aux Quatre-Bornes, où le premier chariot était arrêté par une foule d'hommes, parmi lesquels un grand nombre avaient les sabres levés pour frapper les prisonniers. M. le maire se jette au devant des sabres, il s'écrie : « Quoi! vous qui devez
» être les défenseurs de la loi, vous voulez vous déshonorer au-
» jourd'hui? Ce ne sont pas les prisonniers, que je ne connais
» pas, qui m'intéressent le plus, c'est vous, c'est votre honneur;
» citoyens, laissez agir la loi. » On ne l'écoutait pas; les hommes approchent de plus près les prisonniers, ils ont le sabre levé, ils vont frapper... M. le maire se précipite sur le chariot, il couvre de son corps les prisonniers qui s'attachent à son habit, tandis que des hommes veulent l'enlever de ce chariot. Il veut parler, les sanglots étouffent sa voix; il se couvre la tête, on l'enlève, il voit le massacre, il perd connaissance; on le transporte dans une maison; il reprend ses sens; il veut sortir; il est retenu; il dit que s'il est des hommes qui se déshonorent, il veut lui mourir pour la loi. « C'est en vain, lui dit-on, que vous voulez les sauver, il n'est plus temps!... » Il sort... un spectacle d'horreur frappe tous ses sens. Le sang, la mort, des cris plaintifs, des hurlemens affreux, des membres épars....

Jamais on ne vit tant de fureur et de cruauté : tous les prisonniers sont frappés presque au même instant; quelques-uns parviennent à se sauver dans la foule, les autres sont mis en pièces.

M. le maire est ramené à la maison commune, où bientôt une scène horriblement dégoûtante succède à celle qui vient d'avoir lieu. Ces homicides teints de sang, l'œil égaré, viennent déposer les bijoux, les assignats, les effets de ceux qu'ils ont égorgés. Ils portent comme en triomphe des membres encore palpitans; ils en laissent sur les bureaux. O erreurs! ô contradictions humaines! On aperçoit dans la joie barbare de ces hommes qu'ils croient avoir fait une action utile; ils ont pu tremper leurs mains dans le sang de leurs semblables, ils se croiraient déshonorés s'ils s'appropriaient quelques effets.

Plusieurs officiers municipaux et notables ne peuvent tenir à ce spectacle; ils sont forcés de se retirer; quelques autres, avec le vice-secrétaire-greffier, reçoivent les effets ensanglantés, et ils en dressent un état.

Mais ce jour devait être pour Versailles un jour de sang. On vient dire que la multitude se porte aux maisons de justice et d'arrêts. M. le maire et les officiers municipaux présens sortent pour aller, les uns à la maison d'arrêts, les autres à la maison de justice.

M. le maire passe au département. Emploiera-t-on la force ou seulement la persuasion? Plusieurs membres craignent que la force ne fasse couler beaucoup de sang sans empêcher l'événement; d'autres observent que la force n'arriverait pas à temps; qu'il faut sur-le-champ partir pour arrêter, s'il se peut, par des exhortations les actions sanguinaires.

M. le maire part aussitôt avec M. Germain, président du département, et quelques autres personnes; ils arrivent dans la première cour de la maison de justice: la foule était si grande qu'ils ne peuvent pénétrer; ils aperçoivent dans le fond des sabres levés; ils apprennent que déjà on avait tué les prisonniers qui étaient aux cachots.

M. le maire parvient, en passant par le derrière et par une salle nouvellement faite, sur le carré où l'on faisait sortir les prisonniers pour les sacrifier. Il parle aux homicides, il arrête un instant leur fureur; ils le font descendre au milieu d'eux et des cadavres, afin qu'il soit mieux entendu. Là, il représente combien il est affreux de décider ainsi de la vie ou de la mort d'hommes non jugés. « Vous pouvez, leur dit-il, sacrifier des innocens et délivrer des coupables : vous faites un métier infâme ! Que craignez-vous ? Ne connaissez-vous pas le civisme et l'activité du tribunal criminel ? Je viens d'envoyer chercher à Saint-Germain M. A...., président de ce tribunal. » M. le maire parvient enfin à faire cesser le carnage ; les homicides le suivent jusqu'à la maison commune, en criant : *vive la nation ! vive le maire de Versailles !*

La même scène se passait à la maison d'arrêts, malgré les vives représentations de M. le substitut du procureur de la Commune, de M. Maux, juge du tribunal de district, et de MM. Gauchez, Amaury et du procureur de la Commune qui s'y sont rendus successivement.

Sept à huit hommes faisaient l'examen du registre des écrous, et, sur cette seule pièce, ils jugeaient à mort ; ensuite, ils prenaient les cartes indicatives des noms et des numéros, donnaient l'ordre au concierge d'amener tel prisonnier, lequel, arrivé dans la cuisine du concierge, était aussitôt poussé dehors, où il était assommé. C'est ainsi que treize prisonniers ont péri.

Il y avait un quart d'heure que la multitude ne cherchait plus de victimes, lorsque quelqu'un a parlé de deux détenus, Vabre, ancien garde du roi, et Claude, Suisse. La fureur s'est ranimée : le substitut du procureur de la Commune et M. Maux recommencent leurs exhortations ; arrivent le maire et deux officiers municipaux de Bougival, qui réclament le sieur Vabre ; ils parviennent à le faire mettre en liberté ; mais rien ne peut sauver le sieur Claude.

Plusieurs personnes demandaient le sieur Vallet ; M. le substitut du procureur de la Commune et M. Maux font connaître par l'écrou qu'il n'est détenu que pour fait de police municipale ; des volontaires lui ouvrent la prison, l'embrassent, et lui font crier *vive la nation !*

Tels sont les détails que l'assemblée a entendus dans le silence de la douleur. S'il était possible que quelques idées consolantes pussent naître pendant un récit aussi déchirant, ce serait celle que, parmi tous ces hommes qui se sont souillés par tant d'assassinats, il n'en a pas été reconnu pour être habitans de cette ville; qu'ainsi, s'il y en avait, du moins étaient-ils en très-petit nombre.

L'assemblée a arrêté qu'il sera pris des renseignemens pour connaître le nombre des prisonniers d'état qui ont été tués, le nombre de ceux qui ont échappé; que l'on constatera la mort ou la délivrance des personnes détenues dans les maisons de justice et d'arrêts.

Le vice-secrétaire-greffier fait lecture d'un procès-verbal dressé ce matin à six heures, en présence de M. Claude Fournier, commandant-général de volontaires parisiens et marseillais venant d'Orléans, et en présence de plusieurs autres officiers de ce détachement; lequel procès-verbal constate que six grands sacs de toile grise renferment des chapeaux, des sacs de nuit et autres effets; plus, quinze porte-manteaux, un sac de nuit, un paquet de différens effets renfermés dans une serviette ouvrée, ont été remis auxdits officiers qui s'en sont chargés pour les déposer au lieu qui leur sera indiqué par le ministre de la justice.

Le vice-secrétaire lit ensuite l'état des effets des prisonniers d'état portés à la maison commune par différens particuliers.

Du même jour, à trois heures après midi.

Arrivent à la maison commune environ deux cents hommes armés de fusils, de baïonnettes, de sabres et d'épées; plusieurs disent qu'ils prétendent aujourd'hui vider les prisons; que M. Gillet, accusateur public, demande des officiers municipaux pour être témoins.

M. le maire court à la maison de justice : MM. Amaury, Sirot et Pacou le suivent, en faisant des exhortations à cette troupe d'hommes armés.

A huit heures du soir, l'assemblée s'étant formée, M. le maire et plusieurs officiers municipaux ont rapporté ce qui venait de se passer aux maisons de justice et d'arrêts ; il a été arrêté que le récit en serait consigné dans les registres de la manière suivante :

« M. le maire et les autres officiers municipaux étant arrivés à la maison de justice, font, avec M. Gillet, tous leurs efforts pour faire changer de résolution à la multitude. Les représentations, les prières, les cris, les larmes, rien ne touche ces hommes égarés. M. le maire fuit cette scène d'horreur. Comme il passait entre les deux files qui, les sabres levés, attendaient leurs victimes, quelqu'un lui demande pourquoi il s'en va. « Voulez-vous » encore, répond-il, m'obliger d'être le témoin de vos atrocités ? » — Mais, reprirent plusieurs, cela s'est fait à Paris ; c'est une » justice : il faut, avant de partir aux frontières, purger l'inté- » rieur des traîtres et des scélérats. »

Alors ces hommes en choisirent quatre parmi eux qui se firent représenter le registre des écrous. Tous les détenus pour assassinats ou vols avec effraction furent poussés dans la cour et immolés au même instant : les autres furent relâchés.

M. le maire était revenu à la maison commune ; peu de temps après, il reçoit avis que l'on se porte à la maison d'arrêts. Il y court le cœur navré ; il pénètre avec peine dans la cour, à cause de la foule. Deux lignes de volontaires aiguisaient leurs sabres sur le pavé ; ils voulaient, disaient-ils, onze à douze prisonniers, *parmi lesquels sont des prêtres réfractaires.*

M. le maire se jette au milieu d'eux, et, avec l'accent de la plus profonde indignation, il leur adresse les reproches les plus véhémens. Pour cette fois, cette horde égarée écoute le langage de l'honneur ; ils s'écrient : *Vive le maire de Versailles !* l'embrassent et le conduisent à la maison commune. M. Maux, juge, profite de cette disposition favorable pour faire tendre, en forme de barrière, devant la maison de justice, un ruban tricolore. Il a été respecté.

Signé, H. RICHAUD, *maire;* COUTURIER, *procureur de la Commune,* et BROU, *vice-secrétaire-greffier.*

Du 11 septembre 1792, l'an 1er de la république.

SÉANCE DU SOIR.

M. Gauchez donne les renseignemens qui sont à sa connaissance sur le nombre des prisonniers d'état qui ont été massacrés et sur ceux qui ont échappé.

MM. Heurtier, Devienne et lui étaient à la Ménagerie; un aide-de-camp vient les avertir que leurs soins sont inutiles. Ils accourent et trouvent la place jonchée de cadavres mutilés; on leur en désigne deux pour être ceux de MM. Brissac et Delessart; ils étaient méconnaissables.

Quinze à vingt hommes s'approchent de ces trois officiers municipaux et les forcent d'assister à la recherche de ce qui est dans les poches d'habits. Bientôt M. Gauchez reste seul; il est le témoin d'une espèce de réglement proclamé par ces hommes encore furieux : il portait que celui qui volera sera tué.

M. Gauchez fait mettre dans un chariot tous ces cadavres, et leur fait donner la sépulture dans le cimetière de la paroisse Saint-Louis, en présence du public; ils étaient au nombre de quarante-quatre; tous leurs vêtemens sont transportés, dans le même chariot, sur la place de la Loi, et brûlés publiquement.

Le soir, deux citoyens annoncent qu'ils ont chez eux deux des prisonniers échappés au massacre, dont l'un est blessé grièvement. On donne des ordres pour leur transport à l'infirmerie; mais ils ont voulu en sortir pendant la nuit même; on ignore le lieu de leur retraite : ils ont caché leurs noms.

Trois autres ont également échappé : l'un a été conduit à la maison commune; il a dit depuis qu'il était officier à la suite du régiment de Perpignan. Les deux autres s'étaient réfugiés chez un citoyen; il paraît qu'ils étaient officiers de régimens : on ignore leurs noms.

Aujourd'hui MM. Gauchez et Bernard ont été chargés de les conduire à Paris, au comité de surveillance de l'assemblée nationale. Arrivés à ce comité, on délibère; mais bientôt on s'aperçoit que ces trois officiers ont profité de l'ouverture d'une porte et se sont évadés.

Le vice-secrétaire-greffier lit ensuite la liste des personne qui ont été tuées dans les maisons de justice et d'arrêts, et de celles qui ont été mises en liberté.

(Suit l'état des personnes détenues à Versailles dans la maison de justice du département de Seine-et-Oise, qui ont été mises à mort ou élargies par le peuple, dans les journées des 9 et 10 septembre 1792.) Signé, BROU, *vice-secrétaire-greffier.*

Pour extrait conforme au registre des assemblées du conseil-général de la commune de Versailles, pour l'année 1792.

Versailles, le 26 mars 1823.

Le maire de Versailles, le marquis DE LA SONDE.

EXTRAIT

DES

PROCÈS-VERBAUX DE LA COMMUNE DE PARIS,

DU 4 AU 10 SEPTEMBRE 1792 (1).

Séance du mardi 4 septembre, au matin, l'an 1ᵉʳ de la république.

M. Darnaudry, président, occupe le fauteuil.

La rédaction des procès-verbaux des 2 et 3 septembre est adoptée sans réclamation.

Le secrétaire fait lecture des pièces arriérées, et le conseil prend plusieurs arrêtés en conséquence.

Un membre du conseil fait lecture d'une lettre adressée à

(1) Guidés toujours par la pensée de rendre ce recueil plus complet qu'aucun autre, nous avons cru devoir imprimer les procès-verbaux de la Commune dont nous n'avions pas encore fait mention parmi ceux qui se rapportent aux journées de septembre. De cette manière, nos lecteurs posséderont tout ce qui reste d'officiel sur cette terrible époque. Un extrait de ces procès-verbaux avait déjà été publié dans le volume des mémoires de MM. Barrière et Berville sur les massacres de septembre; mais, comme nous l'avons déjà dit, il semble avoir été fait uni-

M. Navarre, marchand de toiles, rue Saint-Honoré, à Paris, douze sous de port. Le cachet est l'empreinte des armes gravées sur une pièce de monnaie d'un prince de l'empire ; le timbre n'est pas reconnaissable, mais la lettre, vérifiée à la poste par le commissaire, est certifiée venir de Bruxelles.

L'intérieur de la lettre est en caractères carrés imitant l'impression faite à la main. Elle est conçue en ces termes :

« Il faut, mon cher, faire, pour mercredi prochain, ce dont nous sommes convenus. La canaille est bien disposée, nous devons en profiter. — Adieu, au revoir très-prochain.

» Vive le roi (1) ! »

Le citoyen honnête à qui cette lettre est adressée en a donné communication au commissaire de la Commune qui en a fait faire lecture.

Le conseil-général a cru voir dans cette lettre un indice frappant de l'affreux projet des ennemis de la liberté et de l'égalité, de tous les chevaliers du poignard qui, comptant sur la scélératesse de la plupart des geôliers et concierges, voulaient faire ouvrir les prisons aux malfaiteurs, et s'unir à eux, moyennant un mot de ralliement, pour égorger en une nuit tous les patriotes de la capitale, et se venger, par de lâches assassinats, de la glorieuse victoire remportée sur eux le 10 août.

Il est arrêté que cette lettre sera imprimée, figurée comme elle est, avec une note des présomptions qu'elle a fait naître au conseil.

Un membre demande que l'impression soit retardée jusqu'à ce

---

quement dans un but de parti. Sans doute, il serait oiseux d'imprimer d'immenses pages, souvent sans intérêt ; mais il fallait au moins en tirer impartialement tout ce qui se rapportait à l'histoire ; c'est ce que nous avons fait ; nous n'avons laissé de côté que les affaires purement administratives.

Nous ajouterons à la suite de cette collection un arrêté du conseil-général, en date du 25 août, que nous avons découvert trop tard pour en faire mention à sa place ; il nous a paru curieux particulièrement parce qu'il nous révèle l'opinion de la majorité de la Commune sur la religion et le clergé. (*Note des auteurs.*)

(1) Ici sont figurés, d'un côté une croix et une crosse, et de l'autre un poignard et des balances. (*Note des auteurs.*)

que le citoyen Navarre ait été entendu, et qu'on sache s'il ne pourrait pas donner des lumières à cet égard. On le fait chercher, mais il est à la campagne.

On fait lecture d'un décret de l'assemblée nationale qui ordonne de délivrer deux pièces de canon et un caisson, qui se trouvent à l'Arsenal, aux canonniers des vainqueurs de la Bastille.

Renvoi au commandant-général provisoire pour l'exécution de ce décret.

On lit une lettre de M. le maire qui représente les inconvéniens du refus des passeports.

Plusieurs membres demandent la libre circulation, en se soumettant aux arrêtés pris à cet égard.

Le conseil-général, considérant que l'intérêt du commerce et la circulation nécessaire des subsistances ne permettent pas de mettre trop long-temps des obstacles à la sortie de Paris,

Le procureur de la Commune entendu,

Arrête : 1° que dès ce moment, toute personne qui aura rempli toutes les conditions prescrites par la loi, et les précédens arrêtés de la Commune pour les passeports, lettres de voiture, sûreté des convois, pourra sortir librement de Paris ;

2° Que l'on pourra, sans avoir besoin de passeports, circuler dans l'intérieur du département : les ouvriers pour le camp seront munis d'un... portant un timbre ou un cachet ;

3° Que le présent arrêté sera imprimé, affiché et envoyé aux quarante-huit sections.

Pour lever toutes les difficultés relativement aux passeports donnés par le ministre de la guerre,

Le conseil-général arrête que le ministre de la guerre demeurera seul chargé, sous sa responsabilité, de la délivrance de tous les passeports en faveur des personnes qu'il emploiera pour tous les genres de service relatifs à son administration, et que des laisez-passer seront délivrés par les comités des sections aux ouvriers, chefs et sous-chefs employés pour le service du camp et pour les approvisionnemens de la capitale ; arrête que le présent sera envoyé aux municipalités voisines, avec invitation de ne pas opposer d'obstacles aux porteurs de passeports en forme du ministre; à l'effet de quoi le ministre de la guerre sera invité d'adresser aux barrières et aux municipalités une empreinte de son sceau, pour servir de pièce de comparaison à celui qui sera empreint sur les passeports.

Sur la demande d'un pétitionnaire à la tête d'une députation de la section dite de Marseille, et sa dénonciation du mauvais esprit que manifestent plusieurs personnes qui sont déjà enrôlées tant dans l'infanterie que dans la cavalerie, et notamment dans les légions de la Mort et de la Liberté; il est arrêté que ceux qui s'enrôleront ou sont déjà enrôlés, de quelque arme qu'ils soient, seront tenus de faire preuve de civisme depuis 1790, et d'en obtenir des certificats dans leurs sections respectives, comme aussi de se munir, avant leur départ, d'un certificat qu'ils ont prêté le serment décrété par l'assemblée nationale le 11 août et le 4 septembre 1792. Il est arrêté en outre sur ce même objet que le corps des hussards de la Mort sera dispersé dans tous les bataillons indistinctement. Envoi de cet arrêté aux quarante-huit sections.

Le conseil-général, livré à une sollicitude perpétuelle sur tout ce qui intéresse les propriétés et la tranquillité des citoyens, nomme MM. Guéraut et Enissart, à l'effet de se transporter au collége de Boncourt, pour protéger M. Laube, procureur dudit collége, dont les jours paraissent menacés.

Une députation de la section de Popincourt exprime le vœu de ses concitoyens qui brûlent de partir pour l'armée. Ils demandent des armes et des habits; renvoyé pour cet objet à M. le commandant-général.

Le conseil-général les autorise à nommer leurs officiers. La compagnie, formée par la section des Tuileries, est admise à prêter le serment. Le conseil-général arrête que ladite section leur distribuera les armes et les habits qu'elle a en sa possession, et qu'il leur sera fourni un chariot et quatre chevaux de l'hôtel de Noailles.

Sur la demande de permettre aux gens les moins coupables, détenus à Bicêtre, de s'enrôler pour l'armée, le conseil-général passe à l'ordre du jour, motivé sur ce que les citoyens français, admis à l'honneur de servir la patrie, doivent être sans tache.

Arrête néanmoins que si quelques détenus à Bicêtre étaient reconnus innocens, et qu'ils voulussent s'enrôler, ils seraient admis à jouir de cette faveur comme tous les autres citoyens.

Le conseil-général autorise M. Barras, âgé de soixante-dix-neuf ans, à se servir provisoirement de ses chevaux, sur l'engagement formel qu'il contracte de les donner à toute réquisition, si le bien du service l'exige.

Un citoyen propose, et le conseil arrête, que les sections sont autorisées à dresser l'état de toutes les armes qui se trouvent chez les arquebusiers et quincailliers, et à en fixer le prix d'après l'examen des factures.

MM. Guidamour et Nouet sont nommés commissaires députés à l'Hôtel des Invalides, à l'effet d'inviter ces braves défenseurs de la patrie à rentrer dans la noble carrière qu'ils ont parcourue avec honneur, et de se charger de guider et modérer le courage de notre bouillante jeunesse.

Deux commissaires sont nommés pour se rendre à la caserne des gardes françaises pour prendre connaissance de leur situation, se transporter de là chez le ministre de la guerre pour lui rendre compte de leurs observations, et se concerter avec lui sur tout ce qui les concerne.

La section des Arcis demande que les jeunes commis de tous les bureaux de la capitale soient remplacés par des commis plus âgés, et qu'ils marchent à l'ennemi.

Le conseil-général passe à l'ordre du jour, motivé sur un décret de l'assemblée nationale qui les exempte de marcher, et sur l'ardent patriotisme qui porte un assez grand nombre de citoyens à prendre les armes.

La 29e division de gendarmerie à cheval sollicite du conseil les moyens de partir à l'instant. Deux commissaires, MM. Benoît et F..., sont nommés pour se concerter avec M. le commandant-général, et leur faire fournir les pistolets, mousquetons et chevaux qui se trouvent dans les sections.

Sur la demande d'une députation de la section des Gravilliers, le conseil arrête que tous les ouvriers en fer s'occuperont exclusivement de la fabrication des piques; invite les sections à s'occuper sérieusement de l'exécution de cet arrêté.

MM. Héracle, Deschamps et Lamarque, commissaires nommés pour remplacer des démissionnaires, sont reçus à prêter le serment civique et prennent séance.

D'après la lecture d'une lettre du ministre de la guerre, le conseil arrête la libre circulation du salpêtre et l'envoie aux moulins à poudre.

Arrête, en outre, que les cartouches seront remplies à moitié de poudre fine; que les invalides seront chargés de la moitié de la fabrication des cartouches, et que le concierge de l'Arsenal est autorisé à faire transporter à l'Hôtel des Invalides toute la poudre nécessaire.

On fait lecture d'un décret de l'assemblée nationale sur la protection à accorder à M. l'abbé Sicard, homme cher autant que précieux à l'humanité, et qui, par son génie, a su créer des sens aux sourds-muets, en étendant les moyens de feu M. l'abbé de l'Épée, son maître.

M. le procureur de la Commune entendu, le conseil-général arrête que M. Moudon sera payé d'une somme de 209 livres pour le montant d'armes fournies à la Commune.

Le conseil-général arrête que les travaux de bâtiment seront suspendus quand le besoin l'exigera, et que les ouvriers qui en seront retirés recevront la même paie pour les travaux du camp que pour ceux auxquels ils sont employés ordinairement;

Arrête que tous ceux dont le civisme est douteux seront exclus de l'état-major du camp sous Paris;

Arrête que les grilles de fer des églises supprimées seront employées à la fabrication des piques, ainsi que le fer qui se trouve au Temple et dans toutes les démolitions ordonnées par la nation;

Que les sections surveilleront, par des commissaires nommés *ad hoc*, toutes les opérations;

Que les citoyens sont invités à faire porter aux Invalides et à l'Arsenal toutes leurs vieilles ferrailles pour faire des gargousses.

Le conseil-général adjoint M. de l'Épieu, Moissard, Lamarque et Baudier aux deux commissaires du comité d'exécution.

Le conseil-général, profondément affligé des nouvelles qu'on lui apporte encore de l'Abbaye, y envoie deux commissaires pour y rétablir le calme.

MM. Delvoix, Vatry et Dourdon sont nommés commissaires pour se transporter au greffe du palais et en enlever toutes les armes qui ont servi de pièces de conviction dans les procès terminés.

Le conseil-général applaudit au civisme des municipalités de Saint-Cloud et d'Arches, qui présentent deux cent cinquante citoyens pour voler à la défense de la patrie; il consigne au procès-verbal la mention honorable de leur conduite, et renvoie à M. le commandant-général provisoire les mesures nécessaires à prendre pour leur prochain départ.

Arrête qu'il sera donné des laissez-passer aux ouvriers pour le camp.

Renvoyé au comité militaire pour le mode de paiement des citoyens enrôlés.

Le conseil-général arrête que toutes les mesures militaires sont renvoyées au ministre de la guerre sous sa responsabilité.

La demande des invalides de faire une levée dans leur corps pour aller défendre la patrie est renvoyée au ministre de la guerre.

Les commissaires pour le camp sont autorisés à faire couler des boulets de quatre au nombre de trente mille.

Arrête que les commissaires des guerres sont autorisés à faire la visite des pièces de canon qui sont dans les sections et à les faire mettre dans le meilleur état possible.

Arrête que la commission du camp de Paris sous Paris est autorisée à consentir, de concert avec le pouvoir exécutif, la construction des affûts de canon dont on aura besoin.

Arrêté qui accorde la parole au commissaire du camp sous Paris toutes les fois qu'il se présentera dans le sein du conseil-général.

D'après la lecture d'une lettre des commissaires à l'hôtel de la Force, le conseil envoie encore six commissaires pour tâcher d'arrêter les bras vengeurs qui frappent les criminels.

Signé DARNAUDERY et COULOMBEAU.

Séance du mardi 4 septembre au soir.

M. Balin occupe le fauteuil.

Sur une pétition de la section du Luxembourg, le conseil-général arrête que MM. les commissaires de section pourront faire des visites chez les épiciers et tous les marchands d'objets propres à la chasse, pour recevoir d'eux une déclaration amicale de la quantité de poudre et de plomb qu'ils peuvent avoir dans leurs magasins, en dresseront procès-verbal dont ils feront part à la Commune.

Madame Farey est autorisée à se retirer par-devant la section de la maison commune pour obtenir des secours dont elle a un besoin urgent, se trouvant chargée de famille, et son mari étant parti pour les frontières.

Ladite section est invitée à prendre en grande considération la demande de la dame Farey.

Le conseil-général arrête qu'il sera accordé un laissez-passer à MM. les officiers municipaux, à la garde nationale, aux citoyens, citoyennes de Passy et de Garche qui ont accompagné ce matin, jusqu'à Paris, leurs parens et amis qui sont partis pour la frontière.

M. Malot, capitaine des canonniers, a remis sur le bureau une cassette de fer-blanc renfermant plusieurs effets et espèces en or.

Plusieurs membres du conseil se plaignent vivement de l'ignorance profonde où sont la plupart des sections des arrêtés de la Commune et du peu de soin que l'on prend pour les leur faire parvenir.

Il est décidé que tous les arrêtés qui intéressent réellement les sections seront imprimés, et qu'ils seront envoyés tous les trois jours dans les sections par des ordonnances.

Sur la prestation d'un serment particulier d'oublier l'incivisme des signataires de la pétition des vingt mille et des huit mille, et de les regarder comme des frères, l'assemblée passe à l'ordre du jour, motivé sur ce qu'il est bien dans le cœur de tous les citoyens de conserver les propriétés et de défendre les personnes, mais non pas de fraterniser aveuglément avec des hommes qui propageaient le royalisme de tout leur pouvoir, non plus que de donner dans un tolérantisme capable de perdre la chose publique.

Un particulier dépose sur le bureau un calice d'argent et sa patène appartenant aux Bragelones émigrés. Un prêtre insermenté l'a remis à son frère qui, n'en voulant pas rester chargé, le remet à la Commune.

La section des Gravilliers annonce pour la seconde fois que M. Truchon, l'un de ses commissaires, a perdu sa confiance ; elle se plaint qu'il n'ait pas déposé son écharpe ; elle nomme M. Petit pour le remplacer.

Il s'élève des contestations assez vives à ce sujet. Quelques membres, rendant justice au mérite et au civisme de M. Truchon, prétendent qu'il ne doit pas être destitué. Quelques autres, étendant plus loin leurs vues, s'efforcent d'établir un nouveau mode de représentation, général et indépendant des sections, et de mettre en principe qu'un commissaire de section est le représentant de toutes.

M. le procureur de la Commune prend la parole et ramène à la vérité, en prouvant qu'une place qui tient à la confiance doit être perdue quand la confiance n'existe plus.

M. Petit, remplaçant de M. Truchon, est admis à prêter le serment civique, et prend séance au conseil.

M. Truchon annonce qu'il rendra compte de différentes commissions dont il est chargé.

Arrêté que les sections seront invitées à compléter le nombre de leurs commissaires au conseil-général.

Rapport des commissaires à l'apposition de scellés dans la prison de la Conciergerie.

Autorisation aux commissaires de la section du Pont-Neuf de lever lesdits scellés, de faire la description de tous les effets et papiers, afin de mettre le nouveau concierge à portée d'exercer sa place.

Lecture d'une lettre du ministre de la justice, qui demande compte des motifs de l'arrestation du concierge de la prison de la Conciergerie.

M. le procureur-syndic demande la parole. Il peint avec son énergie ordinaire l'horreur de la position d'un prisonnier dans les prisons de Paris, et surtout au Châtelet, il dit qu'en voyant sortir des criminels de cet odieux séjour pour marcher au supplice, il a toujours été tenté de les en féliciter.

Il demande que le Châtelet soit démoli, et que ce soit par adjudication pour que la Commune ne soit pas encore obligée de payer les frais de démolition, comme à la Bastille. La proposition est appuyée, mise aux voix et arrêtée.

Arrête en outre qu'il sera imprimé un placard pour inviter les citoyens artistes à indiquer les moyens de rendre les prisons salubres.

Le conseil arrête que M. Henry ne mérite pas la confiance du ministre de la guerre ; déclare qu'il a surpris sa religion pour une mission particulière, et qu'en conséquence des dénonciations dont il est l'objet, il sera mis en état d'arrestation sur-le-champ.

Sur le renvoi que fait la section de la Maison-Commune de la demande de la dame Farey,

Le conseil-général arrête qu'elle recevra des secours provisoires dès l'instant que le trésorier de la Commune aura rendu compte des fonds qu'il a entre les mains.

Arrêté que M. le commandant-général provisoire est autorisé à faire déposer à la maison-commune tous les fusils de calibre qui se trouvent dans les sections, d'après les visites domiciliaires ; et qu'en vertu du décret de l'assemblée nationale qui ordonne à tous les citoyens qui ne s'enrôlent pas pour l'armée de remettre aux sections leurs fusils de calibre, M. le commandant-général pourra faire auxdites sections telles demandes que les circonstances exigeront. *Signé* Coulombeau.

Séance du 5, *à deux heures du matin.*

M. Guiraut occupe le fauteuil.

Un particulier, arrêté comme suspect, ayant dit se nommer Claude Maçon, et ayant signé Claude Sujot, est mis en état d'arrestation, jusqu'à ce qu'il ait vérifié par ses papiers ce qu'il a avancé dans son interrogatoire au sujet de l'exactitude de sa conduite, et que le maître chez lequel il dit avoir travaillé en qualité de charpentier ait répondu de sa conduite.

Le nommé Pelletier, gendarme du palais, amené à la barre, est interrogé sur les violences qu'il s'est permises à l'égard des deux commissaires prêts à partir pour les départemens, et sur les moyens qu'il a employés pour empêcher leur départ. Les mauvais traitemens sont avérés par plusieurs citoyens. Il est envoyé en état d'arrestation à la geôle pour vingt-quatre heures seulement, et forcé de déposer son uniforme. *Signé* Coulombeau.

Séance du 5 *septembre* 1792, *l'an* Ier *de la république française, à dix heures du matin.*

M. Pétion, maire, occupe le fauteuil.

L'assemblée applaudit à la proclamation de M. Billaud-Varennes à l'instant de son départ pour l'armée.

Le conseil-général arrête qu'elle sera imprimée, affichée et envoyée aux quarante-huit sections.

Une nombreuse députation des Invalides se présente dans l'assemblée ; l'orateur peint l'impatience qui dévore les concitoyens de partir pour l'armée ; le feu du courage anime ses gestes expressifs ; l'amour de la patrie rend à ces braves guerriers tout le courage de la jeunesse.

Le secrétaire leur fait part de la délibération qui a été prise pour les mettre à la tête de notre bouillante jeunesse. Ils ne demandent point de commandement, disent-ils, point d'autres honneurs que de voler à l'ennemi;

Ils demandent des habits et des armes; de longs applaudissemens couronnent leur demande.

Ils sont renvoyés par-devant M. le commandant pour s'organiser à l'instant.

Sur quelques demandes des sœurs de l'Hôtel-Dieu et des Enfans-Trouvés, il est arrêté que MM. Goudrebau et Benoît se transporteront auxdits hôpitaux, pour engager ces dames à continuer leurs bons soins aux enfans et aux malades.

MM. Moulin, Barrey, Jobert, Roussel, sont nommés pour se joindre à des députés de l'assemblée nationale qui doivent protéger les criminels de haute trahison, détenus à Orléans et qui doivent arriver à Paris.

Sur la demande d'une députation de la section de Mirabeau, le conseil-général arrête que M. Cahier sera élargi.

Le conseil-général arrête que MM. Leclerc, Favannes et Charles, sont autorisés à procéder, conjointement avec les commissaires de la section des Sans-Culottes, à la vérification et levée des scellés apposés à Saint-Firmin et à Saint-Nicolas.

Le conseil-général arrête que M. le commandant-général est autorisé à faire relever les postes des barrières, et à n'y laisser que quatre hommes et un caporal pour vérifier les passeports des voyageurs.

Les ouvriers pour le camp seront munis d'une carte et d'un cachet qui leur servira de laissez-passer.

Les canonniers des vainqueurs de la Bastille défilent dans la salle au bruit des applaudissemens. Ils sont prêts à partir pour le camp; passant devant le président, ils lèvent la main en gardant un silence majestueux, et ils expriment par ce serment muet leur dévouement à la patrie.

Le conseil-général, conformément à son arrêté qui nomme vingt-quatre commissaires pour se rendre dans les différens départemens, afin de pourvoir à tout ce qui intéresse le salut public,

Délègue à M. Billaud-Varennes, substitut du procureur de la Commune, tous les pouvoirs dont il croira avoir besoin, et avoue tout ce que sa sagesse lui dictera dans l'importante mission dont il est chargé.

Le conseil-général, le procureur de la Commune entendu,

Arrête que les ateliers du sieur Pandroue, sellier, rue de Seine-Saint-Germain, seront fermés; et, attendu qu'il n'a pas de patente, autorise le procureur de la Commune à prononcer la confiscation de tous les objets qui s'y trouvent.

MM. Martin et Daugeon, commissaires nommés pour les départemens, sont autorisés à partir sur-le-champ, et à choisir telle voiture qu'il leur plaira, chez le sieur Pandroue.

M. Panis, administrateur et membre du comité de surveillance, est invité à se rendre dans le sein du conseil pour donner des renseignemens sur les plaintes amères qu'un membre du conseil a portées contre lui.

Un citoyen de la section des Halles vient dénoncer au conseil un nommé Talon, complice de Dangremont.

La section du marché des Innocens amène une femme chez laquelle on a posé les scellés lors de la visite domiciliaire, parce qu'on n'a pas trouvé son mari : le conseil la renvoie par-devant ladite section, pour déduire ses moyens de défense.

Le sieur Soudain est nommé gardien des scellés et de tous les effets qui se trouvent actuellement au Châtelet.

Signé Coulombeau.

Séance du mercredi 5 septembre, six heures du soir.

M. L'Huilier occupe le fauteuil.

Un infortuné nommé Lauzanne, qui a langui pendant quarante mois dans les hôpitaux, et souffert les traitemens les plus cruels pour une plaie profonde à la jambe, réclame, par l'organe du secrétaire, un secours provisoire de cent vingt livres. Le conseil-général, toujours prêt à recueillir les plaintes des malheureux, accorde d'abord cette somme; mais, sur l'observation d'un membre que le temps des eaux est passé, et que cent vingt livres ne peuvent pas lui être d'un grand secours dans son état, le conseil arrête qu'il entrera aux Incurables.

Sur la demande faite par la section du Bon-Conseil, arrête que l'administration municipale fera afficher, dans le plus court délai, l'état des subsistances de la ville, ainsi que de toutes les mesures qu'elle a prises et qu'elle se propose de prendre pour faire évanouir toute crainte à ce sujet.

Arrête, en outre, que les administrateurs des différens départemens (municipaux) seront tenus de rendre compte, par écrit, des décisions qui auront été l'objet de leurs délibérations; de les soumettre à la sanction du conseil-général ou à sa critique s'il y a lieu.

M. le procureur de la Commune entendu,

Le conseil-général arrête qu'il sera nommé samedi un percepteur des finances du département.

Le ci-devant valet de chambre du prince royal, nommé Villette, réclame la faculté de faire son service auprès du prince. Sur cette demande, le conseil-général passe à l'ordre du jour, motivé sur ce que le sieur Cléry, actuellement en place, conserve sa confiance.

Des citoyens, voisins des couvens dits du Petit-Calvaire, de Saint-Aure, du Précieux-Sang, demandent, par l'organe du secrétaire, qu'il soit nommé des commissaires du conseil pour porter à ces religieuses l'ordre de sortir de leur maison sous quinze jours, parce qu'ils craignent que ces associations, conservées contre le vœu de la loi, n'excitent quelque fermentation dans le quartier. Le secrétaire observe que ces religieuses ne cessent de répéter qu'elles ne doivent obéir qu'à la volonté de Dieu, et qu'il est instant de leur manifester cette volonté par celle de la loi.

Le conseil-général arrête la mention honorable à la conduite civique du citoyen Bache, père de cinq enfans, dont deux le suivent aux frontières, et arrête en outre que non-seulement sa place au bureau des passeports lui sera conservée, mais encore qu'il jouira des appointemens de cette place comme s'il l'occupait, afin de procurer l'existence à son épouse et à ses trois enfans, lesquels appointemens seront payés chaque mois à ladite dame.

M. Rossignol étant excédé de fatigues, et même malade, demande qu'on aille le relever à la prison qu'on croit être celle de la Force; ce défaut de désignation dans sa lettre fait que MM. Marino et Toulan, nommés commissaires, ne peuvent remplir leur mission.

M. le procureur de la Commune observe au conseil que M. Lemoine, secrétaire-greffier adjont de la municipalité, ayant donné sa démission, l'expédition des affaires se trouve retardée à raison du défaut de signataires, qu'il est urgent de nommer à la place de M. Lemoine, et il propose Claude Coulombeau, citoyen commissaire de la section des Droits-de-l'Homme. Cette nomination ayant été mise aux voix et adoptée l'unanimité, il a prêté à l'instant le serment requis par la loi du 14 août 1792.

MM. Maillet, Tresse-Tondant, Breton et Journée, sont nommés pour la surveillance et la police du Temple.

M. Cochois est nommé commissaire pour se rendre à la Conciergerie, et y assurer l'ordre et la tranquillité.

Une députation de la section du Louvre vient dénoncer les abus de tous genres qui ont lieu à l'École-Militaire. La légion qui y est casernée s'y livre à toute sorte de débauches. Les filles publiques y sont accueillies en tous temps. Les chevaux y sont des journées entières sans boire ni manger. Deux commissaires sont nommés, et partent à l'instant pour rétablir l'ordre et pour s'assurer des personnes qui peuvent être punissables.

M. Gilles est nommé pour présider à l'organisation d'un bataillon de fédérés. *Signé* COULOMBEAU.

M. Laveau occupe le fauteuil.

Sur la demande de M. Thibault, marchand de vin, rue de la Tannerie, il est nommé un commissaire pour prendre des renseignemens sur plusieurs personnes qui doivent coucher cette nuit dans sa maison.

Le conseil-général arrête que MM. de la Barre et Lavoiepierre sont autorisés à faire transporter aux Invalides tous les plombs qui peuvent se trouver dans les différentes sections; employer toutes les personnes de l'hôtel à faire des cartouches, moitié en poudre fine et la balle apparente, collée sur du papier; se transporter dans toutes les églises pour faire enlever les cercueils de plomb, faire ramasser tous les plombs qui se trouvent sous la main de la nation, dans quelque lieu qu'ils puissent être, et à faire toutes les recherches à ce sujet, comme aussi de tirer de l'Arsenal et de faire transporter aux Invalides toutes les poudres nécessaires, et se procurer tous les moules à balle dont ils auraient connaissance.

Le conseil-général arrête que la recherche des armes est renvoyée par-devant les municipalités qui doivent en connaître.

Le conseil-général, sur la demande de la section de l'Arsenal, autorise MM. Lecamus et Baudouin à faire transporter à Sainte-Pélagie les prisonniers de l'hôtel de la Force, detenus actuellement à Saint-Louis-la-Culture.

Ils se feront fournir les chariots dont on se sert ordinairement pour transférer les prisonniers, et se feront accompagner de telle force armée qu'ils jugeront convenable.

Séance du 6 septembre, à dix heures du matin.

M. Verdier occupe le fauteuil.

Une députation de la section des Droits-de-l'Homme demande à être autorisée à garder les fusils de calibre qu'elle a trouvés dans les visites domiciliaires, afin de pouvoir armer les citoyens de cette section, qui, au nombre de plus de deux cents, sont prêts à partir pour l'armée.

Renvoyé au commandant-général provisoire.

Trois citoyens de la section des Arcis viennent réclamer contre l'enlèvement, qu'on a fait chez eux, d'un fusil qui avait été donné à chacun d'eux, pour récompense et paiement de leur travail à la maison-commune, lors du déchargement des armes à feu.

Le conseil arrête que: comme ils ne partent pas pour l'armée il leur sera donné à chacun une pique, et que le prix de leur fusil leur sera remis.

La section est invitée à faire mention, dans son procès-verbal, de la bonne conduite de ces citoyens.

Un grand nombre d'ouvriers en tentes viennent se plaindre de ce qu'on ne leur donne pas d'ouvrage. Le conseil arrête que M. Coulange, entrepreneur des tentes, viendra rendre compte de sa conduite.

Sur une pétition de la section des Thermes, relativement au camp sous les murs de Paris;

MM. Jacob et Lanier sont nommés commissaires adjoints à ceux qui forment la commission du camp; ils sont invités à se concerter avec la section des Thermes pour accélérer les travaux du camp.

Le conseil-général ayant ordonné la délivrance des passeports d'après l'esprit de ses arrêtés précédens, et la libre circulation dans l'étendue du département de Paris;

Arrête que M. le commandant-général provisoire est autorisé à diminuer la force armée qui monte aux barrières, et à n'y laisser qu'un sous-officier avec quatre hommes, lesquels suffiront pour vérifier si les voyageurs et voitures sont dans les termes de la loi.

Tous les citoyens sont invités à se joindre à cette garde si l'on osait entreprendre de la forcer.

M. le commandant-général mettra cet arrêté à l'ordre.

Le conseil rapporte la partie de son arrêté pris le 4 septembre au matin, en ce qui concerne la carte munie d'un cachet au timbre, dont les ouvriers pour le camp devaient être porteurs; arrête que tous ces ouvriers, ayant des chefs d'atelier à leur tête, passeront librement.

On a fait lecture d'une lettre de M. le maire qui annonce que les exécutions se continuent à la Force. Aussitôt le conseil députe vers lui pour l'inviter à se rendre à la maison-commune et délibérer sur les moyens de faire cesser l'effervescence, arrête en outre qu'il sera fait une proclamation à ce sujet.

Le conseil-général arrête qu'il sera délivré un mandat sur le trésorier de la ville, de la somme de mille quatre cent soixante-trois livres, pour le salaire de toutes les personnes qui ont travaillé, au péril de leur vie, à conserver la salubrité de l'air dans les journées des 2, 3, 4 et 5 septembre dernier, ainsi que de ceux qui ont présidé à ces opérations aussi importantes pour la société que dangereuses pour eux.

Le receveur-trésorier de la ville se remboursera de ces avances sur les sommes provenant des effets de toutes espèces qui se trouvent dans les prisons, et dont M. le procureur-syndic est chargé de presser la vente.

Le comité de la section des Sans-Culottes demande à être autorisé à faire enlever les grilles de l'église paroissiale de Saint-Médard, pour fabriquer des piques. Le conseil passe à l'ordre du jour, motivé sur ce que les décrets de l'assemblée nationale portent formellement que les églises conservées pour le service divin resteront dans l'état où elles se trouvent.

Séance suspendue à deux heures.

Les membres du conseil, M. le maire à leur tête, se transportent à l'hôtel de la Force pour rappeler à l'exécution de la loi, qui protége les personnes et les propriétés. *Signé* Coulombeau.

Séance du jeudi 6 septembre au soir.

M. Bernard occupe le fauteuil.

M. Sergent monte à la tribune; il développe les moyens odieux que l'on emploie pour calomnier le peuple ; il peint sa bonté, sa générosité, sa justice au milieu même de ses plus terribles vengeances ; il se plaint de ce qu'on répand le bruit atroce d'un projet de piller les magasins et les gens riches ; il s'étend avec complaisance sur les preuves que le peuple a données si souvent de son respect pour les propriétés. Il avance ce principe si vrai et si fécond par ses heureuses conséquences en politique, que pour rendre quelqu'un vertueux, il faut paraître croire à sa vertu.

Se résumant, il conclut à ce que le conseil-général arrête une adresse ou proclamation conçue de manière que le peuple sente ses vertus et craigne de les ternir.

M. Sergent est invité à rédiger lui-même cette adresse, et à en faire part sur-le-champ au conseil.

Deux commissaires sont envoyés pour s'assurer de deux fabricateurs de faux assignats qu'un citoyen vient dénoncer.

M. Panis, administrateur de police, se présente au conseil-général pour répondre aux inculpations dont on a tâché de le noircir; sa justification satisfait le conseil qui lui témoigne n'avoir aucun doute sur la pureté de sa conduite.

Arrêté que les travaux du Temple seront suspendus pendant quarante-huit heures; que M. Paillet sera mandé pour rendre compte de sa gestion et de l'emploi des fonds qui lui ont été remis.

Un membre du conseil avertit que plusieurs Suisses, de ceux qui ont prêté le serment civique ce matin en place de Grève, et que le peuple a désiré voir répartis dans toutes les sections, ont été refusés par plusieurs; qu'ils sont dans la salle et qu'ils ont le plus grand besoin de repos.

Le conseil-général arrête que les sections sont invitées à recevoir, dans leur sein, les Suisses qui leur seront présentés, de leur donner l'hospitalité comme à des infortunés dont l'innocence est reconnue, comme à des frères d'armes qui ont juré dans ce jour de maintenir la liberté et l'égalité. Bientôt ils partiront pour l'armée; ils ne désirent que de verser leur sang pour la défense d'un peuple sensible et bon, qui aime mieux faire des heureux que de punir.

Le domaine de la ville remboursera les frais que pourront faire les sections à cette occasion.

Le conseil-général, considérant combien il est important d'avoir du fer pour forger des piques, dans l'impossibilité où l'on est d'avoir assez de fusils pour armer tous les citoyens que l'amour de la liberté et l'horreur pour les tyrans entraînent aux frontières, arrête que les grilles de la place des Fédérés, qui ne contribuent en rien à la décoration de la place, seront enlevées pour être converties en piques;

Que tous les barreaux de fer qui se trouvent aux Tuileries sont inutiles; ensemble les grilles et le fer des églises supprimées, toutes les barres de fer provenant des démolitions du Temple et de tous les édifices nationaux seront enlevés.

MM. Fort et Talbot sont nommés commissaires, à l'effet de dresser tous les procès-verbaux nécessaires pour constater la totalité par quintaux; distribuer par pesées égales lesdits fers à chaque section, qui en donnera son reçu et fera fabriquer le nombre de piques que la matière pourra lui fournir. Le tout dans le plus court délai et au meilleur marché possible.

Une femme, chargée d'un enfant, demande les moyens de constater si son mari existe encore; on l'a assurée qu'il avait eu la tête coupée le 10 août, et elle ne peut jouir des biens de son mari pour entretenir son enfant sans avoir constaté la mort du père.

Renvoyé au comité de surveillance.

Le conseil-général arrête que six commissaires se transporteront à l'instant sur la place de Grève, pour passer en revue les volontaires de la section de Marseille qui sont prêts à voler à l'ennemi.

L'orateur de la députation est accueilli avec des applaudissemens universels. La mention honorable de son discours et du patriotisme des citoyens de la section de Marseille est consignée au procès-verbal.

La section du Mail présente au conseil une délibération par laquelle il est proposé de mettre en oubli les listes de signataires des pétitions anti-civiques, et de regarder ces citoyens comme frères. Le conseil-général passe à l'ordre du jour, motivé sur le danger qu'il y aurait d'admettre parmi les patriotes des citoyens dont le civisme a été plus que douteux jusqu'au 10; la députation est admise aux honneurs de la séance.

Le conseil-général, le procureur de la Commune entendu, arrête que, vu les dangers auxquels est exposée la patrie, et le besoin d'armer promptement les citoyens : toute espèce de formalité prescrite pour les paiemens que doit faire le trésorier de la municipalité pour les approvisionnemens de guerre est abolie, et qu'à compter de ce jour, il paiera sur la signaturre du maire, de deux administrateurs de la force armée et de la police, les bons qui seront tirés sur lui.

Que, vu la disette des fonds dans la caisse de la municipalité, les administrateurs de police et membres du comité de surveillance mettront à la disposition du caissier de la force armée, une somme prise sur les espèces et la valeur des effets saisis chez les émigrés, ainsi que les sommes qui proviendront des effets non réclamés qui se trouvent en dépôt et avec le scellé dans les prisons;

Laquelle somme sera employée, sur le vu des susdits administrateurs, pour des munitions de guerre, sans qu'ils aient besoin d'en obtenir la délivrance par des arrêtés des bureaux de ville et du corps municipal, dont la lenteur ne peut qu'être infiniment nuisible à la chose publique.

Les administrateurs de police et de la force armée feront l'emploi de tous les fonds sous leur responsabilité.

Nuit du 6 au 7 septembre.

Il a été amené quelques particuliers qu'on soupçonnait avoir des connaissances relativement à la fabrication de faux assignats et faux billets de confiance; ils n'ont donné aucune lumière, et ont été renvoyés.

Séance du vendredi 7 septembre 1792, l'an Ier de la république.

M. Tessier occupe le fauteuil.

Le conseil-général arrête que tous les effets déposés dans différentes prisons seront réunis dans un seul et même lieu, afin d'éviter toute dilapidation.

Sur la demande faite d'inviter les sections à remplacer les membres du conseil qui sont nommés électeurs, passe à l'ordre du jour.

Sur la demande d'un officier de gendarmerie, d'envoyer au Châtelet des commissaires pour y rétablir l'ordre troublé par quelques malveillans qui n'avaient pas respecté les scellés, MM. Richardon et Rigollot sont nommés pour remplir cette mission.

M. Pétion occupe le fauteuil.

M. le maire-président prend la parole, et rend compte des moyens employés par les ennemis du bien public pour faire regarder avec horreur les citoyens de Paris; il assure qu'on fait courir des listes de proscription pour effrayer ceux qui résident dans cette ville immense, et en éloigner tous les étrangers. Il propose de faire une adresse aux quatre-vingt-deux départemens pour développer les principes qui dirigent la très-grande majorité des citoyens, et les assurer formellement que dans tous les temps les individus et les personnes seront respectés dans cette ville.

Cette motion est fortement appuyée et couverte d'applaudissemens; il est arrêté à l'unanimité que M. le maire se chargera de rédiger l'adresse.

Le conseil-général arrête que les assemblées générales des sections vérifieront les preuves de civisme de tous les anciens gardes de la maison du ci-devant roi, et qu'elles en feront passer le certificat à la maison-commune.

Un membre se plaint de l'élection de MM. Thouret et Pastoret, ainsi que de quelques autres royalistes-feuillans, réviseurs de la Constitution, nommés à la Convention nationale par le département. Il demande qu'il soit fait une adresse aux quatre-vingt-deux départemens, pour faire sentir le danger de pareils choix.

Sur cette demande, le conseil-général passe à l'ordre du jour, motivé sur ce que la plus grande liberté doit régner dans les élections, et sur ce que la ville de Paris irait directement contre ses intérêts, si elle paraissait prétendre à la moindre influence dans ce qui concerne les différens départemens de l'empire.

Une députation de citoyens casernés à la Nouvelle-France demande que l'un d'entre eux, prévenu de vol, soit promptement puni. M. le maire prend la parole, et après avoir applaudi à leur délicatesse, il examine l'affaire sous tous les rapports et conclut en disant que le délit doit être jugé par une cour martiale.

Le conseil-général arrête qu'il fera une pétition à l'assemblée nationale à l'effet d'obtenir que les ports de lettres soient diminués de moitié pour les sous-officiers et soldats qui sont actuellement dans nos armées, et que cette disposition soit étendue à tout le temps de la guerre.

MM. Rivallier, Fontaine, Thomas et Favanne sont nommés commissaires à l'effet d'examiner les différentes plaintes contre la conduite de M. Panis.

Séance du 7 septembre après-midi.

M. Boula occupe le fauteuil.

Le conseil-général autorise MM. Lecler et... à se transporter à la maison de Saint-Firmin, pour procéder, conjointement avec MM. les commissaires de la section des Sans-Culottes, à la vérification et levée de scellés qui y ont été apposés, pourvoir aux réclamations relativement aux effets qui s'y trouvent, dresser procès-verbal du tout, et en rendre compte au conseil.

Arrêté que les sections seront invitées à ne délivrer de passeports que sur la représentation de quittances de toutes les impositions, et d'en faire mention sur les passeports.

Sur la demande de la section des Tuileries, arrête qu'elle est autorisée à mettre le scellé sur les papiers de M. Burette, à le mettre en état d'arrestation s'il y a lieu, et à saisir le drap dont elle a un besoin pressant.

Les commissaires qui sont à l'hôtel de la Force sont autorisés à arrêter les comptes de dépense et à les présenter au conseil.

L'arrêté du conseil pour l'enlèvement des grilles de la place Royale à l'effet d'en fabriquer des piques, est rapporté.

Sur la demande de la section Montmartre, M. Marchand, détenu à Sainte-Pélagie, est mis en liberté par un arrêté du conseil-général.

Séance levée à minuit.

Séance du 8 septembre 1792, l'an Ier de la république, au matin.

M. Pétion occupe le fauteuil.

Le conseil-général arrête que les comités des sections, conjointement avec MM. les capitaines des compagnies, seront invités à déterminer tous les citoyens, conformément au texte de la loi, à donner tous les fusils de calibre qu'ils peuvent avoir, quand même ils s'enrôleraient pour le camp sous Paris.

Arrêté que tous les commissaires qui ont apposé les scellés, dans quelque endroit que ce puisse être, seront tenus d'en faire leur déclaration dans les quarante-huit heures à l'administration des domaines nationaux, à l'effet, par cette administration, faire droit aux réclamations et faire rendre les effets s'il y a lieu.

La section des Sans-Culottes est autorisée à remettre à M. Legendre son argenterie saisie par procès-verbal de ladite section.

M. le maire prend la parole.

Il expose l'insuffisance du local où l'assemblée nationale tient ses séances; les avantages que la nation retirerait de la vente des terrains des Capucins et des Feuillans. Il s'étonne de ce que les rois ayant toujours habité dans des palais, les représentans du souverain soient resserrés dans un manége; il propose d'adresser une pétition à l'assemblée nationale à l'effet de l'inviter à choisir un local convenable dans les Tuileries pour tenir ses séances.

Cette motion est applaudie. M. le maire est invité à faire la pétition, et à se mettre à la tête d'une députation de douze membres qui se rendront à l'assemblée nationale.

Les commissaires nommés à cet effet sont MM. Pétion, Manuel, Toulan, Coulon, Laisné, Le Maire, d'Audibert-Caille, Godichon, Delaunay, Deschamps, Joibertan et Miet.

Séance suspendue à trois heures.

Séance du samedi 8 au soir.

M. Laveau occupe le fauteuil.

Le citoyen Jean-François Damour, homme de loi, demeurant quai de Gèvres, n° 21, dépose sur le bureau une somme de 200 livres, pour subvenir aux dépenses nécessitées par les circonstances actuelles, et il contracte l'engagement de payer une somme de 800 livres par année, et ce par trimestre, dont 400 liv. seront remis à l'assemblée nationale pour les frais de la guerre, 200 livres à la Commune pour subvenir aux frais communaux, et 100 livres à la section des Arcis pour subvenir aux besoins des citoyennes dont les maris ont péri dans la journée du 10 août.

Le conseil-général, après avoir applaudi à cette offre civique, a arrêté que mention honorable en serait faite au procès-verbal, et qu'extrait du présent sera délivré au citoyen Damour.

« Je soussigné, secrétaire-greffier de la Commune, reconnais avoir reçu du citoyen Damour un assignat de 200 livres, déposé ce jourd'hui sur le bureau du conseil-général pour subvenir aux besoins communaux.

» Dont quittance civique à la maison commune de Paris, ce 8 septembre 1792, l'an IVe de la liberté, Ier de l'égalité. »

Le conseil-général, considérant que l'ardeur du patriotisme entraîne en ce moment au-devant de l'ennemi tous les citoyens français; que les ouvriers de toutes les professions s'empressent à l'envi de marcher et à composer nos légions citoyennes, pour aller anéantir les ennemis de la liberté et de l'égalité;

Applaudissant au zèle de tous les Français et aux sentimens qui leur dictent cette grande démarche digne d'un peuple qui veut demeurer libre,

Observe néanmoins aux citoyens qu'un déplacement trop précipité et trop considérable, nuirait également et au commerce et aux moyens de fournir aux premiers besoins de nos braves défenseurs;

Arrête que les serruriers, charrons, cordonniers, taillandiers et autres ouvriers des états ou professions de première nécessité, sont invités à rester à Paris, jusqu'à ce que les magistrats, honorés de la confiance de leurs concitoyens, fassent entendre le tocsin de la nécessité publique, qui leur indiquera le moment où tous les bras devront frapper à la fois pour abattre les têtes des tyrans.

Les sections sont invitées à réunir tous leurs efforts pour l'exécution du présent arrêté, et, à cet effet, elles exigeront à l'avenir, de tous ceux qui s'enrôleront, qu'ils soient munis d'un certificat qui prouve quel est réellement leur état.

Ordonne que le présent arrêté sera imprimé, affiché et envoyé aux quarante-huit sections.

M. le commandant-général est autorisé à pourvoir au casernement des volontaires de la section du Ponceau.

Lecture d'une lettre de M. Billaud-Varennes, en date du 6; il donne des détails satisfaisans sur le patriotisme et l'ardeur guerrière de nos braves soldats-citoyens; il se plaint de l'inertie du général Luckner.

Le conseil-général arrête que tous les citoyens-soldats qui se présenteront aux bureaux des diligences pour se rendre aux armées, obtiendront la préférence sur tous les citoyens qui se seraient fait enregistrer avant eux.

Le conseil-général arrête que le nom de Thermes-de-Julien, qu'a porté jusqu'à ce moment la section, sera changé en celui de Beaurepaire; que le nom de place de Sorbonne sera changé en celui de Beaurepaire; qu'il sera apposé sur l'angle de la place un marbre portant une inscription du trait héroïque du brave Beaurepaire, dans la forme déterminée par l'assemblée générale de la section. Arrête aussi que le nom odieux de Richelieu que porte la rue sera effacé, et qu'on y substituera celui de Beaurepaire; que la rue de Sorbonne portera dorénavant celui de petite rue Beaurepaire.

Le procureur de la Commune présente ses vues pour la répression des filles de mauvaise vie.

Le conseil applaudit à son zèle.

Séance suspendue à onze heures du soir.

Séance du dimanche 9 septembre 1792.

M. Boula occupe le fauteuil.

Une députation de la section du Roule se présente ; l'orateur émet son vœu pour le salut du peuple : Fraternité, union, surveillance continuelle, énergie, activité, inflexibilité surtout dans les principes, et guerre ouverte aux traîtres, aux hypocrites et aux modérés ; voilà, dit-il, ce qui doit caractériser et la section du Roule et les quarante-sept autres sections de Paris.

Le conseil-général arrête la mention honorable de cette adresse au procès-verbal, et invite la députation aux honneurs de la séance.

Une députation de la section de la Cité exprime ses sentimens fraternels à l'égard des Suisses qui lui ont été envoyés, et qui sont devenus Français par leur serment civique et par leur enrôlement dans la compagnie des citoyens qui vont partir pour les frontières.

Elle demande que le conseil-général fasse armer et habiller ces braves militaires. Arrêté que M. le commandant-général provisoire prendra les mesures les plus promptes pour satisfaire à cette demande.

Le citoyen Tallien a été proclamé procureur de la Commune, le citoyen Lavau premier substitut, et le citoyen Léonard-Bourdon second substitut.

Le secrétaire fait lecture d'une lettre de M. Pétion, dans laquelle, annonçant qu'il est nommé à la Convention nationale, il donne sa démission de la place de maire, et exprime toute sa sensibilité pour les preuves de confiance qu'il a reçues de ses concitoyens.

Le conseil-général arrête que M. le maire sera invité à rester en place jusqu'à ce que la Convention nationale ouvre ses séances.

Lecture faite du procès-verbal, la rédaction mise aux voix a été approuvée, et le citoyen Boula, président, a levé la séance à minuit.

Séance du 10 septembre 1792.

M. Boula occupe le fauteuil.

Une députation de la section du Ponceau, actuellement des Amis-de-la-Patrie, vient déclarer itérativement que M. Dufort a perdu sa confiance et qu'elle lui retire absolument de ses pouvoirs.

Le conseil-général arrête qu'il sera mis à la disposition du ministre de la guerre cent mille cartouches pour le camp de Soissons.

La dame Le Comte est amenée à la barre par la garde nationale d'Écouen. Elle est prévenue d'accaparement de blé et de l'avoir vendu en échantillon. Interrogée sur ces délits, elle nie absolument tout ce qu'on lui impute; elle est envoyée provisoirement en état d'arrestation à la geôle.

Les sieurs Ricce et Fourneau, prévenus d'avoir volé le prêt de la compagnie de cavalerie casernée à l'École Militaire, sont amenés à la barre; renvoyés par devant les tribunaux, ils sont conduits, sous la garde du commandant du poste de la Ville, aux prisons de la Conciergerie, pour y être provisoirement en état d'arrestation.

Le commandant du poste vient bientôt rendre compte que les prévenus ont été à couvert de toute atteinte par la loyauté du peuple et sa soumission à la loi; qu'ils sont rendus à la Conciergerie, et qu'ils seront jugés demain dans la journée.

Nomination de commissaires pour se transporter aux prisons, à l'effet de constater la mort des prisonniers depuis la journée du 10.

Arrêté qu'il sera ouvert un registre au secrétariat de la municipalité où seront inscrits les noms des morts et des témoins, ainsi que l'état des effets trouvés dans lesdites prisons.

Les commissaires sont MM. Agy et Delaunay pour le Châtelet, Danger et Moneuse à l'hôtel de la Force.

Le conseil-général de la Commune, considérant que les municipalités ont, d'après le texte précis de la loi, le droit de constater les naissances, mariages et décès; voulant remédier, autant qu'il est en son pouvoir, aux troubles que pourraient apporter dans les familles les meurtres commis en la personne des détenus dans les maisons différentes d'arrêt, de détention, de justice et de réclusion qui sont sous sa surveillance, si leur mort n'était constatée par une autorité reconnue et d'une manière légale;

Voulant pareillement que les effets mobiliers, linge, hardes, bijoux et sommes de deniers trouvés sur les prévenus et déposés dans les comités de section, soient remis à ceux qui ont droit de les réclamer;

Le procureur de la Commune entendu,

Arrête : 1° que les greffiers, concierges, geôliers et gardiens desdites prisons seront tenus de se transporter au comité de la section dans l'étendue de laquelle se trouve une des maisons ci-dessus désignées, d'y déposer les registres et renseignemens qu'ils pourront avoir, tant sur les prisonniers morts que sur ceux qui se sont évadés desdites prisons.

Art. 2. Lesdits comités de section dresseront, en présence d'un des membres du conseil-général, et d'après les déclarations tant des greffiers, concierges, gardiens et geôliers desdites prisons, que sur les dépositions de citoyens qui auraient été témoins, et dont ils recevront le serment, des procès-verbaux qui constateront lesdits décès.

Art. 3. Les procès-verbaux ainsi dressés seront déposés en minute, dans les vingt-quatre heures, au secrétariat de la Commune.

Art. 4. Le secrétaire-greffier ouvrira un registre sur lequel sera porté l'extrait du procès-verbal de chaque décès, et contiendra la mention des noms, surnoms, âge, qualité, profession ou état, pays de naissance et demeure, soit des personnes décédées, soit des citoyens qui attesteraient leur mort.

Art. 5. Le secrétaire-greffier sera tenu de délivrer, et sans frais, autant d'extraits qu'il en sera demandé par les parens ou personnes qui pourraient y avoir droit.

Art. 6. A l'égard des effets mobiliers, tels que linge, hardes, bijoux ou sommes de deniers trouvées sur les détenus, ne pouvant être considérés que comme propriétés particulières, et sur lesquelles la Commune n'a aucun droit ;

Le conseil-général arrête pareillement que lesdits objets resteront déposés dans les comités desdites sections, pour, d'après les renseignemens donnés sur les véritables propriétaires d'iceux, être remis sur bonne et suffisante désignation aux parens, héritiers ou ayant-cause des personnes décédées, le tout en présence d'un d'un commissaires du conseil-général, procès-verbal préalablement dressé desdites remises.

Arrête également que le présent arrêté sera imprimé, affiché et envoyé aux quarante-huit sections.

Le conseil-général de la Commune, prenant en considération la demande faite par l'assemblée générale de la section des Droits-de-l'Homme, autorise MM. Pointard et Hardy, commissaires par elle nommés à cet effet, à se faire délivrer par le concierge de l'hôtel de la Force, ou par tout autre gardien, cinquante-huit matelas pour coucher les citoyens-soldats de Montalban, qui ont accompagné les prisonniers amenés d'Orléans à Versailles ; charge lesdits commissaires de faire rétablir les matelas dans la maison d'arrêt, lorsqu'ils ne seront plus nécessaires.

Ordonne audit concierge, sur le vu du présent arrêté, et sur la décharge desdits commissaires, de remettre ladite quantité de matelas.

Les citoyens venant d'Orléans demandent à être campés, et offrent le travail de leurs mains et tous les efforts du zèle le plus ardent pour l'avancement des travaux.

Un détachement du régiment de Berwick-cavalerie et des volontaires d'Orléans qui ont accompagné la garde nationale de Paris pour le transport des prisonniers, demande la nourriture et le logement jusqu'à leur départ.

Renvoyé au commandant-général et à la commission militaire pour en faire leur rapport.

MM. Thomas et Bonomé sont nommés commissaires pour visiter un paquet de lettres saisies sur des prisonniers d'Orléans, et en dresser procès-verbal.

Le conseil-général arrête que quatre citoyens du détachement d'Orléans seront présens à cette opération.

Le conseil-général, considérant combien il est imposant de ne pas laisser encombrer les prisons en y retenant indistinctement et les criminels qui doivent tomber sous le glaive de la loi, et de simples prévenus de fautes légères, arrête que deux commissaires du conseil-général se transporteront, accompagnés de commissaires de sections et de leur secrétaire-greffier, dans chacune des prisons de Paris, à l'effet d'interroger tous les détenus, de connaître la nature des délits dont ils sont prévenus, ou constater leur innocence; en faire le rapport aux tribunaux qui doivent en connaître, pour, par eux, statuer ce qu'il appartiendra dans le plus court délai; et pour accélérer cette mesure, arrête, en outre, que le tribunal de police procédera incessamment à l'interrogatoire des prisonniers de Sainte-Pélagie et de la geôle;

Arrête que l'article 6 de l'arrêté du 10 de ce mois est rapporté. Le conseil-général déclare que tous les effets des prisonniers morts ou évadés depuis le 2 dudit mois jusqu'à ce jour, appartiennent à la nation.

M. Thomas, nommé commissaire pour l'examen des effets trouvés sur les prisonniers d'Orléans, écrit au conseil que des affaires indispensables ne lui permettent pas de remplir cette mission. M. Véron est nommé pour le remplacer.

Arrêté que les sommes trouvées dans la caisse du séminaire de Saint-Firmin et dépendances seront versées au trésor de la maison commune.

Arrêté de la Commune, en date du 23 août 1792, sur le clergé.

« Le conseil-général, considérant qu'au moment où le règne de l'égalité vient enfin de s'établir par la sainte insurrection d'un peuple justement indigné par la longue oppression dont il a été la victime, cette égalité précieuse doit exister partout;

» Considérant que les cérémonies religieuses actuellement observées pour les sépultures étant contraires à ces principes sacrés, il est du devoir des représentans de la Commune de tout ramener à cette précieuse égalité que tant d'ennemis coalisés s'efforcent de détruire;

» Considérant que, dans un pays libre, toute idée de superstition et de fanatisme doit être détruite et remplacée par les sentimens d'une saine philosophie et d'une pure morale;

» Considérant que les ministres du culte catholique étant payés par la nation, ils ne peuvent, sans se rendre coupables de prévarication, exiger un salaire pour les cérémonies de ce culte;

» Considérant, enfin, que le riche et le pauvre étant égaux pendant leur vie, aux yeux de la loi et de la raison, il ne peut y avoir de différence entre eux au moment où ils descendent au tombeau;

» Le procureur de la Commune entendu, le conseil-général arrête :

» 1° Conformément aux lois antérieures, tous les cimetières actuellement existans dans l'enceinte de la ville, seront fermés et transportés au-delà des murs;

» 2° A compter du jour de la publication du présent arrêté, toutes les cérémonies funèbres faites par les ministres du culte catholique seront uniformes;

» 3° Il ne pourra y avoir plus de deux prêtres à chaque enterrement, non compris les porteurs du corps;

» 4° Toute espèce de cortége composé d'hommes portant des flambeaux ou des cierges est interdit;

» 5° La nation accordant un salaire aux ministres du culte catholique, nul ne peut exiger ni même recevoir aucunes sommes pour les cérémonies religieuses funèbres ou autres;

» 6° A compter de ce jour, toute espèce de casuel, même volontairement payé, est supprimé;

» 7° Tout prêtre qui aura exigé ou reçu aucune espèce d'honoraires pour les baptêmes, mariages, enterremens ou autres cérémonies, encourra la destitution ;

» 8° A compter de ce jour également, toutes espèces de tentures de deuil, soit à la porte du défunt, soit à celle du temple, soit même dans l'intérieur, sont supprimées ;

» 9° La voie publique appartenant à tous, nul n'en peut disposer pour son usage particulier ; en conséquence, tous conducteurs d'enterremens et autres cérémonies extérieures d'un culte quelconque, ne pourront jamais occuper pour leur cortége qu'un seul côté de la rue, de manière que l'autre côté reste entièrement libre pour les voitures et pour les citoyens se rendant à leurs affaires ;

» 10° Il sera néanmoins fait une exception à l'article ci-dessus pour les honneurs funèbres rendus aux citoyens morts pour la défense de la liberté ;

» 11° Toute espèce de prérogative ou privilége étant abolie par la Constitution, nul ne peut avoir dans un temple une place distinguée ; en conséquence, les œuvres et autres endroits où se plaçaient les marguilliers, fabriciens ou confrères, sont supprimés ;

» 12° Les curés et vicaires ne pourront exiger, pour les extraits de baptêmes, sépultures ou mariages, que le remboursement du timbre ;

» 13° Le présent arrêté sera *imprimé, affiché, envoyé aux quarante-huit sections, et notifié à tous les curés de Paris.* » (Registre du 10 au 31 août, fol. 360 à 363.)

EXTRAIT DES PIÈCES

RECUEILLIES PAR TOULONGEON

DANS SON HISTOIRE DE FRANCE

DEPUIS LA RÉVOLUTION(1).

Mon frère trouva deux hommes qui, tout couverts du sang répandu par leurs mains, pouvaient encore être accessibles aux sentimens d'humanité. Ces hommes ont sauvé mon frère. Je ne me les rappelle pas sans reconnaissance. Je tiens de mon frère, lui-même, les particularités de leur conduite, et je les rapporte fidèlement.

Le tribunal, établi en prison pour le procès prétendu des prisonniers, avait envoyé à la mort tous ceux qui jusque-là y avaient comparu. Mon frère fut appelé. Un de ceux qui le conduisaient, frappé de sa sécurité, le fixa avec surprise et s'écria : « Vous » avez l'air d'un honnête homme ! Un coupable aurait une autre » contenance ! »

— Je ne suis coupable de rien.

— Pourquoi donc êtes-vous ici?

— Je l'ignore. Personne n'a pu me le dire, et je suis convaincu que j'ai été pris par erreur.

— En êtes-vous sûr?

(1) Ce fragment, extrait des Mémoires contemporains, devient historique par la vérité du tableau. Ce récit prouve que ces meurtriers n'étaient ni des gens égarés par fanatisme, ni emportés par des passions violentes, mais des hommes préposés pour accomplir, comme *exécuteurs de ces œuvres*, une sentence collective portée par un tribunal secret, prononcée dans les ténèbres, où le nom des juges devaient rester enseveli. Le crime, ou plûtôt les crimes, avaient été crus si nécessaires, que l'on voulut à tout prix qu'ils fussent commis en même temps; personne n'osant les ordonner ni les avouer, on s'assura de bras obscurs auxquels on ne pût rattacher aucun nom, afin d'être certain de l'impunité nécessaire aux autres forfaits déjà médités, et qui devaient bientôt couvrir la France.

(*Note de Toulongeon.*)

— Très-sûr.

— En ce cas, ne craignez rien. Prenez courage : parlez d'un ton ferme à vos juges ; et comptez sur mon secours, entendez-vous ? Nous vous sauverons, aussi sûrement que je m'appelle Michel.

— Je n'ai pas la moindre crainte ; mais je puis vous répondre que vous serez bien récompensés.

— Ne parlez pas de cela, reprit l'homme en secouant la tête.

Le bonheur inattendu de rencontrer un zélé protecteur parmi ces assassins, procura à mon frère le calme nécessaire pour supporter l'horrible aspect de ses juges. Arrivé à la barre de ce tribunal de sang, interrogé par le bourreau qui présidait, sur son nom et sa qualité, il déclina son nom, et ajouta qu'il était *Maltais*.

Maltais !............. Maltais ! d'où cela vient-il ? Qu'est-ce que c'est qu'un Maltais, s'écrièrent cent voix ensemble ?

Il veut dire qu'il est de Malte, s'écria hautement le conducteur de mon frère : Malte est une île. Vous ne savez pas cela ? J'ai connu bien des gens qui en venaient, et on les appelait *Maltais*.

Ah ! c'est une île, dit un autre ? le prisonnier est étranger.

— Oui, il est étranger ; que serait-il sans cela, imbécile ?

— À la bonne heure !...... Ne vous fâchez pas, citoyen.

Rappelez à l'ordre, président, rappelez à l'ordre, crièrent-ils tous. Dépêchons-nous !

Le président demanda à mon frère de quoi il était accusé. Mon frère répondit qu'il l'ignorait, et que personne n'avait pu le lui dire.

Il ment, il ment ! s'écria-t-on.

Silence, citoyens, reprit l'honnête Michel d'un ton d'autorité ; laissez parler le prisonnier. S'il ment, son affaire sera bientôt faite ; mais vous ne le condamnerez pas, j'espère, avant de l'avoir entendu ?

Non, non, non ; écoutons ; Michel dit vrai : écoutons ; silence. Continuez, président.

— Pourquoi êtes-vous arrêté, reprit alors le président ?

— Parce que j'ai eu le malheur d'aller voir une personne au moment qu'on l'arrêtait. On me prit avec un autre qui avait eu le même malheur, et on nous mena à la Commune. Mon camarade, commissaire de la section, fut bientôt mis en liberté. Mes amis ont fait des démarches pour procurer aussi la mienne; on leur a toujours répondu qu'elle allait être ordonnée, et je ne puis concevoir ce qui a pu y mettre obstacle.

— Êtes-vous bien certain, reprit le président, que votre écrou ne porte aucune charge?

— Je ne puis croire qu'il en porte aucune; mais en tout cas, je ne suis pas en peine de me justifier.

Qu'on apporte le registre, dit le président.

Le geôlier le lui présenta; il n'y trouva ni charges, ni motifs: il fit passer la feuille entre les mains des juges, et proclama à haute voix que le prisonnier avait dit vrai.

Il faut, cria Michel, que la nation le déclare innocent.

La motion fut soutenue par un *oui* général. Cette acclamation unanime fut suivie à l'instant d'une formelle déclaration du tribunal, sur l'innocence du prisonnier; on me donna la liberté. La sentence fut applaudie aux cris de *vive la nation!* Michel, avec son camarade, qui avait témoigné presque autant d'intérêt que lui, prirent mon frère sous les bras, le firent sortir, et le proclamèrent innocent, dans le lieu même des massacres.

Les barbares exécuteurs étaient là rangés sur deux lignes et tout prêts à frapper, quand le mot *innocent* atteignit leurs oreilles. Ils entourèrent mon frère, le portèrent en triomphe avec des transports de joie, et l'embrassèrent tour à tour avec des mains et des visages teints de sang. Il fut contraint de se prêter de bonne grace à ces effroyables caresses. Ses deux vigoureux conducteurs eurent de la peine à l'en tirer, en répétant qu'il avait besoin de repos, et qu'il serait cruel de le retenir plus longtemps. Après l'avoir dégagé de la foule, Michel lui demanda s'il avait des parens chez qui il désirât être conduit. Il répondit qu'il avait une belle-sœur, qu'il allait la joindre, mais qu'il se sentait assez fort pour pouvoir y aller seul. En même temps il le remercia, et lui offrit ce qu'il avait d'assignats, comme un gage léger de son extrême reconnaissance. Michel refusa le présent, et persista à le suivre.

Nous répondons de vous, dit un des deux. Nous ne pouvons vous quitter que vous ne soyez en sûreté. Vos assignats, nous n'en voulons pas. Le plaisir de vous sauver vaut mieux. Allons-nous-en chez votre belle-sœur. Où demeure-t-elle ?

— Rue du Chaume.

— La pauvre femme sera bien contente et bien surprise !

— Oh ! certainement, elle sera ravie.

Vous ne devineriez jamais, monsieur, reprit l'honnête Michel, ce que mon camarade et moi nous disions : si vous nous permettiez de vous accompagner chez votre belle-sœur, ce serait une grande jouissance pour nos cœurs, que de voir une si touchante entrevue.

— Vous êtes trop bons, mes chers amis ; mais il est tard, et vous avez besoin de sommeil.

— Oh ! monsieur, un tel spectacle nous reposerait.

— Je serais bien content de vous y voir ; mais ma belle-sœur est si timide, elle est d'une si mauvaise santé, que des étrangers, à cette heure, l'alarmeraient considérablement. La vue du sang qui couvre vos habits pourrait lui faire du mal, et vous ne le voudriez pas.

— Non, certainement. Mais quand vous lui direz que nous vous avons sauvé la vie, elle sera bien aise de nous voir. Comptez sur nous : nous ne l'effraierons pas. Donnez-nous cette satisfaction ; elle ne vous coûtera pas tant que l'argent que vous nous offriez, et elle nous fera plus de plaisir.

Mon frère fut obligé de se rendre. Ils l'accompagnèrent chez mon beau-père, où madame B*** et mes enfans demeuraient depuis le 10 août. La joie de ma famille fut extrême, en revoyant mon frère : ils l'avaient tous cru perdu.

Madame B***, préparée à la visite qui l'attendait, y consentit sans répugnance. Son cœur était trop pénétré par la joie et la gratitude, pour devenir accessible à d'autres sentimens. Elle ne vit dans ces hommes, couverts de sang, que les libérateurs de mon frère, et elle les reçut comme ses bienfaiteurs. Ils furent singulièrement touchés de cette réception et de la joie que madame B*** et sa famille n'exprimaient que par des larmes.

Michel et son ami, enchantés de ce tableau de bonheur, qu'ils regardaient comme leur ouvrage, se disaient l'un à l'autre : C'est nous, c'est nous, mon cher ami, qui avons conservé la vie de ce brave homme !

Tous les deux versèrent des larmes, et sans doute que cette émotion fut accompagnée de remords. La douce humanité reprit un moment son empire sur des cœurs naturellement bons, mais corrompus par le fanatisme et l'exemple; et ils ne purent sans doute réfléchir, sans horreur, sur les scènes sanglantes auxquelles ils avaient pris part.

Ils eurent la discrétion de ne pas prolonger leur visite au-delà d'un quart d'heure. Ils prirent congé de mon frère, en le remerciant mille fois de la jouissance qui leur avait causée.

MÉMOIRES

SUR

LA RÉVOLUTION;

PAR D.-J. GARAT.

Quod maximum vinculum est ad bonam mentem, promisisti virum bonum. Sacramento rogatus es. Deridebit; si quis tibi dixerit, mollem esse militiam et facilem: nolo te decipi; eadem honestissimi hujus et illius turpissimi auctoramenti, verba sunt, uri, vinciri, ferroque necari. Ab illis qui manus arenæ locant et edunt ac bibunt quæ per sanguinem reddant, cavetur ut ista vel inviti patiantur; a te, ut volens libensque patiaris. Illis licet arma submittere, misericordiam populi tentare: tu neque submittes, nec vitam rogabis: recto tibi invictoque moriendum est.

AVERTISSEMENT

DE GARAT (1).

Le jour même où Philippe Dumont me dénonça à la Convention, je me présentai au comité de sûreté générale : j'y fus entendu trois jours après. J'avais lieu de croire que quelques membres du comité avaient à mon égard des préventions favorables, que d'autres en avaient qui m'étaient contraires. Quand j'eus parlé, l'impression de l'évidence sur tous fut la même. Là je reconnus que nous commencions à vivre sous la justice.

On m'invita à écrire ce que j'avais dit ; et j'ai écrit l'ouvrage que je présente à la Convention, à la nation et à la postérité.

Il m'a été impossible de me séparer des événemens : je ne voulais écrire qu'un mémoire ; j'ai écrit presque une histoire.

C'est la première fois, peut-être, qu'on a écrit l'histoire d'une

---

(1) Nos lecteurs seront sans doute assez étonnés de trouver dans ce volume des pièces autres que celles qui se rapportent aux faits déjà écoulés, et de rencontrer une brochure qui se rapporte surtout à l'année 1793 ; nous leur devons donc une explication.

Notre intention est de commencer l'histoire de la Convention avec le volume suivant ; et nous nous trouvions en même temps obligés de donner, sur les journées de septembre, un certain nombre de pièces qui nous paraissaient indispensables. Mais il s'est trouvé que des pièces qui, dans un autre caractère d'impression formaient la valeur de plusieurs volumes, n'ont présenté, dans le caractère employé par nous, que celle de quelques feuilles. Il nous a fallu chercher le moyen de combler le vide qui restait.

Or, il y avait une brochure que, de toute nécessité, nous étions obligés de réimprimer plus tard, brochure rare et hors de prix dans le commerce, brochure qui éclaircit au plus haut degré l'histoire de la lutte entre la Gironde et la Montagne : c'était l'œuvre de Garat.

Nous avons cru pouvoir l'insérer d'avance ; et nous y trouverons même cet avantage, que, nos lecteurs connaissant le secret des deux partis dont la lutte s'est terminée au 31 mai, notre propre narration sera abrégée de tous les éclaircissemens qu'autrement il nous eût fallu donner. (*Note des auteurs.*)

puissance absolue, sous le règne et sous les yeux de cette puissance même. Je l'ai fait sans aucune crainte; j'attends que l'on m'apprenne si c'était sans aucun danger.

On trouvera ici beaucoup de détails. Voltaire dit que les contemporains en sont avides; j'ajouterai que la postérité même en a besoin pour bien comprendre les résultats.

J'ai toujours été occupé, durant mon ministère, à calmer les passions. Lorsque après tant de ravages elles commencent à tomber d'épuisement, je n'ai pas pu écrire pour en réveiller les fureurs.

Il sort de tout cet écrit un résultat bien honorable pour la Convention, et bien rassurant pour la nation : c'est qu'au milieu de tant de passions et de tant d'actions atroces, tous les moyens de corruption versés autour de nous par l'Europe, n'ont pas pu faire un seul traître parmi huit cents représentans du peuple.

Nous étonnerons les siècles par les horreurs qui se sont commises au milieu de nous; nous les étonnerons encore par nos vertus. Ce qui sera à jamais incompréhensible pour ceux qui n'ont pas observé l'esprit humain, c'est le contraste inouï de nos principes et de nos folies. Avec moins de vertus et une meilleure logique nous aurions évité presque tous les crimes et tous les désastres; c'est presque toujours ce qui était absurde qui nous a conduits à ce qui était horrible.

Comme j'achevais d'imprimer cet ouvrage, les Mémoires de madame Roland ont paru : je n'ai pas voulu les lire; j'ai craint d'avoir des reproches à adresser à la mémoire d'une femme qui, par sa mort, a donné le besoin d'honorer toute sa vie. Le moment arrivera, sans doute, où la vérité descendra sans nuages au milieu de nous, pour juger les vivans et les morts. Je ne me permettrai d'ajouter ici qu'un seul mot : deux ou trois au moins des amis de madame Roland savent que, tandis qu'elle écrivait contre moi, j'agissais pour elle; elle l'a su elle-même.

On annonce déjà plusieurs réponses à cet écrit; avant de l'avoir lu, on est décidé à le réfuter : plus on écrira, plus on fera paraître la vérité avec tous ses détails et tout son éclat. Cette disposition à écrire est un engagement de ne pas proscrire.

Les uns ont dit que l'impression de cette brochure me coûtait vingt mille livres; d'autres, qu'elle m'en rapportait vingt mille. Elle ne me coûte et ne me rapporte rien : j'ai DONNÉ mon manuscrit à J. J. SMITS.

MÉMOIRES
SUR LA REVOLUTION,

ou

EXPOSÉ DE MA CONDUITE

DANS LES AFFAIRES

ET DANS LES FONCTIONS PUBLIQUES (1).

> Humilis res est stultitia, abjecta, sordida, servilis, multis affectibus et SÆVISSIMIS subjecta. Hos tam graves dominos, interdum alternis imperantes, interdum pariter, dimittit a te sapientia, *quæ sola libertas est*. Una ad hanc fert via, et quidem recta. Non aberrabis : vade certo gradu. Si vis tibi omnia subjicere, te subjice rationi.

Je ne connais point du tout le représentant du peuple Philippe Dumont, qui m'a dénoncé à la Convention nationale dans la séance du 19 ventose ; sa dénonciation me prouve que je lui suis beaucoup moins connu encore. J'ai le droit de lui faire plus d'un reproche : je ne lui ferai que des remercîmens ; et ils seront sincères. Quand des accusations atroces et absurdes sont faites de toutes parts par des hommes si publiquement avilis, qu'on ne peut leur répondre sans se dégrader, on doit remercier l'homme prévenu qui, en prêtant son organe aux mêmes accusations, rend honorable le débat ou plutôt l'examen qui s'ouvre entre l'accusateur et l'accusé.

Dans une révolution où tant de révolutions se sont succédé, il serait très-possible d'être innocent, et d'avoir perdu les preuves de son innocence. Les preuves de mon innocence subsistent ; et

(1) Cette brochure, imprimée en 1794, n'a eu qu'une seule édition.
(*Note des auteurs.*)

il en est que j'ai sauvées et conservées, en plaçant plus près de ma tête la hache qui y est restée si long-temps suspendue.

J'ai été connu avant la révolution comme homme de lettres; durant la révolution comme membre de l'assemblée constituante, comme ministre de la justice et de l'intérieur, comme commissaire de l'instruction publique.

Tous les hommes de lettres n'ont pas péri : j'appelle sur ma vie littéraire les témoignages de ceux qui vivent encore. Je l'ai passée presque tout entière à la campagne, loin des querelles et des intrigues, livré tout entier à des travaux qui faisaient mon bonheur : avec quelques titres, peut-être, à ce qu'on appelait des récompenses, je n'ai été d'aucune académie; je n'ai jamais eu aucune pension.

Durant l'assemblée constituante, je n'ai presque jamais paru à la tribune, mais j'ai écrit tous les jours dans le *Journal de Paris*. Cette feuille, pendant que je l'écrivais, a eu de nombreux et de violens ennemis : c'étaient tous ceux de la révolution. Jamais ceux-là ne m'accorderont d'amnistie : ils peuvent pardonner aux écrivains qui ont eu une morale saine et des principes bornés de liberté ; ils peuvent pardonner aux écrivains qui, en proclamant l'égalité, l'ont proclamée avec les excès qui la ruinent; mais à l'écrivain qui a eu des principes d'égalité très-étendus, et une morale très-pure, ils ne lui pardonneront jamais.

Dans l'assemblée constituante, je n'ai jamais été ni président, ni secrétaire, ni membre d'aucun comité. On convenait que je n'étais pas sans vues et sans talens ; on doit croire que j'aurais eu quelques-unes de ces distinctions tant recherchées, si je n'avais pas été sans ambition et sans intrigue.

En cessant d'être membre de l'assemblée nationale, je cessai d'écrire le *Journal de Paris*. On me laissa le choix de mon successeur : je choisis Condorcet. J'étais bien sûr qu'il éclipserait mes talens ; mais j'étais sûr aussi qu'il soutiendrait et propagerait mes principes.

Au mois d'avril 1792, j'allai en Angleterre à la suite de l'ambassade de la France ; comme ex-constituant, je ne pouvais pas avoir de titre; je rendis quelques services, et ne voulus avoir aucun traitement.

C'était ce premier moment de la guerre où la France, trahie de toutes parts, paraissait vaincue. Avec les nouvelles des désastres de nos armées, se répandait à Londres une proclamation des gouverneurs de la Belgique, où les principes et les événemens de notre révolution étaient défigurés d'une manière atroce, mais avec assez d'adresse, pour tromper ceux qui jugent une révolution par ce qu'elle produit, et non par ce qu'elle doit un jour produire. Je fis une réponse; elle fut traduite sur mon manuscrit, et imprimée d'abord en anglais : à mon retour en France, au mois de juin, je la fis imprimer à Paris. Elle eut un succès assez éclatant en Angleterre et en France; et je rappelle ici ce souvenir non comme doux à mon amour-propre, mais comme doux à mon patriotisme.

Lorsqu'au mois de septembre suivant, les électeurs de la France nommaient ses nouveaux représentans, Louvet, qui, par *la Sentinelle*, avait exercé une influence heureuse sur l'opinion publique, plaça mon nom parmi les noms d'un petit nombre de patriotes, qu'il indiquait au choix des électeurs de Paris. Marat qui, dans le même temps, couvrait les murs de Paris de placards et de sang, en réponse à Louvet, me signala comme un *royaliste déguisé*. On sait avec quelle facilité, à cette époque, ceux contre lesquels Marat avait écrit, étaient proscrits; celui qui écrivait, et celui qui proscrivait, c'était Marat. Je ne fis point de remercîment à Louvet, dont l'estime me toucha, et je ne fis point de réponse à Marat, qui pouvait tuer, mais qui ne pouvait pas nuire.

J'étais occupé, depuis deux ou trois ans, de quelques vues sur *l'art social*, sur le *système représentatif*, sur les formes à donner à un gouvernement républicain chez un grand peuple : j'attachais de l'importance à ces vues, parce que je les devais à des méditations suivies avec constance, et que je les avais soumises à des analyses rigoureuses. Je les croyais neuves et vraies, et j'étais sûr qu'elles m'étaient propres. Après le 10 août, tout ce que je désirais au monde, c'était de me mettre dans un coin pour réaliser ses vues, pour les écrire, pour les soumettre à la nation et à ses représentans : mais ce qu'il y a de plus difficile à un homme entièrement dénué de fortune, c'est de se retirer dans un coin ; il faut qu'il gagne jour par jour de quoi vivre ; il est condamné à la scène, au théâtre. Aucun malheur n'a fait descendre plus souvent dans mon ame ce sentiment affreux qui étouffe tout, le désespoir. Je m'étais ouvert à Condorcet, qui avait des relations avec les comités de gouvernement et avec le conseil exécutif : Condorcet s'occupait à me faire donner une mission assez facile à remplir, pour me laisser le loisir de suivre l'exécution de mon plan de travail. En attendant, j'acceptai la rédaction de l'article *Convention* dans la *Gazette nationale*. J'y ai rédigé les premières séances de la Convention : qu'on y jette les yeux ; on verra que j'écrivais sur les choses et sur les hommes avec cette indépendance, avec ces scrupules de la vérité, qui vous font des ennemis ardens, et des amis calmes et froids.

C'est alors, c'est-à-dire le 9 octobre, que je fus nommé ministre de la justice.

Je fus désigné pour cette place, et j'y fus porté principalement par Condorcet, par Rabaud de Saint-Étienne et par Brissot.

Ce fut un véritable malheur pour moi de renoncer à mes espérances de travaux solitaires ; mais j'ai toujours pensé qu'un vrai citoyen n'a pas le droit de pactiser avec la république ; qu'il doit la servir comme elle le veut, et non comme il veut ; que le refus d'une fonction, dont on ne se sent pas intérieurement incapable, est une lâche désertion de son poste de citoyen. Je me dévouai donc à des fonctions qui contrariaient tous mes goûts, qui rompaient toutes mes habitudes, tous les entretiens de mon esprit avec lui-même ; qui me jetaient dans des tourbillons de passions dont j'étais bien résolu d'être la victime plutôt que l'instrument et le complice ; qui élevaient mon courage, mais en me frappant de pressentimens sinistres. Je renonçai à tout pour n'être qu'un ministre, et, pendant plus de dix mois que je suis resté dans les affaires, je n'ai pas lu dix pages d'un livre, je n'ai pas écrit dix lignes qui ne fussent pas relatives aux événemens et à mes fonctions.

J'étais trop attentif à ce qui s'était passé, et à ce qui se passait, pour n'être pas sûr qu'un grand combat allait s'engager entre les deux côtés de la Convention nationale ; et j'avais trop étudié la nature de l'esprit de parti, dans l'histoire des républiques anciennes et modernes, pour ne pas savoir que des partis, qui cherchent mutuellement à se détruire, s'accusent réciproquement de vouloir détruire la république ; que, lors même que les accusations sont fausses, elles se font pourtant de bonne foi ; que les torts naissent des combats des opinions ; le soupçon du crime des torts, et le crime, enfin, lui-même, des soupçons. Accoutumé par le genre de mes études à mettre tout en doute, jusqu'à ce que des faits certains me montrent l'évidence, et, nommé ministre de la justice, je jurai, au fond de mon ame, de tenir immuablement la balance dans mes mains, et de mourir plutôt que de permettre à aucune prévention et à aucune passion de la faire incliner d'aucun côté.

Je dois pourtant faire ici un aveu qui, d'après les événemens et les accusations élevées contre moi, surprendra beaucoup de gens, mais qui ne surprendra beaucoup que ceux qui ne me connaissent pas du tout.

Si j'avais été disposé à recevoir des préventions pour l'un des deux côtés de la Convention, je les aurais plutôt reçues pour le *côté droit*. De ce côté, j'avais un très-grand nombre de connaissances et quelques amis ; dans le côté gauche, je n'avais pas un seul ami et j'avais très-peu de connaissances ; les opinions politiques, le caractère et le langage des membres du *côté droit* avaient avec mon caractère, avec mes opinions et avec mon courage, infiniment plus de ces analogies qui forment si naturellement les liaisons. Je ne voyais pas là un seul homme pour qui j'eusse la plus légère répugnance, et à qui je pusse en croire pour moi. J'en remarquais plusieurs dans le côté gauche sur qui je ne pouvais jeter les yeux sans les détourner avec une sorte d'horreur, et qui ne pouvaient les fixer sur moi qu'avec inquiétude.

C'étaient là mes AFFECTIONS personnelles ; mais des AFFECTIONS ne devaient pas diriger la conduite d'un homme public.

J'étais persuadé que, dans le *côté gauche*, le nombre des hommes bien intentionnés était, sans comparaison, le plus nombreux ; que les fureurs, même les plus dangereuses pour la république, croyaient voter pour elle ; qu'il y avait quelques hommes atroces, et pas un traître ; qu'il fallait ménager les passions au lieu de les irriter, parce que, en les ménageant, on pouvait se ménager aussi le temps de les enchaîner dans une constitution sage et dans un gouvernement puissant, au lieu qu'en les irritant on imitait leurs excès, on étendait leur empire, on retardait, on perdait peut-être à jamais le moment d'instituer un gouvernement organisé avec sagesse et grandeur, un gouvernement qui protégerait de toutes les forces de la république, la sûreté des individus et la liberté de la nation, contre les complots des ambitieux et contre les fureurs de la multitude. L'esprit de parti me paraissait bien moins dangereux dans les représentans que dans un ministre, parce que les opinions et les passions des représentans trouvent des passions et des opinions opposées, au lieu que la force qui exécute ne trouve pas une autre force qui l'arrête.

C'est dans ces dispositions que je paraissais toujours au milieu de la Convention nationale, lorsqu'elle m'accordait la parole avec une bienveillance que je méritais également des deux côtés, puisque mes sentimens les honoraient également tous les deux ; puisque, au milieu de tant de passions qui menaçaient la république et la France, j'étais profondément convaincu que la plus ardente et la plus universelle de toutes, dans les deux côtés, c'était l'amour et surtout l'enthousiasme qu'on avait pour la république.

La première atteinte que reçut cette bienveillance générale à mon égard, ce fut après le discours que je prononçai à la Convention, sur une question dans laquelle j'étais forcé de rappeler les journées des 2 et 3 septembre. Je parlai dans le tumulte de beaucoup de passions que je réveillais, et on comprit mal ce qu'on avait beaucoup de mal à entendre. Le discours fut imprimé par ordre de la Convention, et principalement sur la motion de Dupos, qui, à l'instant même, saisit toute la question que je traitais, fut touché de mes sentimens qu'il partagea, et les défendit, par des éloges éclatans, contre la méprise incroyable qui les défigurait et qui les repoussait. Après l'impression du discours, ceux qui le lurent, même avec des préventions, reconnurent et désavouèrent leur erreur ; mais la mauvaise foi et la haine se servirent de cette erreur d'un instant, de cette impression fausse reçue au milieu d'un tumulte, et c'est encore sur elle qu'elles fondent aujourd'hui une de leurs accusations les plus affreuses et les plus absurdes contre moi.

Ils disent donc (et je suis condamné à le redire!), ils disent que j'ai fait l'apologie des massacres des 2 et 3 septembre! Ils le disent, et ils oublient que le discours fut imprimé, que l'édition tout entière n'a pas disparu dans des flammes allumées par les haines qui me poursuivent! Ils le disent, et ils ne songent pas que je puis remettre ce discours sous les yeux de la France entière, qui n'aura alors que pour eux seuls l'horreur que mérite en effet tout apologiste des journées des 2 et 3 septembre! Quelle passion que la haine! elle consent à acheter quelques instans de jouissance par des siècles d'infamie.

Français, et vous leurs législateurs, vous représentans de la France, songez que la justice rendue aux citoyens irréprochables et la justice faite des fonctionnaires coupables, est dans les républiques la plus forte, l'unique garantie du règne des lois, de la morale et de tous les biens de l'existence sociale. J'appelle donc vos regards les plus sévères sur moi qui ai rempli, par vous et au milieu de vous, des fonctions importantes. J'entends réclamer de toutes parts de l'indulgence pour les fautes commises durant les jours révolutionnaires; je connais bien la nécessité et la justice de cette espèce d'indulgence ; mais je veux l'accorder et je ne veux pas la recevoir, entendez les maximes dont je veux bien me relâcher envers les autres, mais dont je ne veux pas, et dont je ne pourrais pas me relâcher envers moi-même. La loi le plus profondément gravée au fond de mon ame, est celle qui me crie que les devoirs les plus sacrés de l'homme sont ceux qui le lient envers l'humanité; on est homme avant d'être républicain, et il ne faut vouloir la république que parce que c'est la république qui peut rendre l'humanité plus sacrée et les hommes plus faciles à la pitié et à la miséricorde. Si donc, sous quelque prétexte que ce soit, sous le prétexte de république et de révolution, il m'est arrivé de parler, je ne dis pas avec éloge, je ne dis pas avec indifférence, mais sans horreur de l'effusion du sang humain, faites tomber sur ma tête la hache de vos lois, et que votre indignation, que je redoute davantage, me poursuive de l'échafaud sous la tombe et dans la mémoire des siècles.

Lorsque je parlai des journées des 2 et 3 septembre devant les représentans de la France, il y avait déjà plus de deux mois que ces massacres avaient été exécutés; l'Assemblée législative, qui n'avait pu les empêcher, non plus que le massacre de Versailles, n'avait rien fait pour les punir ou pour en préparer la punition; la Convention nationale, qui lui avait succédé, gardait le même silence; les tribunaux étaient muets et immobiles; la nation entière avait frémi, et elle se taisait. On n'en parlait que trop dans toute l'Europe; mais la voix de l'Europe n'était plus entendue en France; Roland seul, au milieu de l'Assemblée législative, et le 3 septembre, avait laissé entrevoir une opinion, mais sans rien proposer; et tant d'horreurs semblaient ensevelies dans un silence universel qui ne pouvait ni les couvrir ni les effacer.

Quand une assemblée nationale, revêtue par le genre de sa mission de pouvoirs sans limites, montrait tant de circonspection, ce n'était pas à un ministre, on le sent trop, d'en avoir ou d'en montrer moins. La question que j'eus à traiter dans mon discours, et que je traitai, ne fut donc point et ne put pas être celle de savoir si on poursuivrait les auteurs des massacres des 2 et 3 septembre; quels que fussent à cet égard mon sentiment comme homme et mon opinion comme ministre, je devais les renfermer dans mon ame et dans ce silence gardé par tout le monde.

Mais des circonstances de ces journées des 2 et 3 septembre sortit une autre question sur laquelle un ministre de la justice ne pouvait pas garder le silence, et sur laquelle la Convention nationale pouvait seule donner une décision.

Les auteurs des massacres avaient, dans toutes les prisons, élargi les prisonniers qu'ils n'avaient pas égorgés. La vertu même, s'ils la soupçonnaient d'être née dans un château ou de s'être approchée d'un autel, ne trouvait pas grace à leurs yeux ; mais des voleurs et des assassins, si on ne leur imputait pas d'autres crimes, leur paraissaient des patriotes, et ils les rendaient à la patrie.

Une foule de ces malheureux, après avoir souffert pendant plusieurs nuits et plusieurs jours toutes les horreurs du dernier supplice, toutes les angoisses de la mort, étaient sortis des prisons à travers les flots de sang ; on les reconnaissait dans les rues et dans les places, et le commissaire du pouvoir exécutif auprès du tribunal criminel du département de Paris, m'écrivit à ce sujet dans les termes suivans :

« Le tribunal est très-incertain sur le parti qu'il doit prendre relativement aux prisonniers sortis de la maison de justice, par la suite des ÉVÉNEMENS des 2 et 3 septembre dernier ; beaucoup devaient être jugés dans la session de ce mois. On en rencontre un grand nombre dans les rues de Paris ; doit-on les arrêter ? doit-on instruire contre eux la contumace, ou faut-il enfin garder le silence ? »

Voilà les seules questions qui me furent présentées, les seules que je présentai moi-même à la Convention, les seules dont je voulus préparer la solution, et sur lesquelles je fis des propositions.

Cependant on a cru, ou, sans le croire, on a répandu que j'avais agité la question de poursuivre et de mettre en jugement les auteurs des massacres des 2 et 3 septembre, et qu'après avoir fait l'apologie de ces massacres, après les avoir couverts de mon indulgence et de mes éloges, j'avais conclu à ce qu'on en respectât les auteurs, à ce qu'on les laissât jouir en paix de leurs forfaits.

Ce n'est pas sur cette question que j'étais interrogé, ce n'est pas cette question que j'ai pu traiter, et cependant on suppose que c'est cette question que j'ai résolue, et d'une manière atroce !

Remarquez même comme le commissaire s'énonce sur les 2 et 3 septembre ; il les appelle les ÉVÉNEMENS. A ce nom général d'événemens, qui ne spécifie et ne caractérise rien, qu'on peut donner à des événemens glorieux comme à des événemens affreux, il n'ajoute pas une seule qualification, pas la plus légère indication de ce qu'il en pense. Cette circonstance, à Dieu ne plaise que je la relève pour en faire un reproche au commissaire près le tribunal ; non, je remarque cette circonstance parce qu'elle montre sans équivoque quel était, à cette époque, l'état de l'opinion publique sur ces événemens que personne n'osait qualifier, et parce qu'on en appréciera mieux ce que j'en ai dit, moi, en rapprochant ce que j'en ai dit de ce que les autres n'osaient en dire.

Mais, avant tout, voyons si dans les seules questions que j'ai eu à traiter, l'humanité a des reproches à me faire sur ce que j'ai dit comme ministre de la justice.

Malheureusement ces questions étaient neuves ; comme les événemens qui y donnaient lieu étaient inouïs dans les annales des peuples et des crimes, rien ne me guidait dans une route que j'étais obligé de me tracer à travers tant d'intérêts, d'opinions et de passions, c'est-à-dire de précipices ; je posai quelques principes ; ils n'étaient pas familiers, ils effarouchèrent.

Voici quels furent mes résultats :

Comme il fallait agiter la question relative aux prisonniers élargis dans la supposition la plus défavorable pour eux, dans la supposition où ils étaient coupables, je les séparai en deux classes ; je mis dans la première ceux qui n'avaient pu commettre que des délits légers, et dans la seconde, ceux qui pouvaient être coupables de crimes graves, comme vol avec effraction, meurtre et assassinat.

Je ne m'arrêtai pas beaucoup à examiner ce qu'on devait de sévérité ou de grace aux premiers ; le spectacle horrible des massacres dont ils avaient été témoins, et qui les avaient menacés eux-mêmes, avait été une peine cent fois plus terrible que celle qu'aurait pu leur faire subir la justice ; et puisque la justice et la puissance nationale n'avaient pu leur sauver des supplices qu'ils n'avaient pas encourus, c'était bien le moins qu'elles leur rendissent les peines qu'ils avaient méritées.

La question relativement aux prisonniers de la seconde classe me présentait bien plus de difficultés.

Le nom seul d'un assassin m'a toujours pénétré d'une horreur si invincible, qu'arrivé à cette seconde classe où des assassins devaient être compris, il me fut impossible de parler pour eux en mon nom, au nom d'un ministre de la justice. C'est ce sentiment, que je ne pus surmonter, qui me donna l'idée de faire comparaître, en quelque sorte, les deux classes au milieu des législateurs de la France, et de leur faire tenir à toutes les deux un langage conforme à ce que chacune d'elles pouvait se croire de droits à la pitié et à la miséricorde de la nation. Voici comment parlaient les coupables de la seconde classe :

« Notre crime est le plus grand de tous ceux que des hommes puissent commettre envers des hommes, et la plus grande aussi de toutes les peines y a été attachée par vos lois, la mort. Mais la peine de mort en quoi consiste-t-elle? Est-ce dans le coup qui donne la mort? Non; c'est dans l'appareil qui la prépare, qui l'annonce, qui la montre, qui l'approche de l'être vivant. Toute la peine de mort est dans ses horreurs, et toutes ses horreurs la précèdent : toutes disparaissent au moment où le coup mortel est frappé. Nous l'avons donc subie cette peine; car les uns, pendant plusieurs heures, les autres, pendant plusieurs jours, nous nous sommes vus menacés, environnés de toutes ses horreurs : pendant plusieurs jours, nous avons souffert toutes les transes, tout le supplice de la mort. Voudriez-vous les faire recommencer pour nous? Citoyens législateurs, il y a eu des législateurs qui ont pensé, il y en a parmi vous qui pensent que la peine de mort est trop cruelle, qu'elle fait trop frémir et trop souffrir l'humanité, pour que la société ait le droit de la prononcer. Eh bien! lorsque le droit de faire subir une seule fois la peine de mort est au moins douteux, croiriez-vous avoir le droit de nous la faire subir deux fois? Sous l'ancien régime même, sous ce régime dont chaque loi était une injure et une calamité pour la plus grande partie de l'espèce humaine ; sous ce régime, dont les lois pénales étaient féroces, s'il arrivait qu'un coupable, en subissant le supplice, échappât à la mort, sa vie était respectée : les lois et la justice ne croyaient plus avoir rien à demander à un homme qui avait passé sous la main des bourreaux ; quoiqu'il vécût encore, on le regardait comme ayant subi la peine de mort, comme recommençant une nouvelle vie, comme étant, pour ainsi dire, un autre homme. Citoyens, vous êtes les législateurs d'une grande république, et dans ce moment vous êtes nos juges suprêmes : comment pourriez-vous prononcer que nous devons encore être punis suivant la rigueur de vos lois, LORSQU'ON NE VOUS PARLE PAS MÊME DE CEUX QUI, en nous délivrant, nous ont fait souffrir les supplices auxquels ils nous dérobaient, de ceux qui nous ont fait sortir des prisons à travers les flots de sang qu'ils ont fait couler sous nos yeux? Non, vous ne consternerez pas la justice et l'humanité *par un contraste si* DÉSOLANT *pour elles*. Vous mettrez tout en oubli ou rien. C'est la justice même qui demande quelquefois qu'on jette sur ses yeux le voile qui doit l'empêcher de voir : les peuples de la terre qui ont le mieux connu la vertu et la société, ont donné de tels exemples. »

Ainsi je faisais plaider leur cause à des hommes qui, en s'avouant criminels, fondaient la demande de leur grace sur les douleurs et les supplices par lesquels ils avaient déjà expié leurs crimes.

En les faisant parler eux-mêmes, je restais juge de la force des raisons que je leur prêtais, et parmi ces raisons il y en avait, je le confesse, qui me paraissaient invincibles.

J'étais profondément persuadé, comme je le suis encore, que la justice nationale doit une protection toute puissante aux prisonniers les plus coupables, jusqu'à ce qu'elle les frappe ellemême ; et que, puisqu'elle n'avait pu protéger ceux-là, elle devait se relâcher de son droit de les punir; que, puisqu'elle n'avait pu empêcher la hache des scélérats de menacer si long-temps leur tête, elle devait en détourner la hache des lois; et, en faute elle-même, en quelque sorte, réparer son impuissance par sa miséricorde.

Loin de rougir de ces sentimens, loin de craindre qu'ils ne répandent sur ma vie, sur mon ministère et sur ma mémoire quelque honte, je me plais à les reproduire ici comme émanés de ce qu'il y a de plus pur dans ma raison, et de meilleur, de plus sensible dans mon ame. O vous, hommes justes, mais bons, vous qui honorez l'espèce humaine par votre amour pour elle, vous chez qui la pitié et l'humanité sont des affections tendres et pieuses, dites si je vous ai offensés ou blessés par ces sentimens nés chez moi, de ma facilité à m'émouvoir devant le tableau de tout ce qui souffre et gémit sur la terre?

Mais tout excès est un mal; et dans l'ordre social, qui fonde souvent sa bienfaisance sur ses sévérités, la pitié, si touchante dans un homme privé, dans un homme public peut avoir des suites cruelles.

M'est-il donc arrivé de consulter plus mes affections que mes fonctions, et de vouloir être plus humain que ne doit l'être un ministre de la justice?

Hélas! ce n'était pas moi qui devais faire le décret que je demandais, et quand j'aurais été entraîné trop loin, par un sentiment d'humanité, devant les législateurs d'une grande nation, une pareille faute ne serait peut-être pas indigne de toute indulgence devant cette nation et devant ses législateurs.

Mais cette faute même je ne l'ai pas commise.

Après avoir senti ce que, dans des circonstances si extraordinaires, la justice devait à la pitié et à la nature, j'ai senti, avec non moins de force, ce qu'elle devait à la sûreté sociale. Cette même voix qui me parlait avec tant de force pour des malheureux qui avaient tant souffert, cette voix sacrée de l'humanité me criait que les hommes, qui ont pu tremper une fois leurs mains dans le sang de leurs semblables, par ce seul acte ont effacé en eux tous les traits, ont étouffé tous les sentimens de la nature, et que l'homme a été tué, en quelque sorte, dans l'assassin comme dans sa victime. Quand il serait vrai, me disais-je, que le remords les eût assez punis pour les rendre à la vertu, la société voit toujours leur crime qui l'effraie, et elle ne voit point dans leur ame ce remords qui devrait la rassurer.

Determiné par cette considération de l'intérêt public, la loi suprême des sociétés, par cet intérêt qui commande tous les sacrifices, parce qu'il produit tous les biens, je proposai de dispenser cette classe de prisonniers élargis de la peine de mort, mais de substituer pour eux, à cette peine, celle de la déportation.

J'offris en même-temps de soumettre aux comités de la Convention un plan nouveau de déportation.

En faisant cette offre, j'avais deux buts; l'un, qu'il fallait montrer et que j'énonçais, c'était de faire décréter un genre de déportation dans lequel une nation n'enverrait pas ses criminels chez les nations voisines, et ne punirait pas des crimes par des crimes.

L'autre but, je voulais le tenir secret; mais, caché dans ma conscience, il y portait une espérance douce et profonde.

A sa naissance même, je voyais la république française déjà menacée de cet esprit et de ces combats de parti qui ont désolé et ensanglanté toutes les républiques; et je pensais que, s'il y avait un grand système de déportation bien organisé d'avance, à l'issue des querelles et des combats de partis, les vainqueurs se contenteraient de déporter les vaincus; que la mort toujours présente pour la donner, ou pour la recevoir, ne ferait pas de tous les combats d'opinions des combats à mort; que le sang versé par torrens sur les échafauds n'allumerait pas, de génération en génération, une soif de sang que rien ne pourrait éteindre; qu'au milieu des orages qui agrandissent les ames, les genres de périls et de peines, qui les rendent atroces, seraient écartés; et qu'enfin l'humanité, respectée jusque dans la violence des haines de partis, deviendrait le sentiment le plus habituel et le plus indestructible de toutes les ames dans la république française. Hélas! voilà les pensées qui m'occupaient; on a vu ce qui est arrivé.

Si j'avais été législateur, peut-être j'aurais posé et discuté d'autres questions; comme ministre de la justice, je devais et je voulais me borner à celles-là : j'écartai même avec attention celles qui se présentaient et voulaient entrer de toutes parts dans mon discours.

J'observerai cependant qu'une seule fois, dans cette discussion, et dans l'endroit où je faisais parler des prisonniers, qui plaidaient leur cause et non la cause publique, je mis dans leur bouche quelques mots qui rappelaient le silence général gardé sur les auteurs des massacres : qu'on relise ces mots ; je les ai marqués en caractères italiques ; et qu'on dise ce qu'ils font soupçonner en moi, ou de l'horreur des massacres, ou de leur approbation.

J'observerai encore, qu'après avoir mis les mots suivans dans la bouche des prisonniers élargis, VOUS METTREZ TOUT EN OUBLI OU RIEN, je conclus, prenant la parole en mon nom, à ce qu'on ne mît pas *tout en oubli*, puisque je conclus contre eux à la *déportation*; et je fondais cette conclusion sur ce que des hommes, qui avaient pu commettre une fois de si grands crimes, ne pouvaient jamais laisser une sécurité entière à la société.

Puisqu'en partant de l'alternative proposée, au nom des prisonniers, je ne voulais pas pour eux d'amnistie, il était donc naturel de penser que je n'en voulais pas non plus pour les hommes atroces qui ne leur avaient rendu la liberté qu'après leur avoir fait souffrir mille morts : puisque je jugeais que, pour un seul meurtre, expié par de si longs supplices, on devait subir encore la peine de la déportation, on devait bien croire que, pour des assassins qui avaient passé plusieurs nuits et plusieurs jours à égorger, et qui n'avaient subi aucune peine encore, pas même celle de la crainte, je ne devais pas désirer plus d'indulgence et de clémence : puisque enfin je prononçais comme la nature tout entière prononce, qu'un homme qui a pu verser une seule fois le sang de l'homme, doit être à jamais pour la société, où il a commis ce forfait, un objet d'effroi et d'épouvante ; on devait bien croire, cela était facile, que des monstres, qui s'étaient baignés dans des flots de sang, me paraissaient bien plus faits encore pour répandre l'épouvante et l'horreur.

Toutes ces conséquences étaient trop immédiates pour ne pas se présenter d'elles-mêmes. Il m'était défendu de parler, et cependant, pour qui aurait voulu, je me faisais assez entendre.

Mais non; on ne voulait pas entendre ce que je pensais, et ce qui était si clair; et ce que je ne pensais pas, on voulut le voir dans des conséquences non-seulement forcées et fausses, mais démenties par ce que je disais formellement.

Jusqu'ici les lecteurs un peu attentifs ont pu s'étonner plus d'une fois; mais c'est ici qu'on va entrer dans un étonnement dont on aura peine à revenir.

Ces massacres, commis au milieu d'une grande ville, d'un peuple immense et d'une foule d'autorités constituées; je les avais fait sortir des orages, des désordres, du bouleversement inséparables d'une grande insurrection, et de là on a conclu que, puisque j'avais beaucoup loué l'insurrection, j'avais aussi beaucoup loué les massacres.

Qu'il est facile de combattre de si grandes absurdités! mais qu'il est cruel d'avoir à se justifier de tant d'horreurs! Quelle récompense de tout le bien qu'on a voulu faire, et du peu de bien qu'on a fait!

Mais du moins ici ma défense personnelle va être liée à de plus grands objets et à de plus grands intérêts; elle va être liée à des éclaircissemens devenus nécessaires sur l'époque à la fois la plus glorieuse et la plus ignominieuse de la révolution; elle va être liée à des éclaircissemens devenus également indispensables sur l'exercice du droit d'insurrection; elle va être liée à la défense et des magistrats de Paris et des législateurs de la France à cette époque; elle va être liée à la défense de la nation française, compromise elle-même et déjà citée, par la voix de l'humanité, devant le tribunal des nations et des siècles.

On nie donc que les massacres des 2 et 3 septembre aient été une suite de l'insurrection du 10 août! Et on ne voit pas, qu'en croyant justifier l'insurrection, qui n'a pas besoin de cette justification, on couvre d'un opprobre ineffaçable devant le genre humain, tout ce qui existait alors de Français dans Paris, la nation française tout entière, qui n'a pas encore fait punir des forfaits si inouis, qui n'a pas encore demandé, avec la punition des auteurs des massacres, celle des magistrats lâches et des lâches législateurs, qui ne coururent pas TOUS aux lieux des massacres pour les empêcher, ou pour être massacrés les premiers !

Mais j'écarte les considérations, les présomptions : le fait, que j'ai affirmé, est prouvé par lui-même, par toutes ses circonstances.

A quelle époque avaient été remplies les prisons, qui avaient peine à contenir les victimes qu'on y amoncelait? après le 10 août et durant les premiers jours de l'insurrection. C'est alors qu'on vit les arrestations se faire de toutes parts : dans les maisons, dans les rues, dans les places, dans les jardins, partout on arrêtait; les fiacres et les gendarmes ne pouvaient suffire à transporter et à jeter les *arrêtés* dans les prisons. Par qui étaient décernés et signés ces milliers de mandats d'arrêt? Par les officiers municipaux que l'insurrection avait créés, qu'elle avait portés des sections à la Commune. Sur qui tombaient ces mandats d'arrêt principalement, et sur qui prétendait-on les faire exclusivement tomber? Sur tous ceux qu'on accusait, justement ou injustement, d'avoir été les partisans du Château, d'être les ennemis du gouvernement républicain, qu'on voulait élever sur les débris fumans du trône? Qu'étaient ceux que les couteaux ou les haches cherchaient et choisissaient avec le plus de fureur dans les prisons? Des prêtres, des nobles; les mêmes qui avaient été arrêtés le jour de l'insurrection et les jours qui le suivirent. Enfin, qui a été ou accusé ou soupçonné d'avoir conçu le dessein de ces exécrables journées, d'avoir éguisé les couteaux, d'avoir armé les assassins, d'avoir donné le signal, d'avoir protégé et récompensé l'exécution? Quelques-uns de ces mêmes officiers municipaux qui avaient concouru à faire l'insurrection, et à qui l'insurrection avait donné l'écharpe et le glaive. Marat surtout : cela est prouvé de lui, et son nom seul serait une preuve. C'est lui, c'est cette créature monstrueuse qui, né médiocre, et voulant être le premier en quelque chose, s'est mis à la tête de tous les crimes; c'est lui qui, le premier et long-temps seul, a proclamé les meurtres et les assassinats comme des instrumens nécessaires des révolutions ; c'est lui qui a été pour la France libre le génie du mal ; et un instant on l'a adoré ! O désespoir ! ô ténèbres profondes de l'intelligence humaine ! O que de forfaits peuvent être conçus, consacrés et imités dans ces ténèbres !

Le fait que j'ai énoncé est donc certain ; il est évident ; tout le démontre ; et seul il peut faire comprendre à la génération qui en a été témoin, aux générations qui l'entendront raconter, comment a pu être faite cette grande plaie à l'humanité, au milieu d'un peuple où toute lumière et toute pitié n'étaient pas éteintes, où la terreur n'avait pas encore prosterné toutes les ames, où des magistrats intègres commandaient à la force armée, où des législateurs éclairés parlaient du haut d'une tribune élevée aux lois et à la liberté !

Pétion était maire, Manuel était procureur de la Commune. Tous les deux je les ai connus ; Manuel était loin d'être un barbare ; Pétion portait un cœur humain. A côté d'eux siégeaient à la Commune beaucoup d'hommes qui, comme eux, avaient horreur du sang ; qui, comme eux, pensaient qu'il fallait vaincre le despotisme et l'aristocratie, mais qu'il était horrible d'égorger les despotes même et les aristocrates dans les prisons. Dans ces jours, dont la liberté doit porter éternellement le deuil, il existait un conseil exécutif, qui s'assemblait, ou qui devait s'assembler. L'insurrection, qui avait foudroyé le trône, n'avait pas foudroyé l'assemblée législative ; elle tenait ses séances. On venait, au milieu de ses séances, lui dire : *On a égorgé dans les prisons* ; on venait lui dire : *On égorge dans les prisons* ; on venait lui dire : *On va égorger encore dans les prisons.* Comment donc l'assemblée législative, le conseil exécutif, le maire et le procureur de la Commune ; comment tout ce qui avait une autorité et un sentiment d'humanité, n'a-t-il pas arrêté ce sang qui a coulé pendant plusieurs jours, et presque sous les yeux de tout le monde ? Ils l'ont voulu tous ; ils l'ont tenté. Ils ne l'ont donc pas pu ? Mais comment, par quoi, par qui étaient réduits à cette désastreuse impuissance tant de représentans de la puissance nationale, tant d'organes des lois, tant de dépositaires de la force publique, tout ce qu'il y avait d'autorités constituées ? Eh! comment l'expliquer autrement, que par l'insurrection qui, en frappant une autorité perfide et coupable, s'était mise au-dessus des autorités le plus pures et les plus fidèles, et prolongeait des pouvoirs qu'elle n'aurait dû exercer que dans un seul instant et dans un seul acte? Comment l'expliquer autrement, qu'en se rappelant que parmi les ordonnateurs et les chefs de l'insurrection étaient de ces hommes qui peuvent tout, parce qu'ils osent tout, et qui, en affranchissant la nation, croyaient avoir acquis le droit d'affranchir leurs passions les plus féroces? Comment expliquer le massacre de Versailles, exécuté quelques jours après ceux de Paris avec les mêmes caractères et la même duplicité, qu'en avouant que les législateurs, les ministres et les magistrats de la nation n'avaient pu reprendre encore les rênes des destinées de la France, et que l'insurrection seule commandait encore aux événemens? Comment expliquer enfin ce silence universel gardé si long-temps sur ces journées au milieu d'une horreur universelle; ces blâmes timides et ménagés dans la bouche des hommes les plus purs et le plus humains, et ces approbations éclatantes données par des hommes qui n'étaient pas des scélérats, mais qui étaient dans le délire, et qui avaient créé des mots nouveaux pour célébrer des forfaits inouïs ?

Mais nos déclarations des droits, dit-on, mais nos lois, mais nos livres, depuis 1789, disent que l'insurrection est une chose *sainte*: il est vrai; que s'ensuit-il? Que tout ce que j'ai attribué à l'insurrection, j'ai voulu le faire regarder comme aussi légitime, comme aussi sacré qu'elle-même? Une pareille conséquence est si affreuse que, pour qu'on pût me l'attribuer sans crime, il faudrait que je l'eusse tirée formellement : il s'en faut beaucoup qu'elle se déduise d'elle-même du mot *insurrection*, et de l'idée qu'on doit attacher à ce mot. Si on attache à ce mot des idées que je n'y attache pas, et qu'on ne doit pas y attacher, que puis-je, moi, que gémir profondément, avec les cœurs simples et les esprits droits, de l'abus horrible et perpétuel qu'on a fait de tous les mots, pour prêter et pour commettre des crimes?

Frapper l'usurpateur des droits d'un peuple et son oppresseur, c'est une action sainte, et l'INSURRECTION est sainte aussi, quand elle ne fait que cela.

Mais ce n'est pas à ce seul acte qu'on donne le nom d'INSURRECTION.

On appelle INSURRECTION le mouvement par lequel tout un peuple, ou une partie d'un peuple *pour le tout*, s'élève contre des pouvoirs établis qui ont violé leurs engagemens et franchi leur limites. Ou on veut obtenir des réparations et de meilleures garanties, ou on veut les détruire et les changer. Dans tous les cas, tout ce qu'on fait pour obtenir quelqu'une de ces FINS, et tout le temps qui s'écoule entre le moment où les pouvoirs anciens commencent à être recusés, et le moment où les insurgés se retirent jurant et rendant obéissance à des pouvoirs nouveaux, tout cela appartient à l'INSURRECTION.

On voit que, par sa nature, l'*insurrection* est une crise violente, et que cependant sa durée peut être plus ou moins longue. Quand elle est légitime, elle punit des usurpations ou des violations; mais elle a pris elle-même, par la violence, l'exercice d'une puissance qui n'a ni règles ni limites. En recouvrant tous les droits, elle fait taire toutes les lois; en punissant des autorités coupables, elle met toutes les passions hors du joug des autorités; et à moins qu'une nation n'ait une extrême simplicité de mœurs, et des habitudes profondes d'une vie très-régulière, les époques des insurrections, destinées à châtier de grands crimes, sont aussi les époques où les grands crimes se commettent.

La FIN d'une insurrection légitime est sainte; mais il est rare que ses MOYENS soient très-PURS, et quand elle se prolonge trop, c'est presque toujours par des FORFAITS.

Brutus, après avoir frappé César d'un coup mortel, jeta son poignard: les autres conjurés gardaient le leur, et voulaient tuer encore. Brutus fut regardé comme une homme faible: depuis son nom a été le seul que tous les siècles ont cité avec amour et respect ; et s'il ne rendit pas la liberté à sa patrie, trop indigne alors de la recouvrer, il est devenu comme le génie créateur et conservateur de la liberté de tous les peuples, que le joug de tous les vices n'a pas préparés à celui des tyrans.

Ainsi j'ai toujours pensé sur les insurrections : ce ne sont pas là trop les idées d'un homme qui croit que tout ce qu'on peut faire dans une insurrection est légitime : la haine et la calomnie seules, je le répète, peuvent attribuer une semblable doctrine à un homme, hors du seul cas où il l'aurait professée expressement : et quelle idée donc devrait-on prendre des haines qui me poursuivent, si, dans ce même discours, où on prétend trouver cette doctrine, j'ai expressement professé une doctrine absolument opposée? Je n'ai qu'à citer : c'est ce discours même qui est ma meilleure apologie. Voyez d'abord dans quels termes je lie les massacres des 2 et 3 septembre à la prolongation des mouvemens insurrectionnels du 10 août.

« Si CES AFFREUX ÉVÉNEMENS n'ont pas été le produit de l'insurrection, comment donc n'ont-ils pas été prévenus ; comment n'ont-ils pas été arrêtés ; comment NE SONT-ILS PAS DÉJA PUNIS ; comment tant de sang a-t-il coulé sous d'autres glaives que ceux de la justice, sans que les législateurs, sans que les magistrats du peuple, sans que tout le peuple lui-même ait porté toutes les forces publiques aux lieux de ces sanglantes scènes ? »

Voyez comment je m'exprime à ce même sujet dans un avertissement imprimé en même-temps que le discours :

« En rejetant sur l'insurrection les massacres de 2 et 3 septembre, j'ai été loin de vouloir atténuer de SI GRANDS FORFAITS ; mais ce qui est bon, et CE QUI EST HORRIBLE, peuvent arriver dans le même temps, par les mêmes causes ; et les massacres ont été exécutés, parce que les mouvemens de l'insurrection duraient encore. Eh ! que faudrait-t-il penser d'une nation au milieu de laquelle de TELLES CHOSES se seraient passées durant le règne des lois? Qu'on y réfléchisse bien, et qu'on réponde à cette question. »

Ailleurs, dans le corps même du discours, et comme si j'avais prévu que je devais être attaqué bientôt par la calomnie en délire, que bientôt elle m'accuserait d'avoir dit, qu'il ne peut être commis aucun attentat dans une insurrection, ou que tous les attentats commis dans une insurrection doivent être couverts et consacrés par elle ; voici ce que je disais réellement à ce sujet, et que peut-être on aura peine à croire en le lisant, en le confrontant avec les maximes barbares, que des barbares ont prêtées à un homme qui a passé sa vie à cultiver les affections les plus douces et la philosophie la plus pure.

Je vais copier ; qu'on daigne lire :

« Mais, dans les insurrections même, il peut avoir été commis de TELS ATTENTATS, et ces attentats peuvent laisser après eux de TELS DANGERS pour l'ordre social rétabli, qu'il est impossible à une nation de fermer les yeux sur les uns, et de ne pas s'occuper à prévenir les autres. Il est des lois tellement inséparables de la nature des hommes, qu'elles les suivent et les obligent partout, dans les cités et dans les forêts, durant la paix et durant la GUERRE, durant les lois et durant les INSURRECTIONS. »

Est-ce positif ? Est-ce clair et net ? Comment concevoir actuellement les accusations ?

On n'est pas au terme encore de cette longue suite d'étonnemens ; d'ordinaire on est étonné une première fois, et la seconde ou la troisième on ne l'est plus. L'étonnement est une impression passagère ; mais ici le contraste entre ce qu'on m'a fait dire, et ce que j'ai dit, est tellement continuel, il va toujours tellement croissant, qu'à peine l'étonnement tombe qu'il renaît à l'instant avec une nouvelle force. On va voir si j'en dis trop.

Je m'étais imposé la loi que tout m'imposait, de ne pas traiter, de ne pas toucher même la question de poursuivre et de mettre en jugement les auteurs des massacres ; mais j'étais obligé de rappeler ces journées de sang que j'aurais voulu de tout le mien effacer des événemens d'une révolution sur laquelle j'ai toujours fondé les plus belles espérances du genre humain : mais il aurait fallu avoir ou une ame bien insensible, pour ne recevoir aucune émotion en réveillant le souvenir de ces journées, ou une ame bien forte pour contenir les émotions qu'on aurait reçues ; et ni une pareille insensibilité, ni une pareille force n'appartiennent à mon ame.

Je n'ai pas seulement rappelé ces journées dans mon discours ; je les ai décrites. D'autres avaient jeté sur elles un voile ; ce voile, moi, je l'ai levé.

Quand on raconte un événement, c'est un art bien commun dans ceux même qui n'ont aucun talent, et c'est un instinct bien naturel dans ceux même qui n'ont aucun art, de choisir les circonstances les plus propres à l'effet qu'on veut produire, d'écarter ou d'atténuer celles qui le contrarient, de rapprocher et de faire prédominer celles qui le favorisent. Vous, chez qui l'humanité est le premier sentiment, comme elle doit être la première vertu pour tous les hommes, lisez et prononcez si, en vous peignant ces massacres, mon ame n'a pas été d'accord avec vos ames ; si je vous ai pénétré d'horreur pour ces massacres, ou pour moi qui vous les peignois.

« IL SERAIT AFFREUX de s'en ressouvenir, vous ne le permettriez pas, citoyens législateurs, et je ne le pourrais pas non plus, si cela n'était nécessaire pour déterminer un grand acte de la justice nationale. Tout à coup, et lorsque les tocsins et le canon d'alarme éveillaient partout le courage, en annonçant que le danger était partout, on court aux prisons. Les portes n'en sont pas brisées ; elles s'ouvrent : des hommes, qui cachent leurs noms, et qui, EN VIOLANT TOUTES LES LOIS, en prennent quelques formes, se font présenter tous les écrous et tous les prisonniers. En DEUX OU TROIS interrogatoires, en DEUX OU TROIS réponses, toute cette espèce de procédure est accomplie ; l'arrêt de vie ou de mort est prononcé. Les exécuteurs sont là à côté des juges ; des mains des uns les condamnés passent sous la hache des autres. Là, les juges et les bourreaux, le tribunal et l'échafaud, la vie et la mort, tout est tellement rapproché que tout paraît se confondre. Tandis qu'un prisonnier est jugé, vingt autres sont exécutés ; LES CRIS, LES HURLEMENS DE CEUX QU'ON ÉGORGE, ÉTOUFFENT LA VOIX DE CELUI QUI SE JUSTIFIE ; et ceux qui sont épargnés; se sauvent à travers les cadavres entassés de ceux qui ont été frappés sous leurs yeux. »

O que mes ennemis et mes détracteurs, ô que ceux qui ont juré ma mort, et ceux, plus atroces encore, qui ont juré ma honte, seraient réjouis, si une main aussi puissante pour ma perte que leur volonté est active, pouvait tout à coup anéantir tous les exemplaires de mon discours, ou effacer de tous les exemplaires ces lignes, qui, par le tableau seul des journées des 2 et 3 septembre, ont dénoncé et dévoué ces journées à l'exécration de toutes les générations du genre humain! Mais à l'instant même où il fut prononcé, ce discours, par ordre des législateurs de la France, a été imprimé dans les presses nationales; il doit être déposé aux archives de la république; là ne se glisseront point les furtives mains des calomniateurs pour l'altérer, pour y mettre ce qui n'y est pas, pour en ôter ce que j'y ai mis. Dans ce dépôt sacré, et que toutes les forces publiques protégent, il demeurera aussi intact, aussi pur que les sentimens qui l'ont dicté : et de là il protestera éternellement contre les affreuses passions qui l'ont défiguré et calomnié; il dira que le ministre de la justice, accusé d'avoir fait l'apologie des massacres des 2 et 3 septembre devant les législateurs de la république naissante, est le *premier* qui ait parlé de ces massacres avec toute l'horreur qu'ils méritaient, en face de la France et de l'Europe, en face peut-être de quelques-uns même de ceux qui en étaient les auteurs.

De toutes les passions du cœur humain, la haine est celle qui s'éteint, qui se calme même le plus difficilement dans l'ame où elle est entrée une fois avec toutes ses fureurs; elle ne peut plus revenir à l'équité, parce qu'elle a perdu tous les moyens de voir la vérité. Elle marche audacieusement et en paix avec sa conscience dans les voies de l'iniquité et de l'homicide; elle est livrée aux spectres, et c'est pour cela qu'elle devient une furie. Comme elle ne voit plus ni les choses sous leur véritable forme, ni les hommes sous leurs véritables traits, plus l'innocence, qu'elle poursuit, prendra d'éclat, et plus ses yeux seront blessés : les tortures qu'elle voudrait faire souffrir, elle les éprouve, et elle les prend pour les preuves des crimes qu'elle forge et qu'elle impute : elle a beau voir que chaque attaque est pour elle une confusion, elle attaquera encore, sans prévoir qu'elle va être écrasée d'une confusion plus ignominieuse.

Je l'entends me dire : *Pourquoi vous contenter de peindre ces journées sous des couleurs propres à les rendre odieuses. Votre devoir n'était pas de les peindre, mais de les apprécier : pourquoi n'avez-vous pas énoncé et prononcé formellement votre opinion?*

Je pourrais répondre : le tableau d'un crime, tracé avec assez d'énergie pour le faire abhorrer de tous ceux qui n'en ont pas été les complices, est le plus terrible jugement qu'on puisse prononcer contre le crime et contre les criminels : un jugement, énoncé par une proposition, peut partir d'une ame que le crime laisse sans indignation et sans émotion; un jugement énoncé par des peintures qui remettent toutes les circonstances et toute l'horreur du crime sous les yeux, ne peut avoir été porté que par une ame émue, agitée, tourmentée encore par les souvenirs de ce qu'elle flétrit et condamne.

Je pourrais répondre : tout mon discours est plein des appréciations les plus positives, des déclarations les plus formelles et les plus réitérées du jugement que vous paraissez regretter de n'avoir pas entendu sortir de ma bouche en termes froids et tranquilles; prêt à retracer ces événemens, j'ai exprimé toute la violence que je devais faire à la sensibilité de mon ame, pour raconter ce que des hommes atroces avaient pu exécuter; je n'en ai parlé qu'en les qualifiant d'*événemens affreux*, de *grands forfaits*.

Mais voici une autre réponse.

Par les premiers mots que j'en ai dit, j'ai énoncé, j'ai prononcé, et de la manière la plus solennelle, et mon jugement personnel sur les 2 et 3 septembre, et le jugement qu'en porteront tous les peuples et tous les siècles; ces premiers mots que j'en ai dit, les voici : « Le cri de l'humanité INDIGNÉE et GÉMISSANTE a sans doute déjà prononcé, sur les événemens des 2 et 3 septembre, le jugement qui sera répété par TOUTES LES NATIONS et par TOUS LES SIÈCLES. » Oui, dans ce discours, où l'on prétend que j'ai fait l'apologie des 2 et 5 septembre, ces paroles sont les premières que je prononçai sur ces journées. Oui, je le jure, j'ai le texte sous les yeux, et j'ai copié fidèlement ces paroles du texte même du discours.

Quels résultats effrayans présentent les tristes et douloureuses discussions dans lesquelles on m'a forcé d'entrer.

J'ai voulu rejeter sur les tempêtes de l'insurrection qui bouleversent tout un instant, des événemens horribles, que tous les despotes et tous les oppresseurs de la terre attribuaient à la liberté et à une nation magnanime exposée depuis cinq ans aux regards et à l'imitation du monde : et on a prétendu qu'en faisant sortir ces forfaits inouïs du délire et du désordre d'une insurrection trop prolongée, j'avais voulu les faire adopter par cette nation, et les compter parmi les actions glorieuses ou nécessaires de la révolution!

Un peuple chez lequel tout était encore incertain et menaçant, où les mouvemens révolutionnaires, au lieu d'aller expirer doucement dans une activité réglée et féconde, faisaient naître incessamment des mouvemens plus impétueux et plus destructeurs, j'ai voulu l'avertir des dangers extrêmes des insurrections, j'ai voulu lui dire, et sans aucun détour, qu'il s'en faut bien que dans une insurrection tout soit sacré comme sa fin, que les plus grands attentats naissent facilement de toute part dans cette suspension des lois ordinaires; et on a publié que j'avais posé comme un dogme révolutionnaire, que les ATROCITÉS commises durant une insurrection sont aussi saintes que la fin que l'insurrection se propose!

A l'occasion d'hommes présumés coupables, mais déjà châtiés par un spectacle et par des dangers plus affreux que les supplices, j'ai offert un plan de déportation qui tendait à faire supprimer la peine de mort, au moment où les partis qui se formaient dans la république allaient jeter les yeux sur la hache des lois comme sur l'instrument de leurs victoires et de leurs vengeances; et on m'a traité comme un homme qui aurait abandonné la cause de l'humanité pour se dévouer à un parti!

Moi connu, au moins par un amour assez éclairé de la liberté, et des moyens qui peuvent la faire prospérer, j'ai tracé des journées des 2 et 3 septembre des tableaux qui font frémir; et on a imprimé que je les avais représentées comme des jours auxquels la liberté doit accorder une place honorable dans ses fastes! Je les ai couvertes d'horreurs, ces journées, en mon nom, au nom de toutes les nations et de tous les siècles, au nom de l'humanité *gémissante et indignée*, et on a dit, on a répété que j'en avais fait l'apologie et l'éloge!

J'ai imploré la pitié et la miséricorde de la nation pour des *septembrisés*, pour des malheureux à peine échappés aux couteaux; et on a cru, ou on a feint de croire que je parlais pour les hommes atroces dont les couteaux avaient égorgé tant d'innocentes victimes, pour les *septembriseurs!*

Quel amas incompréhensible ou d'erreurs ou d'impostures, et peut-être d'impostures et d'erreurs!

Ont-elles été un peu accréditées? J'ai lieu de croire et même d'être certain que non : mais ce n'est pas leur fausseté avérée qui les a empêchés de s'établir dans l'opinion publique : ce n'est pas une connaissance exacte de mon discours, c'est mon caractère connu qui les a repoussées : l'ouvrage n'a pas justifié l'auteur, l'auteur a plutôt justifié l'ouvrage; et certes, il m'est plus doux, il m'est plus consolant de savoir mes écrits défendus par ma personne, que ma personne par mes écrits.

Mais enfin, si ces mensonges n'ont pu pénétrer nulle part, leur rumeur s'est partout fait entendre; et dans ces instans où toutes les passions élèvent plus haut leur poussière, où le jour le plus pur est éclipsé, où tout se couvre de ténèbres, les doutes mêmes, et les doutes les plus insensés, méritent qu'on les dissipe. C'est lorsque les hommes, soit pour le bien, soit pour le mal, sont tant les uns pour les autres, qu'il importe extrêmement qu'ils se connaissent très-bien. Le soupçon involontaire qui pourrait rester à un honnête homme sur mon compte, pourrait être cause que dans une de ces grandes occasions, qui ne sont plus rares, il n'eût aucun empressement, ni à être juste à mon égard, ni à recevoir de moi un acte de justice ; et voilà comme tous les liens du nœud social se relâchent et se rompent. Je le proteste ; ce motif d'intérêt public, autant que d'intérêt personnel, est le seul qui ait pu obtenir de moi ces longs développemens donnés à une justification dont il m'a été impossible de croire avoir un grand besoin.

Je vais expliquer en peu de mots, et pour le même motif, par quel concours singulier de circonstances extraordinaires, une pareille rumeur a pu être suscitée à l'occasion d'un discours qui respire partout l'horreur du sang, l'amour de l'humanité, le respect du régime légal, et la vraie théorie de la justice sociale. Il faudrait fuir dans les forêts, si, hors des cas rares où le hasard rassemble des causes dont chacune est inattendue, et dont la réunion est bizarre, on pouvait être accusé d'avoir été barbare et sanguinaire, précisément pour avoir été humain, et pour avoir voulu ajouter à l'humanité d'une grande nation. Ces explications, quand elles ne sont pas des suppositions gratuites, mais des faits bien observés, bien démêlés, bien aperçus jusque dans les secrets de leurs dépendances et de leurs liaisons, font toucher à ces ressorts invisibles qui remuent les opinions et qui poussent les événemens ; ce genre de connaissances, cette espèce de logique appliquée, non pas aux idées, mais aux actions, est partout la plus rare ; dans une république elle est la plus nécessaire ; et, je le répète encore, pour avoir le courage de continuer ma défense, il me faut l'espérance qu'elle sera utile encore à d'autres qu'à moi.

Dans le sein même de la Convention nationale, lorsque j'y parlais des journées des 2 et 5 septembre, siégeaient des hommes, dont les uns étaient soupçonnés d'avoir été les provocateurs et les ordonnateurs des massacres, dont les autres leur donnaient une approbation haute et publique : il y en avait d'une autre part qui, ayant en horreur les massacres, et ceux qui avaient pu les arranger et les protéger, tenaient cette accusation en réserve pour la lancer comme la foudre, dans l'occasion, sur des rivaux de puissance ou d'influence. Aux premiers mots que je prononçai sur les journées des 2 et 3 septembre, à ces mots qui exprimaient et qui appelaient les imprécations de l'humanité tout entière contre ces journées, ceux qui en étaient, au moins, les protecteurs, crurent que je venais proposer de les poursuivre : un murmure s'éleva; et je posai les questions et mes principes au milieu d'un bruit confus. Lorsque ensuite, du milieu de ce bruit et de mes paroles qu'il couvrait, on entendit sortir les mots de *pitié*, de *miséricorde*, de *jubilé politique*, ceux qui avaient leurs projets contre les auteurs des massacres crurent que c'était pour ces forfaits que je venais demander une amnistie ou une approbation; et le murmure alors passa d'un côté de l'assemblée à l'autre, ou plutôt il fut dans les deux côtés. Le commencement de mon discours fut donc trop bien entendu par les uns, et tout le discours beaucoup trop mal par les autres. Mais de ce que quelques membres du côté droit crurent avoir des reproches à me faire, quelques membres du côté gauche en prirent acte pour me donner des éloges : ils accueillirent avec empressement la méprise qui donnait à leurs suffrages sanguinaires la sanction du suffrage d'un ministre de la justice qui ne passait pas pour un barbare, et qui, dans plusieurs de ses écrits, en couvrant d'ignominie et d'horreur les vains sophismes de l'aristocratie, avait plus d'une fois réclamé les droits imprescriptibles de l'humanité en faveur des aristocrates mêmes.

Il fallait une autre méprise pour les rendre toutes plus difficiles à reconnaître et à réparer; et elle a eu lieu.

De tous les côtés je me suis entendu attribuer cette phrase : « Les 2 et 3 septembre sont des jours sur les événemens desquels il faut peut-être jeter un voile. » Cette phrase a été prononcée, en effet, par un ministre, au milieu de la représentation nationale.

Si ces mots étaient sortis de ma bouche, j'aurais eu, sans doute, des motifs trop puissans pour les prononcer, et je ne les désavouerais pas; les choses sur lesquelles on veut jeter un voile ne sont pas des choses auxquelles on donne son approbation ou ses éloges ; il s'en faut bien. L'Assemblée législative a jeté sur la glacière d'Avignon les voiles sacrés d'une loi ; et l'aristocratie en délire a pu dire seule que l'Assemblée législative avait consacré la glacière. Hors des tourbillons et des torrens impétueux des passions et des événemens qui, après avoir tout englouti d'un côté, menacent de tout engloutir de l'autre, il est facile de poser les questions de morale, comme si on avait toujours à choisir entre le mal et le bien, entre le bien et le mieux. Mais au milieu des affaires et des hommes, au milieu surtout des révolutions, trop souvent il ne reste de choix à faire qu'entre un mal qui est très-grand, et un mal qui serait affreux, qu'il faut écarter à tout prix; et alors le plus haut degré de la sagesse, le sacrifice le plus généreux de la vertu, celui qui doit lui coûter davantage, c'est de renoncer, en quelque sorte, à sa pureté, c'est de se couvrir de taches apparentes aux yeux du monde, pour faire un bien immense, mais invisible à tous les regards, puisqu'il consiste en des malheurs qu'on a prévenus. Telle était, je le crois, la position de celui qui a prononcé la phrase qui m'a été attribuée, et qui n'est pas de moi ; elle est de Roland : c'est lui qui, parlant au milieu de l'Assemblée législative, le 3 septembre, débuta, sur les massacres, par ces mots : *Hier fut un jour sur les événemens duquel il faut peut-être jeter un voile.* Hélas ! je suis loin d'envier et de disputer à la mémoire de Roland l'estime et l'amour que lui gardent et que lui doivent ceux qui ont été les témoins de sa rigide probité; ceux avec lesquels il a été proscrit par les mêmes ennemis. Mais qui pourrait me blâmer de sentir avec amertume cette injuste acception de personnes qui m'attribue à moi comme un crime ce qui appartient à Roland, et ce qui en lui a passé pour sagesse et vertu?

Quelle étendue j'ai donnée à des explications si claires, à une justification si facile! Je l'ai senti, cette extrême clarté, cette facilité extrême a dû rendre fade et accablante une discussion si longue ; mais puisque j'y étais condamné une fois, j'ai tâché que, sous aucun prétexte, ni moi ni le public nous n'entendissions plus parler de cette imputation également révoltante et par sa nature, et par l'excès de son absurdité, et par l'excès de son iniquité; que si ces hommes dont l'esprit et le cœur sont faits de manière qu'ils ne se lassent jamais de ce qui est ridicule et de ce qui est horrible, y reviennent encore, je le déclare donc, il ne m'arrivera jamais plus de leur répondre, à moins que, du milieu de cette foule de mes ennemis qui se partagent les rôles, dont les uns soufflent et dont les autres parlent, il n'en sorte un pour se mettre en évidence avec un nom qui ne soit pas un opprobre, avec une logique qui ne soit pas un délire, et avec des intentions qui ne soient pas celles de nous donner un roi.

Je puis consentir à défendre ma vie contre les erreurs involontaires de mes concitoyens et des juges de ma république, je ne puis pas consentir à défendre la pureté de ma vie contre des infâmes, et ma mémoire contre des gens qui ne peuvent pas sortir de leur obscurité par leur ignominie même.

Sous Robespierre même et sous Billaud, n'ayant que très-peu de doutes sur le sort qui m'attendait, je ne marchais jamais que pourvu de tous les moyens de disposer promptement moi-même de mon sort. Il m'était consolant d'en avoir les moyens et de les avoir bien choisis; mais, après mûre délibération, je m'étais décidé à n'en pas faire usage. Les principes de Socrate sur la soumission qu'on doit aux lois et à l'ordre social, dans la personne même des juges les plus iniques, m'avaient toujours paru une exagération de la vertu et de la magnanimité; à ce moment où je les discutais de nouveau, et pour moi-même, ils ne me parurent plus que sublimes et sacrés. Au milieu de tant d'horreurs que, depuis huit mois, la nuit ne couvrait de ses ténèbres que pour les voir renaître avec le jour, je ne trouvais pas non plus qu'elle y ajoutât des circonstances bien fâcheuses, cette promenade de quelques heures, à laquelle on pouvait montrer à tout un peuple comment l'innocence apprend à mourir à ceux que l'iniquité envoie à la mort. O toi qui arrêtas la main avec laquelle tu traçais le tableau des progrès de l'esprit humain pour porter sur tes lèvres le breuvage mortel, d'autres pensées et d'autres sentimens ont incliné ta volonté vers le tombeau dans ta dernière délibération ; tu as rendu à la liberté éternelle ton ame républicaine, par ce poison qui avait été partagé entre nous comme le pain entre les frères! Tu n'es plus! et je vis pour être accusé par des hommes qui invoquent ton nom comme moi, mais qui n'ont pas, comme moi, voulu ajouter à tous les dangers qu'ils couraient des dangers plus grands encore, pour dérober aux bourreaux une tête qui manquera long-temps à la France et à l'Europe!

Aujourd'hui que ceux qui élèvent les accusations ne sont plus ceux qui prononcent les jugemens ; aujourd'hui que ceux qui portent le titre auguste de représentans d'un grand peuple savent tous qu'on ne représente réellement un peuple libre que lorsqu'on est, contre toutes les passions personnelles et étrangères, l'incorruptible organe des règles universelles et immuables de la justice et de la raison ; aujourd'hui que les juges sont encore nommés par les représentans, mais ne sont qu'à la nation, qu'ils reçoivent des législateurs des lois et n'en reçoivent pas leur conscience, leur conviction et leur volonté ; aujourd'hui, enfin, que toute la puissance de la république menace surtout ceux qui voudraient égarer son glaive ; aujourd'hui l'innocence, quand même elle n'aurait pas foulé aux pieds toutes les craintes, tous les bruits des chaînes et des haches, ne pourrait concevoir aucune alarme. En m'obligeant à rendre compte de ma conduite, on m'a fourni seulement l'honorable occasion d'exposer quelques titres à l'estime de la nation, d'ouvrir tout entière une ame dans laquelle le silence cachait quelques biens et quelques vertus peut-être. Mais, encore un coup, je veux parler à la république, à ses législateurs, à ses juges ; il n'y a pas de loi sociale, il n'y a pas de principe de morale qui puisse obliger un honnête homme à répondre à d'imbéciles détracteurs, à des fous, à des hypocrites conjurés ensemble dans les pamphlets, dans les placards, dans les aboiemens des carrefours, et le tout pour écraser quelques misérables succès d'un talent qui ne s'est jamais vendu ni à l'aristocratie ni à la royauté, ni aux Feuillans ni aux Jacobins, ni au côté gauche ni au côté droit, ni à ses ennemis ni à ses amis. Quand ma vie tout entière est employée à combattre des erreurs funestes au genre humain, les hommes, à qui je ne demande rien, me doivent au moins, ce me semble, de me dispenser de confondre de plats mensonges et de lâches menteurs. Ah! si j'avais été capable d'écouter d'autres voix que celle de ma raison, de consulter d'autres intérêts que ceux de la vérité et de la république, tant de dangers ne m'auraient pas incessamment environné dans ma marche solitaire! J'aurais été menacé d'un côté, mais je ne l'aurais pas été de tous les côtés; en blessant des passions j'en aurais flatté d'autres, et la ligue de celles contre lesquelles je me serais serré m'aurait couvert de ses phalanges contre la ligue de celles dont je me serais éloigné. Je connaissais aussi bien que d'autres ce conseil donné par Machiavel aux politiques, à qui il veut ôter toute conscience : SOYEZ GRANDEMENT ENNEMI et GRANDEMENT AMI ; je n'ai voulu être que GRANDEMENT juste. Comme cela a bien tourné pour moi et pour les autres!... Mais c'est à ma pensée, c'est à mes souvenirs que je parle; j'oublie que je n'ai pas encore expliqué les faits importans de mon ministère, que je n'ai pas encore exposé ma conduite; je m'en souviens, et je tâcherai de ne plus l'oublier.

Les journaux ont rapporté très-diversement les chefs d'accusation que Philippe Dumont a énoncés contre moi; mais je vais les copier dans les journaux qui en ont le plus rapporté, et les plus graves. J'ai répondu au premier; il portait sur les 2 et 3 septembre; voici les autres : 1° D'avoir fait l'apologie des pillages commis au mois de février 1793; 2° d'avoir trompé la Convention nationale par les rapports que je lui fis sur les mouvemens du 10 mars et des jours suivans; 3° d'avoir favorisé, avec Pache et Bouchotte, les journées du 31 mai et du 2 juin.

Philippe Dumont, qui n'est pas mon seul ennemi, a été pourtant mon seul dénonciateur, et, à l'instant même où il a élevé la voix pour m'accuser, plusieurs députés ont pris la parole pour me défendre.

Ce mouvement les honore, car rien ne lie à moi ceux qui ont parlé, que leur respect pour la vérité.

En me dénonçant, Philippe Dumont n'a rappelé aucune de mes

paroles, aucune de mes actions ; il m'a accusé sur des époques plutôt que sur des faits. Il n'a pas paru savoir que j'étais coupable, mais aimer à croire que je pouvais l'être ; et, à l'instant même, deux de ses collègues, tous les deux membres du comité de salut public à l'époque du 31 mai, ont attesté à ma décharge ce qu'ils savaient tous les deux pour l'avoir vu, et ce qui me justifie antérieurement. Contre l'ordinaire, des dénonciations qui, en éclatant, ont un moment au moins de triomphe, la dénonciation de Philippe Dumont, même au premier moment, a donc fait peu de fortune. Je ne la connaissais pas encore qu'elle était combattue sur tous les points, et détruite sur le point le plus important, sur le 31 mai. Dans cette carrière de la vie, semée de tant de peines, bordée de tant de précipices, il est donc des compagnons de voyage qui, de loin même, et sans que vous les appeliez, vous tendent la main ! Une telle expérience mêle bien des douceurs à l'amertume de tant d'autres expériences !

Il m'est difficile de répondre à ce qu'a dit Philippe Dumont de mon apologie des pillages du mois de février, car il m'est difficile de comprendre ce qu'il a voulu dire. Il serait beau qu'un ministre de la justice eût fait tour à tour, et toujours dans le sanctuaire des lois, tantôt l'apologie des pillages, tantôt l'apologie des massacres. J'ai dans ma vie assez lu l'histoire, et j'y ai trouvé beaucoup de choses qui ne m'ont pas très-édifié ; mais si je pouvais croire ce que Philippe Dumont me raconte de moi plus que ce que je puis en savoir, ce que j'aurais vu de plus étonnant dans l'histoire serait peu de chose encore auprès de ce que j'aurais fait moi-même.

Beaucoup de gens *pillent*, les uns avec bassesse, dans les poches, et de petites sommes ; les autres de grandes sommes, et avec grandeur, dans les trésors et dans le sang des nations ; mais, en général, s'il est permis d'avoir des motifs de trouver beaux les pillages qu'on fait soi-même, il est difficile de trouver beaux les pillages que font les autres.

La morale des voleurs mêmes est, à cet égard, aussi sévère, aussi pure que celle des plus honnêtes gens.

Machiavel dit : *Il ne faut pas que celui qui gouverne soit honnête homme; mais il faut qu'il ait grand soin de le paraître.* Ce soin n'est pas communément celui qu'on néglige, et les deux parties même du précepte de Machiavel ne laissent pas que d'être assez ponctuellement remplies. Au dire de Philippe Dumont, il y en a une au moins que j'aurais violée complètement : j'aurais pris bien peu de soin de paraître honnête homme. Aurais-je suivi, par hasard, l'inverse du précepte de Machiavel? et, au lieu de paraître honnête homme sans l'être, l'aurais-je été sans vouloir le paraître? Cela n'est pas très-vraisemblable; car si un coquin a de bonnes raisons de vouloir paraître honnête homme, un honnête homme ne peut pas avoir les mêmes raisons de vouloir paraître un coquin.

J'oubliais que nous sommes en révolution; j'oubliais que, dans cette révolution, un grand principe a été mis en avant par de grands génies, le partage des biens; j'oubliais que, pour essayer les mesures d'exécution de ce principe profond et vaste, des gens qui n'avaient rien ont pris tout à ceux qui avaient quelque chose et ne leur ont rien laissé, ce qui est un partage très-égal et très-fraternel. Ne serait-il donc pas possible que j'eusse voulu associer mes pensées législatives aux conceptions rares avec lesquelles *l'Ami du peuple* était familiarisé, et dont Saint-Just s'approchait tous les jours par tous les progrès de son esprit? Mais non il faut que j'aie eu toujours, sur toutes ces belles choses quelques scrupules et quelques faiblesses; je n'ai jamais été à la HAUTEUR, au PAS, toujours je suis resté en arrière. Il est donc assez évident *que je n'ai mérité ni cet excès d'honneur ni cette indignité.*

Par toutes ces raisons, je me juge dispensé de prouver que je n'ai pas fait l'apologie des pillages.

Mais si je me tiens quitte sans aucune inquiétude de cette preuve, il y a sur les pillages du mois de février une explication que Philippe Dumont désire peut être de recevoir de moi, et que je désire bien plus encore de lui donner. Un décret m'ordonnait d'en faire rechercher et poursuivre les auteurs. A cette époque où tous les événemens se pressaient et devenaient chaque jour plus menaçans, où toutes les séances étaient des tumultes, diverses circonstances m'empêchèrent de rendre compte à la Convention de ce que j'avais fait pour l'exécution de son décret ; mais jamais décret ne fut plus scrupuleusement, plus rigoureusement et plus hâtivement exécuté de ma part. On peut en voir les preuves dans la note où je renvoie le récit de tout ce que je fis et de tout ce que j'écrivis pour l'exécution de ce décret.

Philippe Dumont a énoncé très-vaguement les reproches qu'il m'a faits relativement aux comptes que j'ai rendus à la Convention sur les mouvemens qui agitaient Paris et qui menaçaient la Convention elle-même ; il n'a donné aucune précision aux faits dont il m'accuse ; je vais l'aider à dresser mon acte d'accusation. Le coupable, qu'il soit accusé ou accusateur, a besoin des ténèbres, et les ténèbres sont dans le vague des faits et des idées ; l'innocence, au contraire, n'a besoin pour vaincre que de combattre au grand jour, et c'est la précision qui, tirant les idées et les faits du chaos, semble dire : *Que la lumière soit.* L'innocence accusée a aussi son héroïsme, et poursuivie par un puissant de la terre elle lui criera :

> Chasse la nuit qui nous couvre les yeux,
> Et combats contre nous à la clarté des cieux.

Il y a quatre époques où je puis être accusé d'avoir parlé à la Convention nationale sans lui dire tout ce que je savais, ou sans savoir tout ce qui était : 1° L'époque du 10 mars ; 2° l'époque qui suivit de près, et qui au fond est la même de mes recherches et de mon compte-rendu sur un comité dit *d'insurrection* ; 3° l'époque du 27 mai, où je parlai au milieu de la Convention, que l'on disait être *assiégée* ; 4° l'époque des journées des 31 mai et 2 juin, que l'on prétend que j'ai favorisées de concert avec Pache et Bouchotte, dont on prétend que je suis l'un des auteurs.

Avant d'entrer dans aucun examen de la part que j'ai pu avoir dans les divers événemens de ces quatre époques, il est nécessaire de rappeler les circonstances générales communes à ces quatre époques à la fois, et qui ont été les causes de tous les événemens.

Presque tous les peuples de la terre se sont représentés un temple des destinées, et dans ce temple des dieux bons ou méchans qui disputent et combattent entre eux pour savoir qui fera les décrets sur le sort des humains. L'allégorie est frappante et trouve partout des applications. La Convention nationale, dès ses premières séances, fut divisée en deux partis ou en deux *côtés*.

Un tableau des causes de ces divisions, de leurs progrès, de leurs éclats, répandrait ici une lumière qui, après avoir éclairé ma conduite, porterait plus loin sa réverbération ; mais je l'efface après l'avoir tracé ; je le réserve pour le moment où je me présenterai peut-être devant le tribunal des siècles, plus encore en juge qu'en accusé.

Je dois me borner ici aux résultats.

Au bout de deux ou trois mois, mais surtout après le jugement et le châtiment du dernier roi, les débats de la Convention n'étaient plus des discussions sur les principes ; c'étaient des querelles sur les personnes. De proche en proche, les soupçons et les haines gagnant toutes les ames et tous les esprits, nul ne resta entièrement impartial pour se rendre médiateur ; nul n'eut cette force de la modération et de la neutralité, la plus rare de toutes, parce que les passions ont pris le parti de la déshonorer et de la mépriser sous le nom de faiblesse. C'était un côté tout entier qui combattait contre l'autre côté tout entier. On eût dit que c'étaient deux assemblées dressant tous les jours devant la république chacune un acte d'accusation contre l'autre ; eh ! quels faits étaient énoncés de part et d'autre dans ces actes d'accusation !

Le côté droit disait au côté gauche :

« Les législateurs d'une grande république doivent être pleins de respect et d'amour pour l'humanité, et ce n'est pas à vous, couverts de tout le sang versé dans les 2 et 3 septembre, qu'il appartient de donner des lois à la France. Les législateurs d'un empire, que les richesses de son sol, le génie de ses habitans, et le commerce de l'univers appellent aux biens et aux prospérités de tous les genres, doivent regarder *la propriété* comme une des bases les plus sacrées de tout l'ordre social ; et la mission donnée aux législateurs de la France ne peut être remplie par vous, qui prêchez l'anarchie, qui protégez les pillages, qui proclamez des principes par lesquels les propriétaires sont mis et tenus dans l'épouvante, qui soulevez ceux qui n'ont que des vices et de la misère contre ceux qui ont quelque aisance et quelques vertus. Toujours les excès de la liberté en furent la ruine : et c'est vous qui précipitez la révolution dans tous les excès. Toujours d'une longue anarchie on vit la tyrannie sortir et s'élever : et c'est vous qui nourrissez et fomentez de toutes parts l'anarchie. Qui peut donc être assez aveugle encore pour ne pas voir que vos fureurs sont le voile et les moyens par lesquels vous voulez entraîner violemment la république naissante à la servitude? Parce que vous êtes des furieux, est-ce à dire que vous ne puissiez pas être des perfides? Aucun homme n'a été plus perfide que Cromwel, et aucun n'a été livré à des fureurs plus atroces. De tous les animaux les plus sanguinaires le tigre est aussi le plus souple. Vous avez tué un roi, que vous n'aviez point fait ; mais ce Bourbon qui siége et s'élève au milieu de vous, espère bien que vous en ferez un autre; il compte assez sur la foi des brigands entre eux, pour être sûr d'avoir voté la mort de son prédécesseur. Les vrais républicains n'ont pas de trésors, et vous semez l'or et l'argent partout où il a des ames viles à acheter, et des mains vénales à armer. Vous aiguisez sans cesse des poignards, et quand on veut tuer des républicains, c'est pour tuer aussi la république. Vous appelez contre nous tous les sicaires de Paris; nous appelons contre vous tous les honnêtes gens de la France. »

Le côté gauche disait au côté droit :

« Tant d'empressement à nous parler de vos vertus nous persuade seulement que vous avez des vices et des projets à nous cacher; tant d'orgueil puisé dans ce que vous appelez vos lumières et vos talens, nous convainc que vous voulez faire servir vos talens à votre élévation, et non pas à l'ÉGALITÉ générale. La liberté périssait dans vos mains : les foudres de la nation avaient déjà frappé le palais d'un roi coupable; et ce roi recevait encore vos ménagemens, vos respects et vos sermens de le défendre. Quand il vous a laissés gouverner par les ministres que vous lui donniez, il vous a paru assez fidèle : vous n'avez commencé à le trouver traître que lorsqu'il a trompé, avec la nation, votre ambition ; votre vœu secret ne fut jamais d'élever la France aux magnifiques destinées d'une grande république, mais de lui laisser un roi que vous auriez accusé et protégé tour à tour, qui eût été votre prisonnier, et dont vous auriez été les maires du palais. Ainsi par vous le roi aurait eu un fantôme de trône, la nation un fantôme de liberté, et la seule chose réelle aurait été votre domination et votre tyrannie. Hommes lâches, qui croyez que des artifices sont la science *des hommes d'état*, apprenez que les vrais républicains marchent avec rapidité et avec intrépidité dans les voies larges qu'ils se sont ouvertes; et que les politiques astucieux sont ceux qui, comme vous, serpentent lentement dans les voies obliques qu'ils ont tracées et contournées. Quand le tyran a paru devant la justice nationale, dont nous étions, vous et nous, les organes, nous avons lancé sur lui la mort; et vous, qui vouliez vous réserver sa vie, dont vous aviez besoin pour vos complots, en disant comme nous LA MORT, pour partager notre gloire, vous avez ajouté l'APPEL AU PEUPLE, pour sauver le tyran, que vous feigniez de condamner. Par ce seul acte, hommes d'état, dignes en effet de Borgia et de son précepteur, vous nous faisiez abhorrer comme des barbares, vous vous faisiez adorer comme les justes par excellence, et vous appeliez la guerre civile pour déchirer la France et la diviser en des états fédérés, dont vous auriez été les uniques législateurs, les consuls, les éphores, ou les archontes. Vous le plaignez peu le sang des républicains, qui a coulé par torrens dans cette guerre contre l'Europe, désirée par tous les vœux du Château, et allumée par vos motions. Mais le sang qui a coulé dans les prisons, pour la sûreté et par la colère du peuple, vous voulez, à tout prix le venger : c'était le sang des aristocrates. Que signifient ces cris que vous jetez sans cesse, que nous voulons attaquer les propriétés, sinon que vous voulez avoir autour de vous et contre nous une armée de propriétaires, que vous ne paierez point, et qui vous paiera? Que signifient ces cris que vous jetez sans cesse, que vous délibérez sous les couteaux, que trois cents législateurs sont trois cents assassins qui en veulent aux jours de trois cents autres législateurs? Pisistrate fit plus que crier aux assassins, il poignarda ses mules et lui-même, et le lendemain, Pisistrate, entouré de gardes, fut le tyran de sa patrie. Hommes d'état, vous voulez la liberté, tout au plus, sans l'égalité; et nous, que vous appelez barbares, parce que nous sommes aussi inflexibles que les droits et les titres du genre humain, nous voulons l'égalité, parce que sans elle nous ne pouvons pas concevoir la liberté. Hommes d'état, vous voulez organiser pour les riches la république, qui périrait bientôt au milieu des richesses; et nous, qui ne sommes pas des hommes d'état, mais les hommes de la nature, qui n'avons aucun art et aucune science, mais l'instinct et l'énergie de toutes les vertus, nous cherchons des lois qui fassent sortir le pauvre de la misère, et les riches de l'opulence, pour faire de tous les hommes, dans une aisance universelle, les citoyens heureux et les défenseurs ardens d'une république éternelle et universellement adorée. Hommes d'état, c'est cette multitude par vous méprisée ou redoutée, c'est le peuple qui a commencé et qui a continué la révolution; c'est par le peuple et pour lui que nous voulons l'achever. Prenez garde; le peuple peut bien être trompé quelque temps par ses oppresseurs, mais ses passions mêmes s'arment promptement et violemment pour ses amis les plus passionnés. Tremblez de nous contraindre à appeler les excès du peuple à la défense de ses droits et de nos jours. Vous périrez; et le sang des citoyens de toutes les parties de la république coulerait bientôt par flots mêlé au sang des législateurs de tous les côtés. Si vous n'êtes pas des traîtres et des conspirateurs, fléchissez votre orgueil devant l'image de tant de maux qui menacent la patrie. »

Qu'on lise les discours, les journaux et les brochures du temps, et on s'assurera que c'est là un résumé plutôt atténué et adouci qu'exagéré des accusations intentées par le côté droit contre le côté gauche, et par le côté gauche contre le côté droit; ce qu'on imprimait on le disait, et cent fois on me l'a dit de part et d'autre.

Je me suis surtout souvent rappelé, et toujours avec effroi, deux entretiens que, dans l'intervalle de cinq à six jours, j'ai eus, l'un avec Robespierre, et l'autre avec Salles.

Tous les deux, on le sait, avaient été, comme moi, de l'assemblée constituante. Pendant trois années, et tous les jours, nous avions, presque dans toutes les questions, voté dans le même sens; mais jamais je n'avais eu aucune espèce de liaison avec aucun des deux.

Je veux pourtant dire ici quelle était alors mon opinion sur tous les deux, d'après l'idée que j'avais pu prendre, dans l'assemblée constituante, de leur esprit et de leur caractère.

Tous les deux, je les croyais sincèrement et ardemment attachés à la révolution. A tous les deux je leur croyais de la probité; et j'attache à ce mot, non l'idée d'un homme qui fait toujours le bien, mais l'idée d'un homme qui veut et croit toujours le faire. Si j'avais pu avoir des doutes sur la probité et sur le patriotisme de l'un des deux, d'après deux ou trois circonstances publiques, j'aurais eu des doutes sur Salles plus que sur Robespierre; mais je n'en avois sur aucun.

Avec un esprit très-actif, et une imagination très-agitée par les affaires et par les principes de la révolution, Salles ne me paraissait avoir aucun talent réel.

Dans Robespierre, à travers le bavardage insignifiant de ses improvisations journalières, à travers son rabâchage éternel sur les droits de l'homme, sur la souveraineté du peuple, sur les principes dont il parlait sans cesse, et sur lesquels il n'a jamais répandu une seule vue un peu exacte et un peu neuve, je croyais apercevoir, surtout quand il imprimait, les germes d'un talent qui pouvait croître, qui croissait réellement, et dont le développement entier pourrait faire un jour beaucoup de bien, ou beaucoup de mal. Je le voyais, dans son style, occupé à étudier et à imiter ces formes de la langue qui ont de l'élégance, de la noblesse et de l'éclat. D'après les formes mêmes qu'il imitait, et qu'il reproduisait le plus souvent, il m'était facile de deviner que toutes ses études, il les faisait surtout dans Rousseau. J'espérais qu'en prenant Rousseau pour modèle de son style, la lecture continuelle qu'il en faisait aurait aussi quelque influence heureuse sur son caractère.

Mais, et dans Salles et dans Robespierre, ce que j'avais vu le plus distinctement, c'est cette fausseté d'esprit si commune dans ceux qui traitent de grandes questions, et qui peut être si fatale dans ceux qui traitent les grandes questions politiques.

Le sentiment qui perçait le plus dans Robespierre, dont il ne faisait même aucun mystère, et qui, avec quelques attaques hardies contre des intrigans, lui avait valu dans les groupes de Paris le titre d'*incorruptible*; ce sentiment, c'est que le défenseur du peuple ne peut jamais avoir tort; c'est qu'il trahit le peuple, s'il met aucune borne et aucune mesure dans ses principes; c'est que dans tout ce que fait le peuple, et dans tout ce qu'on dit pour lui, tout est vertu et vérité, rien ne peut être excès, erreur et crime. L'intolérance, si naturelle à l'esprit humain, est toujours prête à porter de pareils sentimens dans les combats d'opinions de tous les genres; mais ils sont inséparables surtout des combats des opinions religieuses, et des combats des opinions *politiques populaires*.

Quand on fait pour Dieu et pour le peuple, on ne croit jamais faire ni trop ni mal : et c'est ce qui a dressé tant de bûchers dans les querelles religieuses, et tant d'échafauds dans les querelles politiques.

Dans Robespierre et dans Salles dominait ce tempérament atrabilaire qui tourmente ceux qui l'ont, et d'où sont sortis, dans tous les siècles, les tempêtes qui ont bouleversé le monde moral. Les esprits de ce genre ne peuvent laisser le genre humain en paix que lorsqu'ils sont mis de bonne heure dans les chaînes d'une religion menaçante, ou dans les chaînes d'une logique très-exacte et très-sévère. Il faut qu'ils soient des fous ou des scélérats, des saints ou de grands philosophes.

Dans les siècles religieux, il leur arrive souvent, après avoir commis quelque crime, dont ils sont eux-mêmes épouvantés, d'aller pour toute leur vie se mettre à genoux dans des déserts et dans des cavernes, où leur imagination profonde et tremblante creuse incessamment les abîmes de l'enfer. Les cloîtres, en ensevelissant beaucoup d'hommes de ce genre, ont rendu, à cet égard, de grands services au monde.

Dans les siècles où il y a une philosophie, ils s'y dévouent comme à une religion; ils portent très-loin l'attention et le raisonnement; mais le raisonnement est trop souvent altéré pour eux dans ses sources mêmes, dans les sensations; et c'est pour cela que, dans les objets où leurs sensations ne sont pas corrompues, ils ont du génie; que, dans tous les autres, ils délirent méthodiquement et sans retour.

Je ne serais pas étonné que Robespierre eût quelque religion; mais jamais homme, sachant écrire des phrases élégantes et belles, ne fut plus étranger à une bonne logique. Pour lui, les meilleures raisons, c'étaient ses soupçons.

Un jour que je l'invitais à réfléchir sur quelques idées que je lui présentais, et qui lui auraient épargné tous ces crimes qui ont dressé tant d'échafauds et le sien, il m'a répondu ces propres paroles : « Je n'ai pas besoin de réfléchir, c'est toujours à mes premières impressions que je m'en rapporte. » Les premières impressions étaient toujours, dans un pareil tempérament et dans de tels événemens, celles de la haine, du soupçon, de la terreur, de l'orgueil et de la vengeance : et c'est de ces sources que sont sortis les forfaits qui ont inondé la république du sang des républicains, et non pas d'un plan de tyrannie, qu'un homme, tombé de degré en degré dans une si lâche et si effroyable scélératesse, n'a jamais pu avoir la grandeur de former. Voilà aussi l'exemple et la leçon dont nous avons le plus de besoin : non, Robespierre n'a jamais voulu anéantir la république; mais il la couvrait de crimes et de sang, et il croyait en préparer la force et les prospérités; ce n'était pas un ambitieux tyran, c'était un monstre. Athènes, jusqu'à Philippe, échappa à tous les tyrans; mais elle fut presque toujours tyrannisée par les passions folles et atroces de ses citoyens. Voilà, je le répète, la leçon dont on a besoin dans une grande démocratie; et en convertissant les exemples de démence et de forfaits des républicains en projets et en systèmes d'usurpations et de tyrannie, nous perdons le seul fruit que nous pouvons retirer de tant de désastres.

J'ai parlé des deux hommes; je vais parler des entretiens que j'ai eus avec eux.

Celui que j'eus avec Robespierre, je le lui avais demandé : il me fut accordé avec insolence; et quoique naturellement un pareil ton ne me trouve pas facile et souple, je le reçus avec reconnaissance : le grand intérêt public, dont les soins m'absorbaient tout entier, me laissait à peine apercevoir ce que, pour aucun autre intérêt, je n'aurais pu souffrir.

C'était avant le 10 mars.

A peine Robespierre eut compris que j'allais lui parler des querelles de la Convention : Tous ces députés de la Gironde, me dit-il, ce Brissot, ce Louvet, ce Barbaroux, ce sont des contre-révolutionnaires, des conspirateurs. Je ne pus m'empêcher de rire, et le rire qui m'échappa lui donna tout de suite de l'aigreur. — Vous avez toujours été COMME CELA. Dans l'assemblée constituante, vous étiez disposé à croire que les aristocrates aimaient la révolution. — Je n'ai pas été tout-à-fait *comme cela*. J'ai pu croire tout au plus que quelques nobles n'étaient pas aristocrates. Je l'ai pensé de plusieurs, et vous-même vous le pensez encore de quelques-uns. J'ai pu croire encore que nous aurions fait quelques conversions parmi les aristocrates mêmes, si des deux moyens qui étaient à notre disposition, la raison et la force, nous avions employé plus souvent la raison, qui était pour nous seuls, et moins souvent la force, qui peut être pour les tyrans. Croyez-moi, oublions ces dangers que nous avons vaincus, et qui n'ont rien de commun avec ceux qui nous menacent aujourd'hui. La guerre se faisait alors entre les amis et les ennemis de la liberté; elle se fait aujourd'hui entre les amis et les amis de la république. Si l'occasion s'en présentait, je dirais à Louvet qu'il est par trop fort qu'il vous croie un royaliste;

mais à vous, je crois devoir vous dire que Louvet n'est pas plus royaliste que vous. Vous ressemblez, dans vos querelles, aux molinistes et aux jansénistes, dont toute la dispute roulait sur la manière dont la grace divine opère dans nos ames, et qui s'accusaient réciproquement de ne pas croire en Dieu.—S'ils ne sont pas royalistes, pourquoi donc ont-ils tant travaillé à sauver la vie d'un roi? Je parie que vous étiez aussi, vous, pour la grace, pour la clémence. — Il ne s'agit pas ici de mon opinion, que je ne craindrais pas de vous faire connaître. Il est très-probable qu'elle n'aurait pas épargné la peine de mort à un homme chargé de si grands crimes; mais mon opinion ne ressemblait à aucune de celles qui ont été proposées à la tribune. Quant à la clémence, c'est le sentiment le plus naturel aux républicains et aux vainqueurs, et un ennemi qu'on a tué fait souvent plus de mal qu'un ennemi qu'on laisse vivre. — Cela est bien subtil. — Cela ne me paraît que vrai. — Vous blâmez donc ce décret de mort que vous êtes allé notifier au Temple? Mon discours vous paraît donc bien affreux? — J'aurais pu ne pas trouver le décret bon, et le notifier encore; mais si je l'avais trouvé injuste, j'aurais donné à l'instant ma démission, et je ne serais pas allé au Temple. C'est votre discours qui a fait incliner rapidement la balance de la justice nationale du côté de la mort; et c'est le discours de Barrère qui, après avoir compté tous les poids, les a fixés du même côté. Voulez-vous que je vous dise sans restriction tout ce que je pense de votre discours? — Oui. — De tous ceux qui ont été prononcés dans la même affaire, c'est, sans aucune comparaison, celui qui m'a le plus frappé. L'idée qui sert de base et de fondement à toutes les autres est inattendue; elle frappe d'étonnement le jugement de celui qui lit ou qui écoute : le style en est hardi et élégant, plein de mouvemens et d'heureuses transitions : il y a là un talent rare; mais la logique m'en paraît, je l'avoue, très-extraordinaire et fausse. Vous prouverez très-bien qu'on pouvait tuer légitimement Capet au 10 août dans le Château ou dans la loge du logographe, où il s'était réfugié : c'était le droit de la guerre; mais le droit de mort que donne la guerre ne s'étend pas au-delà du combat : à l'instant où le combat cesse, le droit cesse aussi. Il n'y a que les Tartares qui croient avoir le droit de passer les prisonniers au fil de l'épée, et que les sauvages des forêts du Nouveau-Monde qui croient avoir le droit de les manger. Votre discours pourra être un modèle d'éloquence, mais il sera aussi un exemple de mauvaise logique; il faut ajouter à votre principes d'autres principe encore, pour démontrer que la loi qui a dressé l'échafaud de Capet est un grand acte de justice nationale de la part de la France; et pour le monde, un grand exemple, un exemple plus légal, plus nécessaire, plus utile que celui de Charles II. — Eh ! qu'importe quel principe rendait la mort du tyran juste et nécessaire; vos Girondins, votre Brissot et vos appelans au peuple ne la voulaient pas. Ils voulaient donc laisser à la tyrannie tous les moyens de se relever. — J'ignore si l'intention des *appelans au peuple* était d'épargner la peine de mort à Capet : *l'appel au peuple* m'a toujours paru imprudent et dangereux; mais je conçois comment ceux qui l'ont voté ont pu croire que la vie de Capet prisonnier pourrait être, au milieu des événemens, plus utile que sa mort; je conçois comment ils ont pu penser que l'appel au peuple était un grand moyen d'honorer une nation républicaine aux yeux du monde entier, en lui donnant l'occasion d'exercer elle-même un grand acte de générosité par un acte de souveraineté. — C'est assurément prêter de belles intentions à des mesures que vous n'approuvez pas et à des hommes qui conspirent de toutes parts. — Et où donc conspirent-ils? — Partout. Dans Paris, dans toute la France, dans toute l'Europe. A Paris, Gensonné conspire dans le faubourg Saint-Antoine, en allant de boutique en boutique persuader aux marchands que, nous autres patriotes, nous voulons piller leurs boutiques; la Gironde a formé depuis long-temps le projet de se séparer de la France pour se réunir à l'Angleterre, et les chefs de sa députation sont eux-mêmes les auteurs de ce plan, qu'ils veulent exécuter à tout prix : Gensonné ne le cache pas; il dit, à qui veut l'entendre, qu'ils ne sont pas ici des représentans de la nation, mais des plénipotentiaires de la Gironde. Brissot conspire dans son journal, qui est un tocsin de guerre civile : on sait qu'il est allé en Angleterre, et on sait aussi pourquoi il y est allé; nous n'ignorons pas ses liaisons intimes avec ce ministre des affaires étrangères, avec ce Lebrun, qui est un Liégeois et une créature de la maison d'Autriche; le meilleur ami de Brissot, c'est Clavière, et Clavière a conspiré partout où il a respiré. Rabaud, traître comme un protestant et comme un philosophe qu'il est, n'a pas été assez habile pour nous cacher sa correspondance avec le courtisan et le traître Montesquiou : il y a six mois qu'ils travaillent ensemble à ouvrir la Savoie et la France aux Piémontais. Servant n'a été nommé général de l'armée des Pyrénées que pour livrer les clefs de la France aux Espagnols. Enfin, voilà Dumourier qui ne menace plus la Hollande, mais Paris; et quand ce charlatan d'héroïsme est venu ici, *où je voulais le faire arrêter*, ce n'est pas avec la Montagne qu'il a dîné tous les jours, mais bien avec les ministres et avec les Girondins. — Trois ou quatre fois chez moi, par exemple. — Je suis BIEN LAS DE LA RÉVOLUTION ; je suis malade : jamais la patrie ne fut dans de plus grands dangers, et je doute qu'elle s'en tire. Eh bien ! avez-vous encore envie de rire et de croire que ce sont là d'honnêtes gens, de bons républicains? — Non, je ne suis plus tenté de rire; mais j'ai peine à retenir les larmes qu'il faut verser sur la patrie, lorsqu'on voit ses législateurs en proie à des soupçons si affreux sur des fondemens si misérables. Je suis sûr que rien de ce que vous soupçonnez n'est réel; mais je suis plus sûr encore que vos soupçons sont un danger très-réel et très-grand. Tous ces hommes, à peu près, sont vos ennemis; mais aucun, excepté Dumourier, n'est l'ennemi de la république; et si, de toutes parts, vous pouviez étouffer vos haines, la république ne courrait plus aucun danger. — N'allez-vous pas me proposer de refaire la motion de l'évêque Lamourette?—Non ; j'ai assez profité des leçons au moins que vous m'avez données; et les trois assemblées nationales ont pris la peine de m'apprendre que les meilleurs patriotes haïssent encore plus leurs ennemis qu'ils n'aiment leur patrie. Mais j'ai une question à vous faire, et je vous prie de vous recueillir avant de me répondre. N'avez-vous aucun doute sur tout ce que vous venez de me dire? — Aucun. — Je le quittai et me retirai dans un long étonnement et dans une grande épouvante de ce que je venais d'entendre.

Quelques jours après, je sortais du conseil exécutif; je rencontre Salles, qui sortait de la Convention nationale. Les circonstances devenaient de plus en plus menaçantes; tous ceux qui avaient quelque estime les uns pour les autres, ne pouvaient se voir sans se sentir pressés du besoin de s'entretenir de la chose publique.

Eh bien! dis-je à Salles en l'abordant, n'y a-t-il aucun moyen de terminer ces horribles querelles? — Oh! oui, je l'espère; j'espère que bientôt je leverai tous les voiles qui couvrent encore ces affreux scélérats et leurs affreuses conspirations. Mais vous, je sais que vous avez toujours une confiance aveugle, je sais que votre manie est de ne rien croire. — Vous vous trompez: je crois comme un autre, mais sur des présomptions, et non pas sur des soupçons; sur des faits attestés, et non pas sur des faits imaginés. Pourquoi me supposez-vous donc si incrédule? est-ce parce qu'en 1789 je ne voulus pas vous croire, lorsque vous m'assuriez que Necker pillait le trésor, et qu'on avait vu les mules chargées d'or et d'argent sur lesquelles il faisait passer des millions à Genève? Cette incrédulité, je l'avoue, a été en moi bien incorrigible; car aujourd'hui encore je suis persuadé que Necker a laissé ici plus de millions à lui, qu'il n'a emporté de millions de nous à Genève. — Necker était un coquin; mais ce n'était rien, auprès des scélérats dont nous sommes entourés; et c'est de ceux-ci dont je veux vous parler, si vous voulez m'entendre. — Très-volontiers; et pour être plus tranquilles nous allâmes nous renfermer dans la salle du conseil exécutif, où il n'y avait plus personne. — Je vais tout vous dire, car je sais tout; j'ai deviné toutes leurs trames. Tous les complots, tous les crimes de la Montagne ont commencé avec la révolution: c'est d'Orléans qui est le chef de cette bande de brigands; et c'est l'auteur du roman infernal des *Liaisons dangereuses* qui a dressé le plan de tous les forfaits qu'ils commettent depuis cinq ans. Le traître La Fayette était leur complice, et c'est lui qui, en faisant semblant de déjouer le complot dans son origine, envoya d'Orléans en Angleterre pour tout arranger avec Pitt, le prince de Galles et le cabinet de Saint-James. Mirabeau était aussi là-dedans : il recevait de l'argent du roi pour cacher ses liaisons avec d'Orléans, mais il en recevait plus encore de d'Orléans pour le servir. La grande affaire pour le parti d'Orléans, c'était de faire entrer les Jacobins dans ses desseins. Ils n'ont pas osé l'entreprendre directement ; c'est d'abord aux Cordeliers qu'ils se sont adressés. Dans les Cordeliers à l'instant tout leur a été vendu et dévoué. Observez bien que les Cordeliers ont toujours été moins nombreux que les Jacobins, ont toujours fait moins de bruit : c'est qu'ils veulent bien que tout le monde soit leur instrument, mais qu'ils ne veulent pas que tout le monde soit dans leur secret. Les Cordeliers ont toujours été la pépinière des conspirateurs : c'est là que le plus dangereux de tous, Danton, les forme et les élève à l'audace et au mensonge, tandis que Marat les façonne au meurtre et aux massacres : c'est là qu'ils s'exercent au rôle qu'ils doivent jouer ensuite dans les Jacobins ; et les Jacobins, qui ont l'air de mener la France, sont menés eux-mêmes, sans s'en douter, par les Cordeliers. Les Cordeliers, qui ont l'air d'être cachés dans un trou de Paris, négocient avec l'Europe, et ont des envoyés dans toutes les cours qui ont juré la ruine de notre liberté : le fait est certain ; j'en ai la preuve. Enfin, ce sont les Cordeliers qui, après avoir englouti un trône dans des flots de sang, se préparent à verser de nouveaux flots de sang pour en faire sortir un nouveau trône. Ils savent bien que le côté droit, où sont toutes les vertus, est aussi le côté où sont tous les vrais républicains ; et s'ils nous accusent de royalisme, c'est parce qu'il leur faut ce prétexte pour déchaîner sur nous les fureurs de la multitude ; c'est parce que des poignards sont plus faciles à trouver contre nous, que des raisons. Dans une seule conjuration, il y en a trois ou quatre. Quand le côté droit tout entier sera égorgé, le duc d'York arrivera pour s'asseoir sur le trône; et d'Orléans, qui le lui a promis, l'assassinera; d'Orléans sera assassiné lui-même par Marat, Danton et Robespierre, qui lui ont fait la même promesse; et les triumvirs se partageront la France couverte de cendres et de sang, jusqu'à ce que le plus habile de tous, et ce sera Danton, assassine les deux autres, et règne seul, d'abord sous le titre de dictateur, ensuite, sans déguisement, sous celui de roi. Voilà leur plan, n'en doutez pas : à force d'y rêver, je l'ai trouvé; tout le prouve et le rend évident : voyez comme toutes les circonstances se lient et se tiennent : il n'y a pas un fait dans la révolution qui ne soit une partie et une preuve de ces horribles complots. Vous êtes étonné, je le vois : serez-vous encore incrédule? — Je suis étonné, en effet; mais, dites-moi, y en a-t-il beaucoup parmi vous, c'est-à-dire de votre côté, qui pensent comme vous sur tout cela? — Tous ou presque tous. Condorcet m'a fait une fois quelques objections; Sieyes communique peu avec nous; Rabaud, lui, a un autre plan qui, quelquefois se rapproche, et quelquefois s'éloigne de mien : mais tous les autres n'ont pas plus de doute que moi sur ce que je viens de vous dire; tous sentent la nécessité d'agir promptement, *de mettre promptement les fers au feu* pour prévenir tant de crimes et de malheurs, pour ne pas perdre tout le fruit d'une révolution qui nous a tant coûté. Dans le côté droit, il y a des membres qui n'ont pas assez de confiance en vous; mais moi, qui ai été votre collègue, qui vous connais pour un honnête homme, pour un ami de la liberté, je leur assure que vous serez pour nous, que vous nous aiderez de tous les moyens que votre place met à votre disposition. Est-ce qu'il peut vous rester la plus légère incertitude sur tout ce que je vous ai dit de ces scélérats? — Je serais trop indigne de l'estime que vous me témoignez, si je vous laissais penser que je crois à la vérité de tout ce plan que vous croyez être celui de vos ennemis. Plus vous y mettez de faits, de choses et d'hommes, plus il vous paraît vraisemblable à vous, et moins il me le paraît à moi. La plupart des faits dont vous composez le tissu de ce plan, ont eu un but qu'on n'a pas besoin de leur prêter, qui se présente de lui-même; et vous leur donnez un but qui ne se présente pas de lui-même, qu'il faut leur prêter. Or, il faut des preuves d'abord pour écarter une explication naturelle, et il faut d'autres preuves ensuite pour faire adopter une explication qui ne se présente pas naturellement. Par exemple, tout le monde croit que La Fayette et d'Orléans étaient ennemis, et que c'était pour délivrer Paris, la France et l'assemblée nationale de beaucoup d'inquiétudes, que d'Orléans fut engagé ou obligé par La Fayette à s'éloigner que que temps de la France; il faut établir, non par assertion, mais par preuves, 1° qu'ils n'étaient pas ennemis; 2° qu'ils étaient complices; 3° que le voyage de d'Orléans en Angleterre eut pour objet l'exécution de leurs complots. Je sais qu'avec une manière de raisonner si rigoureuse, on s'expose à laisser courir les crimes et les malheurs devant soi, sans les atteindre et sans les arrêter par la prévoyance : mais je sais aussi qu'en se livrant à son imagination, on fait des systèmes sur les événemens passés et sur les événemens futurs; on perd tous les moyens de bien discerner et apprécier les événemens actuels; et en rêvant des milliers de forfaits que personne ne trame, on s'ôte la faculté de voir avec certitude ceux qui nous menacent; on force des ennemis qui ont peu de scrupule, à la tentation d'en commettre auxquels ils n'auraient jamais pensé. Je ne doute pas qu'il n'y ait autour de nous beaucoup de scélérats : le déchaînement de toutes les passions les fait naître, et l'or de l'étranger les soudoie. Mais, croyez-moi, leurs projets sont affreux, et ils ne sont ni si vastes, ni si grands, ni si compliqués, ni conçus et menés de si loin. Il y a dans tout cela beaucoup plus de voleurs et d'assassins que de profonds conspirateurs. Les véritables conspirateurs contre la république, ce sont les rois de l'Europe et les passions des républicains. Pour repousser les rois de l'Europe et leurs régimens, nos armées suffisent, et de reste : pour empêcher nos passions de nous dévorer, il y a un moyen, mais il est unique; hâtez-vous d'organiser un gouvernement qui ait de la force et qui mérite de la confiance. Dans l'état où vos querelles laissent le gouvernement, une démocratie même de vingt-cinq millions d'anges serait bientôt en proie à toutes les fureurs et à toutes les dissensions de l'orgueil : comme a dit Jean-Jacques, il faudrait vingt-cinq millions de dieux, et personne ne s'est avisé d'en imaginer tant. Mon cher Salles, les hommes et les grandes assemblées ne sont pas faits de manière que d'un côté il n'y ait que des dieux, et de l'autre que des diables. Partout où il y a des hommes en conflit d'intérêts et d'opinions, les bons mêmes ont des passions méchantes, et les mauvais mêmes, si on cherche à pénétrer dans leurs ames avec douceur et patience, sont susceptibles d'impressions droites et bonnes. Je trouve au fond de mon ame la preuve évidente et invincible de la moitié au moins de cette vérité : je suis bon, moi, et aussi bon, à coup sûr, qu'aucun d'entre vous ; mais quand au lieu de réfuter mes opinions avec de la logique et de la bienveillance, on les repousse avec soupçon et injure, je suis prêt à laisser là le raisonnement, et à regarder si mes pistolets sont bien chargés. Vous m'avez fait deux fois ministre, et deux fois vous m'avez rendu un très-mauvais service : ce sont les dangers qui vous environnent, et qui m'environnent, qui peuvent seuls me faire rester au poste où je suis. Un brave homme ne demande pas son congé la veille des batailles. La bataille, je le vois, n'est pas loin ; en prévoyant que des deux côtés vous tirerez sur moi, je suis résolu à rester. Je vous dirai à chaque instant ce que je croirai vrai dans ma raison et dans ma conscience : mais soyez bien avertis que je prendrai pour guides ma conscience et ma raison, et non celles d'aucun homme sur la terre. Je n'aurai pas travaillé trente ans de ma vie à me faire une lanterne, pour laisser ensuite éclairer mon chemin par la lanterne des autres.

Salles et moi nous nous séparâmes en nous serrant la main, en nous embrassant comme si nous avions été encore collègues de l'Assemblée constituante.

Mon opinion sur les deux côtés de la Convention nationale, dès les premières pages de cet exposé, a dû être pressentie : mais comme cette opinion était établie sur des observations, et non pas sur des passions, sur des faits, et non pas sur des rêves ;

comme la plus grande partie du mal que les hommes se font a sa cause première dans la manière dont ils se jugent ; comme l'Europe, qui n'a entendu parler du côté droit que par le côté gauche, et du côté gauche que par le côté droit, ne peut pas trouver le mot de tant d'énigmes sur la nation française et sur la nature humaine ; je crois devoir prononcer ici mon opinion tout entière sans détour, sans voile, même sans ménagement. Quand on ne veut pas faire de la vérité une vengeance, on est sûr de n'en pas faire une injure ; et les législateurs les plus dignes de ce titre auguste, sont ceux qui reconnaissent la vérité pour la législatrice du monde.

Parmi les membres de ce côté droit, dont le supplice a couvert la vie et les talens d'une gloire ineffaçable, quelques-uns étaient chers à mon cœur, plusieurs m'étaient très-connus : j'avais rencontré assez souvent Brissot dans le monde : et au milieu de ces esclaves superbes et frivoles, à qui leur parure et leur faste cachaient leur abaissement, nous nous étions communiqué quelques-unes de ces pensées des ames libres, et quelques-unes de ces espérances des philosophes. Il cherchait des idées dans les livres et dans les langues plus que dans son esprit ; il écrivait plus qu'il ne méditait : sa passion pour la vérité, plus ardente que profonde, l'entraînait fréquemment dans ces querelles où il n'est question d'abord que de quelque doctrine, où il n'est question ensuite que de quelques personnes : mais, au milieu d'une grande activité et d'une grande pauvreté, ses mœurs m'avaient toujours parues simples et pures, et son ambition, la liberté et le bonheur des peuples. Ce sentiment était en lui une religion plus encore qu'une philosophie ; quoiqu'il aimât beaucoup la gloire, il aurait consenti à une éternelle obscurité pour être le Penn de l'Europe, pour convertir le genre humain en une communauté de Quakers, et faire de Paris une nouvelle Philadelphie. Et c'est là l'homme qu'on a fait mourir comme un *intrigant*, comme un conspirateur !

Au mois de juillet 1792, à ce moment où la liberté naissante se débattait contre les complots sentis, mais invisibles, de l'une des autorités constituées, je fis avec Brissot, avec Gensonné, avec Guadé, avec Torné, avec Ducos, avec Condorcet, avec Antonelle, avec Kersaint, plusieurs de ces dîners où les patriotes se concertent, tandis que, dans d'autres dîners, les tyrans et les esclaves conspirent. Là tous les cœurs, tous les vœux, tous les projets étaient républicains. On ne voyait pas seulement que la constitution était violée; on voyait encore qu'elle donnait à l'un des pouvoirs les moyens de la violer toujours. La nécessité d'avoir une autre constitution pour sauver la liberté et de n'avoir pas de roi était convenue pas tous : les avis étaient divers sur les mesures si difficiles à bien choisir et à bien suivre. Le mien était qu'il ne fallait pas faire de petites attaques; qu'il fallait n'en faire aucune, ou en faire une très-grande; qu'on en faisait trop ou trop peu; qu'on faisait prendre à la multitude l'habitude de ces mouvemens qui la dépravent, et qui lui font croire qu'elle est le peuple; qu'on donnait au roi les moyens de se revêtir des apparences d'un opprimé, tandis qu'il n'était qu'un traître; et qu'enfin, si l'insurrection devait éclater, l'Assemblée législative elle-même devait en prendre l'étendard et la direction, environner le château d'une armée appelée par un décret, mettre les scellés sur tous les papiers, et la main sur toutes les preuves de la trahison.

Ces vues n'étaient pas adoptées; ce qui m'étonnait peu : mais, je l'avoue, les mesures que je vois suivre, m'auraient prodigieusement étonné si je n'avais appris, par les exemples de toutes les histoires, combien les meilleurs esprits deviennent mobiles, incertains, lorsqu'ils sont ébranlés de tous les côtés par des événemens dont ils ne pénètrent par les causes, et dont les résultats peuvent être affreux; si je n'avais su qu'au milieu des tempêtes, les pilotes les plus habiles, lorsqu'ils craignent de mal diriger le gouvernail, l'abandonnent et mettent leur espérance dans les vents et dans les flots prêts à les engloutir. Ceux pour qui j'avais le plus d'estime et d'amitié étaient ceux à qui je montrais avec le plus d'ingénuité mon opinion sur leur conduite. J'ai eu des raisons de croire qu'ils ne m'en estimaient et qu'ils ne m'en aimaient alors que davantage ; et c'est d'eux-mêmes, je crois, que j'appris que Merlin de Thionville ouvrait des avis semblables au mien : en lui cela ne paraissait alors que valeur, intrépidité militaire ; mais il y a des occasions où il n'y a que les avis magnanimes qui soient des avis sensés.

C'est dans le côté droit de la Convention qu'étaient presque tous les hommes dont je viens de parler ; je ne pouvais y voir un autre génie que celui que je leur avais connu. Là je voyais donc, et ce républicanisme de sentiment qui ne consent à obéir à un homme que lorsque cet homme parle *au nom* de la nation et *comme la loi* ; et ce républicanisme bien plus rare de la pensée qui a décomposé et recomposé tous les ressorts de l'organisation d'une société d'hommes semblables en droits comme en nature ; qui a démêlé par quel heureux et profond artifice on peut associer dans une grande république ce qui paraît inassociable, l'égalité et la soumission aux magistrats ; l'agitation féconde des esprits et des âmes, et un ordre constant, immuable ; un gouvernement dont la puissance soit toujours absolue sur les individus et sur la multitude, et toujours soumise à la nation ; un pouvoir exécutif, dont l'appareil et les formes, d'une splendeur utile, réveillent toujours les idées de la grandeur de la République, et jamais les idées de la grandeur d'une personne.

Dans ce même côté droit je voyais s'asseoir les hommes qui possédaient le mieux ces doctrines de l'économie politique qui enseignent à ouvrir et à élargir tous les canaux des richesses particulières et de la richesse nationale ; à composer le trésor public avec scrupule des portions que lui doit la fortune de chaque citoyen ; à créer de nouvelles sources et de nouveaux fleuves aux fortunes particulières par un bon usage de ce qu'elles ont versé dans les caisses de la République ; à protéger, à laisser sans limites tous les genres d'industrie, sans en favoriser aucune ; à regarder les grandes propriétés non comme ces lacs stériles qui absorbent et gardent toutes les eaux que les montagnes versent dans leur sein, mais comme des réservoirs nécessaires pour multiplier et pour accroître les germes de la fécondité universelle, pour les épancher de proche en proche sur tous les lieux qui seraient restés dans le desséchement et dans la stérilité : doctrines admirables qui ont porté la liberté dans les arts et dans le commerce avant qu'elle fût dans les gouvernemens ; mais propres par leur essence à l'essence des républiques; seules capables de donner un fondement solide à *l'égalité*, non dans une *frugalité* générale toujours violée, et qui enchaîne bien moins les désirs que l'industrie, mais dans une aisance universelle, mais dans ces travaux dont la variété ingénieuse et la renaissance continuelle peuvent seules absorber, heureusement pour la liberté, cette activité turbulente des démocraties qui, après les avoir long-temps tourmentées, a fait disparaître les républiques anciennes au milieu des orages et des tempêtes dont leur atmosphère était toujours enveloppé.

Dans le côté droit étaient cinq à six hommes dont le génie pouvait concevoir ces grandes théories de l'ordre social et de l'ordre économique, et un grand nombre d'hommes dont l'intelligence pouvait les comprendre et les répandre : c'est là encore qu'étaient allés se ranger un certain nombre d'esprits naguère très-impétueux, très-violens, mais qui, après avoir parcouru et épuisé le cercle entier de leurs emportemens démagogiques, n'aspiraient qu'à désavouer et à combattre les folies qu'ils avaient propagées; c'est là, enfin, que s'asseyaient, comme les hommes pieux s'agenouillent aux pieds des autels, ces hommes que des passions douces, une fortune honnête et une éducation qui n'avait pas été négligée, disposaient à honorer de toutes les vertus privées la république qui les laisserait jouir de leur repos, de leur bienveillance facile et de leur bonheur.

En détournant mes regards de ce côté droit sur le côté gauche, en les portant sur la Montagne, quel contraste me frappait! Là je voyais s'agiter avec le plus de tumulte, un homme à qui sa face couverte d'un jaune cuivré donnait l'air de sortir des cavernes sanglantes des antropophages, ou du seuil embrasé des enfers; qu'à sa marche convulsive, brusque, coupée, on reconnaissait pour un de ces assassins échappés aux bourreaux, mais non aux furies, et qui semblent vouloir anéantir le genre humain, pour se dérober à l'effroi que la vue de chaque homme leur inspire. Sous le despotisme qu'il n'avait pas couvert de sang comme la liberté, cet homme avait eu l'ambition de faire une révolution dans les sciences; et on l'avait vu attaquer, par des systèmes audacieux et plats les plus grandes découvertes des temps modernes et de l'esprit humain. Ses yeux, errans sur l'histoire des siècles, s'étaient arrêtés sur la vie de quatre ou cinq grands exterminateurs, qui ont changé les cités en déserts, pour repeupler ensuite les déserts d'une race formée à leur image ou à celles des tigres; c'est là tout ce qu'il avait retenu des annales des peuples; tout ce qu'il en savait et qu'il voulait imiter. Par un instinct semblable à celui des bêtes féroces, plutôt que par une vue profonde de la perversité, il avait aperçu à combien de folies et de forfaits il est possible d'entraîner un peuple immense dont on vient de briser les chaînes religieuses et les chaînes politiques : c'est l'idée qui a dicté toutes les feuilles, toutes ses paroles, toutes ses actions. Et il n'est tombé que sous le poignard d'une femme! et plus de cinquante mille de ses images ont été érigées sur le sein de la République.

A ses côtés se plaçaient des hommes qui n'auraient pas conçu eux-mêmes de pareilles atrocités, mais qui, jetés avec lui, par un acte d'une extrême audace, dans des événemens dont la hauteur les étourdissait et dont les dangers les faisaient frémir, en désavouant les maximes du monstre, les avaient peut-être déjà suivies, et n'étaient pas fâchés qu'on craignît qu'ils pussent les suivre encore. Ils avaient horreur de Marat, mais ils n'avaient pas horreur de s'en servir. Ils le plaçaient au milieu d'eux, ils le mettaient en avant, ils le portaient, en quelque sorte, sur leur poitrine comme une tête de Méduse. Comme l'effroi que répandait un pareil homme était partout, on croyait le voir partout lui-même; on croyait, en quelque sorte, qu'il était toute la Montagne, ou que toute la Montagne était comme lui. Parmi les chefs, en effet, il y en avait plusieurs qui ne reprochaient aux forfaits de Marat que d'être un peu trop sans voiles.

Mais parmi les chefs mêmes (et c'est ici que la vérité me sépare de l'opinion de beaucoup d'honnêtes gens) ; parmi les chefs mêmes étaient un grand nombre qui, liés aux autres par les événemens beaucoup plus que par leurs sentimens, tournaient des regards et des regrets vers la sagesse et vers l'humanité ; qui auraient eu beaucoup de vertus et qui auraient rendu beaucoup de services à l'instant où on aurait commencé à les en croire capables. Sur la Montagne se rendaient, comme à des postes militaires, ceux qui avaient beaucoup la passion de la liberté et peu la théorie ; ceux qui croyaient l'égalité menacée ou même rompue par la grandeur des idées et par l'élégance du langage ; ceux qui, élus dans les hameaux et dans les ateliers, ne pouvaient reconnaître un républicain que sous le costume qu'ils portaient eux-mêmes ; ceux qui, entrant pour la première fois dans la carrière de la révolution, avaient à signaler cette impétuosité et cette violence par laquelle avait commencé la gloire de presque tous les grands révolutionnaires ; ceux qui, jeunes encore et plus faits pour servir la république dans les armées que dans le sanctuaire des lois, ayant vu naître la république au bruit de la foudre, croyaient que c'était toujours au bruit de la foudre qu'il fallait la conserver et promulguer ses décrets. A ce côté gauche allaient encore chercher un asile plutôt qu'une place plusieurs de ces députés qui, ayant été élevés dans les castes proscrites de la noblesse et du sacerdoce, quoique toujours purs, étaient toujours exposés aux soupçons, et fuyaient au haut de la Montagne l'accusation de ne pas atteindre à la hauteur des principes : là allaient se nourrir de leurs soupçons et vivre au milieu des fantômes, ces caractères graves et mélancoliques qui, ayant aperçu trop souvent la fausseté unie à la politesse, ne croient à la vertu que lorsqu'elle est sombre, et à la liberté que lorsqu'elle est farouche : là siégaient quelques esprits qui avaient pris dans les sciences exactes de la raideur en même temps que de la rectitude, qui, fiers de posséder des lumières immédiatement applicables aux arts mécaniques, aux artisans, étaient bien aises de se séparer par leur place, comme par leur dédain, de ces hommes de lettres, de ces philosophes dont les lumières ne sont pas si promptement utiles aux tisserands et aux forgerons, et n'arrivent aux individus qu'après avoir éclairé la société tout entière : là enfin devaient aimer à voter, quels que fussent d'ailleurs leur esprit et leurs talens, tous ceux qui, par les ressorts trop tendus de leur caractère, étaient disposés à aller au-delà plutôt qu'à rester en-deçà de la borne qu'il fallait marquer à l'énergie et à l'élan révolutionnaire.

Telle était l'idée que je me formais des *élémens* des deux côtés de la Convention nationale.

A juger chaque côté par la majorité de ses élémens, tous les deux, dans des genres et dans des degrés différens, devaient me paraître capables de rendre de grands services à la république : le côté droit pour organiser l'intérieur avec sagesse et avec grandeur ; le côté gauche pour faire passer de leurs ames dans l'ame de tous les Français ces passions républicaines et populaires si nécessaires à une nation assaillie de toutes parts par la meute des rois et par la soldatesque de l'Europe.

Dans le côté droit je voyais plus le génie de la République ; dans le côté gauche j'en voyais plus la passion. Je ne me dissimulais point du tout que le génie seul était capable de sauver et de créer la République qui n'était encore que décrétée, et que les passions, si elles étaient ou seules ou dominantes, étaient capables de la perdre : aussi ce côté gauche, qui n'était jamais l'objet de mes soupçons, l'était-il continuellement de mes appréhensions. Là, en effet, je voyais quelques chefs mettre hautement les atrocités parmi les mesures révolutionnaires : le grand nombre livré à ces mouvemens qu'on entraîne si aisément à tous les excès lorsqu'on donne aux excès un nom qui les consacre ; et un esprit général toujours prêt à faire consister son devoir et sa gloire, tantôt à allumer les fureurs de la multitude, tantôt à s'en laisser dominer. On avait donné à ce côté le nom *de la Montagne*, et je disais souvent qu'il ne fallait l'appeler que le volcan : c'était un volcan en effet d'où se précipitaient en torrens toutes les passions embrasées par l'apparition subite d'une grande République au milieu du genre humain, par une révolution qui, en restituant tous les droits, brisait un instant tous les freins. Mais, dans ces laves, des métaux purs et précieux coulaient fondus par les flammes qui menaçaient de tout dévorer. Toutes les matières étaient inflammables; toutes n'étaient pas incendiaires. Si on avait pu les séparer, l'incendie était évité : on en avait eu le projet, et le projet épouvanta ceux même qui le conçurent. On sait que le plan d'une épuration avait été abandonné aussitôt que formé.

Puisque ce projet était abandonné, il n'y avait, je le croirai toujours, qu'un seul parti à prendre : c'était de ne pas irriter les hommes trop dangereux qu'on ne pouvait pas chasser de la Convention; c'était de se garder de menacer des hommes qu'on ne pouvait pas perdre et qui pouvaient tout oser.

Si d'un côté il n'y avait eu que les passions, et de l'autre que le génie et la prudence, les combats des deux côtés auraient bientôt cessé ou la victoire serait bientôt devenue permanente dans le côté droit : car les deux tiers au moins du côté gauche y auraient passé. Les hommes qui composaient le grand nombre dans ce côté gauche, se seraient bientôt séparés de ces meneurs trop indignes d'eux, de ces chefs qui menaient à des atrocités des caractères violens, mais non pas vils; dangereux, mais généreux.

Malheureusement dans ce côté droit, de qui la République aurait dû obtenir tous les sacrifices, puisque c'était sur lui qu'elle fondait ses plus belles espérances, étaient une foule d'hommes aussi invincibles dans leurs préventions qu'incorruptibles dans leurs devoirs; quelques hommes de talent qui aimaient les combats pour triompher dans les journaux ou à la tribune; et deux ou trois hommes supérieurs profondément pénétrés de ces passions éternelles qui nourrissent l'imagination, et que l'imagination nourrit.

Il y a des vertus que la République seule peut donner; celles-là ont pu manquer à ses fondateurs : il en est une qu'on n'aperçoit guère que dans les religions naissantes et dans les républiques anciennes : c'est ce renoncement à toutes les passions personnelles, c'est ce sacrifice continuel du moi humain qu'on ne fait guère qu'au dieu inconnu qu'on vient de découvrir et à la patrie qu'on a adorée dès le berceau. A l'instant où les passions personnelles furent dans les deux côtés de la Convention, les torts ne furent plus d'un seul côté, mais des deux. Si je ne l'avais pas vu moi-même et plusieurs fois, je ne le croirais pas: il a été fait par des hommes de bien à des hommes atroces des inculpations qui n'étaient ni vraies ni vraisemblables.

Pour discerner les choses, il ne faut en être ni trop près ni trop loin. De trop près la vue se confond, de trop loin la chose disparaît. Il y a eu dans les luttes de la Convention nationale des circonstances que les spectateurs éloignés n'ont pu voir avec les yeux les plus perçans, et que les combattans eux-mêmes n'ont pu distinguer, précisément parce qu'elles se passaient entre eux et en eux. Je n'étais pas fait pour mieux voir, mais j'étais mieux placé, plus au vrai jour. Il y a donc eu quelques secrets des esprits et des cœurs qui n'ont pu m'échapper : ce sont quelquefois des nuances, mais de ces nuances qui donnent aux choses tout leur caractère, et aux événemens toute leur force. Par exemple, les deux côtés se sont réciproquement et continuellement accusés de conspirer contre la république; ils se sont renvoyé la conspiration de d'Orléans, de Dumourier, toutes les conspirations qu'il était possible de craindre ou d'imaginer, comme dans une dispute, qui a cessé d'être polie, des esprits émus d'orgueil et de colère se renvoient les qualifications de fou, d'opiniâtre. On disait d'un législateur qu'il était un conspirateur, aussi facilement que d'un écrivain qu'on n'aime pas, qu'il est un sot. Pourquoi des deux parts une accusation si grave était-elle faite avec si peu de preuves?

Voici ce que j'ai cru en apercevoir.

Si le côté droit avait accusé simplement le côté gauche de barbarie et d'ignorance, de mettre la fureur à la place de l'énergie, de confondre les passions de l'homme qu'il faut réprimer, avec ses droits qu'il faut établir; de conduire le riche à la pauvreté et le pauvre à l'indigence, par la folle idée de l'égalité des fortunes, qui n'a jamais produit que l'égalité de misère ; d'exposer enfin la république par les excès du républicanisme : loin de perdre le côté gauche par ces reproches, on eût donné plus d'éclat, peut-être, à sa popularité et à son influence ; on l'eût rendu plus cher à cette multitude qui n'est pas la nation, mais dont les cris se font entendre de toutes parts, tandis que la véritable voix de la nation se fait si rarement entendre. Ces reproches suffisaient, du reste, pour déshonorer des législateurs aux yeux de tout ce qui raisonne et pense sur la terre : mais, à l'époque où nous étions, il fallait en France, et surtout à Paris, une autre accusation pour les perdre, il fallait celle de *conspirer contre la république*.

Si le côté gauche avait accusé simplement le côté droit de vouloir mettre l'orgueil et la puissance des talens à la place de l'orgueil et de la puissance du trône ; de vouloir contenir les droits de l'homme dans une enceinte trop resserrée pour les passions ; d'établir le nouvel art social sur des principes dont l'ignorance ne peut pas avoir facilement l'intelligence ; de fonder l'économie politique sur des lois qui ne mettraient la nation entière dans l'aisance qu'après avoir mis les propriétaires aisés dans une grande prospérité ; de chercher enfin un régime dans lequel tous les mouvemens des individus et du corps social seraient libres et hardis, mais non ardens et impétueux : avec de tels reproches on eût pu armer encore quelques furieux contre le côté droit, mais il n'y aurait pas eu là de quoi fomenter une insurrection dans la multitude même de Paris : il fallait une autre accusation, il fallait l'accusation *de conspirer contre la république*.

Au commencement ces accusations n'étaient, peut-être, ou que des soupçons de la haine, ou que des injures atroces de la colère emportée hors de toutes les bornes : elles finirent par être une conviction profonde des esprits ; et alors je tremblai pour la Convention et pour la république.

Des hommes qui s'accusaient réciproquement du plus grand des attentats, loin de se croire obligés à quelque ménagement les uns envers les autres, regardaient la ruine et la mort de leurs ennemis comme leur devoir le plus sacré : les uns ne parlaient que de *se lever* contre d'ambitieux dominateurs, les autres que de remettre le glaive de la république à des juges capables de discerner et de frapper de mort les anarchistes et les royalistes. Pendant long-temps la question de l'ordre du jour fut de savoir lequel des deux côtés organiserait le tribunal et le composerait ; ce qui, dans le sens de plusieurs, au moins, était la question de savoir, qui enverrait à l'échafaud, et qui y serait envoyé; en attendant que les formes des massacres judiciaires ou des justices légales fussent décidées, on ne parlait dans les rues, dans les groupes et dans les tribunes que *de sauver la patrie* ; le nom sacré de Brutus était invoqué par des hommes qui ne respiraient que l'assassinat : chaque jour on annonçait un massacre pour le jour suivant, et ces menaces ne partaient pas toujours des Jacobins, elles se faisaient aussi quelquefois contre eux, etc, etc. Ce n'était pas là des choses à dénoncer; elles se disaient publiquement, hautement ; on ne s'en cachait pas, on s'en vantait : c'était depuis long-temps le ton général des discours dans les sociétés populaires, dans les sections, dans certaines feuilles. Hélas ! les hommes les plus purs seraient effrayés de remonter à la première et véritable source de ces fureurs du langage qui représentaient les fureurs des ames ! Dès l'origine de cette éclipse presque totale de toutes les lumières de la raison et de tous les sentimens de l'humanité, j'avais été profondément persuadé que toutes ces tempêtes avaient leurs causes dans les divisions de la Convention nationale ; que s'il était possible de les faire cesser, tout cesserait avec elles; que si on pouvait au moins les faire suspendre, tout serait suspendu ; qu'au dehors les scélérats qui pouvaient être capables de concevoir quelque grand attentat, étaient par eux-mêmes incapables de l'exécuter ; que tout fléchirait aisément et promptement sous l'autorité de la Convention nationale réunie ; que dans son sein seul pouvaient se former les orages qu'on pût redouter pour elle et pour la France.

J'étais également persuadé que dans le sein de la Convention ces hommes affreux dont il fallait toujours attendre toutes les atrocités, et jamais de bons sentimens, n'étaient pas ceux qu'il fallait le plus redouter : que les plus redoutables étaient ceux qui, pouvant faire de grandes choses et de grandes fautes, se voyaient outragés dans toutes leurs intentions, quoiqu'ils en eussent d'excellentes ; à qui on ne parlait que de leurs crimes, dont on n'avait pas la preuve, lorsqu'ils demandaient à s'associer aux bonnes actions ; qu'on menaçait de la guerre, lorsqu'ils offraient la paix ; et qui, confondus injustement avec des scélérats, pouvaient s'en servir un instant pour écarter une fois pour toutes de leur tête la hache dont on leur parlait dans chaque discours et dans chaque feuille.

Telles étaient les idées dont je me faisais comme autant de phares pour diriger ma conduite dans ces ténèbres qui enveloppaient tout, et au milieu desquelles erraient toutes les haines, toutes les terreurs et toutes les fureurs.

Le but que je m'étais marqué, et dont je ne me suis jamais écarté, c'était de chercher à éclairer le soupçon, à tempérer la haine ; et pour cela, ce n'était pas l'adresse et la politique que j'employais, c'était la morale et la vérité adoucies par l'expression de la bienveillance. Sans cesse je cherchais à réunir ou chez moi ou ailleurs les membres qui exerçaient ou pouvaient exercer alors la plus grande influence sur les deux côtés, et dont la réunion aurait amené celle de leurs partis. En ne se voyant que dans l'Assemblée, ils ne se voyaient que dans l'arène ; et il y a bien peu de paix qui se fassent sur les champs de bataille. Les dîners que je donnais étaient fréquemment calomniés aux Jacobins ; mais j'avais compté sur la calomnie ; et ce n'était pas d'elle que j'attendais qu'elle remarquerait que mes dîners ne ressemblaient pas au moins à ceux où on ne voyait que des Jacobins et à ceux où on ne voyait que des Girondins. Obligé par mes fonctions mêmes d'avoir continuellement des entretiens, tantôt avec des membres du côté droit, tantôt avec des membres du côté gauche, je ne disais pas à ceux du côté gauche, *le côté droit est aristocrate et royaliste ;* je ne disais pas à ceux du côté droit :

le côté gauche n'est peuplé que de conspirateurs et d'anarchistes; je leur disais à tous : *les deux côtés se haïssent mortellement, et tous les deux aiment la république; l'un des deux, à mon avis, connaît mieux les principes de l'ordre social, mais tous les deux veulent l'ordre qu'ils conçoivent; aucun n'est ni anarchiste par système, ni royaliste par projet, mais l'anarchie peut durer, et le royalisme peut s'établir par les combats des deux côtés.*

Je puis appeler ici en témoignage tous les membres, de quelque parti et de quelque opinion qu'ils aient été, avec qui j'ai pu avoir des entretiens sur ces grands intérêts de la république; mais entre ceux qui n'ont pas été tués, il en est un avec lequel j'ai eu un entretien qui m'a laissé un souvenir plus ineffaçable, parce qu'il fut plus long, et aussi parce qu'il eut lieu en présence d'un homme dont on m'a soupçonné, moi, d'être le complice : Pache. Le député que j'interpelle ici, c'est Thibault : je m'en rapporte à sa mémoire et à sa conscience; qu'il dise comment devant Pache, à qui il parla lui-même en homme loyal et courageux, j'ai parlé de ces députés poursuivis par la Commune de Paris; qu'il dise si en faisant des reproches à leurs passions, je n'ai pas rendu d'authentiques témoignages à leurs vertus républicaines!

Je ne parlais pas seulement aux membres des deux côtés de la Convention des événemens dans lesquels ils étaient eux-mêmes acteurs, et dans lesquels nous pouvions être tous victimes; les faits que nous avions sous les yeux me rappelaient ceux qui étaient dans ma mémoire, et j'en tirais des rapprochemens et des exemples pour en faire sortir de grandes leçons. Je leur prouvais par une foule de citations historiques que l'esprit de parti, qu'il est si difficile de bannir entièrement de chez les peuples libres, est bien plus funeste aux peuples qui ne sont pas constitués encore qu'aux peuples qui le sont déjà. Chez les derniers, leur disais-je, par son action et par sa réaction, l'esprit de parti tend les ressorts du gouvernement; chez les autres, il empêche les ressorts de se former, de s'engrener, de prendre leurs habitudes d'attraction et de répulsion. En Angleterre, par exemple, les partis du ministère et de l'opposition ne sont pas seulement dans le parlement; ils sont dans les trois royaumes : mais chaque parti sait ce qu'il veut, et ce que veut l'autre; le parti de l'opposition tend évidemment à agrandir la puissance législative; le parti ministériel tend évidemment à agrandir la puissance exécutive. Tout s'arrange autour de ces deux centres d'action : les partis mêmes, en quelque sorte, sont constitués, leurs luttes mêmes sont organisées. Tantôt l'un gagne du terrein, et tantôt l'autre; mais comme d'aucune part les bornes ne sont posées très-distinctement et très-haut, il y a une certaine enceinte dans laquelle les deux partis peuvent avancer et reculer, sans que la constitution soit violée : le moment où elle le serait réellement et fortement, serait pour la liberté le signal d'un combat et d'un triomphe : car, quoiqu'il y ait deux partis pour la constitution, il n'y en a qu'un pour la liberté; tous les Anglais veulent être libres. Sans cette agitation, dont les heureuses secousses sont peut-être nécessaires au climat et au tempérament profondément mélancolique des Anglais, sans cette espèce de jeu où la crainte et l'espérance les remuent et ne les tourmentent pas, ils regarderaient moins à leur constitution, ils l'observeraient et la connaîtraient moins; les Anglais s'observeraient et se connaîtraient moins eux-mêmes. Là l'esprit de parti, qui empêche peut-être la constitution de se perfectionner, la maintient donc, et il verse dans tout le corps de la nation les lumières, sinon les plus vives, au moins les plus indispensables.

Voyez, au contraire, les effets terribles que produit l'esprit de parti lorsqu'il jette de profondes racines dans une république avant qu'elle ait un gouvernement : ouvrez l'histoire de Florence par Machiavel, et vous frémirez. Là, comme la constitution n'est pas formée encore, et que les citoyens se sont divisés en y travaillant, il n'y a dans les querelles aucun point fixe, distinct, immuable : les partis ne s'attachent pas à des pouvoirs différens de la constitution; ils s'acharnent les uns contre les autres. On ne combat plus bientôt pour savoir quel principe ou quel ressort doit prédominer, mais pour savoir quelle famille dominera. Quand l'une est exterminée, ou a fait sa paix, la guerre recommence entre d'autres familles. Personne ne connaît les vues de ses ennemis : peu de gens connaissent leurs propres vues : on n'en a point ; on n'a que des passions : mais précisément parce qu'on n'a point de vues on s'en prête réciproquement, et ce sont toujours les plus horribles, c'est-à-dire, les plus criminelles envers la république. Comme les partis succèdent perpétuellement à des partis, comme ils se divisent et se subdivisent, le moment ne tarde pas d'arriver où il n'y a plus d'union même entre les membres d'une même faction : la nation entière est dissoute ; les partis mêmes sont dissous : on n'aperçoit que les individus errans les uns à côté des autres avec frayeur et fureur, jetant les uns sur les autres des regards tremblans et menaçans : on ne porte plus l'arme des batailles, le glaive, mais l'arme des assassinats, le poignard. Toute vérité et toute morale ont disparu ; chaque parole est un mensonge, chaque action est un vice ou un crime. Le génie même trompé par son guide le plus fidèle, l'expérience, regarde la justice comme une chimère, et il trace des préceptes profonds, il rédige des corps de doctrine pour l'imposture et pour la tyrannie : cette malheureuse république ne peut plus trouver un asile contre elle-même que dans le tombeau du despotisme : ce tombeau s'ouvre, elle s'y précipite et s'y trouve bien.

Ce malheur, ajoutais-je, qui dans Florence n'a été que pour l'Italie, et qui dans la France serait pour le genre humain, vous effraie-t-il trop peu, parce qu'il vous paraît éloigné, et aussi parce que vous croyez au bon génie et à la bonne fortune de la France ? Voyez à côté de vous un danger qui vous touche et vous presse : j'en trouve encore la prophétie dans cette même histoire de Florence : lisez avec moi cette page, je l'ai marquée pour vous la lire à tous.

« Les Florentins pourvurent à leur défense, et les principaux citoyens armèrent pour leur compte. De ce nombre étaient les *Albizzi* et les *Ricci*, deux familles jalouses qui voulaient, chacune à l'exclusion de l'autre, parvenir seules aux magistratures : elles n'avaient encore laissé voir leurs haines que dans les conseils, où elles aimaient à se contredire ; mais, toute la ville se trouvant en armes, elles furent sur le point d'en venir aux mains, parce qu'un faux bruit s'étant répandu qu'elles marchaient l'une contre l'autre, elles y marchèrent en effet, chacune des deux se croyant attaquée. »

Dans ces horribles convulsions, les deux côtés me paraissaient menacés, mais c'est pour le côté droit surtout que je tremblais, son danger étant le plus prochain puisque les forces du côté ennemi étaient ici même; c'était de ses lumières aussi que j'attendais le plus de prudence; c'est à ses membres que j'adressais sans cesse et mes observations et mes supplications.

Combien de fois j'ai conjuré Brissot, dont le talent se fortifiait dans ces combats, de modérer l'usage de sa force pour irriter moins ses ennemis! Combien de fois j'ai conjuré Guadet de renoncer quelquefois au moins aux triomphes de cette éloquence qu'on puise dans les passions, mais qui les nourrit et les enflamme!

Pour renverser le trône, leur disais-je, vous avez vous-mêmes ou excité ou excusé les mouvemens et les emportemens de la multitude de Paris; elle en a pris l'habitude; il faut la lui faire perdre; mais on ne perd pas une habitude aussi vite qu'on la prend; et si vous menacez continuellement les mêmes passions que naguère vous avez continuellement protégées, parce que vous êtes devenus sages, la multitude croira que vous êtes devenus traîtres: ce n'est pas le fouet à la main qu'il faut approcher les coursiers fougueux qui doivent recevoir le frein. Quand il n'y a aucun véritable gouvernement, il ne faut pas être surpris si la multitude ne se laisse pas gouverner; imposez-lui doucement et fortement le joug des lois, et criez moins à l'anarchie; gardez-vous surtout de montrer sans cesse la hache des lois à des hommes parmi lesquels il y en a peut-être de scélérats, mais parmi lesquels, sans aucun doute, il y en a plusieurs qui ont en ce moment dans Paris plus de puissance que les lois et la justice. N'exagérez pas leurs crimes, car vous ferez croire qu'ils n'en ont point commis: ne confondez pas avec eux ceux qui sont très-innocens, quoiqu'ils soient très-montagnards, car vous ferez croire que tous sont innocens. Il y a une vérité terrible, et que pour cela même il faut bien connaître et méditer beaucoup ; c'est que dans les grandes démocraties, et surtout à leur naissance, la multitude prête bien plus volontiers sa confiance, son amour et sa force à ceux qui lui parlent le langage des passions dont elle est enivrée, qu'à ceux qui lui parlent le langage de la raison, qu'elle ne comprend pas : entre le défenseur de ses droits et celui de ses excès, c'est à celui-ci qu'elle donnera la préférence. Ne provoquez donc pas sans nécessité un combat prêt à s'engager pour des intérêts qui ne sont pas ceux de la liberté et de la république, et dans lequel vos ennemis vont déployer contre vous des armes que vous-même avez aiguisées dans d'autres temps.

A Gensonné, qui n'a jamais cessé de croire à la pureté de toutes mes intentions, et que, malgré l'opiniâtreté trop naturelle à son caractère, plus d'une fois j'ai fait incliner vers ma manière de voir les circonstances et la marche qu'elles prescrivaient, je tenais un autre langage.

Je lui disais :

« Vous croyez être certain que la France tout entière se lèvera pour voler à votre défense : mais songez donc que vos forces, dans cette supposition même, sont disséminées dans toute la France, et que celles de vos ennemis sont réunies dans Paris. Dans un instant on peut vous frapper, et il faudrait des mois pour rassembler vos défenseurs. Quoi! les Jacobins sont contre vous; quoi! la Commune de Paris est contre vous; et vous voulez, dans Paris, ouvrir un combat contre des ennemis puissans dans la Commune et aux Jacobins? Avez-vous oublié que tous les genres de forces sont dans les mains de la Commune, et qu'il y en a plusieurs qu'elle tient de vous? C'est sur votre motion, Gensonné, que l'assemblée législative lui a accordé le *mandat d'arrêt*; et, par l'exercice de cette force terrible, qu'elle vous doit, elle peut jeter dans les prisons ou enchaîner par la terreur ceux qui seraient tentés de préférer le côté droit au côté gauche, et Gensonné à Marat. La force armée de Paris est à la disposition de la Commune; c'est assez dire qu'elle n'est pas à la disposition de la Convention; c'est assez dire qu'elle sera contre vous si vous appelez des combats que vous pouvez refuser, ou au moins retarder. Toutes ces forces ont été données à la Commune contre les rois; aujourd'hui qu'il n'y a plus de rois, où est votre sagesse de lui laisser toutes ces forces? Retirez-lui les pouvoirs énormes que vous lui laissez avec tant d'imprudence, ou n'ayez pas l'imprudence, bien plus dangereuse encore, de donner le signal des batailles à des ennemis dont elle est l'alliée. Qu'avez-vous voulu faire, mais qu'avez-vous fait réellement, lorsque vous avez envoyé Marat au tribunal révolutionnaire? Vous avez voulu procurer un triomphe à la république et à la justice; et vous avez mis réellement la justice et la république dans la honte et dans le deuil : vous avez procuré un triomphe à Marat. Soyez sûr que la république, à mesure qu'elle s'élèvera sur ses fondemens, effacera avec indignation de la liste de ses fondateurs les hommes affreux qui ont voulu l'établir sur des crimes : dans ce moment elle n'a pas assez de force pour s'épurer, et en précipitant trop cette opération périlleuse, vous pourrez la détruire. Phocion aimait autant que Démosthène la gloire et la liberté de sa république; il était bien plus capable d'en conduire les armées à la victoire; et cependant il réprimait et arrêtait l'ardeur des Athéniens, excités sans cesse par Démosthène à déclarer la guerre à Philippe. L'expérience ne tarda pas à faire voir lequel de Démosthène et de Phocion avait raison. Les hommes sages de l'Europe pénétreront sans peine les motifs de vos ménagemens pour des législateurs trop peu dignes de partager ce titre glorieux avec vous, et ils vous blâmeraient si, par une précipitation trop grande à exercer quelques actes de la justice nationale, vous mettiez la nation et la justice elle-même en péril. Cicéron, dont le nom est souvent par vous invoqué, poursuivit Catilina et ses complices sans relâche et sans miséricorde jusqu'à la mort qu'il leur fit donner comme sous ses yeux. Mais Catilina et ses complices ne déshonoraient pas seulement la république, ils conspiraient contre elle; Cicéron en avait les preuves dans ses mains : il fallait ou les tuer ou laisser égorger le sénat et incendier une partie de Rome.

Mais voyez avec quelle prudence, qui serait traitée de faiblesse ou de lâcheté par des hommes moins sages, ce même Cicéron se conduit avec son collègue au consulat, collègue qu'il s'est fait donner lui-même, quoiqu'il le connût pour un homme sans mœurs, sans probité, et plus digne à tous égards d'être le complice de Catilina que le collègue de Cicéron. Voyez comment, pour assoupir les vices les plus dangereux de ce collègue, Cicéron caresse jusqu'à son ambition ; comment ce grand homme se sert des vices mêmes d'un gueux élevé aux dignités suprêmes pour en faire un instrument utile un moment à la république.

» Mon cher Gensonné, voilà pour moi le modèle d'*un homme d'état* dans un homme de génie et dans un homme de bien. On peut faire de superbes phrases sur la vertu de Caton qui était plus inflexible ; mais il n'y a rien de plus beau que les phrases de Cicéron, et il n'y a rien de sage et d'utile comme sa conduite. Je trouve très-bon qu'on tâche d'imiter les mouvemens passionnés de l'éloquence de Cicéron ; mais je voudrais aussi qu'on imitât la prudence et l'habileté de sa conduite. Songez, mon ami, que la république de France est née avant les vertus qui sont nécessaires à sa durée ; songez que jusqu'à présent nous possédons plus les bons principes que les bonnes mœurs, et que les principes même sont plus proclamés qu'ils ne sont connus ; songez que si la guerre éclate entre les législateurs qui ont foudroyé le trône, et les législateurs qui ont une théorie plus profonde de la république, dans l'état actuel des esprits, les quatre-vingt-dix-neuf centièmes de la nation ne se tourneront pas du côté de ceux qui répandent des lumières, mais du côté de ceux qui ont lancé la foudre. On vous donnera peut-être un jour des larmes et de statues ; mais si vous ouvrez des combats qu'il dépend de vous, je le crois, d'éviter, on peut commencer par vous faire monter à l'échafaud. Songez enfin, que dans le conseil exécutif vous avez des amis, et que vous laissez le conseil exécutif comme il ne devait être que sous un roi, sans aucune force ; que dans la Commune vous avez des ennemis, et que vous laissez la Commune comme elle ne devait être que sous un roi, avec une force toute puissante.

Quand vous disposez si mal les choses, c'est une espèce de démence de croire que les événemens puissent vous être favorables. »

Ce que je disais à Gensonné avec tous les épanchemens, avec tous les développemens d'un homme qui parle à un homme qu'il aime et pour qui il craint, je l'ai fait entendre assez clairement à la Convention nationale elle-même.

Dans une séance du soir où le conseil exécutif rendait compte de quelques troubles, je dis sans aucune ambiguité, que le conseil exécutif ne pouvait être responsable des événemens, puisqu'il n'était dépositaire d'aucun des moyens, d'aucune des forces avec lesquelles on s'en rend maître, on leur commande et on les dirige. Gensonné se leva à l'instant pour faire la motion de mettre la réquisition de la force armée dans les mains du conseil exécutif; Robespierre, que je vois encore se précipitant du haut de la Montagne à la tribune, demanda la parole comme pour sauver la liberté, le peuple et les droits de l'homme. La querelle allait devenir terrible : Gensonné ne se sentit pas assez fort pour la soutenir avec avantage : il retira sa motion qui à peine avait été entendue. Je ne sais si les journalistes discernèrent ces mouvemens et leurs intentions ; je ne sais si les journaux en ont rendu compte ; je ne sais s'il existe des témoins qui ont vu ce fait, et qui en ont gardé la mémoire : mais ce fait est vrai, et j'en ai souvent parlé à beaucoup de ceux qui tiennent note des événemens à mesure qu'ils passent.

C'est par le même motif que, sentant tous les jours davantage que le conseil exécutif n'était pas un pouvoir, le premier j'ai proposé de le supprimer ; le premier j'ai invité la Convention à diriger elle-même, par ses comités, toutes les forces de Paris et toute l'exécution des lois de la république.

Cette proposition, contre laquelle s'élevèrent alors tous les préjugés sous le nom de principes, je la fis avant le mois de février. Je la reproduisis plusieurs fois devant le comité de défense générale. Alors la majorité de la Convention était bonne, et ses décrets étaient dictés par la sagesse. Cette même majorité qui faisait de bonnes lois, aurait donc composé de bons comités de gouvernement : la force aurait été retirée à la Commune ; toutes les destinées et de la Convention et de la république auraient dépendu de la majorité de la Convention ; et ses malheurs et les nôtres ne sont pas venus de ce que sa majorité a exercé la puissance sans bornes que je voulais qu'on lui donnât, ils sont venus de ce que la Convention ou la majorité, ce qui est la même chose, n'ayant pas pris alors cette puissance, elle l'a laissé prendre à une minorité qui l'a exercée d'abord par la Commune, ensuite par elle-même, ensuite par une demi-douzaine de membres des comités qui opprimaient tout, et qui ne voulaient pas s'appeler comités de gouvernement.

Telles étaient mes opinions, tels étaient mes sentimens, mes vœux, mon langage. Il est possible que je me sois trompé sur tout : j'observerai cependant que j'étais sans passions, sans intérêt personnel, et que mes yeux étaient continuellement fixés sur le jeu des intérêts, des passions et des événemens.

Voilà ce que j'ai pensé ; voici ce que j'ai fait.

Depuis long-temps les menaces des deux côtés, différentes par leur nature, mais semblables par leur violence, devenaient de jour en jour plus terribles : c'étaient comme deux armées dont la résolution était prise d'en venir aux mains, et qui cherchaient pour la saisir la circonstance et la position la plus favorable.

La soirée du 9 au 10 mars parut précipiter les événemens pour les conduire à un dénoûment affreux.

Les nouvelles de la défection de Dumourier, arrivées le jour même, avaient rempli les imaginations d'impressions sinistres ; on profitait d'une trahison pour semer le soupçon de mille autres, pour les rendre toutes vraisemblables, parce qu'il y en avait une de vraie. Les liaisons anciennes de Dumourier avec Brissot et avec les députés de la Gironde, étaient depuis long-temps remplacées par des ressentimens que couvraient à peine les égards qu'un général d'armée devait à des législateurs, et que des législateurs devaient à un général par qui triomphait la république. Mais leurs ennemis voulaient les croire toujours unis pour les perdre ensemble et pour les unir réellement dans la même proscription : l'indignation que Dumourier méritait dans la Belgique on l'excite donc à Paris contre Brissot et contre les députés de la Gironde.

Je remarquais ces dispositions ; je m'attendais à quelques mouvemens ; j'en surveillais la naissance et la direction.

A sept heures à peu près, à la maison de la justice où j'étais, j'entends retentir et se promener par les rues un tumulte confus de chants d'une joie féroce et de cris d'une fureur menaçante : je sus bientôt que c'était une troupe armée qui, après s'être enivrée dans un repas fait à la section de la Halle, allait défiler dans la salle des Jacobins. Mon premier sentiment fut le besoin de me réunir à mes collègues.

Je cours d'abord chez Clavière, que je ne trouve point chez lui ; et je me rends ensuite au département des affaires étrangères, où je trouve Lebrun, Bournonville, Brissot et Gensonné : Clavière se réunit bientôt à nous. Là, nous prenons des mesures pour savoir, avec quelque certitude, ce qui se passe, et nous délibérons sur la conduite que nous devons tenir nous-mêmes. La Convention était assemblée pour discuter le plan d'organisation d'un tribunal révolutionnaire : le plan proposé par le côté gauche était repoussé avec horreur par le côté droit. Les mouvemens séditieux qui se faisaient sentir dans quelques rues pouvaient avoir une intention plus criminelle encore, mais il était naturel de penser que leur but était de forcer les opposans à donner leurs voix à l'établissement et aux formes extraordinaires du nouveau tribunal : des moyens semblables ont été employés trop souvent durant toute la révolution, et de bons décrets même ont passé par ces indignes moyens.

Des rapports qui nous arrivent de plusieurs côtés et qui s'accordent ensemble, nous apprennent que lorsque des troupes ont défilé dans la salle des Jacobins, du milieu de la file un homme s'est détaché, et qu'il est monté à la tribune ; que dans un langage plein de fureur, et avec l'accent d'un Africain ou d'un Bergamasque, il a fait des propositions atroces ; qu'il a proposé de diviser la troupe qui défilait en deux parties, dont l'une irait à la Convention venger le peuple en punissant de mort ses mandataires infidèles, et l'autre au conseil exécutif égorger tous les ministres, *faire maison nette :* que des applaudissemens s'élevaient déjà, que de sabres s'agitaient en l'air pour donner des suffrages homicides à ces exécrables motions, lorsque un membre de la société a changé la motion de tuer les députés et les ministres en celle de les arrêter et de les emprisonner : qu'à l'instant où cette seconde proposition allait être mise aux voix, Dubois de Crancé était arrivé aux Jacobins, et, s'élevant contre les deux motions avec l'horreur et l'effroi que toutes les deux devaient exciter, les avait fait rejeter par ceux-là mêmes qui venaient de les applaudir; que cependant plusieurs de ces furieux étaient sortis sans déposer leur fureur, et qu'on avait lieu de craindre qu'ils ne l'eussnt portée ailleurs.

Je proposai deux partis.

L'un, de nous rendre au conseil exécutif, d'y établir une séance permanente, d'y appeler les autorités constituées de Paris qui avaient la réquisition de la force armée, et de leur faire donner devant nous les ordres que nous jugerions nous-mêmes les plus propres à garantir de tout attentat les jours sacrés des représentans du peuple et la sûreté publique; l'autre, de nous rendre dans le sein même de la Convention, de faire appeler par elle le maire de Paris, le président du département, et le commandant de la force armée, et de donner à des mesures de police la grandeur, la force et la majesté des déterminations législatives.

Aucune de ces deux propositions ne fut adoptée; la première, parce qu'on soupçonnait les chefs des autorités constituées de complicité avec les scélérats, et que, dans ce cas, avec tous les moyens de nous tromper, ils nous auraient eu seulement plus près des coups qu'on pouvait vouloir frapper; la seconde, parce que les membres désignés aux couteaux n'étaient point dans la Convention, et que de toute la nuit il n'y avait là pour eux aucun risque.

Le bruit se répandait qu'on allait fermer les barrières, sonner les tocsins et tirer le canon d'alarme : il n'était pas vraisemblable que tout cela se fît s'il n'y avait pas un grand complot, et si dans ce complot n'était pas la Commune. Nous décidâmes que je me rendrais à la Commune à l'instant même. Lebrun y vint avec moi; en y allant nous passâmes par les environs de la Convention nationale et des Jacobins; tout y était dans un profond silence : le seul bruit qu'on entendait dans les rues était celui de la pluie qui tombait, et de quelques patrouilles rares qui marchaient lentement.

Le conseil-général de la Commune était assemblé et bruyant : il l'était presque toujours.

Nous appelâmes le maire, et lui demandâmes compte de tout comme au chef de la police. Le maire nous apprit qu'il venait de se présenter à la Commune une députation des Cordeliers et de la section des Quatre-Nations, pour demander la fermeture des barrières, le tocsin et le canon d'alarme : qu'on l'avait repoussée sans vouloir même entendre ses propositions; et que le conseil-général venait d'écrire une circulaire aux sections pour les inviter à redoubler de vigilance et de vigueur, pour leur remettre sous les yeux la loi qui prononçait la peine de mort contre ceux qui feraient sonner les tocsins et tirer le canon d'alarme. Pache nous lut la lettre. Nous lui fîmes assez comprendre que les soupçons s'attacheraient à lui, s'il s'exécutait aucun des attentats dont on était menacé. Pache nous assura plusieurs fois qu'il y avait beaucoup des mouvemens, mais qu'il était sûr qu'il n'y avait aucune conspiration; et que les mesures de force étaient prises de telle manière, qu'il était impossible qu'aucune grande violence fût commise durant la nuit. Nous retournâmes aux affaires étrangères porter ces assurances, que le calme profond qui régnait de toute part dans Paris garantissait de plus en plus : nous n'y retrouvâmes ni Bournonville, ni Brissot, ni Gensonné.

Nous avions dans tous les points importans de Paris des observateurs qui venaient nous rendre compte à chaque instant de ce qui se passait. Les rapports tantôt nous inquiétaient, tantôt nous rassuraient : mais tout annonçait qu'aucun événement n'éclaterait dans la nuit.

Cependant, tout à coup, un aide de camp de Bournonville entre précipitamment dans le cabinet de Lebrun, nous assure que le tocsin sonne dans plusieurs sections, nous apprend que Bournonville est sorti de l'hôtel de la guerre, où il pouvait courir trop des risques, et nous invite tous, mais surtout Clavière, à chercher un lieu de sûreté. Lebrun se détermina à l'instant à rester chez lui, Clavière à aller demander un lit à un de ses amis dans un autre quartier que le sien : il n'avait pas sa voiture; je le pris dans la mienne; je le conduisis de la rue Cerutti à la rue des Saints-Pères, au faubourg Germain.

Nous venions de traverser une assez grande partie de Paris, les rues, les ponts, où la multitude, lorsqu'elle est en mouvement, se précipite et s'agite avec le plus de tumulte et le plus de fureur : rien ne se remuait, tout était en silence. A mon retour chez moi j'ordonnai à la voiture d'aller lentement pour mieux regarder : j'arrêtai même quelques minutes sur le pont ci-devant Royal, sur le Carrousel, à l'entrée de la place ci-devant Vendôme. Aucun bruit de tocsin, aucun cri de sédition ne se faisait entendre. Rentré à l'hôtel de la justice je veillai jusqu'à quatre heures et demie avec Gohier, alors secrétaire-général de la justice : des hommes en qui nous avions confiance allaient de toutes parts, et nous rapportaient de toutes parts qu'ils n'avaient rien entendu et rien vu.

Voilà ce que je vis, ce que j'appris, ce que je fis dans cette nuit dont les ténèbres ont enfanté et avorté, dit-on, tant d'autres crimes qui ne sont jamais parvenus à ma connaissance. C'en était bien assez de ceux que j'avais connus.

Le lendemain, je crois, j'entretins la Convention des événemens de cette nuit. Ma conduite, précisément parce qu'elle avait peut-être quelque chose d'honorable, fut ce qui m'occupa le moins dans ce rapport : je ne me crus pas obligé non plus de dire que j'avais passé une partie de la nuit avec Brissot et Gensonné; que c'était avec eux que j'avais concerté mes démarches; et cette discrétion, on en conviendra, n'était pas d'un ennemi du côté droit de la Convention. Deux choses me paraissaient certaines et horribles dans ce qui s'était passé cette nuit ; la scène et les motions des Jacobins, et la députation des Cordeliers à la Commune. Ces deux choses furent aussi celles sur lesquelles je fixai l'attention de la Convention nationale. Dans la première, je voyais des hommes qui voulaient des massacres, dans la seconde, je voyais des hommes qui voulaient des révoltes ; mais dont la première scène, étouffée si aisement par un représentant du peuple Jacobin, et dans la seconde, repoussée si facilement par le maire, je voyais la preuve d'une grande vérité ; c'est qu'aucun grand attentat ne pouvait être commis s'il n'était pas provoqué par des membres puissans de la Convention, et exécuté par la force qu'on laissait à la disposition de la Commune. Sans cesse je disais aux membres des deux côtés : étouffez vos haines et vos querelles, et tout vous sera soumis, tout sera soumis à la loi : sans cesse je disais au comité de défense générale, surtout à Brissot et à Gensonné : aucun grand attentat ne me paraît possible dans Paris, tant que vous aurez un ministre de l'intérieur, un maire de Paris, et un commandant de la force armée qui seront d'honnêtes gens. De ces trois, je vous en assure un, mais avec votre beau gouvernement, c'est celui qui peut le moins ; assurez-vous des autres. Je ne crois pas que Pache soit un scélérat, et vous l'affirmez trop sans le prouver assez : prouvez-le une fois pour toutes, ou cessez de l'affirmer, car si, par hasard au moins, il était un honnête homme, en vous entendant crier toujours qu'il est un coquin, vous pourriez lui donner sur vous tous les soupçons que vous avez sur lui, et alors il pourrait se liguer avec vos ennemis et commettre, en toute sûreté de conscience, quelque grand forfait pour perdre la république et vous, en croyant sauver lui et la république.

Ici je m'arrête un moment avec le récit des événemens.

Il y a ici deux choses à examiner, ma conduite et mon rapport.

Je l'avoue, j'ai beaucoup de répugnance à invoquer des témoins sur ce que je raconte : mais s'il en faut, quoique le plus grand nombre ait été égorgé, il en existe encore assez pour attester les faits que je viens d'énoncer, et qui me sont personnels. — Dans ces faits, que j'abandonne aux observations de ceux qui les liront, je ne remarquerai qu'une seule circonstance : depuis j'ai été accusé d'être lié avec les ennemis du côté droit de la Convention ; et cependant cette nuit destinée, dit-on, à la perte des membres de ce côté, ce n'est pas avec leurs ennemis que je la passe, c'est avec deux de ses membres, et les deux, peut-être, qui étaient les plus exposés, puisqu'ils étaient les objets des haines les plus violentes ! Brave Bournonville, toi que cherchaient surtout des assassins en crédit (Ronsin), des assassins qui sur ma dénonciation au comité de défense générale furent arrêtés un instant, si tu respires encore, si les lignes que je trace ici peuvent te parvenir quelque part, c'est ton témoignage que j'aime surtout à invoquer ! Dis si parmi tes collègues, et cette nuit, et dans tous les autres instans du danger, j'ai été celui en qui tu as eu le moins de confiance ? Je ne disais pas comme toi, en parlant de Pache, L'HOMME NOIR ; mais nos ames, toutes les deux confiantes, s'unissaient chaque jour par des sentimens plus intimes ; et devant Pache, qui ne me montrait que de bons sentimens, qui ne me paraissait rien haïr, pas même ses ennemis, et rien aimer que sa famille et la démocratie, j'ai toujours été en examen et en observation. Brave Bournonville, ce n'est pas pour cet instant fugitif des passions que j'écris, c'est pour tous les instans, c'est pour les temps et pour la vérité que le temps manifeste toujours ! A l'instant où la voix et la plume te seront rendues, confonds donc mes paroles si elles sont mensongères, et si mes paroles sont la vérité elle-même, confonds mes ennemis.

Cette confiance que m'accordait Bournonville, on voit que Clavière, qui devait moins en avoir, me l'accordait aussi : ma voiture est le premier asyle qu'il cherche, et c'est moi qui le mène dans un autre asyle. J'avais eu des querelles avec Clavière, mais il savait bien que je me serais fait égorger vingt fois plutôt que de permettre au fer d'un assassin d'approcher de lui.

Le lendemain, les Jacobins les plus furieux ne parlaient que de changer tout le ministère : tous les ministres sans doute en auraient été assez contens; mais c'est une assez bonne preuve que les furieux n'étaient pas très-contens des ministres. S'il était possible que malgré le calme immuable, que malgré l'éternel repos de la physionomie et de l'ame de Pache, Pache pût avoir alors des intelligences secrètes avec les furieux, il put leur raconter, en effet, combien j'étais leur ennemi, combien j'avais d'horreur pour eux, et de confiance dans les vertus républicaines de ceux pour qui ils aiguisaient des poignards.

Un homme qui avait eu une pareille conduite ne pouvait pas faire un rapport infidèle; les faits que j'ai rapportés, et qui étaient prouvés, étaient les plus graves; ils l'étaient plus que ceux qu'on a soupçonnés, et sur lesquels on n'a point rapporté de preuves.

J'ai dit tout ce que je savais, tout ce que savaient mes collègues : mon devoir était de n'en pas dire plus que je n'en savais : voudrait-on prétendre que c'était aussi mon devoir d'en savoir plus que je n'en disais?

Avec tous les moyens même d'un gouvernement qui aurait été revêtu d'une grande puissance, entouré d'une grande confiance, n'aurait-il donc pas été trop possible à des scélérats, qu'on disait répandus dans toutes les sections, d'y cacher beaucoup de crimes aux regards du gouvernement et de tous ses agens?

Mais où étaient la puissance, la confiance et les agens qu'on donnait alors au ministre de l'intérieur? A mon entrée dans ce ministère, je n'y trouvai pas un seul moyen et un seul agent de surveillance. Et lorsque, quelque temps après, je voulus organiser un système d'observation pour les départemens et pour Paris, le premier témoignage de reconnaissance que je reçus pour cette organisation, qui avait peut-être quelque grandeur et quelque utilité, ce fut, sur la dénonciation de Collot-d'Herbois, un décret qui me traduisait à la barre, et qui me mettait en arrestation. C'est l'exécution de ce même plan d'observation, qui a valu à mon successeur Paré quatre mois de prison au secret, au bout desquels mois et le prédécesseur et le successeur devaient aller expirer ensemble sur l'échafaud.

Loin de s'étonner qu'il fût échappé quelque chose à mes observations, lorsque je n'avais aucun instrument pour observer, lorsque je n'avais que mes yeux pour regarder dans tout Paris, la merveille serait donc qu'il ne m'eût rien échappé. Depuis, j'ai appris en effet des choses qu'alors j'ignorais : j'ai appris qu'à la section de l'Unité, par exemple, il avait été arrêté (les registres en font foi) que je serais mis en état d'arrestation cette nuit même. On voit que, par la nature du gouvernement contre lequel je ne cessais de reclamer, quand j'aurais été ou arrêté ou égorgé je l'aurais su.

Ce qu'il y avait eu de réel dans les mouvemens de cette nuit du 9 au 10 mars, était fait pour ébranler violemment les esprits : ce que l'imagination y ajoutait, les ébranlait davantage encore : on regardait de tous les côtés pour voir les criminels, qu'on ne voyait pas aussi distinctement que les crimes. On avait des soupçons, on les perdait : on rendait des décrets, on les rapportait; et quelquefois on avait peine à savoir si un décret avait été rendu ou non. Un décret met Fournier en état d'arrestation : Fournier est interrogé à la barre, relaxé et admis, je crois, aux honneurs de la séance. Je reçois, revêtu de toutes les formes et de toutes les signatures, un décret qui m'ordonne de faire arrêter Défieux et Lazouski. Les gendarmes le mettaient déjà à exécution, par des ordres que pour la première fois j'avais donnés sans l'intermédiaire de la police, lorsque arrive dans mes bureaux un décret qui déclare que celui que je faisais exécuter n'avait pas été réellement rendu.

Un décret est rendu le 15 mars, qui « m'ordonne de faire
» mettre sur-le-champ en état d'arrestation les membres *du co-*
» *mité dit d'insurrection*, de faire mettre les scellés sur leurs pa-
» piers particuliers, ainsi que sur les papiers et registres dudit
» comité. »

Quel était ce comité? où tenait-il ses séances? quels en étaient les membres?

Le décret ne m'en disait rien : les motions sur lesquelles il avait été rendu ne me l'apprenaient point.

J'interroge tout le monde : au lieu d'une réponse précise, on m'en fait cent de vagues, de différentes, de contradictoires : je demande par lettres des renseignement au département, au maire : leur réponse est qu'ils ne connaissent point de comité *dit d'insurrection*. Les uns me disaient, *il est partout;* les autres, *il n'est nulle part* : et qu'il ne fût nulle part ou qu'il fût partout, les difficultés et l'embarras étaient pour moi les mêmes.

J'avais lu dans un arrêté des Cordéliers, qu'ils voulaient persuader aux 48 sections de Paris la nécessité de former un comité d'insurrection; mais la nécessité pour les Cordeliers d'en former un, ne pouvait pas être pour moi une preuve qu'il y en eût un de formé : j'y aurais vu plutôt une présomption qu'il n'y en avait pas de formé encore.

Cependant, quand on n'est ni un tyran, ni un ministre de la tyrannie, et qu'il s'agit de faire beaucoup d'arrestations, ce qu'il faut savoir, sans aucune ambiguité, sans aucune incertitude, c'est QUI IL faut arrêter : cependant dans une démocratie qui n'a aucun gouvernement encore, lorsqu'on est menacé d'une insurrection ou d'une révolte, le moyen le plus sûr d'en réaliser et d'en accélérer l'explosion, c'est de faire des arrestations qui ne seraient pas l'exécution d'une loi très-précise et très-claire, ou, ce qui est la même chose, d'un ordre très-formel, très-nominal des législateurs revêtus de pouvoirs sans bornes.

Dévoré d'inquiétudes et de funèbres pressentimens, profondément persuadé qu'en cherchant le danger où il n'était pas, on le laissait ou plutôt on le faisait croître où il était, je recueille de toutes parts tous les renseignemens possibles, et sur les troubles qui agitaient Paris, et sur les foyers d'où partaient les convulsions, et sur les hommes dont les uns préparaient sourdement, dont les autres provoquaient hautement les fureurs de la multitude : et les résultats de toutes mes observations, des plus minutieuses comme des plus générales, je les présente dans un rapport à la Convention nationale.

Dans ce rapport, je déclare, et dès les premiers mots, qu'aucune de mes recherches n'avait pu me faire parvenir à une société ou rassemblement qui fût *dit*, c'est-à-dire *appelé* comité d'insurrection. Il n'y eut à cet égard dans mes paroles aucune tergiversation. J'articulai le résultat de mes perquisitions très-nettement, très-franchement : et aujourd'hui que les faits, en se développant d'une manière si terrible, ont jeté tant de lumières sur leurs véritables causes, il est démontré pour tout le monde, qu'à ce moment, qu'au 13, 14, 15 et 16 mars, il n'y avait nulle part dans Paris un comité *dit* d'insurrection.

Il y eut des choses dont je parlerai, non pas en *tergiversant*, mais avec circonspection ; et on verra tout à l'heure pourquoi et comment.

Je m'attachai principalement dans mon rapport à fixer l'attention de la Convention nationale sur elle-même, à lui faire regarder ses divisions intérieures comme le plus grand de tous les dangers pour elle-même, pour la France, pour le genre humain, à qui elle était donnée en exemple et pour le bien et pour le mal. D'autres, peut-être, auraient regardé cette partie du rapport comme très-délicate, très-dangereuse à traiter ; mais ce n'était pas là pour moi les charbons ardens : ce fut sur cela que je m'arrêtai ou que je me répandis avec le plus de confiance et le plus d'épanchement. Je sentais bien que je parlais devant une assemblée qui agitait les destinées de ma patrie et de la terre : mais cette assemblée, dont la puissance était redoutable, et la mission auguste, je la voyais composée de beaucoup d'hommes chers à mon cœur ; et je cherchais à faire entrer la voix de la vérité dans leurs ames par les accens de l'amitié. Je demandais une autre vertu encore à des hommes à qui les plus hautes vertus étaient si naturelles. Si vos ames, leur disais-je, pouvaient tout à coup s'ouvrir les unes devant les autres, vous verriez dans toutes la religion et la passion de la République : cette République que vous adorez tous, aimez-la tous assez pour lui sacrifier les haines et les ressentimens nés chez vous du culte même que vous lui rendez : ni les républiques, ni les religions ne sont détruites par des traîtres et par des ennemis ; elles le sont, les unes par des partis, les autres par des sectes. Les mouvemens du dehors ne seraient rien, ils n'existeraient pas, si les mouvemens de la Convention ne les excitaient et ne les appelaient : ici la trahison n'est nulle part; mais la haine peut la voir partout, et la haine peut former des complots atroces contre des complots imaginaires.

Au sujet des mouvemens du dehors, je citai ce Varlet, qui à peine avait vingt ans, et qui depuis quatre ans se montrait dans toutes les séditions : j'affectais surtout d'insister beaucoup sur une réunion de dix à douze personnes qui avait lieu très-souvent au café Corazza. Parler d'un café, lorsqu'on cherchait un comité d'insurrection, parut alors ou une puérilité presque niaise, ou une perfidie cachée sous un air de simplicité. J'avais pourtant ajouté : *ces personnes se réunissent au café Corazza, au sortir des séances des Jacobins* : j'avais pourtant prononcé quelques noms qui auraient dû faire penser, et qui n'auraient pas dû faire rire; comme les noms de Gusman, de Défieux et de ce Proli, que, *là même*, je dis être un fils naturel de Kaunitz, et qui était alors l'ami de Rob spierre. J'avais pourtant ajouté : *quelques membres de la Convention nationale s'y rendent aussi, et si elle le désire, je les nommerai* : la Convention ne parut pas le désirer. J'aurais nommé Chabot principalement et Collot-d Herbois. Depuis, Collot m'a notifié qu'il m'avait compris lui, et qu'il n'avait pas souri de pitié, comme beaucoup d'autres, à mes pitoyables discours. Enfin, ces longs et fastidieux détails sur le café Corazza attachèrent à mon rapport un long souvenir mêlé de ridicule et de ressentiment. Et au 31 mai, lorsqu'au bruit du tocsin et du canon d'alarme, je me réunissais dans la Convention aux députés qui venaient prendre leurs postes, Lanjuinais, l'un de ceux dont la vie était la plus menacée, s'approchant de moi, non avec colère, mais avec dérision, me cria : *Eh bien! Garat, c'est le café Corazza?* Que pouvais-je alors répondre? Il ne s'agissait plus de savoir où s'attroupaient secrètement les monstres; ils entraient dans le sanctuaire des lois, le département était à la barre, et l'Huilier qui, depuis ce moment jusqu'à sa mort, n'a cessé de demander ma tête, protestait pieusement que cette insurrection était *toute morale*.

Les paroles et l'accent de Lanjuinais étaient d'un homme dont l'ame était déjà très-élevée par la grandeur des dangers, et dans cette séance et dans les suivantes tous les mots qui lui échappaient prouvaient que la vertu et le malheur sont les sources du beau et du sublime. Lanjuinais, si sa mémoire a conservé comme la mienne ce souvenir, confirmera ce que je raconte; et après une année de crimes et de calamités, telle qu'on n'en découvre pas dans toute l'histoire de l'espèce humaine une autre qu'on puisse comparer, une des consolations que je compte pour mon ame, c'est de me faire entendre aujourd'hui à l'ame de Lanjuinais : je vais donc lui répondre à travers les douze mois de sang et de ruines qui nous séparent de sa question : Oui, Lanjuinais, *c'est le café Corazza*; vous l'avez ignoré peut-être dans les cavernes où vous avez cherché un asile; mais ici, dans le triomphe insolent des factieux, des bourreaux et des échafauds, ce secret a été révélé par tout le monde : *oui, c'est le café Corazza*. Dans les ames de tous ceux qui étaient mêlés aux combats des deux côtés de la Convention, fermentaient toutes les passions qui devaient faire éclater la révolte; mais au café Carazza conféraient presque journellement ceux qui préparaient de loin, qui arrangeaient la révolte pour l'organiser dans des formes qui ressembleraient à l'insurrection du 10 août. Gusman, Défieux, Proli, Chabot, Collot, étaient les plus assidus à ces conférences, et Collot, Chabot, Proli, Défieux, Gusman, ont été les principaux auteurs de la révolte du 31 mai et du 2 juin. On imita du 10 août jusqu'aux singeries; et de même que Pétion au 10 août fut mis en chartre privée par les insurgés, Chabot, au 31 mai, fut tenu en chartre privée à l'évêché par les révoltés. Que d'autres jouissent d'un affreux triomphe, lorsque les expériences des malheurs rendent un témoignage tardif à la vérité qui a été méconnue et outragée dans leur bouche; je gémis, je suis consterné et je m'anéantis dans le néant de la prudence et de la prévoyance humaines!

Tandis que je cherchais partout un *comité dit d'insurrection*, et que je le demandais un jour au comité de défense générale, composé en grande partie des membres du *côté droit*, un membre de ce comité me dit : Je m'étonne que vous cherchiez avec tant de peine et si peu de fruit *le comité d'insurrection*, il est dans les sections de Paris, il est dans les Jacobins.

Je fus étonné, je l'avoue : je ne l'aurais pas été du tout si on m'eût dit que les germes, les fermens et les instrumens des insurrections étaient dans les Jacobins et dans les sections : je savais qu'en penser, et on savait ce que j'en disais : mais qu'un membre de la Convention et du comité de défense générale m'assurât, au milieu de beaucoup de ses collègues, que par le comité dit *d'insurrection*, dont je devais sceller les papiers et les registres, dont je devais arrêter les membres, c'était la société populaire des Jacobins et les sections de la Commune de Paris qu'on m'indiquait ; je ne pouvais le comprendre ; je ne pouvais revenir de ma surprise : je pensais que c'était là une de ces assertions échappées à la chaleur et à l'irréflexion de la parole.

Le même jour, ou le lendemain, je reçois un paquet ; dans ce paquet était un billet de quelques lignes et plusieurs feuilles d'un journal. J'ouvre le billet et j'y lis ces mots :

« J'envoie au citoyen Garat un journal où il verra le foyer où
» se prépara le complot d'assassinat des membres de la Conven-
» tion. Ou c'est l'évidence, ou rien ne sera évident. Je rappelle
» au citoyen Garat que la postérité est là qui l'attend pour le ju-
» ger sur sa conduite dans cet événement. Une foule de preuves
» sont sous sa main. »

Je parcours les feuilles, et j'y trouve les extraits de quelques discours improvisés avec une grande violence aux Jacobins, par Lejeune, par Garnier, par Bentabolle, par Legendre.

Je commence à croire qu'on veut sérieusement me faire prendre les Jacobins, et un grand nombre de membres de la Convention nationale pour le comité, dit *d'insurrection*, dont il m'était ordonné de faire mettre les membres en état d'arrestation.

Très-peu de jours après paraît une brochure d'un membre de la Convention, qui ne devait plus me laisser aucun doute là-dessus : il désignait formellement les Jacobins, leur rue, le lieu de leurs séances.

Le membre du comité de défense générale, c'était Guadet; l'auteur du billet, c'était Brissot; et l'auteur de la brochure Louvet.

De ces trois représentans du peuple, les deux premiers ont péri indignement sur l'échafaud ; le dernier n'a échappé aux assassins que par une suite de miracles.

O vous qui survivez à tant d'innocentes victimes, qui réunissez sur vous l'intérêt que tous les siècles attacheront à leur mort, et celui qu'ils attacheront à vos dangers et aux malheurs de la république naissante, c'est donc avec vous seul que je puis entrer aujourd'hui dans l'examen d'une opinion que tous les trois vous avez partagée! Je l'ai aperçue et sentie comme il convenait cette réserve délicate qui, dans l'histoire de vos malheurs, vous a empêché d'adresser un seul reproche à un homme contre lequel des circonstances, jamais éclaircies, pouvaient vous inspirer beaucoup de ressentimens. Je vous conjure donc, et avec la certitude que vous ne rejetterez point ma prière, je vous conjure de ne vouloir pas vous servir de tout ce que vous avez souffert, pour ajouter une autre autorité que celle de la raison à ce que vous avez pensé : songez que dans la personne même de quelques hommes, dont la vie et la mort ont révélé et inspiré de nouvelles vertus au cœur humain, de grandes douleurs ont servi à consacrer sur la terre de grandes erreurs ; songez que, plus qu'un autre, vous êtes obligé, pour le reste de vos jours, à ne rien croire qui ne soit vrai, à ne rien dire qui ne soit digne de vos augustes malheurs ! La plainte que j'aurais cru la plus légitime, jamais je ne vous l'aurais adressée quand vous étiez dans l'infortune : je combattrai quelques-unes de vos opinions aujourd'hui que vous êtes dans la puissance : le monde entier, le genre humain et toutes ses destinées appartiendraient à l'erreur, aux ressentimens, aux vengeances et au génie de la destruction, si, de temps en temps, il ne se rencontrait sur la terre des ames assez éclairées et assez généreuses pour calmer les passions même de la vertu.

Je le demande donc et à Louvet, et à tous ceux qui jettent les yeux sur ces lignes, quand la Convention nationale me parlait d'un comité dit *d'insurrection*, pouvais-je entendre qu'elle me parlait de la société des Jacobins? Quand les choses auraient été synonymes, en quelque sorte, les mots alors l'étaient-ils? La société des Jacobins avait-elle changé ce titre, qui dès-lors était assez terrible, en celui de comité d'insurrection? et ses amis ou ses ennemis lui donnaient-ils un autre nom que ce nom de Jacobins, sous lequel les uns croyaient la rendre assez digne de respect, les autres assez digne de haine?

Si, à cette époque, il est arrivé quelque chose de semblable dans Paris, je confesse que je l'ai profondément ignoré.

Quand ce changement de dénomination eût été réel dans quelques lieux et pour quelques personnes, en était-ce assez pour en faire la désignation d'un décret, d'un ordre de sceller des registres, et d'arrêter un grand nombre d'hommes? N'aurait-il pas fallu encore qu'un tel changement de mots eût été universellement connu et convenu? Enfin, si c'était là l'intention du décret, pourquoi ne pas l'énoncer par ces mots qui se présentaient si naturellement : *le comité d'insurrection dit société des Jacobins?* Ce décret arriva aux bureaux de la justice le 14 mars, je crois, vers les dix heures du soir. Je suppose que dans la nuit j'eusse fait mettre en état d'arrestation tous les membres des Jacobins; et parmi eux Robespierre, Danton, Legendre, Bentabole, Fréron, Garnier, Tallien, Camille des Moulins, etc., etc., croit-on, je le demande, qu'une insurrection terrible ne se serait pas élevée sur l'horizon de Paris avant le soleil? Et peut-on croire que cette insurrection n'aurait pas paru un peu plus légitime que celle du 31 mai? Le sang eût coulé par torrens; et alors, ce n'est pas à ceux qui l'avaient provoqué qu'on aurait attribué tous ces crimes et tous ces désastres; on les aurait imputés au ministre insensé qui, lorsqu'on lui ordonnait d'arrêter les membres du comité d'insurrection, aurait imaginé de faire arrêter les membres de la société des Jacobins.

Mais, que dis-je, arrêter? et quelles forces m'étaient confiées pour faire de semblables arrestations? Qui peut ignorer qu'à cette époque les décrets d'arrestations, surtout ceux qui exigeaient quelque déploiement de force armée, ne s'exécutaient et ne pouvaient s'exécuter que par la Commune de Paris, Pache et Chaumette auraient-ils fait arrêter les Jacobins et la Montagne ?

Je le croyais aussi aux Jacobins, non pas le comité, mais le génie ou plutôt le démon de l'insurrection, mais, s'il était déjà nécessaire d'en arrêter les registres et les membres, d'en fermer les portes, une telle motion, à cette époque, exigeait assez de courage et de magnanimité pour être digne des représentans les plus intrépides de la France. Pourquoi donc cette motion ne fut-elle pas faite par Guadet, par Louvet, par Brissot, qu'on ne peut pas accuser d'avoir manqué de la bravoure que doit avoir un législateur révolutionnaire ? Quand, dans ces derniers jours, la motion de fermer les Jacobins a dû et a pu être faite, a-t-on craint de prononcer leur nom, où est-ce sans prononcer leur nom qu'on est allé poser le rocher de la République à l'entrée de cette caverne, où des cyclopes à demi-nus amassaient tous les vents, forgeaient tous les foudres sous lesquels était prête à disparaître la République étonnée et tremblante ? Mais, puisque après tant d'oppression et de silence, nous sommes arrivés à ces temps dont parle Tacite, où on peut sentir tout ce qu'on veut, et dire tout ce qu'on sent, j'ajouterai qu'au 15 mars 1793, des membres de la Convention, quels qu'ils fussent, en faisant la motion de mettre les scellés sur les registres des Jacobins, et d'en faire arrêter les membres, n'auraient fait qu'accélérer, par une horrible convulsion, le moment de cette révolte qu'on a appelée l'insurrection du 31 mai. La démocratie naissante chez un grand peuple qui a vécu des siècles sous les rois, a des vices qui paraissent des vertus, jusqu'à ce qu'on soit universellement épouvanté de leurs excès. Et avant d'arriver à ce comble des fureurs et des horreurs qui corrige d'une manière si terrible ceux qui restent, ce n'est qu'en faisant entrer la démocratie avec des ménagemens profonds sous le régime sévère d'un gouvernement puissant, qu'on l'empêche d'être éternellement une démagogie folle, atroce et destructrice. Combien de fois je l'ai dit à Brissot! Plusieurs fois il a paru m'écouter avec recueillement, avec émotion; le lendemain je voyais dans sa feuille qu'il ne m'avait pas entendu.

C'est une chose inévitable, quand les passions conduisent les événemens, que les événemens, à leur tour, irritent et enflamment les passions. Ce sont de grands drames, en quelque sorte, qui se jouent sur la terre, et dans lesquels les événemens enfantés par les passions, et les passions développées par les événemens, accélèrent et précipitent leur marche vers des catastrophes où les principaux acteurs périssent, où l'action s'arrête sur la scène inondée de sang, jusqu'à ce que d'autres personnages soient entraînés par d'autres passions à d'autres drames, et par d'autres drames à des dénoûmens également funestes.

A la suite du 10 mars, une mesure que les circonstances rendaient nécessaire, et qui fut prise par la Convention, jeta dans son sein et dans le sein de la France, de nouvelles causes de dissension. On voulut lever de nouvelles forces, on voulut qu'elles fussent proportionnées à la grandeur de la république, de ses moyens, de sa cause, et pour exécuter cette levée de nouveaux défenseurs avec plus de rapidité, on arrêta que des représentans du peuple iraient dans tous les départemens jeter, non pas le cri d'alarme, mais le cri de patriotisme, de guerre et de gloire.

Le plus grand nombre de ceux à qui on donna cette éclatante mission furent choisis dans la Montagne : et ces choix qui prouvaient peut-être, sa puissance, l'affaiblirent.

La Montagne dégarnie ne put plus disputer la majorité.

D'un autre côté, un très-grand nombre de ces députés *montagnards*, en se répandant dans toutes les parties de la République, y trouvèrent des esprits aigris contre eux, des ames aliénées : ils attribuèrent cette réception à la correspondance des membres du côté droit avec leurs départemens; et ce qui était vrai peut-être de quelques uns, on l'affirma de tous.

Dans leurs lettres, les députés montagnards ne se plaignirent pas seulement d'avoir été mal reçus, ils accusèrent le côté droit de leur avoir ôté les moyens de remplir la mission dont le succès était nécessaire à la défense et au salut de la République.

Le ressentiment, qui eut toute la violence qu'il reçoit des intérêts personnels, eut donc aussi les moyens d'éclater sous les dehors imposans des intérêts de la patrie.

La montagne devint furieuse, et elle était faible. On redouta d'elle quelque entreprise terrible.

Dès-lors les Jacobins furent plus menaçans, la Commune plus hardie, et les sections plus orageuses : à la Commune et aux Jacobins, quoiqu'il y eût des scélérats et des hommes de bien, il n'y eut qu'un esprit; dans les sections il y en avait deux : le bon s'essayait à prendre la prédominance ; mais le mauvais la reprenait toujours. On était trahi, et les furieux faisaient croire aisément que dans la Convention les habiles étaient les complices des traîtres; et les habiles, qui auraient dû comprendre combien il importait pour leur salut, et pour le salut de la chose publique, d'être prudens et sages, étaient indignés.

De toutes parts on se parlait à l'oreille, on se faisait des confidences, ou de quelque grand complot, ou de quelque grand acte judiciaire qu'on préparait.

Enfin, le bruit se répandit d'un complot plus criminel que tous les autres, et arrêté dans le lieu même où étaient les magistrats et les forces chargées de surveiller et de réprimer tous les crimes.

Alors Barrère proposa la commission *des douze*, et l'influence du côté droit en élut dans son sein tous les membres.

Il le faut avouer : elle était tout-à-fait révolutionnaire, dans le bon sens de ce mot, l'idée d'une commission destinée à réprimer dans une république naissante les excès de la démocratie, à contenir la révolution pour la maintenir, à l'arrêter pour l'achever. Mais dans les maladies du corps politique, comme dans celle du corps humain, c'est lorsqu'il y a une grande force dans le remède qu'il faut l'administrer avec une grande prudence. Un seul coup bien porté pouvait réprimer toutes les fureurs, plusieurs coups frappés avec précipitation pouvaient rendre toutes les fureurs plus audacieuses. Dans le premier cas, on fait sentir que l'autorité et la liberté c'est la même chose ; dans le second cas, on fait crier que l'énergie du gouvernement est de la tyrannie.

La liste des *douze* montra beaucoup de vertus ; elle ne montra pas, aux yeux de leurs amis même, autant de sagesse.

Par ses premières opérations, la commission jeta dans les prisons de l'Abbaye le président d'une section, et le premier substitut du procureur de la Commune ; elle manda Chaumette ; elle menaça Pache.

Avec le bruit de ces arrestations, se répandit le bruit de la formation d'un autre tribunal que celui qui venait de renvoyer Marat en triomphe, et le bruit encore que la Convention nationale allait être épuré par le glaive des lois, puisqu'elle n'avait pu être épurée par un scrutin.

Les douze laissèrent échapper peut-être quelques-unes de ces menaces ; ceux qui étaient menacés les exagérèrent : ils crurent à l'attaque pour se créer les moyens de la défense.

Dès-lors on n'appela plus la commission les *douze*, mais les *décemvirs* ; et avec ce mot, qui souleva, il y a trois mille ans, le peuple de Rome, on soulevait la multitude de Paris.

Je fus appelé par la commission : j'écrivis sous ses yeux, et je signai tout ce que je savais de ce qui s'était passé à la Mairie. Tout ce que je reçus de dénonciations, de soupçons, d'alarmes, je les lui communiquai, sans attendre qu'elle me les demandât.

Le 26 mai, à une heure et demie de la nuit, on vient me dire à *l'intérieur,* qu'un grand mouvement se prépare à la porte Saint-Bernard ; que des femmes sont à la tête, mais que des hommes armés les accompagnent. Je fais partir à l'instant deux gendarmes pour m'assurer du fait, et je me rends moi-même à la commission des douze ; je n'y trouve que Rabaud Pommier qui va chercher son frère : Rabaud de Saint-Étienne vient me joindre une demi-heure après au comité de salut public. J'étais sûr dès-lors, par le rapport des gendarmes, que le mouvement de la porte Saint-Bernard n'était rien ; mais j'étais trop sûr aussi que des mouvemens plus réels allaient suivre cette menace. J'étais lié avec Rabaud de Saint-Étienne ; j'aimais sa personne, j'estimais sa philosophie. Je savais qu'une imagination fertile et brillante le disposait à voir entre les faits et les faits plus de liaison et de rapports qu'il n'y en avait quelquefois ; mais je savais aussi qu'il aimait la vérité ; qu'il avait exercé sa raison à la discerner et à la reconnaître.

Là j'eus avec Rabaud de Saint-Etienne une conversation très-longue et très-intime. Je ne lui dissimulai point que je trouvais beaucoup d'imprudence et de danger à laisser à la Commune la disposition de toutes les forces de Paris, et à faire arrêter l'un des officiers municipaux presque dans son sein : oubliez-vous, lui dis-je, que nous sommes dans des temps où l'on ose tout ce qu'on *peut*, et où l'on a de beaux noms pour honorer tout ce que l'on ose ? On m'a montré à la commission un passage affreux d'une feuille d'Hébert, que je n'ai jamais lu : mais ce passage qui est affreux, ne l'est pas plus que cent passages de ce Marat, qu'un tribunal vient de renvoyer la tête couronnée de lauriers, au rang des législateurs. Sans doute si nous étions sous le règne des lois, Marat devrait être au moins où vous avez mis Hébert ; mais croyez qu'il est trop dangereux de mettre Hébert à l'Abbaye, quand Marat est à la Convention. La multitude, quand elle couronne l'un de lauriers, ne pourra souffrir que l'autre soit dans les chaînes. Il y a quelques jours, les gens raisonnables, les sages et bons amis de la liberté, prenaient le dessus dans les sections ; depuis ces arrestations, les hommes violens, les furieux ont repris leurs emportemens et leur ascendant. Je trouve autant que personne très-nécessaire *que force reste à la loi;* mais pour que la force reste à la loi, il faut que la loi commence par avoir la force. Vous l'avez donnée à la Commune ; retirez-la-lui donc, si vous ne voulez pas que force, au lieu de rester à la loi, *reste* à la Commune. Nous avons accoutumé les esprits à l'idée d'une liberté illimitée de la presse ; nous avons ri à l'Assemblée constituante, quand le peuple a été invité, *par son ami*, à pendre huit cents d'entre nous aux arbres des Tuileries ; et tout à coup, lorsque nous n'avons encore aucune bonne loi sur cet objet, sur lequel nous avons débité cent folies, vous arrêtez un homme, parce que cet homme a imprimé une feuille, qui n'est pas plus atroce que cent autres, dont les atrocités nous ont fait plus rire qu'elles ne nous ont fait horreur. Avant de faire de grands actes de gouvernement, il faut avoir un gouvernement ; et ce moment, où vous êtes en majorité, serait mieux employé, ce me semble, à organiser en silence, et sans jeter l'alarme dans le camp ennemi, la puissance exécutrice avec laquelle vous mettrez aux pieds de la loi ou sous ses pieds, tous les brouillons et tous les scélérats.

Rabaud de Saint-Etienne me protesta qu'il s'était opposé de toutes ses forces à l'arrestation d'Hébert ; que comme moi il l'avait jugée dangereuse ; depuis, Fonfrède et Vigier m'assurèrent qu'Hébert avait été arrêté également contre leurs avis. Je laissai Rabaud de Saint-Etienne très-persuadé que, lorsqu'on n'a point la force, il faut déployer l'autorité avec succès et avec majesté.

Le lendemain matin je tins le même langage à Fonfrède, qui, quoique beaucoup plus jeune et beaucoup plus impétueux, me parut également pénétré de la vérité de ces observations.

Ce jour-là même, c'est-à-dire, le 27 mai, de grandes scènes devaient éclater et amener contre la république de grands malheurs, contre moi d'horribles calomnies.

En sortant du conseil exécutif, entre quatre et cinq heures de l'après-midi, je n'avais rien vu autour de la Convention qui annonçât du mouvement, et qui fît craindre aucun attentat : à six heures et demie, à peu près, je dînais, j'étais seul avec mon neveu ; l'un des citoyens, dont les observations me rendaient compte de l'état de Paris, à cette époque, et l'un de ceux dont la correspondance était constamment favorable à tout ce qui était en faveur du côté droit, vient me dire tout en alarme que la Convention est dans le plus grand danger, qu'elle est assiégée par une foule immense et par une force armée ; qu'on a crié autour des canons, AUX ARMES ; qu'on parle d'égorger les appelans au peuple, et que tout annonce un combat et un carnage. Je n'étais point appelé par la Convention, mais lorsqu'on me parle d'un grand danger qu'elle court, je crois que c'est dans son sein qu'est mon poste, et je m'y rends.

En traversant les Tuileries, j'aperçois des groupes, mais ni en très-grand nombre, ni très-nombreux, ni très-tumultueux.

Au grand escalier et à la porte du salon de la Liberté, je vois une foule très-grande et très-agitée, qui se presse autour de la porte, mais sans aucune arme, au moins visible.

En entrant dans les cours du palais national, je vois au-dessus des canons les mèches allumées, et une force armée assez considérable, qui longeait et se promenait le long de la façade du palais, en face du Carrousel. A cette vue je ne doutai point que la Convention ne fût assiégée en effet; et tant de régularité dans un mouvement si criminel me fit croire que le mouvement avait des chefs.

Je rencontre Liddon, qui me dit qu'il a eu beaucoup de peine à se faire un passage, et qu'il a été menacé. Liddon allait à la commission des douze; j'y monte avec lui; et en même temps arrivent et montent avec nous, Pache, qui était mandé, Destournelle et quelques membres de la Commune. Là il y eut entre quelques officiers municipaux et un ou deux membres *des douze*, de ces paroles qui enflamment plus les passions qu'elles n'expliquent les choses. Il y en avait une que je voulais principalement savoir, et savoir sans aucun doute : c'était par les ordres de *qui* avait été appelée la force armée que j'avais vue le long du palais, et à la disposition de *qui* elle était. Liddon me protesta qu'il n'en savait rien; Pache me fit entendre qu'il avait signé la réquisition, mais qu'il n'avait pas été libre de la refuser. Rabaud de Saint-Etienne, qui avait l'air épuisé de fatigue, et qui prenait un bouillon, ne répondit rien à ma question, parce qu'il avait à répondre à d'autres interrogations qui lui étaient faites en même temps.

Cependant on venait nous rapporter que la fermentation croissait à chaque instant au-dedans de la Convention et au-dehors. Pache se rend à la barre, et je me détermine à entrer dans la Convention, pour mieux juger de son état dans son intérieur.

En traversant les cours, nous passions le long de la file de la force armée; j'entendis plusieurs de ceux qui étaient sous les armes dire en riant : *Ah! ah! voilà ces vilaines écharpes.* Un peu plus loin j'entends ces propres paroles : *Comment Garat peut-il aller avec ces coquins!* A l'extrémité de la force armée il y avait quelques hommes qui n'étaient pas sous les armes, et un plus grand nombre de femmes. Là les officiers municipaux ne reçurent plus d'injures; ils reçurent des bénédictions. Là on disait: *Voilà nos bons pères qui passent.*

Avant de pénétrer dans la Convention, nous nous arrêtâmes un instant avec des membres du comité des inspecteurs de la salle : toujours je demandais des éclaircissemens sur la nature et les intentions de cette force armée, unique chose, parmi toutes celles que j'avais vues, que je pusse redouter beaucoup pour la Convention; et avant d'entrer dans la salle, les éclaircissemens que je reçus furent complets; il ne put plus me rester aucun doute là-dessus.

A peine j'entre dans la Convention, qui avait l'air d'un champ de bataille où deux armées sont en présence, qu'on demande pour moi la parole que je ne demandais point.

Qu'est-ce qu'on voulait savoir de moi, et que devais-je dire? Je n'en savais rien.

Sans réflexion, par des mouvemens très-indélibérés, et dirigés uniquement par cette force secrète qui porte nos idées et nos paroles sur les objets et sur les sentimens dont nous sommes profondément occupés, je parle d'abord à l'assemblée des causes les plus prochaines de l'agitation qui régnait; je lui présente, comme la première et la plus puissante, le bruit répandu d'un complot formé à la Mairie de faire égorger les vingt-deux, et de publier qu'ils avaient émigré; j'assure à la Convention que, en effet, *des propositions atroces ont été faites* à la Mairie, une première fois, en l'absence du maire; qu'elles ont été reproduites une autre fois en sa présence; mais qu'il les a repoussées avec indignation, et qu'elles ont été couvertes de toute l'horreur qu'elles méritaient. Je conjure la Convention de considérer que des *propositions exé-*

crables, mais rejetées avec exécration, ne sont pas plus un *complot* affreux qu'une motion affreuse n'est une loi détestable; j'insiste surtout pour qu'on ne répande pas l'horreur d'une proposition atroce sur l'homme précisément par qui elle a été principalement repoussée.

J'affecte ensuite de parler en même temps de *la puissance* de la Commune et de l'arrestation d'Hébert; j'étais sûr par là de reveiller, dans l'esprit de beaucoup de membres du côté droit, les souvenirs de beaucoup de vérités que je répétais sans cesse.

Ce n'était pas à un ministre à dire, sans aucun voile, qu'il fallait réformer l'organisation de la Commune; on eût cru qu'il attentait aux droits du peuple et de l'homme, et, pour paraître un agent de la tyrannie, il n'aurait pas même eu besoin du nom de ministre.

Ce n'était pas à un ministre à dire, sans aucun ménagement, à la Convention : *Ce sont vos propres décrets qui ont élevé auprès de vous ce colosse qui vous menace.* Mais voici ce que je lui disais à ce sujet, et on va voir que, si je le lui disais avec beaucoup de ménagement, je le lui disais aussi avec assez de clarté.

« Citoyens, je conjure la Convention nationale d'écouter ce que je lui dis avec bienveillance; il est impossible d'avoir des intentions plus pures. L'une des causes de toutes les fermentations actuelles, c'est l'opinion QUI S'ACCRÉDITE que la Commune de Paris veut marcher, rivale d'autorité et de puissance, avec la Convention nationale; et on en regarde, on en cite, comme des preuves, les troupes et les contributions qu'elle lève comme elle *juge convenable*; et, en effet, lever des contributions, lever des troupes, ce sont là de véritables ACTES DE SOUVERAINETÉ. MAIS J'AI PEUR, citoyen président, que la Convention nationale N'AIT OUBLIÉ ELLE-MÊME la succession de ses décrets et LEURS RÉSULTATS! C'est elle, c'est la Convention nationale qui a donné, en exemple et en modèle à tous les corps administratifs de la France, le fameux arrêté du département de l'Hérault. Eh bien! cet arrêté, c'est un véritable acte de souveraineté! Par cet arrêté, le département de l'Hérault a levé six mille hommes, a levé six millions. La commune de Paris, en exerçant les actes souverains qui n'appartiennent essentiellement qu'à la Convention, n'a donc point usurpé de pouvoirs, elle n'a fait qu'exercer ceux qu'elle a reçus de la Convention elle-même. »

C'est immédiatement après ces paroles que je parle de l'arrestation d'Hébert.

Je déclare que je n'ai aucune connaissance personnelle de ce substitut du procureur de la Commune; mais que Pache et d'Estournelle m'ont assuré que, dans *ses fonctions de substitut,* ils l'ont vu irréprochable. Je déclare *que je ne connais point ses feuilles du Père Duchesne, que je ne les lis point, que je trouve ce langage indigne d'un homme, et, par conséquent, d'un magistrat, que j'ai naturellement une grande aversion pour tous ces écrits où l'on parle de liberté dans un langage qui n'est pas celui de la plus pure morale.* Ici, comme j'allais rapprocher les excès du *Père Duchesne* de tant d'autres excès du même genre, de tant d'autres provocations sanguinaires, dissimulées par des législateurs en faveur de la liberté indéfinie de la presse, et protégée par des législateurs même, en faveur..... Je suis interrompu par un grand mouvement et par des voix qui criaient : *Il fait l'éloge du* Père Duchesne..... Je laisse passer le mouvement et je reprends la parole en ces termes, ayant vis-à-vis de moi Marat, qui était debout au bas du président et des secrétaires :

« Il faut que mes paroles aient été bien mal comprises... A-t-on pu croire que j'entreprenais l'apologie ou la défense de ces INFAMES écrits où on propose le meurtre comme un moyen d'assurer et de consolider la liberté ; où, pour rendre le peuple libre, on veut le rendre furieux..... Et moi aussi j'ai fait un journal ; j'en ai écrit un durant des époques de la révolution où toutes les passions étaient déjà portées aux plus grands excès. Je n'y ai pas écrit une ligne que je ne doive me féliciter d'avoir écrite quand je serai sur les bords de ma tombe..... Toutes les pages y respirent au moins la morale d'un ami de l'humanité. Cette morale sortait tous les jours de ma plume, parce qu'elle était dans mon cœur. »

Après ces considérations générales sur les causes de l'état où on était, j'arrive à cet état même, je le décris comme je venais de le voir en parcourant tous les entours de la salle. Je dis, en propres termes, que la porte placée à gauche du président pouvait être obstruée et fermée par une foule de citoyens que j'y ai vu amoncelés; mais qu'à celle qui est à sa droite, et par laquelle je viens de passer, les entrées et les issues en sont libres et faciles. Je renouvelle une proposition que j'avais déjà faite à la commission des douze; je propose que la Convention tout entière, les membres du côté gauche mêlés à ceux du côté droit, se présente au peuple, et je garantis que le peuple s'ouvrira avec respect devant elle pour lui faire un passage et deux remparts; en assurant qu'il n'y a aucun danger, je m'offre, au cas qu'il pût y en avoir, à m'y exposer le premier, c'est-à-dire que j'offre ma vie en garantie de mes paroles.

C'est la même proposition qui, renouvelée et exécutée au 2 juin, où la représentation nationale était réellement assiégée, eut le succès que j'en avais promis, la fit respecter et honorer un instant au milieu des canons et des baïonnettes, et aurait eu un autre succès encore si la représentation nationale n'était pas rentrée dans le lieu de ses séances.

A chaque mot de ce discours improvisé au milieu d'une assemblée livrée à toutes les passions du soupçon et de la haine, je m'abandonnais aux épanchemens des affections les plus tendres de mon ame. « Je ne vous invite point, disais-je aux deux côtés, à déposer ici toutes vos haines dans un moment de réconciliation. Une telle proposition serait puérile et presque ridicule; mais je vous conjure tous, au nom de la république que vous aimez également, de considérer que toutes ses destinées sont dans vos mains, et qu'un seul éclat de vos passions peut la perdre; une seule goutte de sang versée dans cette enceinte en ferait verser des torrens dans la république. »

Combien il était facile de le prédire, hélas! et combien l'accomplissement a passé toutes les prédictions!

Tandis que je parlais, j'entendais dire du côté gauche: *Ce sont ces douze qui sont douze scélérats; c'est cette commission qui est une commission comme celles du cardinal Richelieu.* Il s'en fallait beaucoup que ce fût là mon opinion, et, pour qu'on ne le crût pas, je voulus à l'instant même la combattre.

« Je vais finir, ajoutai-je, par quelques considérations sur la *commission des douze.* En conférant avec tous ensemble, et avec chacun d'eux en particulier, avec cette confiance, avec cette intimité qui ouvre les ames et en laisse échapper les secrets, j'ai cru voir en eux un mélange extraordinaire de soupçon contre les hommes qu'ils n'aiment pas ; de terreur dont leur imagination est frappée pour la chose publique; de désir de se montrer avec un grand courage; de paraître rendre à la république un grand service, et que c'est tout cela qui les a jetés dans des erreurs qui me sont incompréhensibles. Ce sont des hommes de bien ; mais la vertu même a ses erreurs, et ce ne sont pas les moins dangereuses. Vous savez, citoyen président, vous qui êtes aussi membre de cette commission des douze; vous savez que c'est ainsi que je vous ai parlé à vous-même. Le langage que je tiens ici ne doit pas vous paraître nouveau, et l'estime que je vous témoigne ici n'est pas une estime simulée avec un but honnête et pour calmer des ressentimens qu'on cherche à étouffer ; non, c'est un sentiment vrai et sincère de mon cœur. »

Quand la calomnie a perdu contre moi toute pudeur, il ne m'est pas ordonné seulement de dire tout ce qui me justifie; il doit m'être permis encore de dire ce qui m'honore. J'ajouterai donc qu'à l'instant où j'entrai dans la Convention on vint me dire que le *côté gauche* allait faire feu sur le côté droit, et tomber sur lui le sabre à la main. Je ne le crus point du tout ; mais il était possible de ne pas le croire et de le craindre ; et, dans cette crainte, ce fut au côté droit que j'allai me placer, et non pas au côté gauche. Les membres du côté droit étaient loin de soupçonner alors qu'un homme qui partageait si peu leurs passions voulait pourtant partager leur sort. Cependant j'ai lieu de penser qu'il y en avait quelques-uns qui ne le soupçonnaient pas seulement, qui le savaient ; mais...

C'est ce discours, dont l'unique objet et le but unique furent de calmer les haines et les violences, qui a surtout allumé contre moi les plus violentes haines; c'est dans ce discours où l'on voit un soin si scrupuleux à dire toutes les vérités, sans en dissimuler et sans en exagérer aucune, à prononcer formellement celles que la passion cache, à renfermer dans leurs bornes précises celles que la passion exagère; c'est ce discours qui a fait élever contre moi les calomnies les plus folles.

Dès le lendemain, dans une multitude de feuilles, je fus dénoncé à la république comme le complice de tous ceux qui avaient conspiré, qui conspiraient et qui conspireraient contre elle; parce que je m'étais rencontré avec le maire, on affirma que j'étais venu avec lui; parce que la nuit précédente, je crois, une patrouillle arrêta ma voiture comme j'allais à la Commune, on affirma que j'y étais allé pour concerter et le *siége* de la Convention et le discours où j'avais voulu prouver qu'elle n'était pas assiégée; parce que j'avais présenté avec quelque facilité des idées qui m'occupaient sans cesse, et avec quelque chaleur d'expression des sentimens qui remplissaient mon ame, on en conclut et on assura que mon discours était *étudié*. Des hommes, dont la situation et les dangers m'occupaient nuit et jour, mirent en usage, pour me décrier, pour me flétrir, toutes ces liaisons d'idées et de faits qui me paraissent si incompréhensibles à un esprit calme et froid, et qui sont si naturelles à des esprits passionnés, toute cette logique désastreuse avec laquelle ont été dressés ensuite les actes d'accusation qui les ont conduits eux-mêmes à l'échafaud!

Eh! que voulaient-ils donc que je disse lorsque EUX-MÊMES avaient demandé pour moi la parole? Voulaient-ils que je disse que les propositions atroces *rejetées* à la mairie y avaient été *arrêtées*? Mon esprit ne pouvait pas confondre deux choses si distinctes; et je n'étais pas dévoré des passions avec lesquelles on les confond et on veut les faire confondre. Voulait-on que je disse que l'auteur d'une feuille abominable devait être jeté, sans aucune formalité préalable, dans les prisons? J'avais trop suivi la révolution dans toutes ses époques pour ignorer que des écrits aussi sanguinaires, au moins, avaient été non-seulement tolérés, mais protégés, et en parlant je voyais sous mes yeux et parmi les législateurs un homme qui donnait tous les jours les exemples et les modèles de ces exécrables écrits ; ce n'était pas la détention trop méritée de l'arrêté qui me touchait, c'était le danger des arrestateurs que je connaissais beaucoup mieux qu'eux ; et je croyais le danger très-grand, lorsqu'une arrestation pour un fait de ce genre était faite, la première fois dans la personne d'un membre d'une Commune à laquelle on laissait une autorité si opposée à tous les principes, et une force si favorable à tous les grands attentats. Je n'avais le droit ni de rien condamner ni de rien proposer, et je ne proposais, je ne condamnais rien ; mais tout me persuadait que de très-honnêtes gens, que des legislateurs, irréprochables dans toutes leurs intentions, étaient entraînés à des mesures imprudentes, fatales ; et j'aurais cru être, j'aurais été le plus vil des hommes, le plus coupable des ministres, si je n'avais montré ou indiqué à ce sujet mes vues et mes appréhensions. Voulait-on que je disse que la Convention nationale était assiégée et que les membres du côté droit ne pouvaient sortir de son enceinte sans tomber sous le fer des assassins ? Tout ce que mes yeux avaient vu, tout ce que mes oreilles avaient entendu, tout ce que mon ame avait senti, m'assurait le contraire ; et la conviction était en moi à ce degré où nous garantissons une conviction de notre vie, convaincus encore que notre vie ne court aucun danger.

Ici il y a un fait qui, je crois, n'a jamais été publiquement éclairci, et qui doit l'être.

Autour de la Convention, le rassemblement, sans aucune comparaison, le plus nombreux était celui de *la force armée*. J'avais bien voulu savoir ce qu'elle était, et pour qui elle était ; et, quoiqu'avec peine, j'étais parvenu, non pas à *croire*, mais à *savoir*, avec une entière certitude, que cette force armée avait été demandée spécialement et avec désignation des sections, par la commission des douze : les noms mêmes des sections, d'où elle était tirée, garantissaient qu'elle était là, non pour assiéger la Convention, mais pour protéger la Convention et le côté droit ; je le savais, et je n'en dis rien : on n'a point cherché à en deviner la raison. Lorsqu'on a imaginé tant de faits, on n'a pas même songé à observer celui-là. Eh bien! je ne suis que trop force à le dire aujourd'hui : je gardai sur cela le silence, parce que j'étais trop sûr que, si j'avais nommé les sections qui avaient fourni cette force armée, leur nom aurait alors excité les alarmes et les fureurs de beaucoup de membres de la Montagne. Cette réserve ne put pas être d'un ennemi du côté droit de la Convention.

Parmi tant de gens qui pensaient et se conduisaient par leurs soupçons, il est impossible que je n'aie pas eu aussi quelquefois des soupçons moi-même. Je le confesse donc, il s'en est présenté un quelquefois à mon esprit, et il ne m'a pas été toujours facile de le rejeter. J'ai conjecturé quelquefois que des membres de la commission des douze, voyant le côté droit sans cesse menacé dans les discours des sociétés populaires, aux Jacobins et à la Commune, ne furent pas fâchés que l'on crût le danger beaucoup plus réel et beaucoup plus grand qu'il n'était; qu'ils aidèrent à donner plus de consistance et de force au bruit que la Convention était assiégée; qu'ils laissèrent prendre la force armée qui la défendait pour une force armée qui l'a cernait; et qu'ils crurent légitime cette politique, par laquelle ils appelaient et mettaient dans leurs mains une force avec laquelle ils protégeraient leurs jours, ils prêteraient aux lois et à la justice une main assez vigoureuse pour étouffer les démagogues et l'anarchie.

Si quelqu'un a eu ce but, je proteste que jamais personne ne me l'a communiqué.

Je déclare encore que, suivant toutes les apparences, j'aurais refusé d'en devenir l'instrument.

Plus d'une fois, dans le cours de la révolution, j'ai vu des hommes qui avaient de la morale, appeler au secours des principes les plus purs et à l'exécution des mesures les plus légitimes, des moyens dans lesquels l'artifice combinait le mensonge avec la vérité, et pour déjouer et punir plus sûrement des ennemis coupables, leur prêtaient des crimes qu'ils n'avaient pas commis. Je l'ai vu; et tout ce que j'ai pu faire, c'est de fermer, non pas les yeux, mais la bouche.

Peut-être y a-t-il des circonstances terribles, où la bonne cause, la cause même du genre humain, se trouve dans l'alternative ou de rester exposée, ou de se sauver par de pareils stratagèmes; peut-être y a-t-il quelque vérité dans ce que me disait un jour un de nos plus célèbres révolutionnaires : *Vous avez un grand vice en révolution, c'est de ne vouloir pas vous prêter à une scélératesse, quand le bien public l'exige.* Il riait parce qu'il ne croyait dire qu'un mot plaisant; et moi je m'abîmai dans des réflexions désolantes, parce que je sentis que le mot était profond. Mais enfin, ce vice qu'il me reprochait, a toujours été en moi incorrigible. Toujours j'ai pensé que les moyens et les instrumens doivent être de la même nature que le but; et que le mal qui peut faire un instant le bien, le détruit bientôt ou le corrompt au moins pour des siècles. C'est de cette source que se sont versées et dans nos évenemens et dans nos lois, et déjà dans nos habitudes tant de causes de désordres, d'erreurs et de malheurs, dont la liberté de la France aura tant de peine à se dégager, et qui défigureront long-temps encore aux yeux des nations, cette image sainte de la liberté qui devrait être adorée de tous les mortels à l'instant où on lève les voiles qui la couvrent. Si donc j'avais reçu de semblables confidences, j'aurais dit : *Cherchez un autre ministre: je puis convenir à votre but; je ne puis pas convenir à vos moyens.* Hélas! je frémis de le dire; je frémis de le penser. Mais il est possible qu'un ministre qui aurait eu en ce moment moins de respect pour la vérité, aurait détourné par le mensonge ce débordement de crimes et de sang qui a tout ravagé pendant une année entière : la vérité et la vertu peuvent seules faire constamment le bonheur du genre humain; mais elles stipulent pour ce qui doit être éternel comme elles : et l'exécution des lois qu'elles imposent peut déchaîner un instant les passions et les forfaits, comme l'exécution des lois de la nature, qui tendent au maintien de l'harmonie universelle, déchaîne quelquefois les ouragans qui engloutissent les vaisseaux et ensevelissent les cultivateurs sous les débris de leurs cabanes. Il se peut donc que j'aie eu le tort de ne pas altérer la vérité en faveur des passions qui auraient été les moins malfaisantes ; mais le grand tort sera toujours à ceux qui s'étaient arrangés de manière que pour écarter les malheurs il fallait faire triompher des passions et mentir devant les lois à une grande nation : mais je n'ai pas eu au moins le tort de dissimuler la vérité qu'il importait le plus de faire entendre aux deux côtés : je n'ai pas eu le tort de leur avoir laissé ignorer, de ne leur avoir pas dit sans cesse que ce n'était pas au-dehors que pouvaient naître pour eux les grands dangers, mais dans leur sein. Et les catastrophes, en se développant, vont apprendre si je n'avais pas des motifs de revenir incessamment à ce que je disais à cet égard.

Jusqu'à présent j'ai été obligé de discuter longuement un petit nombre de faits : dès ce moment j'en vais rappeler un grand nombre avec rapidité : les uns sont trop publics pour avoir besoin d'être prouvés, et pour les autres, quelques témoins qui existent sont bientôt interpellés. Pour les plus importans, j'ai une preuve que mes ennemis n'ont pu et qu'ils ne pourraient pas m'arracher, même en m'arrachant la vie. Cela est fâcheux pour eux : mais si tout s'arrangeait commodément pour quelques hommes dévorés de haine, le monde leur appartiendrait sans retour ; et ceux qui n'ont jamais voulu y faire que du bien, se presseraient trop de le quitter.

La commission des douze, qui n'avait pas voulu requérir immédiatement elle-même la force armée des sections de la butte des Moulins, de Lepelletier et du Mail, en avait ordonné la réquisition au maire : c'était avertir la Commune d'appeler aussi ses forces, de donner le signal aux sections qui lui étaient plus dévouées. Dès cette nuit même des pétitionnaires de plusieurs sections se réunissent à la barre de la Convention, pour demander, comme on commande, *la liberté des patriotes* détenus, et la suppression *des douze*. Si la Convention nationale n'avait pas été divisée en deux partis presque égaux *en nombre*, un pareil ton eût été réprimé à l'instant, comme un attentat à la majesté de la représentation nationale. Mais le côté gauche vit sa force dans ce ton, et n'y vit pas l'injure faite à tous; et le président, qui n'était plus Fonfrède, mais Hérault de Séchelle, répondit à l'outrage fait à la nation par cet outrage fait à la raison humaine : *la force du peuple et la raison c'est la même chose.* La vie, et surtout la mort de Hérault de Séchelle réveillent des souvenirs plus honorables pour son nom, et qu'il me sera plus doux de réveiller un jour : mais quand un trait de sa vie politique l'accuse, je ne puis non plus que l'accuser. La suppression de la commission des douze fut mise aux voix sans qu'on lui eût permis de se faire entendre, et le décret de sa suppression fut prononcé par le président, sans qu'il fût prouvé du tout que le décret eût été rendu : dans les paroles tout était violation de la raison, dans les actes tout était violation des lois et des formes, sans lesquelles les lois n'existent pas.

Cependant du choc confus de toutes les passions peut sortir quelquefois une cause et un moment de repos, comme des chances d'une loterie désastreuse peut sortir un lot qui répare quelques-uns des maux que fait la loterie. La suppression des douze, souillée de tant d'irrégularités, quand la nouvelle s'en répandit dans Paris, produisit un instant de bons effets. Les membres de la Montagne, qui cessèrent d'avoir des craintes, cessèrent aussi d'en donner. A la Commune et dans les sections les plus turbulentes on entendit parler de paix et de repos : le maire, dont la physionomie n'est pas très-mobile, ne s'empreint pas beaucoup des affections de son ame, respirait un contentement doux, comme un homme qui sort de crainte pour la chose publique et pour lui-même.

Il paraîtra étrange de le dire, mais il est très-vrai pourtant que les agitateurs, que ces hommes si dangereux auxquels *les douze* avaient voulu se rendre redoutables, furent les seuls qui se montrèren affligés de sa suppression. Elle leur enlevait tous ces mots d'*oppression*, de *tyrannie*, de *droits violés*, tous ces fermens populaires avec lesquels il est si aisé de soulever les flots mobiles d'une démocratie qui n'a point de gouvernement encore.

Si j'avais pu croire à la solidité d'un bien opéré par la subversion de tous les principes, j'aurais conçu aussi l'espérance du retour de la paix publique. Malheureusement les députés du côté droit voyaient très-peu ce qui se passait dans Paris, et sentaient très-vivement ce qui se passait à la Convention. Ils ne s'occupèrent donc toute la nuit que du projet de faire rapporter le lendemain des décrets rendus avec tant d'irrégularité, ou qui même, peut-être, n'avaient pas été rendus. Il y avait du danger dans ce projet; le danger le fit embrasser avec enthousiasme : on prononça des discours qui eurent de l'énergie et de la grandeur : du haut de la tribune on vit l'Histoire qui prenait des notes pour les siècles. La sagesse qui proposait à demi-voix un autre avis ne parut qu'une pusillanimité qui avait honte d'elle-même : le décret de suppression des douze fut rapporté.

Condorcet ne se leva point pour le rapport du décret.

On crut avoir obtenu un triomphe, et on venait, pour ainsi dire, de décréter le 31 mai et le 2 juin.

A peine le rapport du décret est connu dans Paris, que les agitations qui avaient été un instant assoupies se réveillent plus menaçantes. Les tribunes les plus turbulentes des sections sont occupées par ces hommes dont la voix contagieuse produit un orage avec quelques paroles. Dans les groupes où deux ou trois cents hommes artificieux sèment habilement des terreurs, et où deux ou trois crédules et emportés les recueillent, les répandent et les multiplient, on ne s'entretient que d'arrestations faites depuis le rétablissement des douze, et de nouvelles arrestations qui vont se faire encore en plus grand nombre. L'un dit, que toute la députation de Paris va être envoyée à l'Abbaye, d'autres, que le plan est d'exterminer toute la Montagne. Hébert, à qui on n'aurait pas dû ouvrir sa prison, puisqu'on ne lui ôtait pas toutes les craintes et tous les moyens de faire croire qu'il était menacé, reparaît à la Commune, où on entoure son front d'une couronne, que modestement il dépose sur le front du buste de Brutus ; il s'élance à la tribune des Jacobins, où il jette le cri de la vengeance contre les douze, qu'on suppose occupés du besoin et des moyens de se venger.

Le maire vient me montrer de grandes inquiétudes : j'en prends et j'en conçois d'affreuses ; je les porte toutes au comité de salut public ; et l'un de ses membres, Barrère, va les communiquer à l'instant au comité de sûreté générale.

Le lendemain (29 mai), entre onze heures et demie et minuit, on vient me dire qu'une assemblée s'est formée à l'Évêché, qu'elle s'est occupée de mesures qu'elle appelait de salut public, et qu'elle venait de nommer dix commissaires. Je cours au comité de *salut public* lui donner cet avertissement, et chez le maire pour l'interroger sur la nature et sur l'objet de cette assemblée. Le maire était au lit, je le fis réveiller pour me recevoir. Par quels hommes cette assemblée de l'Évêché était-elle composée ? Quelle était leur mission ? De qui l'avaient-ils reçue ? Que pouvaient être ces hommes qui, à côté de la Convention nationale et de ses comités, à côté du conseil exécutif, du département, de la Commune et des sections, s'enquéraient des moyens de salut public ? Tout ce que le maire put répondre à ces questions, c'est que l'assemblée de l'Évêché était un composé de membres du corps électoral, de membres de sociétés populaires, et de commissaires de plusieurs sections : mais il m'assura, et du ton d'un homme qui le savait avec certitude, que cette assemblée, qui lui donnait aussi des inquiétudes, s'était elle-même reconnue et déclarée incompétente pour prendre aucune mesure d'exécution ; qu'elle ne se considérait que comme une réunion de citoyens occupés ensemble de la chose publique. Je représentai au maire qu'une pareille assemblée exigeait toute la surveillance des premiers magistrats de la police, et qu'il devait instruire le ministre de l'intérieur de tout ce qui s'y passerait jour par jour, heure par heure : le maire m'en donna l'assurance, et je retournai au comité de salut public lui rendre compte de cette conversation.

Je dois observer ici que je me présentai au local où la commission des douze avait tenu ses séances, et que je n'y trouvai personne : j'ignore si elle était assemblée, mais elle avait transporté ailleurs ses séances, et ne m'en avait point prévenu.

Le jour suivant tout paraissait assez tranquille, et le maire, que je n'avais point vu, ne m'avait rien fait dire : la nuit je me retirais du comité de salut public ; il était près de deux heures ; je reçois un billet anonyme conçu à peu près en ces termes : *Je sors de l'Évêché : à sept heures la République sera en deuil.* Je fais réveiller le premier secrétaire des dépêches de l'intérieur, Le Tellier ; il va à l'instant chez Pache, qui me fait dire qu'il est vrai que l'assemblée de l'Évêché avait arrêté qu'il serait pris des mesures d'exécution, mais qu'elle n'avait rien arrêté sur la nature des mesures, et qu'il jugeait impossible que rien de dangereux fût entrepris du reste de la nuit et du jour. Tout était calme en effet dans cette nuit, et rien n'en pouvait troubler le repos, à moins que la Commune ne fût un réceptacle de conjurés, et le maire leur chef.

Avant neuf heures du matin, le maire était chez moi : il me réitéra les mêmes assurances qu'il m'avait fait transmettre : *les sept heures* qui devaient être si fatales, suivant le billet anonyme, étaient écoulées, sans que rien de sinistre eût été tenté.

Mais dans ce même entretien le maire m'avoua que l'assemblée de l'Évêché prenait d'autres caractères ; que 38 sections y avaient envoyé des commissaires revêtus de pleins-pouvoirs révolutionnaires, et qu'ils allaient se réunir aux Jacobins pour délibérer sur ce que leur commandaient les circonstances. En me parlant ainsi, Pache se montrait à moi au désespoir de ces mouvemens ; il les attribuait tous au rétablissement de la commission des Douze.

Accablé de fatigue et de besoin de sommeil, dévoré d'inquiétudes, je me transporte tour à tour au comité de salut public, où Pache m'avait précédé, et à la commission des Douze qui m'avait appelé à la maison de Breteuil, où elle avait transporté ses cartons. Je n'y trouve que Vigier et un autre membre de la commission dont je ne puis me rappeler le nom : je ne sais s'il a été assassiné comme Vigier, ou s'il a échappé aux assassins. Mais le résultat de l'entretien que j'eus en ce moment avec eux, je l'ai écrit, je l'ai imprimé, il était destiné à être publié devant la république, lorsque ces deux représentans du peuple vivaient encore : je le rapporte dans les notes de cet exposé, et on y verra qu'aucun de ceux à qui je pouvais parler avec quelque suite ne pouvait garder de soupçon sur mon compte.

Dans ce même jour, dans l'un des jours précédens ou suivans (je ne puis fixer la date avec certitude), le chef de la première division de l'intérieur, Champagneux, me porte un très-grand nombre d'exemplaires d'un placard dans lequel Robespierre, Marat, Danton, Chaumette et Pache, qu'on y appelait l'*Escobar politique*, sont accusés de tenir à Charenton des conciliabules nocturnes, où, protégés par une force armée imposante, ils délibèrent sur les moyens d'organiser de nouveaux massacres du mois de septembre. Je porte à l'instant le placard au comité de salut public, et, pour le lui communiquer, je saisis le moment où ni Danton ni Lacroix n'étaient au comité. Le comité arrête sur un registre secret, je crois, que tous les exemplaires du placard seraient retirés, que le secret serait exigé de celui qui me l'avait fait remettre, et que je prendrais des renseignemens à Charenton même. Je n'y connaissais personne : il y avait très-peu de personnes à qui on pût confier de pareilles recherches : Champagneux y connaissait un citoyen dont il me garantissait l'honnêteté et la prudence : il lui écrit, et la réponse fut infiniment plus propre à dissiper qu'à confirmer les horribles accusations du placard. L'ami de Champagneux s'engagea à nous communiquer tous les renseignemens, s'il apprenait quelque chose de nouveau. Ces derniers faits sont aussi personnels à Champagneux qu'à moi, et ils seront attestés comme par moi par cet excellent citoyen, à qui j'ai ouvert plus d'une fois toute mon ame et sur tous les événemens, et sur leurs causes; par cet homme dont l'infatigable travail a beaucoup honoré le ministère de Roland, son ami, et qui se dévouait au mien avec un zèle également infatigable; qui n'a acquis que par la plus injuste persécution une célébrité qu'il aurait dû obtenir de la reconnaissance publique.

Moi, mes amis, les observateurs de l'esprit public, que j'avais institués à cette époque, nous étions continuellement en observation : je voulais voir le moindre mouvement, entendre la moindre parole.

Le jeudi 30 mai, un citoyen m'écrit qu'il a été dit à la tribune de sa section, qu'on venait d'arrêter définitivement, à l'assemblée de l'Évêché, que cette nuit même on fermerait les barrières, on sonnerait le tocsin, on tirerait le canon d'alarme. A peine j'ai lu le billet, je vais le lire au comité de salut public, et j'annonce que je vais en faire lecture à la Convention nationale qui était assemblée. Lacroix de l'Eure, qui, dans cette soirée, ne quitta pas un instant le comité de salut public, où, d'ordinaire, il n'était pas si assidu, prend la parole : il représente que sur un billet qui rapporte ce qu'on a débité à la tribune d'une section, il ne faut pas aller jeter l'alarme au milieu de la Convention nationale ; qu'il faut avant tout se bien assurer des faits, et appeler au *comité de salut public* les autorités constituées, responsables de la sûreté publique, le département et le maire. Le comité se range à cet avis ; lui-même mande, par un billet, le procureur-général-syndic, et je vais chercher le maire à la Commune.

Il y arrivait en ce moment, il montait le grand escalier, suivi de dix à douze hommes dont les gilets montraient autant de pistolets qu'ils avaient de poches.

Le maire se penche vers mon oreille, et me dit à voix basse ces paroles, qu'on ne sera pas étonné que j'aie retenues : *J'ai eu beau m'y opposer, je n'ai pas pu les en empêcher ; ils viennent de déclarer, par un arrêté, que la Commune de Paris et le département qu'ils représentent, sont en état d'insurrection.* Je lui réponds : *Le comité de salut public vous mande dans son sein, et je vous attends.* Il entre au conseil général. Là, il publie ce qu'il venait de m'apprendre, et il y déclare, plus formellement encore, que l'insurrection n'avait été arrêtée que contre son avis et malgré tout ce qu'il avait fait pour s'y opposer. J'entends des applaudissemens qui ébranlaient la salle, des cris et des frémissemens de joie ; je me crus dans la Tauride.

A l'instant où il avait cessé de parler, le maire monte, et seul, dans ma voiture.

Dans la route je ne cesse de lui retracer les tableaux affreux des malheurs que cette nouvelle me fait présager, de lui faire considérer surtout que dans le moment où nous sommes en guerre avec toute l'Europe, une grande convulsion dans la ville où sont tous les établissemens nationaux, peut arrêter tout ce qui fournit aux besoins des flottes et des armées. Au milieu de tant d'autres présages sinistres, c'était celui qui me frappait le plus, parce que c'était le plan qu'on devait supposer à la ligue des tyrans et des esclaves de l'Europe. En exprimant les mêmes craintes et la même douleur, le maire déplorait et je déplorais avec lui ces horribles querelles des passions, qui seules avaient rendu de si grands attentats possibles ; et nous arrivons au comité de salut public.

Le procureur-général-syndic du département, l'Huillier, et deux membres du directoire, y étaient déjà. Des aveux ou plutôt des déclarations qu'ils faisaient tous, un résultat sortait sans aucune ambiguité : c'est que le département de Paris était déjà, par son approbation et par ses engagemens, dans ce qu'il appelait l'insurrection.

Pache était loin de parler comme l'Huillier. Il rendait compte des faits sans approbation et sans blâme, sans abattement et sans emportement, avec tristesse et gravité.

Comme on délibérait, je me lève et je déclare que je vais rendre compte de tout à la Convention : *Vous n'êtes point du comité de salut public*, me dit Lacroix ; *c'est à lui, dans de telles circonstances, à porter la parole par l'organe de l'un de ses membres*. On le charge de la porter, et il vient dire, une demi-heure après, qu'il n'avait pas pu parler ; que la séance était levée quand il s'était présenté.

Les membres du département et le maire réitèrent souvent au comité de salut public l'assurance que, tant qu'ils seront à leur poste, aucune violence ne sera commise dans cette insurrection ; c'est là que pour la première fois j'entendis sortir de la bouche de l'Huillier ce mot *d'insurrection morale*, qu'ils écrivirent le lendemain sur quelques-unes de leurs banderoles : et c'était l'Huillier qui s'insurgeait moralement contre Vergniaud et contre Condorcet!

Il ne pouvait pas y avoir de sommeil pour moi dans ces tempêtes de la république ; je n'avais besoin d'être réveillé ni par le tocsin ni par le canon d'alarme ; et le 31 mai, avant cinq heures du matin, j'étais dans les cours du palais national, qui étaient presque désertes encore.

Le premier homme que j'y rencontrai, ce fut Danton.

J'en fis la remarque, et cette remarque attacha sur lui tous mes regards et toutes mes observations.

Qu'est-ce donc que tout cela? lui dis-je, en m'approchant de lui ; ne pouvez-vous me l'apprendre? Qui remue les ressorts, et que veut-on? — *Bah! ce ne sera rien,* me répond Danton : *il faut les laisser briser quelques presses, et les renvoyer avec cela.* — Ah! Danton, je crains bien qu'on ne veuille briser autre chose que des presses. — *Eh bien! il faut y veiller.* — Vous en avez les moyens bien plus que moi.

J'entre à la Convention qui se réunissait, où il n'y avait que quelques membres encore : je lui dis le peu que je savais, et ne pus lui dire tout ce que j'ignorais. Cambon, qui ne savait que les mêmes choses que moi, n'en put dire ni plus ni moins. Mais l'Huillier entrait à la barre, et dans ce jour c'était à lui qu'appartenait beaucoup la parole. On sait comment il parla devant la représentation nationale ; on sait ce qui fut fait et ce qui fut préparé dans cette journée. On connaît la motion pleine de noblesse et de prudence de Vergniaud ; cette motion si propre à faire ranger autour de la Convention nationale, pour en défendre l'intégrité, cette même force armée mise sur pied pour l'entamer. Tous ces faits, que leur publicité et leur authenticité ont fait connaître à tout le monde, sont réservés au pinceau de l'histoire.

Le lendemain (1er juin) dans Paris tout paraissait rentré dans le respect des lois et de la Convention nationale ; mais dans le comité de salut public entraient et sortaient incessamment les membres du comité d'insurrection ; les législateurs étaient contraints à délibérer avec les violateurs de toutes les lois. Lorsqu'il restait si peu de pouvoir au comité de salut public, dans lequel était alors tout le gouvernement national, dont la très-grande majorité était très-irréprochable, très-pure, on comprend qu'un ministre n'était propre qu'à décrier toutes les propositions qui passeraient par sa bouche : cependant je ne quittais pas le comité, je ne perdais pas une occasion de lui présenter les vues qui me paraissaient les plus propres à combler les abîmes dont la nation et sa représentation étaient entourées.

Une de ces vues parut un instant relever les ames honnêtes et leurs espérances.

Quelque épais que fussent encore pour moi les nuages qui cachaient les causes particulières de ces mouvemens, il y en avait une générale à laquelle j'attribuais toutes les autres, sans laquelle j'étais sûr qu'aucune autre n'oserait agir avec tant d'audace : c'était la division de la Convention nationale en deux côtés, et les haines allumées entre les membres des deux côtés le plus influens. Je me rappelais que dans Athènes des haines semblables, nourries entre deux citoyens puissans, Aristide et Thémistocle, mettaient à chaque instant la république à deux doigts de sa perte : que, lors même que Thémistocle ouvrait un bon avis, Aristide, qui le jugeait bon, le combattait pourtant et le faisait rejeter parce qu'il était de Thémistocle : je me rappelais que cet homme vertueux, qui ne pouvait pas faire le mal sans l'avouer, s'écria un jour, pressé par sa conscience : *ô Athéniens, vous ne pourrez être tranquilles et heureux que lorsque vous nous aurez jetés Thémistocle et moi dans le baratre* (fosse profonde où l'on jetait les condamnés). Ce cri de la conscience d'un homme de bien, qui s'accusait avec tant de magnanimité, arrivé jusqu'à moi, à travers les siècles, m'avait fait naître l'idée d'une résolution magnanime pour quelques représentans du peuple français. Je proposai que des deux côtés de la Convention, ceux dont les haines mutuelles étaient les plus connues, ceux dont les querelles personnelles avaient divisé la représentation d'un seul peuple en deux partis, s'offrissent d'eux-mêmes à sortir de la Convention, pour la laisser poursuivre ses travaux qu'ils interrompaient, à se mettre en otage de la paix publique, à attendre dans ce magnifique ostracisme le règne des lois et les jugemens de la nation, qui n'aurait plus à prononcer que des bénédictions sur les uns et sur les autres. Plusieurs membres du comité de salut public, Delmas, Cambon, Barrère, parurent émus de cette idée que je leur présentais avec émotion : Danton se leva les larmes aux yeux et s'écria : *Je vais la proposer à la Convention, et je m'offre le premier à aller en otage à Bordeaux.* J'écrivis à l'instant quelques pages pour réveiller, avec cette proposition, les affections élevées et généreuses qui devaient la motiver et l'appuyer. Mais Barrère fut le seul qui la fit à la Convention, Lanthenas fut le seul qui se leva pour s'offrir à l'exil ; et j'ai su depuis que cette idée embrassée au comité avec enthousiasme, mais communiquée imprudemment à la Convention, avant de la faire entendre avec la solennité de la tribune, fut couverte de mépris et de risée par Robespierre, *comme un piége tendu aux patriotes.* Tels ont été en effet les piéges que j'ai toujours tendus, et ce n'est pas dans ceux-là que des hommes tels que Robespierre pouvaient tomber.

Il n'existait dans Paris aucune force qui pût empêcher la journée du 2 juin ; toutes les forces de Paris étaient mises en réquisition pour la produire.

Elle éclata.

Ce n'est pas ici le moment de dire comment je la vis et comment je la jugeai.

Tandis que la Convention nationale était assiégée, le conseil exécutif était prisonnier. Un instant Lebrun, Grouvelle et moi nous voulûmes respirer l'air dans l'une des petites cours du palais national ; on vint nous avertir avec des sabres et des pistolets qu'il était indispensable de repasser le guichet.

Quand l'arrestation des députés proscrits fut arrachée, je dois ici ce témoignage à la vérité, et à ceux qui ne craignirent pas d'exposer alors pour elle leur liberté et leurs jours, la consternation et l'indignation furent les sentimens de presque toutes les ames dans le comité de salut public et dans le conseil exécutif : les changemens de temps ne changeront rien à ma manière de déposer sur des faits qui sont passés, mais qui n'ont pas pu changer. Breard, à qui un accès de goutte permettait à peine de se traîner, sortit de la Convention pour venir nous dire qu'elle était en proie aux scélérats : Cambon, se tournant vers Bouchotte, lui adressa ces propres paroles : *Ministre de la guerre, nous ne sommes pas aveugles; je vois très-bien que des employés de vos bureaux sont parmi les meneurs et les chefs de tout ceci.* Barrère ne cessait de dire : *Il faudra voir si c'est la Commune de Paris qui représente la République française, ou si c'est la Convention;* Delmas et Treilhard étaient, je crois, tous les deux malades; mais depuis, leur sentiment, le même que celui de leurs collègues, a été aussi nettement et aussi énergiquement exprimé. Lacroix paraissait embarrassé, mais comme on l'est d'un triomphe qui n'a pas beaucoup de gloire, et qui peut avoir beaucoup de dangers; Danton en paraissait inquiet et honteux; Bouchotte, qui parle infiniment peu, ne parla point du tout; je ne vis paraître Pache ni au comité ni au conseil. Quoique je ne visse pas du tout clair dans ce qui se passait, et que je conçusse beaucoup de soupçons dans ces ténèbres, je m'exprimais sans beaucoup de retenue et de circonspection; le moment des ménagemens était passé, celui où il fallait se taire ou mourir n'était pas encore arrivé; je parlais de la même manière, et à ceux en qui je me confiais, et à ceux de qui je me défiais. Ce soir-là même, et sur la table du conseil exécutif, j'écrivis ma démission. Ma résolution était prise de ne pas rester dans une place où rien ne me donnait les moyens d'empêcher le mal, et où tout m'en faisait paraître le complice.

Le lendemain, tous mes amis me conjurèrent de retarder au moins ma démission. Ducos et Condorcet purent seuls l'obtenir de moi. Ce qu'elle avait de dangereux pour moi seul ne m'aurait pas retenu; ils pensèrent que je pourrais encore ou prévenir de plus grands malheurs en restant, ou surveiller des hommes à qui nous soupçonnâmes dans ce moment, toutes les vues criminelles.

Je fus entouré d'espions, je le devins moi-même de Danton et de Lacroix. Je suivis, autant qu'il me fut possible, tous leurs pas ; j'épiai et je recueillis, autant qu'il me fut possible, toutes leurs paroles. Pendant quelques jours je crus être sur les traces d'une grande conspiration contre la République. Ducos, Barrère, Cambon, Condorcet, Treilhard, même Alquier, si je ne me trompe, reçurent les confidences et de mes observations et des soupçons que je fondais sur elles. Entouré, comme je l'ai dit, d'espions, qui ne me quittaient plus, je voulus bien qu'ils me suivissent jusqu'à la porte de Gensonné et jusqu'à la porte de Vergniaud, que j'allai voir dans leur état d'arrestation. Malheureusement je ne les trouvai pas assez seuls pour leur communiquer sans réserve tout ce que je pensais sur les mesures à prendre pour les faire sortir avec la République des dangers qu'ils couraient avec elle.

Le généreux et infortuné Ducos, que je chérissais presque autant que mes neveux, craignait de me voir, de peur d'attacher sur moi toutes les haines qui persécutaient ses amis, et qui devaient le faire bientôt mourir avec eux ; mais si cette délicatesse était touchante en lui, il eût été indigne à moi d'en accepter les ménagemens ; et durant ces jours, plusieurs fois il a dîné chez moi ; une fois avec Mathieu, représentant du peuple. Mathieu peut dire de quoi nous fûmes occupés durant le dîner.

Je ne puis avoir aucun besoin des témoignages que peut me rendre Pache ; et j'ignore jusqu'à quel point il peut être disposé à accorder ou à refuser ceux que lui demandera la vérité ; mais si la volonté de Pache se trouve d'accord avec son devoir, ce que je désire pour lui bien plus que pour moi, Pache peut dire aussi comment le 3 juin, lorsqu'il vint dans la matinée à l'intérieur, je lui parlai et de ce qui s'était passé la veille à la Convention, et de ce qui allait se passer dans les départemens. Le maire de Paris parut troublé, et il ne l'est pas facilement ; j'aime à croire que ce fut par le tableau que je lui traçai des maux que je prévoyais pour la France.

Je commençais à m'assurer, par la vérification de quelques

faits, par la réduction à leur mesure de quelques autres, que mes soupçons sur Danton et sur Lacroix, s'ils étaient très-fondés, étaient aussi très-exagérés.

Mais si on n'avait pas à craindre tous les crimes de la trahison, les événemens, à mesure qu'ils se développaient, faisaient redouter toutes les horreurs de la guerre civile. Quelques départemens s'armaient, s'ébranlaient; et, suivant la nature des intérêts et des passions, on craignait ou on espérait des mouvemens dans tous. Des députés mis en état d'arrestation le 2 juin, les uns s'étaient enfuis et étaient allés chercher des vengeurs; les autres étaient restés sous la main de leurs ennemis avec autant de soumission que s'ils s'étaient crus sous la main de la loi. Tel était l'état des choses; et voici quels étaient, dans cet état des choses, mes pensées, mes résolutions et mes démarches.

Si, par un mouvement unanime, ou d'une très-grande majorité, les départemens de la République française avaient pu se lever, marcher vers Paris, demander avec la voix sainte et majestueuse du vrai peuple, la liberté des Représentans arrêtés, leur réintégration dans le sanctuaire des lois, le silence de toutes les passions, et le châtiment de ceux qu'elles avaient entraînés à des attentats; cette grande démarche nationale aurait sans doute ajouté à la gloire de la nation française dans l'Europe; elle eût donné l'autorité et la clarté d'un fait positif et immortel à des principes de l'art social trop vastes ou trop profonds pour être universellement saisis, tant qu'ils restent sans application dans la théorie; elle aurait sauvé la France, elle aurait sauvé Paris, qui a autant souffert que le reste de la République, et qui a eu de plus le malheur d'avoir été le centre d'où sont partis tous les crimes.

Je ne doute pas que cette grande idée n'ait été celle qui a fait naître, après le 31 mai, le projet de faire mouvoir tous les départemens; mais sa grandeur, qui a séduit ceux qui l'ont conçue, est aussi ce qui la rendait un peu chimérique : il était trop impossible que tant de départemens fussent à la fois mus et dirigés par un même esprit, surtout lorsque cet esprit était celui d'une haute sagesse : il était trop impossible que, dans un même département, le même esprit animât tous les citoyens, surtout lorsque pendant près d'une année entière on avait semé la division entre les administrateurs et les administrés, entre les riches et les pauvres ; il était trop difficile enfin que de tant de mouvemens, qui demandaient de l'impétuosité, il se composât un seul mouvement qui s'avançât vers Paris avec ordre et régularité.

Cependant les mouvemens, s'ils avaient été unanimes, pouvaient tout sauver, et les mouvemens, s'ils étaient partiels, pouvaient tout perdre. Dans le premier cas, la guerre civile était évitée; dans le second cas, elle était allumée.

Le but qu'on se proposait ne pouvait donc être atteint que par une espèce de miracle ; et ceux qui devaient se marquer ce but ne mirent aucun concert, aucun ensemble dans leurs mesures. Je parle des députés proscrits dans Paris.

Pour remplir leurs vues avec quelque succès, il fallait ou que tous courussent dans les départemens, ou que tous restassent à Paris. Tous ensemble dans les départemens, ils auraient exercé une influence plus étendue et plus imposante; par leur nombre seulement, par le nombre auquel les imaginations attachent toujours une idée de grandeur et de majesté, ils auraient écarté d'eux tout ce qui donne l'air d'une fuite, ils se seraient entourés de la considération d'une retraite, et dans quelque lieu qu'ils se fussent retirés tous ensemble, là aurait été le MONT SACRÉ.

Tous ensemble à Paris ils auraient pu faire trembler encore les ennemis qui les auraient tenus sous les couteaux, et la France n'aurait plus voulu voir la Convention nationale que dans un cachot. S'il avait fallu frapper pour la première fois tant de législateurs, en un seul jour, juges et bourreaux auraient reculé, frappés eux-mêmes d'effroi, et se seraient écriés : *Non, nous n'oserons jamais toucher la Représentation nationale.* C'est par leur nombre bien plus encore que par leur innocence et par leurs vertus que les soixante et treize ont été défendus.

Mais des députés mis en état d'arrestation le 2 juin, les uns allant jeter le cri de guerre dans les départemens, les autres gardant leur prison, comme Socrate, lorsqu'ils pouvaient s'échapper; la conduite de ceux-ci concourut à donner l'air d'une révolte à la conduite des autres, et les mouvemens de ceux qui cherchaient des forces et des armes étant imputés comme un crime à tous, il était bien difficile d'obtenir de l'ardente soif de la vengeance qu'elle respectât la vie de ceux qu'elle avait chargés de chaînes.

Tant d'inconsidération dans des déterminations d'une si haute importance est une preuve bien éclatante, ajoutée à tant d'autres, qu'ils étaient unis les uns aux autres par les mêmes principes, par la même manière d'aimer et de servir la république, mais qu'ils n'étaient unis par aucun complot, même contre des ennemis si atroces! Hélas! leur mémoire n'a aucun besoin de cette preuve de leur innocence; mais leur conservation, leur vie et celle de tant de milliers de citoyens, dont l'échafaud a été dressé après le leur, avaient besoin d'une conduite plus habilement concertée, ou plus heureusement inspirée.

Ma conduite dans de pareilles circonstances, aussi difficile à bien tracer que la leur, était, je le crois, plus réfléchie; mais elle n'a pas mieux réussi à les sauver, et on verra bientôt à combien peu, dans plusieurs momens, a tenu mon salut, si on peut appeler mon salut le peu qui me reste d'une vie si indignement diffamée par tous les partis, si horriblement tourmentée.

En me condamnant à rester encore dans le ministère, je me marquai trois buts, auxquels on m'a vu toujours tendre.

Le premier, d'employer tous les moyens dont je pourrais m'aviser, et que l'on ne m'enlèverait pas, à convertir les mouvemens des départemens en négociations entre les corps administratifs et les comités du gouvernement, pour empêcher l'explosion de la guerre civile; le second, de hâter l'acceptation de la constitution à laquelle on travaillait très-hâtivement, et de préparer les esprits, dans Paris par mes conversations, dans les départemens par un mémoire que je leur adresserais, à saisir le moment où la constitution serait solennellement proclamée, pour proclamer avec elle une amnistie accordée par les vainqueurs aux vaincus, et par les vaincus aux vainqueurs, qui en avaient plus besoin encore ; le troisième, de veiller ici sur toutes les dispositions sanguinaires que je pouvais craindre contre quelques détenus, pour les combattre de toute ma puissance.

Quant à ce que j'ai fait pour arriver au premier but, j'interpelle ici tous les membres vivans du comité de salut public de cette époque ; tous attesteront, je n'en fais aucun doute, que je leur ai parlé sans cesse de réconciliation et de réunion, des torts et des vertus républicaines de tous, de la nécessité d'un oubli universel de tout le passé, et jamais de combats à livrer, de victoire à remporter, de châtimens même légers à faire subir. Mais sur cela ce n'est pas seulement des législateurs que je puis appeler en témoignage ; tous les faits ne sont pas demeurés renfermés dans le secret du comité, il y en a d'essentiels, dont une partie, au moins, a paru au grand jour de la Convention nationale, et ces portions si publiques, si solennelles de ma conduite, garantissent l'ensemble auquel elles appartiennent.

A peine le Calvados fut en mouvement, je reçus d'une commission, par laquelle tous les mouvemens étaient dirigés, deux ou trois lettres ; dans l'une on me parlait de *ma vertueuse neutralité*, et on me demandait des grains ; dans une autre on m'écrivait : *Tremble, les bannières du Nord et du Midi sont déployées, elles marchent sur Paris ; tremble, ceux qui affament seront traités comme ceux qui assassinent.* Les lettres étaient signées Caille et Pourgon. Je tremblais ; mais c'était pour ceux qui écrivaient de pareilles lettres, et je ne les portais ni à la Convention ni au comité, je n'y faisais non plus aucune réponse. Mais au comité, où l'on prenait déjà des mesures pour faire marcher des troupes contre le Calvados, je représentais incessamment combien il était indispensable de les faire précéder par des négociateurs, combien il serait beau et heureux de tout terminer par des mesures pacifiques qui étoufferaient non-seulement la guerre, mais les querelles et les haines qui l'avaient amenée.

Après avoir essayé tout le pouvoir du raisonnement, j'affirmais, avec cet accent d'une persuasion sincère qui passe dans les ames comme une passion, que les voies conciliatrices auraient un succès infaillible, que la guerre civile près d'éclater donné une puissante éloquence à celui qui parle pour en écarter les horreurs, et que si on voulait enfin m'envoyer dans le Calvados, je me chargeais d'en revenir avec la paix.

On me disait que dans le Calvados j'étais détesté, qu'on m'y arrêterait, que quelque coquin pourrait faire quelque chose de plus encore; et qu'un ministre de l'intérieur devait rester à Paris. Je répondais que j'étais sûr que Guadet et Barbaroux étouffaient pour moi dans leur ame des sentimens d'estime qu'il me serait facile de réveiller ; qu'il était impossible qu'en me voyant aller à eux, le choix seul qu'on aurait fait de moi ne leur garantît la réalité des intentions pacifiques, et que toutes les parties de la république où il pouvait la servir, étaient également le poste d'un ministre de l'intérieur.

Il fut convenu au comité et au conseil que j'irais dans le Calvados, mais après que la Convention en aurait été prévenue, et ne s'y serait pas opposée.

Saint-Just assistait à cette délibération. Quand la décision fut prise, il s'offrit à aller avec moi dans le Calvados. Je ne puis prononcer si, à ce moment, il était déjà assez formé à l'artifice et à la bassesse pour vouloir dégrader en lui la dignité d'un législateur à servir d'espion à un ministre, ou s'il eût en effet quelqu'un de ces bons sentimens qui traversent quelquefois l'ame des méchans sans y laisser aucune trace; mais il sortit alors de sa bouche un mot qui paraîtra bien étrange lorsqu'on le comparera à sa conduite postérieure, un mot que je me suis toujours rappelé à chacun de ses rapports, à chacune de ses atrocités : *Je pense absolument comme vous*, me dit Saint-Just, *je crois qu'on peut mener les hommes avec un cheveu*. Trois mois après, pour les mener, il ne croyait pas qu'on pût couper assez de têtes.

Thomas Lindet assistait aussi à cette délibération en qualité, autant que je puis m'en souvenir, de député de l'Eure ou du Calvados. C'est lui qui fit le rapport à la Convention; et (j'y étais) il le fit en homme loyal qui croyait la mesure bonne, et qui voulait la faire adopter; mais Lacroix de l'Eure, qui ne voulait pas transiger avec ses ennemis, qui voulait les perdre, sous de beaux semblans d'intérêt pour moi, fit rejeter avec hauteur par la Convention le projet de l'envoi d'un ministre dans le Calvados.

Un délai avait été accordé aux administrateurs des départemens qui avaient levé l'étendard pour le déposer, pour rentrer sans aucun danger dans l'association générale, et je voyais arriver l'expiration du délai comme l'expiration de toutes mes espérances pour écarter la guerre civile. Je me détermine, sans en prévenir le comité, à demander à la Convention elle-même la prolongation du délai; et, pour disposer les ames à cette bienveillance facile que de bonnes nouvelles répandent dans les grandes assemblées, je fais précéder la demande du récit de plusieurs avantages obtenus sur nos ennemis extérieurs, que ma correspondance m'avait appris, mais dont il ne m'appartenait pas d'être le rapporteur. Les nouvelles furent parfaitement accueillies, la demande, je le crus un instant, allait l'être. Mais à peine Robespierre l'eut entendue, et eut aperçu le succès qu'elle allait avoir, il se lève en colère, il la repousse avec indignation; il termine son discours par ces paroles qui ont long-temps retenti dans mon ame plus indignée encore que la sienne : *Vous n'avez que trop long-temps usé de la clémence ; vous devez et vous voulez sauver la république, il faut laisser tomber la hache des lois sur les têtes criminelles.*

Rempli de douleur et de funestes pressentimens, au sortir de la Convention, j'errais avec mon neveu sous les arbres des Tuileries. Je vois passer Legendre et Carrier. Je ne connaissais le premier alors que par quelques grands mouvemens de son ame; l'autre, que je connaissais pour un homme privé de toute délicatesse d'idées et de langage, n'avait pas encore épouvanté le monde de ses atrocités. Je cours à eux, et je leur confie toute la situation de mon ame, tout ce que je présage d'horrible de l'excès des rigueurs auxquelles Robespierre entraîne la Convention. Carrier m'interrompit à chaque parole; Legendre, au contraire, interrompait Carrier, voulait m'entendre et m'écoutait avec la réflexion d'un ame émue. Il me fut aisé de deviner que Legendre sentait tout ce que je sentais moi-même. Carrier, lui, m'épargna la peine de deviner quelque chose, et je veux ici rapporter dans toute sa stupide férocité un mot sorti de sa bouche à cet instant où le système exterminateur n'était pas établi encore comme un régime légal; un mot qui peut ajouter, peut-être, à l'horreur du nom de Carrier : *Non, non,* dit-il, *il faut que Brissot et Gensonné tâtent de la guillotine; il faut qu'ils la dansent.* O France! ô ma patrie! et c'était là un de tes législateurs, à l'instant où tu t'élevais aux destinées d'une république!

Le Calvados, par la présence des représentans du peuple qui s'y étaient rendus, était l'objet de ma principale attention; mais Lyon et Bordeaux fixaient aussi continuellement mes regards; chaque jour je faisais quelque nouvelle tentative pour faire prendre au comité de salut public de justes notions des dispositions véritables de ces deux villes si importantes, et des dispositions qu'il convenait de prendre à leur égard pour prévenir les malheurs dont elles étaint menacées.

Je ne pouvais pas me dissimuler que dans Lyon l'aristocratie et le royalisme, couverts des couleurs nationales, tramaient des complots d'une grande profondeur. Biron, né dans les castes de la noblesse féodale, mais fait, par la justesse de son esprit, par la grandeur naturelle de son ame, par l'insouciance même de son caractère, pour trouver très-ridicules toutes ces chimères de l'orgueil, pour la défense desquelles le sang coulait par torrens sur la terre; Biron, dès le mois de février, m'avait écrit de Lyon même : « Le royalisme et l'aristocratie ont ici un foyer plus profond et des canaux plus étendus qu'on ne pourrait l'imaginer. » A l'instant où je l'avais reçue, j'étais allé lire cette lettre au comité de sûreté générale.

Mais j'avais d'autres renseignemens encore sur Lyon, et je les tenais de deux hommes dans lesquels j'avais autant de confiance que dans Biron, et qui, tous les deux, avaient séjourné à Lyon plus long-temps que lui.

L'un était Gonchon, homme populaire, à la manière même du peuple, orateur long-temps fameux du faubourg Saint-Antoine, qui, en menant souvent la multitude de Paris, ne l'avait jamais égarée, parce que c'était pour elle et non pour lui qu'il l'avait toujours menée, homme à passions plus encore qu'à principes, mais qui, n'ayant que les passions de la nature, ne pouvait être la dupe ni d'un aristocrate sous le masque révolutionnaire, ni d'un révolutionnaire, dont le glaive, comme la faux de la mort, donne aux hommes l'égalité des tombeaux.

L'autre était Lenoir de la Roche, homme très-instruit et penseur, éclairé de la lumière des autres et de la sienne, fait pour juger les hommes par les principes, et les principes par l'observation et l'expérience des hommes, l'un des membres de l'assemblée constituante, et qui en aurait été l'un des oracles, si on avait pu lui faire prendre la parole.

Je n'ai point su que Lenoir de la Roche et Gonchon se soient même rencontrés à Lyon; mais il était impossible de se rencontrer plus entièrement dans ce que l'un et l'autre m'écrivaient dans le même temps de l'état des esprits et des ames dans cette ville.

Le résultat de leur correspondance à tous les deux, c'est que ce n'était point contre la liberté qu'étaient soulevées les sections de Lyon; mais contre les brigandages et les cruautés commises, en son nom, par ce Chalier qui avait pris Marat pour modèle, et qui en était la charge; c'est que les riches manufacturiers de Lyon, qui ne pouvaient pas être des Brutus, seraient de très-bons et de très-généreux citoyens, si la république, dont le premier devoir est de protéger puissamment toutes les vies et toutes les propriétés, assurait aux Lyonnais qu'ils ne seraient point tués, parce qu'ils sont riches, et leurs familles dépouillées de toutes leurs richesses, parce qu'ils ont été tués; c'est qu'enfin les plus artificieux royalistes, quoique plus nombreux à Lyon que partout ailleurs, à cause du voisinage de la Suisse et des émigrés, n'y pouvaient attirer personne d'important dans leur perfide système, qu'en présentant à des hommes réduits au désespoir les forces et les garanties que la république leur devait et ne leur offrait pas.

On conçoit que lorsque Saint-Just, Couthon et Robespierre

furent entrés au comité de salut public, pour l'intérêt des Lyonnais, pour celui de mes correspondans et pour le mien, je ne devais communiquer de pareils renseignemens qu'avec beaucoup de circonspection ; je les communiquais pourtant, et comme les plus exacts, suivant moi comme les plus vrais de tous ceux qu'on recevait en même temps.

Lorsque les Lyonnais firent des propositions, parmi lesquelles il y en avait un très-grand nombre de justes, de raisonnables, j'étais loin de désirer qu'on traitât avec eux de puissance à puissance ; je sais sentir tout ce qui est dû à la majesté d'une nation, et tout ce que ceux qui la représentent doivent lui faire rendre ; mais je n'aurais pas pu concevoir, dans un gouvernement républicain, ce despotique orgueil qui fait qu'on refuse une chose précisément parce qu'elle est demandée, si je n'avais vu, par mille exemples, que les ames étroites et dures croient s'agrandir et satisfont leur orgueil personnel en étendant non la bienfaisance, qu'ils jugent une faiblesse, mais la sévérité de la puissance dont ils sont les représentans.

Je dis un jour au comité de salut public, et presque tous ses membres y étaient : « On a rendu le gouvernement révolutionnaire, pour diriger et contenir par l'action d'une volonté et d'une force unique ces milliers de mouvemens disparates et désordonnés que la révolution fait naître. Eh bien ! servez-vous donc de cette force, qui doit être absolue, pour conserver et non pour détruire ; servez-vous-en pour établir provisoirement dans Lyon une force gouvernante, qui ne sera ni celle des sections, ni celle de la commune de cette ville ; qui sera la vôtre, c'est-à-dire celle de la Convention, celle de la nation. Comprimez tous les partis, pour les empêcher de se déchirer, et pour vous dispenser de punir les attentats que vous n'aurez pas prévenus. »

Je ne sais si, en m'écoutant parler, Couthon se vit déjà dans Lyon, exerçant une puissance qui mettait tout à ses genoux ; mais la persuasion avait l'air de passer dans son ame ; elle y était. Il allait soutenir ma proposition, lorsque Robespierre, prenant la parole : *J'entends*, dit-il ; *vous nous proposez de détruire une*

Commune patriote; c'est contre les principes, et le gouvernement révolutionnaire est fait pour les maintenir et non pour les anéantir.
Tout se tut devant ces paroles et devant les principes.

Qu'on se rappelle comment ces mêmes hommes ont traité depuis et ces mêmes principes et une Commune qui ne leur avait été moins chère!

Si on avait embrassé alors cette mesure, si on l'avait exécutée avec douceur et dignité, les sections, puissamment défendues contre l'intolérable oppression de la Commune, se seraient battues contre les royalistes avec l'intrépidité qu'elles déployèrent le 29 mai. Cette cité superbe, que la France présentait à l'admiration et à l'envie de l'Europe, subsisterait, et les milliers de citoyens qui ont été foudroyés sur les débris de ses monumens respireraient encore pour la république. O Dieu! que de maux, faciles à prévenir, ont fait fondre sur nous le délire de l'orgueil et des ressentimens dans trois ou quatre hommes! O France! combien, pour que l'exercice de ta souveraine puissance soit pour toi la source de tous les biens, et ne soit pas la source de toutes les calamités, combien il t'importe de faire tomber tes élections sur des esprits et sur des ames dignes d'être tes représentans et les représentans de la raison humaine!

Malheur à celui qui, en défendant sa propre innocence, craint de la compromettre, et ne saisit pas l'occasion de rendre d'honorables témoignages à tous ceux dont la conduite lui a paru digne d'estime! Malheur à celui qui étouffe dans son ame le cri de la vérité qui s'élève en faveur de celui qui a des ennemis puissans! Parmi les représentans du peuple, dont la conduite à Lyon a pu être connue de moi, je me croirais trop lâche et trop coupable si je ne citais ici avec honneur Robert Lindet. Il fut choisi pour cette mission, parce qu'on espéra qu'il l'exercerait avec tous les ressentimens que pouvaient avoir allumé dans son ame des brochures où il était atrocement diffamé, et qui avaient été écrites par des partisans de la cause des sections: Robert Lindet, en effet, se montrait quelquefois beaucoup trop sensible à ces diffamations; mais sa colère la plus ardente, ses emportemens les plus furieux, je les avais vus souvent s'abaisser et expirer devant des vérités et des sentimens de morale présentés à sa conscience; et à Lyon, ainsi que dans le Calvados, où il fut envoyé à son retour, s'il a pensé à ses ressentimens, c'est pour jouir de l'oubli qu'il en faisait; il s'est conduit partout avec cette modération que la raison seule et la morale imposent aux passions sauvages de l'espèce humaine.

De toutes les cités de la république, objets de mes continuelles inquiétudes, on conçoit que Bordeaux, où j'ai passé les plus heureuses années de ma jeunesse, où je comptais beaucoup d'amis et pas un seul ennemi, était celle qui m'inspirait les inquiétudes les plus cruelles.

Quand une députation de la Gironde vint prononcer à la barre de la Convention, et afficher sur les murs de Paris, les plaintes et les menaces de ce département indigné, la parole fut portée, et les placards écrits par un homme avec qui j'avais eu les liaisons les plus intimes, Duvignau.

Un autre, peut-être, dans mon poste, observé comme je l'étais, aurait craint avec lui des rapprochemens : moi, je les recherchai; j'avais trop besoin d'épancher toutes les terreurs et toutes les douleurs de mon ame dans le sein d'un homme qui était mon ami, et qui venait parler pour une ville dont j'ai conservé des souvenirs aussi chers que ceux du lieu de ma naissance : trois ou quatre fois il dîna chez moi, et une fois nous fûmes seuls. Je mis en usage toutes les puissances réunies de la vérité et de l'amitié, pour lui faire connaître au vrai l'état des choses et des personnes, pour lui donner de justes notions de la nature des dangers qui étaient très-grands, mais qui n'étaient pas ceux dont les fantômes obsédaient la ville de Bordeaux. Sa persuasion à lui, et il la prenait pour une conviction, c'est que Robespierre et la Commune de Paris étaient ligués pour ériger un trône à d'Orléans, qui avait promis à Robespierre de le faire son ministre perpétuel, et à la Commune de convertir la représentation nationale en une représentation municipale qui ferait, des seuls représentans de Paris, le corps législatif de toute la France. Un jour, suffoquant d'indignation et les yeux noyés de larmes, Duvignau me dévoila ce complot sur lequel il ne lui restait aucun doute.

Je laissai tomber les mouvemens de son ame que je connaissais pour très-passionnée, mais pour très-mobile.

Pour le faire sortir de son imagination, je rappelai une suite de faits très-réels, que lui-même ne pouvait contester; quand je l'eus fait rentrer dans le monde qui était sous nos yeux, je lui exposai le véritable état des choses; il en frémit avec moi, mais ce fut d'une autre espèce de terreur; il laissa tomber d'autres larmes, mais elles coulaient et sur la république prête à périr sans avoir un seul ennemi véritable, et sur son ancien ami dépositaire calomnié de tant de vérités évidentes, qu'il ne pouvait ni faire triompher ni faire comprendre. Pour nous rattacher davantage au même sort, pour nous donner un moyen très-naturel de concerter nos démarches dans une correspondance suivie, je lui offris, et il accepta une de ces missions d'observateur dans les départemens, que je créais alors.

Si Collot d'Herbois, lorsqu'il me fit arrêter pour cette institution, m'avait connu un pareil observateur, comme je serais resté écrasé sous les foudres de son éloquence! Oui, il est des occasions, et j'en ai fait l'expérience indubitable, où ce qu'on a fait de mieux précisément est ce qui peut servir le mieux à vos ennemis pour vous envoyer à l'échafaud, couvert d'une éternelle infamie.

J'ignore avec quelles dispositions Duvignau arriva et parla à Bordeaux; quand les vents des passions et de l'esprit de parti soufflent en tous les sens avec tant de violence, il est impossible de rien garantir des ames aussi mobiles et aussi passionnées, et, quoique doué d'excellentes qualités, pour éviter le seul reproche de faiblesse, Duvignau était homme à se précipiter dans tous les excès.

Après le 31 mai et le 2 juin, et lorsqu'on annonça que Bordeaux allait faire marcher une force armée, j'étais à peu près sûr, d'après les dispositions générales de la France, que cette force armée ne se formerait pas; que, si elle se formait, faible par le nombre, incertaine dans ses vues, dénuée de tous les grands approvisionnemens, elle serait vingt fois arrêtée avant d'arriver seulement à la Loire, et que tous les résultats de ces mouvemens convulsifs seraient d'exposer à d'affreux supplices les hommes qui les auraient excités, et qui presque tous étaient ou mes camarades de collége, ou mes amis de jeunesse. J'allais envoyer à Bordeaux mon neveu, qui voyait toutes ces choses, non d'après moi, mais comme moi, qui avait eu des liaisons plus récentes, plus intimes, plus tendres encore, avec plusieurs des membres de la commission populaire de Bordeaux, et principalement avec Serre, de qui il était aimé comme on l'est par un frère ou par un père; avec Serre, que la force de son caractère et de son ame dévouait entièrement au parti qu'il avait embrassé, mais peu fait, par la fermeté de sa raison, pour le délire des partis dont je l'avais vu moi-même l'ennemi très-déclaré durant l'Assemblée législative; avec Serre qui, sans ambition et sans passions personnelles, se mettait à la tête de tous les dangers, pour se sacrifier, s'il le fallait, aux amis qu'il avait dans la députation de la Gironde.

Je renonçai à ce projet lorsqu'on parla d'envoyer deux représentans du peuple à Bordeaux, et je ne m'occupai plus qu'à concourir, autant que je le pourrais, à faire tomber le choix sur des hommes que la ville de Bordeaux écouterait avec la confiance due à la raison, à l'impartialité et à la sagesse. J'ai lieu de croire que je fus le premier à désigner Treilhard et Mathieu à ceux qui pouvaient les présenter à la Convention : je ne pouvais que beaucoup espérer d'eux, et peut-être beaucoup craindre pour eux-mêmes : je craignais, en effet, qu'ils ne fussent froissés entre tous les excès, parce qu'ils ne donnaient dans aucun; qu'ils ne fussent pris dans la Gironde pour des montagnards, et à la Montagne pour des Girondins : je le disais alors, et tout le monde a pu savoir depuis que c'est précisément ce qui est arrivé.

La situation d'un ministre, à cette époque, était étrange et cruelle! il était obligé, en quelque sorte, de comploter le bien comme on complote le mal, de tendre à l'exécution des intentions les plus pures par des voies couvertes et obliques ; et ce qu'il avait fait, ou ce qu'il avait voulu faire de bon, caché sous les nuages dont il l'enveloppait, le laissait chargé de tout le mal qui se faisait malgré lui, le faisait entrer en partage de toutes les haines inspirées par des hommes qui étaient pour lui-même les objets de sa plus grande horreur.

Dans le même temps que, suivant mes moyens, j'étais occupé sans relâche à écarter de Lyon, de Bordeaux, du Calvados les fléaux dont ils étaient menacés, moi-même j'étais représenté dans tous ces lieux comme un des fléaux de la république : ce placard sur les orgies sanguinaires de Charenton, dont j'avais empêché l'affiche, mais que j'avais remis au comité de salut public, était réimprimé à Lyon, et à tous les noms qui y étaient déjà lorsqu'on m'en remit les exemplaires à Paris, on y ajoutait le mien ; à Bordeaux même, à Bordeaux, où mon cœur espérait avoir laissé des souvenirs plus ineffaçables de ce que je suis et de ce que je ne puis pas être, à Bordeaux, la commission populaire, dans ces proclamations, me peignait comme le ministre et comme l'un des chefs des anarchistes, des factieux, des bourreaux ; dans les départemens du Nord et du Midi circulait une lettre imprimée, dans laquelle j'étais dénoncé à toute la république comme usurpateur et co-partageant du pouvoir suprême avec Danton, Robespierre et Marat ! Ainsi, cette association ridicule autant qu'affreuse des noms de Garat et de Marat, l'un des artifices de l'aristocratie expirante, pour faire confondre celui qui honorait toujours, et celui qui éclairait quelquefois la révolution, avec celui qui ne pouvait la couvrir que d'horreurs, de ruines et de sang ; cette association, si propre à laisser à nu l'esprit de diffamation qui la faisait, était appelée au secours des hommes qui, à tant d'égards, devaient être considérés comme les héroïques défenseurs de la révolution, de la morale et de la république ! Dans le Calvados, les discours qui retentissaient à toutes les oreilles me défiguraient tellement aux yeux d'une femme capable de résolutions magnanimes, qu'elle aiguisait le même poignard pour l'un des hommes les plus affreux de tous les siècles et pour moi! On pratiquait déjà cet art, auquel nous avons vu faire sous nos yeux de si effroyables progrès, cet art qu'avaient pratiqué aussi les tyrans de la Grèce, de Rome et de la Judée, lorsqu'ils faisaient couler le sang des philosophes, dignes des hommages de tous les siècles, confondu avec le sang des esclaves, dont la vie avait été aussi criminelle que la condition était abjecte ; lorsqu'ils faisaient expirer sur des croix des ames toutes célestes au milieu des larrons!

Instruit de toutes ces injustices, qui peut-être, étaient des iniquités, et qui, peut-être, n'étaient que des erreurs de cet esprit de parti, dont les égaremens sont plus incalculables encore que les fureurs, j'en étouffais dans mon ame déchirée les impressions de crainte de perdre le courage et la constance nécessaires pour réaliser ce qui me restait d'espérances.

La plus grande de ces espérances, celle qui me paraissait la moins difficile à remplir, après que les mouvemens des départemens, qui n'avaient pu être prévenus, avaient été étouffés, était celle de faire proclamer une amnistie mutuelle et générale dans cette grande solennité où la nouvelle Constitution serait acceptée. Ici, autour de moi, je pressais toutes les ames vers cet acte de justice et de restauration universelle par tous les aiguillons de ce sentiment de la gloire, dont la puissance agit sur presque toutes les ames, tandis que celle de la vertu n'agit, dans toute sa force, que sur un petit nombre d'ames très-privilégiées. Voyez, disais-je aux chefs de la Montagne, combien il sera glorieux pour votre parti, après avoir fait la Constitution, qu'on vous accusait de ne vouloir pas faire, de saisir le moment de son acceptation, pour ouvrir les prisons à tous vos ennemis, pour les recevoir à la fois dans la Convention et dans vos bras, pour faire voir à toute la France que le triomphe de ces hommes, qu'on lui a peints si souvent comme des assassins, ne lui aura pas coûté une seule goutte de sang! Ces discours, je dois le dire, faisaient des impressions, mais je ne pouvais voir jusqu'à quel point ces impressions seraient efficaces. J'y revenais sans cesse et partout, pour en entretenir, pour en étendre et pour en assurer les effets.

Un jour je devais dîner à la mairie; j'y arrive tard, et comme on était déjà à table. Là étaient Danton, Legendre, Pache et sa famille, Bouchotte et quelques membres, je crois, de la Commune. A un certain silence que jette mon arrivée parmi les convives, je conjecture que je venais d'être l'objet de quelque entretien. Je savais quel était *mon ordre du jour*, et cela me faisait soupçonner quel pouvait être *l'ordre du jour* sur mon compte. Bien persuadé que je ne faisais pas naître une conversation, mais que je la renouais, je commençai à parler bientôt de la constitution, qui était achevée, de son acceptation, qui ne pouvait pas être douteuse, et je continuai à peu près en ces termes : « Le plus grand bienfait de cet ouvrage ne doit pas être
» de constituer la république, il doit être de la pacifier. En ju-
» rant de lui obéir, il faut jurer de pardonner à ses ennemis;
» c'est à ce moment que commencera réellement l'ère de la ré-
» publique; et à ce moment, il faut que nous prenions tous de
» nouvelles ames; il faut que nous commencions une nouvelle
» vie. De tous les côtés on s'est accusé de crimes dont on n'était
» coupable d'aucun côté; mais si l'on veut prendre des ven-
» geances, elles seront des crimes; ces crimes enfanteront de
» nouvelles vengeances, ces nouvelles vengeances de nouveaux
» crimes encore, et nous roulerons dans ce cercle de sang sans
» pouvoir en sortir de long-temps. Ce n'est pas en mon nom que
» je vous parle ainsi, et ce n'est pas à mes paroles que je veux
» que vous accordiez de l'autorité, je vous parle au nom de tous
» les siècles, et j'en ai bien étudié l'histoire. »

Pendant que je parlais, et avec émotion, quatre ou cinq visages étaient abaissés et fixés sur leurs assiettes; Legendre au contraire et Danton, la poitrine et la tête élevées et tournées vers moi, m'écoutaient avec ces regards qui expriment une communication et une intelligence parfaites entre l'ame de celui qui commande l'attention, et l'ame de ceux qui la donnent. Si nous avions été seuls, je n'en doute pas, Danton, Legendre et moi

nous nous serions serrés dans les bras les uns des autres. Mais Danton et Legendre avaient observé, comme moi, que les émotions n'étaient pas à beaucoup près unanimes ; et Danton couvrant de ce qu'il y avait de sauvage dans sa voix ce qu'il y avait de sensible dans son cœur : « Hé bien ! me dit-il, Garat, si vous voulez
» que cela ait lieu, laissez donc là votre ennuyeuse modération ;
» hâtez-vous de prendre toutes les mesures pour envoyer partout
» cette constitution, pour la faire partout accepter ; faites-vous
» donner de l'argent, et ne l'épargnez pas ; la République en
» aura toujours assez. »

S'il ne tient qu'à cela, lui répliquai-je, reposez-vous-en sur moi. Je sais que penser de la constitution qu'on nous donne ; mais son acceptation me paraît l'unique moyen de sauver la république, et je vous garantis sur ma tête qu'elle sera acceptée.

A côté de moi était quelqu'un dont l'extrême attention à cet entretien avait lieu de m'étonner beaucoup, et qui m'adressa ces paroles, que j'ai dû bien retenir pour beaucoup de raisons : *Citoyen, il faut être généreux à ses dépens ; mais non pas aux dépens de la république.* Je déclare que ce n'était ni Pache, ni sa mère, ni sa fille, ni son gendre, ni Bouchotte. Je déclare encore qu'on ne peut exiger de moi que je le nomme, parce que, dans aucun cas, il ne serait possible de le lui imputer à crime.

Après dîner, Legendre, que je ne connaissais que pour l'avoir vu deux ou trois fois en passant, s'approcha de moi avec confiance et bienveillance. Il me parla de Lyon, où il était allé en mission, de ce qu'il y avait vu, de ce qu'il y avait fait, de ce qu'il y avait dit : il s'épanchait avec moi ; et ce fut pour moi une nouvelle preuve que les vœux que j'avais exprimés à table étaient aussi les siens ; car on ne raconte ainsi son ame, pour ainsi dire, qu'à ceux avec l'ame desquels la nôtre a senti quelque analogie.

Il était très-utile de disposer quelques esprits dans Paris parmi ceux qui avaient le plus d'influence à ces pardons réciproques des torts ou des attentats ; mais l'essentiel était de préparer tout le peuple français à en sentir la nécessité, à en faire la demande dans les assemblées primaires de ce ton impérieux de la souveraineté auquel il faut obéir, alors même qu'on est législateur, sous peine de n'être qu'un rebelle : c'est l'effet que je voulais produire par un écrit que j'adressais aux départemens de la république, mais que je ne pouvais guère composer que durant les nuits, les journées entières étant absorbées par les détails immenses et accablans de l'administration.

A l'instant où l'approbation, donnée au 31 mai et au 2 juin, parut générale dans Paris, et que l'indignation, qui n'était pas étouffée encore par la terreur, était générale dans la république, on demandait aux ministres, et on exigeait surtout de celui de l'intérieur, qu'ils adressassent des circulaires aux départemens, pour représenter ces journées sous les aspects les plus favorables, pour les inscrire parmi les jours heureux et glorieux de la république.

Jamais ma plume ne voulut écrire de lettres qui auraient fait circuler de pareilles apologies. Je défendis à tous les chefs de bureau de l'intérieur de rien insérer dans la correspondance qui eût trait à ces journées; et je dois dire qu'ils avaient tous peu besoin qu'on leur recommandât de n'en pas faire l'éloge.

Mon silence n'était pas difficile à entendre, et je ne voulais pas toujours le garder.

Au comité du salut public, les instances devenaient chaque jour plus pressantes; elles devenaient presque menaçantes. Je répondais toujours : *On écrit rapidement pour les passions; quand on veut écrire pour la vérité, il faut du temps; laissez-moi faire : je saisirai le bon moment pour paraître, et je crois écrire des choses utiles à* TOUS.

L'inquiétude que donnait mon silence faisait tant de progrès que Danton, qui avait démêlé l'espèce de sentiment que je portais dans les affaires, et qui en avait été touché; que Danton, qui ne voulait pas me perdre, mais qui voulait moins se perdre encore, avait dénoncé mon silence dans une séance des Jacobins : *Le ministre Roland*, dit Danton, *inondait la France d'écrits contre-révolutionnaires : le ministre Garat a une autre manière de perdre l'opinion publique; il ne fait pas un seul écrit.* La phrase avait tout-à-fait une tournure de tribune ; elle fut applaudie à tout rompre, et ce soir-là même, je crois, les Jacobins nommèrent des commissaires chargés de l'examen de ma conduite. Le lendemain, Danton me dit : *Diable d'homme! j'ai été obligé de vous dénoncer aux Jacobins.* Je lui répondis sans aucune amertume : *Je sais que vous m'avez dénoncé, et je crois que vous y avez été obligé.*

Si mon silence paraissait coupable, j'avais lieu de craindre que mon ouvrage ne le parût un peu davantage, et cependant je le poursuivais toujours. La grandeur des objets et le cadre étendu dans lequel j'en présentais le tableau à la république, lui donnaient de l'étendue : je remontais à l'origine de toutes les querelles pour mieux voir et pour mieux montrer leur nature dans leurs sources : je distinguais et je marquais les époques qui avaient accru par degrés leur violence : j'appréciais le caractère et l'influence qu'avaient portés dans ces querelles les tribunes de l'Assemblée nationale, la société des Jacobins et la Commune de Paris, les feuilles, les journaux les plus renommés ; je traçais, comme en ayant été presque toujours le témoin, les récits des grands événemens qui avaient jeté le désordre et l'alarme dans la république ; je pesais dans les balances de ma raison et de ma conscience, les graves inculpations faites réciproquement par les deux côtés de la Convention nationale : je faisais évanouir, comme des fantômes enfantés par la peur ou par la haine, ces accusations de royalisme, répandues de toutes parts, dans un moment où la république n'était pas seulement la passion de toutes les ames, mais leur délire : je combattais, comme une autre chimère plus absurde et plus dangereuse, *le fédéralisme*, mot pris dans une acception entièrement contraire à celle qui lui appartient, et qui, lorsqu'il exprime quelque chose de réel, peint une forme de gouvernement entièrement opposée aux actes par lesquels on avait voulu réunir et conjurer tous les départemens de la république contre la tyrannie dont tous accusaient la Commune de Paris ; je m'arrêtais, avec tous les sentimens d'intérêt et de douleur dont une ame humaine puisse être pénétrée, sur la situation des représentans du peuple détenus à Paris ; je recusais pour eux ce tribunal révolutionnaire à la formation et aux formes duquel ils s'étaient tous opposés, dont ils avaient déjà décliné non-seulement la compétence, mais l'existence ; je demandais pour eux à la nation un tribunal composés de jurés et de juges envoyés de tous les départemens, et rassemblés sous des formes vraiment judiciaires, très-loin de Paris, non à Bordeaux, non à Lyon, non à Caen, mais dans quelque ville ou dans quelque hameau qui n'aurait aucunement figuré dans les querelles ; en faisant à leurs passions tous les reproches que je croyais qu'ils avaient mérités, en repoussant avec tous les ménagemens dus à l'oppression qu'ils souffraient les injustes accusations qu'ils avaient élevées contre moi, j'affirmais que la lumière du jour n'était pas plus claire que leur innocence, et je donnais la démission de mes fonctions de ministre, pour remplir, comme très-instruit de tous les faits, les fonctions de leur défenseur officieux devant le nouveau tribunal national.

A mesure que j'écrivais, j'envoyais les feuilles à l'imprimerie nationale du Louvre : déjà cent vingt-huit pages étaient imprimées ; six mille exemplaires in-8° et six mille exemplaires in-4° étaient tirés de ce qui était imprimé ; il n'y avait guère à composer qu'une feuille et demie, dont j'avais achevé à peu près la copie.

Malheureusement on savait que j'imprimais ; on savait que l'ouvrage n'était pas très-court, et quelques gens qui prenaient quelque intérêt vif à la chose furent curieux de savoir ce que contenait l'ouvrage avant qu'il fût achevé. J'appris bientôt, et d'une manière certaine, que ces personnes s'étaient procuré des exemplaires des feuilles tirées, et les avaient lues : jamais elles ne m'en ont rien dit.

Mais dès ce jour je me sentis entouré de piéges, j'entendis murmurer ou gronder autour de moi des accusations qui, pour me faire tomber la plume des mains, voulaient faire tomber ma tête.

Il y avait eu à dix à douze lieues de Paris quelques mouvemens de vieilles dévotes extrêmement légers : on vint me dire que c'était très-grave ; qu'il fallait faire partir à l'instant un courrier avec des lettres aux administrations injonctives de mesures sévères. Les lettres furent écrites : le courrier partit. Il n'alla pas loin : sous prétexte qu'en courant dans le faubourg Saint-Antoine il avait crié : *Je vais à l'armée de Jésus*, il est arrêté. Les lettres fermées du sceau d'un ministre de la république sont ouvertes : on me les rapporte dans cet état ; on n'y avait pas trouvé ce qu'on espérait que j'y aurais mis.

Tout le monde le sait, le ministre de l'intérieur n'était aucunement chargé ni de la fourniture ni de la surveillance des subsistances de Paris : c'était le devoir et le droit de la Commune, qui avait créé pour cela dans son sein un bureau des subsistances, présidé par le maire.

Je n'y avais eu et je n'avais pu y avoir que deux espèces de participation.

Deux ou trois fois, j'avais demandé quelques millions à la Convention pour cette dépense, et plusieurs députés, je l'ai su, m'en avaient fait un crime auprès de leurs départemens. Je connaissais bien tout ce qu'on pouvait penser et dire d'un tel abus, et je le disais moi-même en demandant les millions ; mais cet abus, on l'avait souffert avant : on l'a souffert depuis, et s'il y a jamais eu un moment où il ait été dangereux de le supprimer, c'est au moment où je parlais.

La seconde participation que j'ai eue, c'est celle d'apostiller les réquisitions de grains faites pour la Commune de Paris, afin de leur donner comme une sanction de la république.

Cependant l'approvisionneur en chef, un certain Garrein, parce qu'il est ou qu'il feint d'être dans l'embarras, imagine de faire retomber sur ma tête la responsabilité qui devait peser tout entière sur la sienne.

Je reçois de ce Garrein une lettre dans laquelle il m'écrit : « Il va falloir que le peuple sache et qu'il prononce lequel de nous a mis sa subsistance et sa vie en péril. » J'adresse à l'instant au maire un billet dans lequel je lui dénonce cette insigne extravagance, et dans lequel je le préviens que je vais la dénoncer à la Convention. Une heure peut-être ne s'était pas encore écoulée, arrivent chez moi le maire, toujours très-calme; Garrein, avec l'air repentant et presque soumis, s'excusant sur ce qu'il n'avait presque pas le temps de lire les lettres qu'il signait. On m'engage à tout oublier. Pour prouver combien j'oublie l'injure, je remets la lettre même qui la contenait. Deux jours après, Garrein étale dans tout Paris un placard rouge de la hauteur de plus d'un mètre, dans lequel il répète de mille manières la même absurdité, et dans les propres mots de la lettre que je lui avais rendue. Le peuple ne lut point Garrein; on ne le crut point; les comités de la Convention se préparaient à m'en faire justice, et il fallut creuser quelque autre précipice sous mes pieds.

Depuis long-temps on avait fait entrer dans les torrens des préjugés et des erreurs qui ravageaient l'espérance de toutes les prospérités de la république naissante, l'idée et le projet d'un *maximum* pour le prix de toutes les marchandises, et surtout pour les grains; que ce délire eût pris naissance dans quelqu'un de ses départemens où, avec sa main-d'œuvre, le peuple avait peine à atteindre au prix du pain, je l'aurais compris; mais qu'il commençât à Paris, où, à quelque prix que les grains fussent vendus, le peuple, par un effet de la munificence nationale, achetait toujours le pain au même prix, et toujours à un prix excessivement bas, c'est ce que je ne pouvais comprendre. On connaissait parfaitement mes principes sur toutes ces questions d'économie, et on n'avait aucun besoin de les interroger, de les sonder : le parti de ceux qui voulaient un *maximum* était pris aussi définitivement, et il n'était bon à rien d'ouvrir sur cela des discussions, comme si on avait voulu chercher la lumière.

Cependant on me fait entendre qu'il est important de discuter la question du *maximum* entre les membres de quelques autorités constituées; et le jour et l'heure d'une conférence sont fixés à l'intérieur.

Quelque parti que j'eusse pris, il y avait quelque blâme que je ne pouvais éviter; et comme dit le grand-maître de Florence,

» les bons chasseurs sont ceux qui cernent tellement l'animal in-
» nocent qu'ils relancent, que, de quelque côté qu'il veuille
» prendre la fuite, il tombe, ou sous les feux des carabines, ou
» sous les dents des chiens, ou dans les flots d'un lac. »

Si je refusais la conférence, c'eût été le service public que j'aurais refusé; si je votais pour le *maximum*, j'aurais trahi mes principes, et j'aurais couvert leur violation de mon suffrage et de ma responsabilité; si je combattais le *maximum*, à la première occasion, on me dénonçait au peuple comme un ministre perfide qui avait voulu faire la contre-révolution par la famine.

C'était là le piége le plus profond; je le vis, et je m'y jetai. Tandis que tous les autres se rangeaient du parti du *maximum*, seul je le combattis et je prédis, ce qui n'était pas difficile, tous les malheurs qu'il amènerait à sa suite.

Il devait y avoir le lendemain, aux Jacobins, pour le même sujet, une réunion plus nombreuse de fonctionnaires publics: on m'insinua que je ferais bien de m'y trouver. Pour le coup je ne crus plus de mon devoir de me laisser aller à cette seconde insinuation. J'avais assez affilé le poignard avec lequel on pouvait m'égorger, je ne me crus plus obligé de le repasser encore sur la pierre; et plus de soin en effet n'était pas nécessaire pour me perdre par ce seul moyen. A peu de jours de là, et dans une circonstance dont j'aurai à parler tout à l'heure, du haut de la tribune nationale, en fixant le geste sur moi et les regards sur toute l'assemblée, un orateur courroucé s'écria: « Demandez à ce ministre
» perfide s'il ne s'est pas opposé à la loi bienfaisante du *maxi-*
» *mum* qui a assuré le pain au peuple. Demandez-lui si cette loi
» est partie de ses bureaux? » (Celui qui faisait cette question, pour la beauté du discours et pour la véhémence du genre accusatif, savait que la loi était partie; il s'en était assuré.) Lorsqu'on avait tant de moyens de me perdre, dans un temps où il en fallait si peu, celui-là était toujours celui qu'on me réservait. Le département, Héron et la Commune posaient ainsi ma question de vie et de mort: *A-t-il fait tout ce qu'il était possible de faire pour que Paris fût bien fourni de grains?* Une question, dit-

on, en logique, est résolue quand elle est bien posée ; la solution de celle-là n'eût pas coûté un seul raisonnement au tribunal révolutionnaire.

Ce moyen était donc excellent, mais il n'était pas assez prompt; et avant qu'on pût le mettre en usage, mon mémoire aux départemens pouvait paraître. On chercha donc quelque moyen de m'expédier plus vite. Un homme, dont l'exécution était rapide comme la foudre, s'en chargea.

Collot d'Herbois était envoyé en mission ; il vient à sept heures et demie de l'après midi demander à l'intérieur l'une des voitures dont le ministre avait la disposition. Mon usage le plus ordinaire était de dîner entre cinq et six heures, et ce jour-là j'étais allé prendre mon seul repas de la journée dans mon ancien appartement de la rue de Bourgogne, où, parmi d'autres douceurs, je trouvais celle de croire quelques instans que je n'étais plus ministre. Collot d'Herbois trouve très-mauvais qu'un ministre dîne quand il a dîné lui; il se met également en fureur et contre moi qui ne me trouvais pas à l'intérieur, et contre Champagneux qui s'y trouvait. De sa voix, de son geste, de ses expressions grossières et furieuses, il répand l'épouvante ; il parcourt plusieurs bureaux pour chercher ce qu'il ne trouvait dans aucun, et pour semer dans tous la même terreur.

On vient m'avertir de ce qui se passe, et je quitte tout pour aller assister à cette scène, que ma présence ne pouvait pas terminer. En me parlant, les injures de Collot d'Herbois ne furent pas moins violentes, elles furent peut-être un peu plus oratoires. « Roland n'est plus ici », me dit-il, en se mettant à quatre ou cinq pas de moi pour l'attitude et pour le déploiement de l'action ; « mais son esprit y respire encore ; il est en vous. — Eh! mon » Dieu, lui répondis-je, Roland dirait peut-être que c'est l'esprit » de Collot d'Herbois qui y est entré avec moi. Mais en tout, par- » tout où je suis, et où je veux être quelque chose, ou il n'y a » aucun esprit, ou c'est le mien qui y est. » Plus Collot d'Herbois se livrait à ses emportemens, plus je me commandai de calme et de sang-froid. Je fus même poli. Il avait menacé Champagneux ;

T. XVIII.

il ne me menaça point, et il fit bien. L'homme qui, dans l'ordre social, en menace un autre d'une autre force que de celle de la loi, fait rentrer à l'instant dans l'état de nature, et comme dans les forêts, lui et celui qu'il menace. Il me promit de me dénoncer le lendemain à la Convention : il me tint parole.

J'étais curieux de voir comme il s'y prendrait pour m'imputer à crime d'être allé dîner à six heures. Mais quoique ce fût mon seul crime d'abord, il m'en avait trouvé un autre dans les bureaux de l'intérieur. Celui de mes attentats sur lequel il espérait mettre la main : c'était mon mémoire aux départemens : c'est pour le chercher qu'il avait couru de bureaux en bureaux, portant partout les mains et les regards. Faute de celui-là, qui n'y était pas encore, il s'arrêta sur un autre imprimé dont on faisait les paquets et les envois : c'était une suite de questions adressées aux directoires des districts sur l'état de l'agriculture, de l'industrie et du commerce dans les divers cantons de la France ; sur la nature du climat, du terrain, des eaux, des animaux ; sur la population générale ; sur les proportions dans lesquelles se trouve la population des hommes, des femmes, des enfans, des adolescens, des hommes d'un age mûr, des vieillards ; sur ces singularités de l'organisation physique, à la trace desquelles des observateurs tels que Paw, Poivre et d'autres, ont dévoilé des secrets importans sur les mélanges des races ; sur la manière dont des formes et des couleurs imprimées primitivement au nord se conservent long-temps encore au midi. Ces questions faisaient partie de l'exécution d'un plan conçu pour avoir en moins d'un an et demi *un état véritable de la France*, sous tous les rapports où il importe à des législateurs et à des administrateurs de la considérer ; plan qui avait occupé inutilement sous les rois des ministres qui avaient de grandes vues, et qu'il était digne de la république d'exécuter à sa naissance et dans les orages même qui accompagnaient ses premières créations.

Le parti que tira Collot d'Herbois de ces questions, pour me faire paraître un instant très-criminel aux yeux d'une auguste assemblée, est vraiment une chose digne de remarque, et qui mérite qu'on en tienne note pour l'histoire de l'esprit humain dans les grandes assemblées.

Collot fait lecture d'une question ainsi énoncée : *Les assignats perdent-ils? et combien?* Et il s'écrie suffoquant de colère : *Les assignats perdent-ils!* N'est-ce pas un crime de le croire possible, et le ministre qui fait une pareille question ne veut-il pas faire la contre-révolution?

Pour varier les tons et les impressions qu'il faisait, pour passer du sévère au plaisant, il lut ensuite l'une des questions sur les singularités de l'organisation physique; celle-ci : *Les yeux communément sont-ils bleus ou noirs?* Le rire part de tous les côtés; il éclate et circule dans toutes les tribunes. Rien n'est si *niais* qu'une pareille question, et parce que cela est *niais*, je suis coupable.

Il ne fallait plus à Collot d'Herbois, pour achever de me perdre, qu'un autre trait un peu plus fort, qui fût à la fois ridicule et immoral : il obtient un grand silence, et, mes questions à la main, il y lit celle-ci : « A quel âge ordinairement les femmes » cessent-elles d'être fécondes? A quel âge les filles sont-elles » nubiles? » A ces mots de filles nubiles, prononcés comme un comédien le pouvait faire, on n'y tient plus; mon arrestation et ma traduction à la barre sont mises aux voix et à l'instant décrétées.

On vient m'en avertir en grande hâte; je n'attends pas que des gendarmes ou des officiers municipaux viennent me chercher, et je suis rendu à la barre presque aussitôt que le décret est rendu.

Danton était président; il me notifie le décret comme à un homme placé sous la main inexorable de la justice nationale.

Je comparaissais devant une assemblée composée de restes des membres du côté droit, qui croyaient avoir à me reprocher en partie leur défaite, leur humiliation et leur oppression; et de la Montagne qui me voyait accusé par les chefs qui assuraient et accomplissaient en ce moment son triomphe. Je n'étais l'homme d'aucun parti; il était difficile que dans aucun des deux je trouvasse un seul défenseur. Aussi étais-je loin d'appeler sur moi des regards qui me fuyaient, en évitant d'avoir l'air de m'avoir aperçu, qui me laissaient dans la solitude que j'avais méritée par mes vues et par ma conduite isolée de tous et de tout, excepté de l'intérêt général, de l'intérêt de la vérité, de l'intérêt de l'humanité et de la république.

Dans ce premier moment, un seul homme osa s'approcher de moi à la barre, et tandis que les autres n'osaient m'avoir vu, il osa me parler : c'était un membre du côté droit.

Mais lorsque prenant la parole, je racontai la visite un peu extraordinaire que j'avais reçue la veille de Collot d'Herbois pendant mon dîner et après le sien, alors trois de ces hommes dont l'ame est trop courageuse et appartient trop aux mouvemens de la nature pour souffrir qu'une grande injustice se fasse en leur présence sans qu'ils la combattent, se levèrent presque tous les trois ensemble, et, sans parler de mon innocence, ils couvrirent des ridicules qu'elles méritaient les dénonciations de l'accusateur.

Cependant Collot d'Herbois était monté à la tribune, pour me lancer de nouveau les foudres de son éloquence, et sa puissante dialectique, prompte à saisir d'une manière terrible toutes les circonstances du moment, tirait parti d'un pâleur qu'un accès de migraine répandait sur mes traits, pour y trouver la pâleur et la preuve évidente du crime. Il était très-douteux encore, si je serais renvoyé libre à l'intérieur et à mes fonctions, ou si je serais envoyé à la Conciergerie; et j'en atteste l'éternelle vérité, tel était l'empire absolu et facile que j'exerçais alors sur toutes les émotions de mon ame, que durant toute cette scène j'étais moins occupé à écarter un dénoûment funeste, qu'à observer le jeu vraiment bizarre et *fatalique* des passions, des esprits et des événemens.

Dans les paroles que j'avais prononcées, je n'avais eu garde de parler de la cause secrète et seule réelle de cette grande querelle. Celui qui présidait, c'est-à-dire, Danton, qui m'avait parlé sans cesse de mon ouvrage, et à qui il ne pouvait plus rester aucun doute sur l'esprit dans lequel je l'écrivais, Danton était de tous les membres de l'assemblée, celui qui savait le mieux pourquoi on me persécutait et de quoi j'étais coupable sans qu'on m'en accusât. Il était aussi de toute la Montagne celui, peut-être, dont la publication de mon ouvrage pouvait le plus mettre la sûreté en péril : mais en me défendant j'avais dit, et à dessein, beaucoup de choses qui ne pouvaient être comprises que par Danton ; dans la scène générale il y en avait une particulière qui se passait entre le président de la Convention et le malheureux ministre exposé à la barre : j'avais rappelé quelques circonstances où Danton avait obéi à ces cris de la conscience et de l'humanité qui élèvent si fort une ame au-dessus des intérêts, des combinaisons et des cruautés révolutionnaires ; et les traits invisibles que je dirigeais vers son ame y arrivèrent tous. Il quitte le fauteuil pour la tribune : il prend la parole, il me déclare innocent, en me déclarant en même temps, *de par la nature,* incapable de m'élever jamais à toute l'énergie et à toute la hauteur révolutionnaire. Le décret d'arrestation est rapporté, et la liberté m'est rendue.

Avant de sortir de la Convention, je passai près du président, qui m'arrêta pour me dire : *Écrivez donc une circulaire toute simple, et jetez votre ouvrage littéraire au feu; gardez cela pour l'histoire.*

Les trois quarts au moins de l'assemblée, à cette époque, durent croire que Danton avait parlé sur moi à charge et à décharge ; lui-même le crut peut-être, ou du moins voulut le faire croire. Quant à moi, le témoignage que je lui sus le plus de gré de m'avoir rendu, fut ce reproche solennel de *faiblesse* qu'il me fit devant toute la république ; j'avais la *faiblesse,* en effet, de ne vouloir entrer, par aucune espèce d'approbation, ni exprimée ni tacite, dans les voies par lesquelles on faisait marcher la révolution depuis le 31 mai ; c'était un certificat bien authentique que me signait le président de la Convention, et par lequel il déclarait à toute la France que je n'avais pas eu assez de grandeur révolutionnaire pour entrer dans ces hautes mesures. Si j'y étais entré, en effet, si j'avais voulu seulement écrire et signer deux pages, quels ennemis aurais-je pu craindre en ce moment, et quels éloges auraient été trop éclatans pour moi? Ce reproche de faiblesse m'a été fait tantôt par le côté droit, tantôt par le côté gauche, tantôt par les deux côtés à la fois; et c'est précisément parce qu'il m'a été fait de tous les côtés que de tous les côtés je l'accepte comme un témoignage qui m'est témoigné par tous de la force que j'ai eue de résister aux passions qui étaient partout, et qui, par leur manière accoutumée de juger, ne pouvaient trouver de l'énergie qu'à ce qui s'abandonnait, comme elles, à leur violence. Un temps viendra, et ce temps n'est pas loin, où ce témoignage, dont je prends acte, où ce témoignage, le seul peut-être sur lequel les deux côtés aient été unanimes, sera le titre le plus solide de ma plus complète justification aux yeux de tout ce qui pense sur la terre, aux yeux de ce qui n'aura été mêlé par rien à ces querelles des passions.

Si j'avais pu conserver encore sur les hommes quelques-unes de ces opinions décevantes que j'ai si long-temps gardées; si j'avais pu croire encore qu'un écrit dans lequel les événemens où tant d'hommes sont intéressé étaient appréciés par des jugemens aussi froids, aussi impartiaux que des équations algébriques; si j'avais pu, dis-je, me persuader encore qu'un pareil écrit n'eût pas soulevé tout le monde dans l'assemblée, j'en aurais parlé, de la barre même, à la Convention nationale tout entière; je lui aurais proposé d'en entendre la lecture, et quel qu'eût été le sort qu'on m'eût fait alors subir, cette manifestation de mon ame, aux yeux de la représentation nationale et de la nation, aurait été pour moi un véritable triomphe, alors même qu'elle m'aurait conduit à l'échafaud. Mais il était trop certain qu'une pareille proposition, si je m'étais avisé de la faire, aurait été renvoyée au comité de salut public; il était trop évident que le seul parti possible qui me restât à prendre sur mon ouvrage, c'était ou de le sacrifier en silence ou d'avoir le courage de le communiquer au comité de salut public, et d'essayer sur ce comité de gouvernement le pouvoir de la vérité, dite avec les seuls ménagemens qu'elle peut recevoir du désir sincère de la rendre utile à tous.

C'est à ce dernier parti que je m'arrêtai; l'ouvrage était beaucoup trop long pour que tout le comité en entendît la lecture, le comité de salut public nomma deux commissaires; ce furent Robespierre et Saint-Just. Le jour et l'heure furent fixés; Saint-Just ne se trouva point au rendez-vous.

Je lus donc l'ouvrage entier, et dans une seule séance, à Robespierre seul.

Nous allâmes nous placer dans un petit cabinet du pavillon où le comité de salut public et le conseil exécutif tenaient alors leurs séances. Tout semblait nous assurer que rien de ce qui serait dit dans cet étroit cabinet ne pourrait être entendu que de ceux entre qui allait avoir lieu cet entretien; mais les bonnes actions qu'on a voulu rendre secrètes ont quelquefois des témoins comme les crimes qu'on a voulu dérober à tous les yeux; et des mots importans de cette conversation ont été entendus et retenus par un homme dont je n'ai pas appelé le témoignage; il me l'a offert de lui-même.

La lecture fut longue; mais elle parlait à toutes les passions de celui qui l'écoutait, et sa patience parut bien plus souvent fatiguée que son attention. A chaque instant il lui échappait des mots qu'il ne m'échappait pas de recueillir, parce qu'ils peignaient tous, dans une rare perfection, la confiance et l'insolence avec laquelle un parti triomphant se revêt des maximes et de la langue de l'esprit public.

Dans le début de l'ouvrage, j'annonçais à la république que j'allais l'entretenir des divisions de la Convention nationale, des catastrophes qu'elles avaient amenées..... Robespierre m'interrompit. « Quelle catastrophe y a-t-il eu, me dit-il? Quant aux divisions, il n'y en a plus, le 31 mai les a terminées. »

En parlant des 2 et 3 septembre, je peignais, dans quelques phrases assez énergiques peut-être, les horreurs de ces journées. « On a menti, me dit-il, quand on a imprimé que j'y ai eu quelque part; mais il n'a péri là que des aristocrates, et la postérité que vous invoquez, loin d'être épouvantée du sang qu'on a répandu, prononcera qu'on a trop ménagé le sang des ennemis de la liberté! »

Je me rappelai que c'est là presque mot pour mot une réponse de Sylla dans le dialogue où Montesquieu le met en scène avec Eucrate, et je frémis de voir comment des ames barbares profitent des productions du génie.

Dans tout le cours de l'ouvrage, je parlais continuellement des partis, des causes qui les avaient fait naître, de leur esprit. « Un parti, me dit Robespierre, suppose un corrélatif; quand il y en a un, il y en a deux au moins. Où avez-vous vu donc parmi nous des partis? Il n'y en a jamais eu; il y a eu la Convention et quelques conspirateurs.

Cette idée de n'être qu'un chef de parti le choquait extrêmement, et la prétention en moi de juger les événemens et les hommes avec vérité, parce que, n'ayant tenu à aucun parti, je pouvais les juger avec impartialité; cette prétention le révoltait bien davantage encore. Dans tous ces passages, les convulsions de ses joues se multipliaient singulièrement, et prenaient plus d'accélération et plus de fréquence.

Je m'étais appliqué, comme une espèce de devise, une image, un emblème superbe qui m'avait beaucoup frappé à la tête de la petite logique de Wolff. Dans une gravure, Wolff représente la terre comme elle est presque toujours, livrée aux orages de toutes les passions qui promènent sur sa surface leurs tempêtes; au-dessus, et dans la région où n'atteignent point les orages, du milieu de l'espace pur sort un bras qui ne tient A AUCUN CORPS; à ce bras est suspendu une balance dont les plateaux sont immobiles dans leur égalité, au-dessus de la balance, sur une banderolle, sont écrits ces mots : *Discernit pondera rerum.*

Pourquoi, me demanda Robespierre, ce bras ne tient-il à aucun corps? — Pour représenter qu'il ne tient à aucune passion. — Mais tant pis, la justice doit tenir à la passion du bien public, et tout citoyen doit rester attaché au corps de la république.

Une page de cet écrit roulait sur Robespierre lui-même; c'est-à-dire; sur un de ses discours. Ce discours était beaucoup loué : je louais beaucoup surtout des engagemens qu'il y avait pris, d'oublier toutes les offenses personnelles, de ne conserver de ressentimens que contre les torts qui seraient faits à la république. Les ames généreuses ont de ces sentimens dans le moment d'un triomphe ; les lâches en ont à l'ouverture d'un combat qu'ils redoutent ; et les vertus que Robespierre avait promises au moment du péril, je voulais, en l'enchaînant par ces éloges, les lui imposer au moment du triomphe. Pendant toute cette partie de la lecture, il tint sa main posée sur ses yeux ; elle me cacha les impressions qui auraient pu se manifester sur son visage.

Il y avait dans cet ouvrage un morceau très-étendu sur les Jacobins : il était écrit au moment de leur plus haute puissance : on le croirait écrit depuis le 9 thermidor. Robespierre eut beaucoup de peine à l'entendre jusqu'au bout. — Vous ne connaissez point du tout, me dit-il, les Jacobins. — Il est vrai que je n'y vais jamais ; mais je lis très-exactement les comptes de leurs séances. — Ces comptes sont faux. — Ils sont rendus par des Jacobins. — Ces Jacobins sont des traîtres.

Quand il entendit que je m'offrais pour être l'un des défenseurs officieux des députés détenus, un sourire, moitié gai, moitié amer, se plaça sur ses lèvres, et ne les quitta plus tant que dura le morceau. Ils riraient bien eux-mêmes, me dit-il, s'ils pouvaient vous entendre ou vous lire. Eux vous auraient fait *guillotiner* très-officieusement. — Cela se peut ; mais pour juger de ce que je dois aux autres, je n'attends pas que je puisse savoir ce qu'ils jugent me devoir. En tout, je crois qu'ils auraient peu guillotiné. — *Peu* est bon. — J'aperçus clairement qu'il ne doutait pas qu'il ne fût compris dans ce *peu*, et que cela lui paraissait beaucoup.

Le morceau le plus important de l'ouvrage, celui qui devait imprimer son caractère à tous les autres, celui qui pouvait produire les effets politiques les plus considérables sous la plume d'un ministre de la république, témoin et partie dans les événemens, c'était le tableau que je traçais, et le jugement que je portais du 2 juin.

C'était là que Robespierre m'attendait. Voici ce qu'il entendit.

« Le comité révolutionnaire, élevé dans Paris au-dessus de
» toutes les lois, voulait en dicter une aux législateurs de la ré-
» publique, et l'insurrection, qui s'était comme reposée un jour,
» le lendemain, le dimanche (2 juin) se relève avec plus de fu-
» reur. Une force armée beaucoup plus considérable, et dans
» laquelle on remarquait des soldats inconnus aux citoyens, en-
» vironne la Convention nationale de plusieurs enceintes héris-
» sées de fer. Cent bouches de feu, en se déplaçant sans cesse,
» en roulant autour du palais national avec un retentissement fu-
» nèbre, semblent chercher la position la plus propre à vomir la
» flamme et la mort. Les gardes les plus farouches sont ceux
» que des consignes, données par des autorités inconnues, ont
» postés le plus près des législateurs et du sanctuaire. C'est dans
» cet appareil, qu'on croirait destiné au supplice des représen-
» tans de la nation, qu'on leur demande une loi. Étrange con-
» tradiction! Et si elle n'avait pas des exemples dans l'histoire
» des siècles, contradiction incompréhensible! On veut recevoir
» une loi de ceux à qui on la commande, en les entourant de me-
» naces et d'épouvante! La Convention veut sortir de cette en-
» ceinte où les représentans de la souveraineté nationale sont
» emprisonnés : elle se promène entre deux haies de piques et
» de baïonnettes, recevant des salutations respectueuses et fra-
» ternelles de ces mêmes soldats, armés pour leur arracher un
» décret. Le décret, qui mettait en état d'arrestation trente-deux
» représentans du peuple, fut prononcé. Était-ce une véritable
» loi, était-ce une expression de la volonté générale?

» Ce n'est pas moi qui ferai ce mensonge à ma conscience et
» à la république.

» La loi est l'expression réelle ou probable de la volonté géné-
» rale; la volonté est le dernier acte d'une délibération, dans la-
» quelle il n'est entré pour motif que des idées, des raisonne-
» mens, et ce qu'on croit la raison.

» Si on avait prétendu que la volonté des représentans de la
» république fût déterminée par la raison, quel besoin aurait-on
» eu d'une *insurrection?*

» Je ne dirai point, parce que je ne le crois pas, que la mort
» fût suspendue sur les têtes qui votaient; non, je ne crois point
» qu'on voulût les frapper de mort; mais on voulait les frapper
» de terreur, et la terreur tue la volonté, sans laquelle il n'y a
» ni délibération, ni loi. »

Quand l'ouvrage, écrit tout entier dans le même sens que ce morceau, fut entièrement lu, Robespierre se leva, et d'une voix altérée : Vous faites, me dit-il, le procès à la Montagne et au 31 mai. — A la Montagne? Non; au contraire, je la justifie, et complétement, des inculpations les plus graves qui lui ont été faites. Quant à quelques-uns de ses membres et au 31 mai, j'en dis ce que j'en pense. — Vous jetez une torche allumée au milieu de la république. — J'ai voulu, au contraire, jeter de l'eau sur les flammes prêtes à l'envelopper. — On ne le souffrira pas. — Si le comité de salut public juge qu'il est dangereux que mon ouvrage paraisse, il est impossible qu'il paraisse, et je donnerai moi-même des ordres pour que les deux éditions soient livrées aux flammes.

Deux jours après l'ordre fut donné, et il fut exécuté.

Heureusement j'avais les dernières épreuves de l'in-8°. Je sentais combien il m'était dangereux de les garder; mais je pressentais aussi combien un jour il me serait important de les avoir gardées; elles ont échappé à toutes les recherches : je les ai encore.

Gouget-Deslandres, l'un des citoyens parmi les hommes éclairés qui, dans ces tempêtes de la république, ont été le plus constamment dévoués, non pas aux passions de quelques membres du côté droit, mais aux principes et aux vertus de cette partie de la représentation nationale; Gouget-Deslandres, qui se trouvait par hasard à la porte du cabinet où j'étais avec Robespierre, entendit les derniers mots de notre débat qui, tout naturellement, durent être prononcés plus haut que les autres.

Ce fut encore à lui que, quelques jours après, l'un des garçons de bureau du comité de salut public alla dire qu'il avait surpris quelques paroles de Robespierre sur mon compte, et que j'étais un *homme perdu*.

Je n'étais pas assez aveugle pour ignorer les dangers que je courais; mais je n'étais pas non plus assez indigne de mes fonctions, tant que je restais ministre, pour ne pas m'occuper du danger que couraient les représentans du peuple jetés dans les prisons. J'étais persuadé qu'avec eux pouvait être sauvée ou perdue une très-grande partie de la république.

Leur danger, chaque jour, devenait plus pressant : tout ce que je recueillais me faisait comprendre qu'on se raffermissait dans l'horrible projet de les mettre en jugement. Robespierre seul en aurait eu l'audace, mais non le courage; Saint-Just, Collot et Billaud pouvaient lui donner ce courage affreux.

A cette époque, où j'avais lieu de croire que la chose se délibérait, mais qu'aucune détermination n'était prise encore, un député de la Montagne et de Paris, que je connaissais peu, mais en qui j'avais aperçu plus d'une fois des sentimens d'humanité, même envers ses ennemis, Robert, vient à l'intérieur. Je l'entretiens des circonstances et des dispositions que l'on annonce; il en paraît épouvanté comme moi. Tous les deux nous demeurons persuadés que la chose dépend entièrement de Robespierre : que, s'il demande du sang, le sang sera versé; que, s'il n'en demande point, personne n'osera en demander. Cette persuasion me détermine à une dernière tentative auprès de cette ame enivrée d'orgueil et de tous les désirs de la vengeance. Je prie Robert de tenter tous les moyens de m'obtenir un entretien de Robespierre. Robert part à l'instant, et vient me dire que l'entretien est accordé pour la matinée même.

Robespierre me reçoit en effet chez lui; mais non pas seul : j'y trouvai Chabot.

Tout cet entretien mériterait, peut-être, d'entrer dans un grand tableau d'histoire, il pourrait jeter de nouvelles clartés sur le cœur humain : je n'en rapporterai ici que les résultats.

De deux espèces de générosités très-différentes, dont le cœur humain est capable, l'une qui prend sa source dans des affections tendres, et l'autre qui prend sa source dans l'orgueil; la dernière, j'en étais trop sûr, était la seule à laquelle il fût possible de porter l'ame de Robespierre : je lui présentai donc d'abord la séduction de cette espèce de triomphe et de grandeur : je vis à l'instant qu'il mettait lui son orgueil, son triomphe et sa grandeur, à écraser impitoyablement ses ennemis.

Je cherchai à le toucher par une autre affection de son ame, *par la peur* : je lui représentai que, si on commençait à tuer quelques députés, tous seraient bientôt menacés du même sort, et que ceux qui feraient monter à l'échafaud, y monteraient bientôt eux-mêmes. Je vis à l'instant que lui ne croyait trouver sa sûreté que dans la destruction de tous ceux qui lui inspiraient des craintes.

Repoussé dans toutes mes attaques comme par un mur d'airain : Est-ce que la Convention souffrira, lui dis-je, qu'ils soient jugés par ce tribunal, érigé contre toutes leurs réclamations? — *Il est assez bon pour eux.* — Quel mot!

Chabot, je dois cette justice à sa mémoire, Chabot qui, durant toute la conversation, se promenait, souriant toujours à Robespierre, et souriant quelquefois à moi à la dérobée, osa dire et soutenir qu'il fallait un autre tribunal. Je proposai de le former de jurés élus par les départemens, et de le faire siéger ailleurs qu'à Paris. Chabot trouvait que cela serait *grand et beau*.

Je ne dois pas omettre qu'à ce moment la pensée de ces hommes affreux n'osait se porter encore qu'à l'idée de la mort de deux représentans du peuple, de Brissot et de Gensonné.

La liaison des événemens et des objets m'entraîne ici et me force à intervertir les temps, pour parler d'une autre démarche du même genre faite pour les mêmes détenus, auprès d'un autre homme.

Après s'être affermi dans l'idée de faire assassiner judiciairement deux représentans du peuple, on commença à parler d'en faire juger, c'est-à-dire, d'en faire assassiner vingt-deux.

Je ne pouvais pas me persuader que parmi tous ceux qui, depuis le 31 mai, conservaient une grande popularité, il n'y en eût quelqu'un qui ne conservât encore un peu d'humanité; et j'allai chez Danton : il était malade ; je ne fus pas deux minutes avec lui sans voir que sa maladie était surtout une profonde douleur et une grande consternation de tout ce qui se préparait. *Je ne pourrai pas les sauver*, furent les premiers mots qui sortirent de sa bouche, et, en les prononçant, toutes les forces de cet homme, qu'on a comparé à un athlète, étaient abattues, de grosses larmes tombaient le long de ce visage dont les formes auraient pu servir à représenter celui d'un Tartare : il lui restait pourtant encore quelque espérance pour Vergniaud et Ducos.

J'entends ici les ennemis de Danton, et même les amis de la vérité, qui me demandent si Danton ne pleurait pas alors sur des victimes que lui-même avait mises sur la route de l'échaufaud, et sous la main des bourreaux ? Depuis l'instant où je vis que la voix de l'humanité pouvait se faire entendre puissamment au cœur de Danton, je l'ai vu très-souvent, je l'ai vu surtout dans le temps où c'était un grand danger de le voir, et je me sens pressé du besoin d'en parler, de dire à mes contemporains et à la postérité, ce que j'ai su et ce que j'ai vu d'un homme dont la vie et la mort occuperont l'histoire, et dont la vie serait peut-être éternellement un problème, si ce problème n'était résolu par sa mort.

Il y avait trois ans que j'entendais parler de Danton, et je ne l'avais jamais vu, lorsque je fus nommé son successeur au ministère de la justice. Condorcet me conseilla de le voir comme un homme facile à attacher aux bons principes, et qui pouvait les servir ou leur nuire beaucoup. L'espérance des gens qui observaient et qui réfléchissaient, désignait Danton, à cette époque, comme l'intermédiaire par lequel le génie qui devait organiser la république pouvait communiquer avec les passions qui l'avaient enfantée.

La célébrité de Danton avait commencé aux Cordeliers, qu'il avait rendus plus célèbres.

Les grandes places de la révolution étaient déjà prises dans le système de la liberté associée à un trône : Danton, qui voulait une grande place encore, conçut le premier le projet de faire de la France une république.

Il y a deux routes à prendre pour tout grand changement politique dans un état : ou on change l'opinion, qui change ensuite les pouvoirs et les institutions, on en ébranle, on renverse les institutions et les pouvoirs, et l'opinion change ensuite. La première route est longue, et on la parcourt avec lenteur ; la seconde est moins une route qu'un précipice qu'il faut franchir : cela n'exige qu'un saut et qu'un instant. C'est celle-ci qui convenait à l'audace, à la paresse, au caractère ardent et indolent de Danton.

Il commença donc par tout troubler, par tout défaire ; et lorsque presque tout le monde était anarchiste, avec des vues plus grandes, et qui exigeaient plus toutes les passions du peuple, Danton fut plus anarchiste que tous les autres.

Jamais il ne disputait de petits succès à personne, et cela était cause que tout lui servait d'aide pour s'en faire de grands.

Il y avait en lui je ne sais quoi, qui faisait qu'on s'arrangeait autour de lui, pour être ses moyens, pour attendre l'ordre : il était, s'il est permis de se servir de ce mot, un grand-seigneur de la sans-culotterie.

Au premier abord, sa figure et sa voix étaient terribles ; il le savait, et en était bien aise, pour faire plus peur en faisant moins de mal.

Quand une fois Mirabeau fut bien corrompu, les plus grands moyens de corruption de la cour se tournèrent vers Danton ; il est possible qu'il en ait reçu quelque chose, il est certain que, s'il eut un marché, rien ne fut délivré de sa part, et qu'il resta fidèle à ses complices les républicains.

Après le 20 juin, tout le monde faisait de petites tracasseries au château, dont la puissance croissait à vue d'œil ; Danton arrangea le 10 août, et le château fut foudroyé.

C'est là la véritable motion et le véritable décret qui ont créé la république.

Ces jours de gloire touchent au 2 et 3 septembre, et Danton a été accusé de participation à toutes ces horreurs. J'ignore s'il a fermé ses yeux et ceux de la justice quand on égorgeait; on m'a assuré qu'il avait approuvé comme ministre ce qu'il détestait sûrement comme homme; mais je sais que, tandis que les hommes de sang auxquels il se trouvait associé, par la plus grande victoire de la liberté, exterminaient des hommes presque tous innocens et paisibles, Danton, couvrant sa pitié sous des rugissemens, dérobait à droite et à gauche autant de victimes qu'il lui était possible à la hache, et que des actes de son humanité, à cette même époque, ont été relatés comme des crimes envers la révolution, dans l'acte d'accusation qui l'a conduit à la mort.

Porté presque dans le même temps au ministère et à la Convention, Danton connaissait trop la révolution et les hommes pour ignorer que rester ministre n'était qu'un moyen de se perdre, et il renonça à un pouvoir exécutif qui mettait les infortunés qui en étaient membres sous le pouvoir de qui voulait les écraser.

Quel vaste champ de pensées et de gloire, au contraire, présentait la Convention aux législateurs chargés de constituer une nation de vingt-cinq millions d'hommes en république!

Danton n'avait fait aucune étude suivie de ces philosophes qui, depuis un siècle à peu près, ont aperçu, dans la nature de l'homme, les principes de l'art social; il n'avait point cherché, dans ses propres méditations, les vastes et simples combinaisons que l'organisation d'un vaste empire exige; mais sa capacité naturelle, qui était très-grande et qui n'était remplie de rien, se fermait naturellement aux notions vagues, compliquées et fausses, et s'ouvrait naturellement à toutes les notions d'expérience dont la vérité était signalée par les caractères de l'évidence.

Il avait cet instinct du grand qui fait le génie, et cette circonspection silencieuse qui fait la raison.

Jamais Danton n'a écrit et n'a imprimé un discours; il disait: *Je n'écris point.* C'est ce qui est arrivé dans divers siècles, à quelques hommes extraordinaires qui, en passant sur la terre, y ont laissé des paroles et des disciples, et n'y ont point laissé d'ouvrages ; ils ont senti sans doute ce que devait être un style pour être digne d'eux, et que ce style ils ne l'avaient point.

Les grands modèles de l'éloquence ancienne lui étaient presque aussi inconnus que les vues de la philosophie moderne; mais ces mots de l'antiquité échappés du sein des grandes passions et des grands caractères; ces mots qui, de siècle en siècle, retentissent à toutes les oreilles, s'étaient profondément gravés dans sa mémoire; et leurs formes, sans qu'il y songeât, étaient devenues les formes des saillies de son caractère et de ses passions.

Son imagination, et l'espèce d'éloquence qu'elle lui donnait, singulièrement appropriée à sa figure, à sa voix et à sa stature, était celle d'un démagogue; son coup d'œil sur les hommes et sur les choses subit, net, impartial et vrai, avait cette prudence solide et pratique que donne la seule expérience.

Il ne savait presque rien, et il n'avait l'orgueil de rien deviner; mais il regardait et il voyait.

A la tribune il prononçait quelques paroles qui retentissaient long-temps; dans la conversation, il se taisait, écoutait avec intérêt lorsqu'on parlait peu, avec étonnement lorsqu'on parlait beaucoup; il faisait parler Camille et laissait parler Fabre d'Églantine.

Tel était l'homme pour qui ses amis avaient une espèce de culte, et pour qui ses ennemis auraient dû avoir tous les ménagemens, puisqu'ils étaient nécessaires à la république.

Mais ses ennemis, pour qui il était l'homme le plus redoutable, ont toujours cru qu'il était pour la république l'homme le plus dangereux. Toutes les fautes de son parti lui étaient attribuées parce qu'il ne les avait pas empêchées; on lui créait une puissance énorme pour le diffamer et le perdre. Marat n'était qu'un furieux, Robespierre qu'un dictateur oratoire, et parce que Danton était seul capable de réaliser un grand projet d'ambition, on le voyait toujours occupé de ce projet.

Danton se voyait trop menacé par la peur qu'il faisait pour ne pas s'occuper de sa défense.

Dans le temps même que le côté droit avait la majorité, il demandait à hauts cris un gouvernement, frémissant presque également et du mal que ses ennemis pouvaient faire à lui et à son parti, et du mal que son parti et lui pouvaient faire à ses ennemis; pourvu que sa sûreté et celle de ses amis fussent garanties, il lui paraissait égal que toutes les passions fussent étouffées sous la force publique, ou qu'elles fussent sacrifiées par la prudence des chefs de parti.

Il se crut, il se vit et il fut toujours menacé; et pour se sauver, lui et les siens, il franchit toutes les barrières, tous les Rubiconds de la morale sociale; il chercha son asile et ses défenseurs dans des mesures détestables, parce que c'étaient les seules, par la nature des choses que lui présentait son parti; chef de l'insurrection de la démocratie, il en provoqua tous les excès, il en alluma les passions effrénées et le délire. Par lui furent demandés le tribunal révolutionnaire, l'armée révolutionnaire, les comités révolutionnaires, les quarante sous payés aux sectionnaires; il frappa de tous les côtés avec son trident, et toutes les tempêtes furent soulevées. Un instant il parut au comité de salut public, le 31 mai et le 2 juin éclatèrent; il a été l'auteur de ces deux journées; plusieurs les voulaient, seul il a pu les faire, tous ont pu les souffrir.

A peine il vit ses ennemis écartés, il se dépouilla de la puissance et s'occupa des moyens de sauver ceux qui, malheureusement, étaient déjà perdus; ils étaient livrés à Robespierre et à Billaud. Billaud et Robespierre accoururent au gouvernement lorsqu'il n'y avait plus de combats à livrer, mais des échafauds à dresser.

Observez depuis ce moment la marche de Danton dans la Convention nationale; vous le verrez occupé à se tracer une route oblique, dans laquelle il pût trouver en même temps son salut et celui des ennemis sur lesquels il venait de remporter un triomphe qui faisait bien plus sa douleur que sa joie. Il jette des cris de vengeance qui ébranlent les voûtes du sanctuaire des lois, et il insinue des mesures par lesquelles toutes les vengeances peuvent être avortées : ses transports, ses fureurs démagogiques ne sont plus qu'une hypocrisie ; le besoin et l'amour de l'ordre, de la justice et de l'humanité sont les véritables sentimens de son cœur : il se montrait barbare pour garder toute sa popularité, et il voulait garder toute la popularité pour ramener avec adresse le peuple au respect du sang et des lois.

Quand le sort réservé aux vingt-deux, parut inévitable, Danton entendit déjà, pour ainsi dire, son arrêt de mort dans le leur; toutes les forces de cet athlète triomphant de la démocratie succombèrent sous le sentiment des crimes de la démocratie et de ses désordres : il ne pouvait plus parler que de la campagne; il étouffait, il avait besoin de fuir les hommes pour respirer. A Arcis-sur-Aube, la présence de la nature ne put calmer son ame qu'en la remplissant de résolutions généreuses et magnanimes : alors il revint portant dans son cœur la conspiration qu'il avait formée réellement dans le silence des champs et de la retraite.

Tous ses amis y entrèrent.

Je n'étais pas son ami, et j'étais trop surveillé pour ne pas rendre trop suspects ceux que je verrais souvent ; mais tous savaient bien que je serais l'ami d'une pareille conspiration, et que je lui prêterais tous les bons secours dont on me laisserait capable.

C'est à cette époque que j'eus avec Danton plusieurs entretiens, dans lesquels j'appris à prendre confiance dans tous les bons sentimens de son ame que j'avais souvent soupçonnés. C'est alors qu'il me parla souvent avec désespoir et avec candeur des querelles de la Convention, des fautes de tous et des siennes, et des catastrophes qu'elles avaient amenées : « Vingt fois, me di-
» sait-il un jour, je leur ai offert la paix ; ils ne l'ont pas voulue ;
» ils refusaient de me croire, pour conserver le droit de me per-
» dre ; ce sont eux qui nous ont forcés de nous jeter dans le
» sans-culotisme qui les a dévorés, qui nous dévorera tous, qui
» se dévorera lui-même. »

Le but et le plan de la conspiration de Danton, quoiqu'on prît assez de soin de la cacher, étaient très-clairs tous les deux.

Le but était de ramener le règne des lois et de la justice pour tous, celui de la clémence pour les ennemis; de rappeler dans le sein de la Convention tous ceux de ses membres qui en avaient été écartés, en leur accordant et en leur demandant amnistie; de soumettre aux examens les plus approfondis des représentans de la France, de la France elle-même et de l'Europe, cette constitution de 1793, rédigée par cinq à six jeunes gens dans cinq à six jours, et qui devrait être le chef-d'œuvre des forces actuelles de l'esprit humain, puisqu'elle doit être le premier modèle d'une démocratie de vingt-cinq millions d'hommes; d'offrir la paix aux puissances de l'Europe, en continuant à les battre; de relever le commerce et l'industrie de leurs ruines par une liberté sans limites, les arts et les sciences de leurs débris par des encouragemens magnifiques; d'anéantir toutes les barrières qui séparent les départemens des départemens, toutes les inquisitions qui cherchent dans des portefeuilles et sur des cartes les preuves d'un civisme qui ne peut être réel que dans des ames affranchies de toute inquisition, de regarder comme les uniques cartes de sûreté de la république de bonnes lois, un bon gouvernement, nos armées et leurs victoires.

Les mesures d'exécution de la conspiration de Danton, c'était de préparer un heureux changement dans les esprits par des feuilles telles que celle de Camille Desmoulins, d'ouvrir des communications et des intelligences entre le côté gauche et ce qui restait de membres du côté droit de la Convention, pour faire cesser cette division qui les livrait tous au despotisme de deux comités; de ne regarder comme attachés sans retour au système exterminateur, que Collot, Saint-Just et Billaud; de tenter de séparer d'eux Barrère, en parlant à ce qu'on lui croyait d'humanité; Robespierre, en parlant à ce qu'on lui connaissait d'orgueil et d'attachement pour la liberté; d'ajouter sans cesse aux moyens de force et de puissance du comité de salut public, parce que l'ambition, qui n'aurait plus à faire de vœux pour elle-même, pourrait enfin en faire pour le bien de la république, et que si, au contraire, elle continuait à faire servir de nouvelles forces à de nouveaux crimes, sa puissance, devenue plus odieuse par sa grandeur même, se porterait aux forfaits avec cette insolence et cette effronterie qui sont toujours les derniers excès et le terme de la tyrannie : d'ouvrir, enfin, ou par des mouvemens gradués, ou par un mouvement inattendu, impétueux, au renouvellement total ou partiel des deux comités, pour faire entrer dans le gouvernement par une heureuse irruption les vues grandes, généreuses et vraiment nationales qui avaient tramé la conspiration.

Voilà de cette conspiration, qui a conduit tant de citoyens à l'échafaud, ce que j'en ai pu voir ou savoir ; et si, dans les communications intimes des hommes, il existe pour eux quelque moyen de discerner la sincérité de l'imposture, les intentions magnanimes des intentions petites et personnelles, l'unique ambition de Danton, à cette époque, fut de réparer, par un bien immense et durable fait au genre humain, les maux terribles et passagers qu'il avait faits à la France ; d'étouffer, sous une démocratie organisée avec une haute et profonde sagesse, le délire et les désastres de la sans-culotterie ; de faire expirer la révolution sous un gouvernement républicain assez puissant et assez éclatant pour rendre éternelle l'alliance de la liberté et de l'ordre ; d'assurer le bonheur à sa patrie ; de donner la paix à l'Europe, et de s'en retourner à Arcis-sur-Aube, vieillir, dans sa paresse, au milieu de ses enfans et de sa ferme.

C'est à cette hauteur de sentimens et de vue qu'avait été élevée l'ame de Danton par cette même conspiration qui avait élevé le talent de Camille à côté des pensées profondes et sublimes de Tacite ; et ceux qui en seront étonnés déclareront, par leur étonnement, qu'ils ignorent ce que peuvent dans une ame qui n'a pas cessé d'appartenir aux affections tendres de la nature, les reproches de la conscience pour embrasser la vertu comme l'autel où tout s'expie, et ce que peut une seule vue inspirée par la vertu pour créer ou pour agrandir le génie. En mourant pour la cause de l'humanité, on vit Danton porter et fixer un regard prolongé au ciel, qu'il était digne de regarder : et quelles qu'aient été ses fautes, la vérité lui rendra dans tous les siècles deux témoignages : il a foudroyé le trône, et il est mort sur l'échafaud pour avoir voulu arrêter l'effusion du sang humain qui coulait par torrens sous la main des bourreaux et sur les fondemens de la république.

Toutes mes espérances pour une réconciliation générale étaient perdues avant l'acceptation de l'acte constitutionnel, marquée pour l'époque d'un renouvellement des choses et des hommes. Dans cette même journée, où l'on n'aurait dû exposer aux regards que des emblèmes de paix et d'amour, où l'on n'aurait dû faire flotter dans les airs que des signes qui auraient exprimé et appelé une justice et une charité universelles, où l'olivier aurait dû être le rameau placé entre les mains de tous les envoyés des assemblées primaires et de tous les représentans de la nation; dans cette même journée, j'avais vu la marche triomphale de la république ouverte par des hommes qui n'auraient jamais dû figurer que dans les solennités des cannibales; j'avais vu le tabernacle où était porté le testament nouveau entouré de foudres et de prêtres homicides; j'avais vu tout ce qu'il y a de plus prostitué dans la débauche de Paris traîné sur un char de victoire et sur des canons, pour représenter des républicaines et des mères vertueuses; enfin, dans ce concours tumultueux, que mon ame couverte de deuil n'avait pu suivre que de côté et de loin, et dont la confusion peignait si bien celle de toutes les passions, j'avais distingué que les cris n'exprimaient jamais la joie que lorsqu'ils exprimaient les fureurs de la vengeance : je pleurai sur la république, et je ne songeai plus qu'à me démettre d'une place que je ne pouvais plus garder sans crime, puisqu'il ne pouvait plus me rester aucune des espérances pour lesquelles seules je l'avais gardée.

Je ne pouvais ni ignorer, ni me dissimuler tout ce qu'une pareille démarche, dans un pareil moment, allait me faire courir de dangers; il y avait long-temps que j'avais appris dans mon

Sénèque, qui l'avait appris dans la cour de Néron, *que l'on condamne ceux de qui l'on se sépare ;* un des membres du comité de salut public, qui était plus sûr de faire des vœux pour ma vie, que de ne pas voter pour ma mort, me disait : *Tu jettes ton bouclier ;* le comité de salut public, dont le grand caractère a été d'ériger solennellement en maxime et en loi, ce que les tyrans les plus effrontés de la terre n'ont pratiqué qu'en le cachant dans les abîmes de leur politique, le comité de salut public avait déclaré tous ceux qui se démettraient suspects, c'est-à-dire, coupables : je donnai ma démission, et j'allai attendre mon sort, sans rien tenter pour m'y dérober, sans sortir même de Paris.

A peine je suis hors du conseil exécutif, une députation des Jacobins va demander mon arrestation au comité de salut public ; quelques jours après il se fait ou on fait un grand rassemblement d'ouvriers des carrières de Montmartre et de Mont-Rouge, qui vont demander à la fois à la Commune du pain et l'emprisonnement de plusieurs citoyens : l'un des orateurs place mon nom parmi les noms proscrits, et Chaumette, en l'entendant, s'écrie : *Cela va sans dire.* Menacé de tous les côtés, telle était l'indifférence que le mépris de tout me donnait pour tout, que je jure n'avoir pas même songé à faire aucune revue de mes papiers : toutes mes précautions, en ce genre, se bornèrent à brûler quelque billets qui étaient dans mes gilets, et qui la plupart m'avaient été écrits par Biron et par le fils infortuné du malheureux Custine.

Vers le 15 ou 16 septembre, Garat, ci-devant caissier de la trésorerie nationale, arrive de notre pays commun : il se présente de son propre mouvement à sa section (du Mont-Blanc) où on l'arrête. On trouve dans son portefeuille une lettre à mon adresse ; on l'ouvre : elle était écrite par une religieuse, il est vrai, par une de mes sœurs ; mais cette religieuse est un ange. A deux heures après minuit, le comité révolutionnaire du Mont-Blanc, escorté de fusiliers, se transporte dans mon appartement à la section du Bonnet-Rouge : on s'empare d'une demi-douzaine de mes cartons, on appose les scellés sur tout le reste de mes papiers, on me signifie que je suis arrêté, et qu'il faut me transporter à l'instant à la section du Mont-Blanc. Le lendemain mon neveu et une autre personne qui vient me voir avec lui, sont arrêtés et retenus dans la même prison que moi. Pendant cinq jours et presque cinq nuits on lit un à un les papiers de tout genre qui remplissaient mes cartons, et durant l'examen, des membres du comité révolutionnaire vont à chaque instant dans les bureaux du ministre de la guerre, s'éclairer des lumières de Mazuel, d'Audouin et de Vincent. Pour faire subir un interrogatoire à un ex-ministre, il fallait tout ce qui pouvait se trouver de plus parfait dans un comité révolutionnaire ; et pour cela uniquement y arrivait tous les soirs un homme qui était en même temps membre du tribunal révolutionnaire. Le comité faisait trembler tout le monde, et cet homme faisait trembler le comité : j'ai oublié son nom. La première fois que je comparus devant ce magistrat, un de ses collègues du comité, s'approchant de mon oreille, me dit : *Vous allez être interrogé par le plus grand scélérat de la terre.* J'aurais pu me douter qu'on n'aurait pas fait choix du plus honnête homme. Il faut être juste envers tout le monde : s'il était un coquin, il n'était pas un sot. Il est impossible de fouiller avec plus de dextérité dans toute la vie d'un homme, de manière à convertir les circonstances les plus innocentes en crimes que la haute justice du moment dispensait des preuves d'une justice commune. Tous les examens approfondis, tous les interrogatoires clos, la section me renvoie par-devant la police de la municipalité.

Que de gens auraient cru qu'un pareil renvoi devait me combler de joie! J'allais comparaître devant Pache, c'est-à-dire, pour beaucoup de gens, devant un de mes complices!

Ce complice-là je le trouvai un peu froid et sérieux. Les premiers mots qui sortirent de sa bouche, en voyant un de ses collègues du pouvoir exécutif traîné devant lui par un comité révolutionnaire, furent ces mots tout-à-fait dans le genre judiciaire et policiel : *Nous ne sommes pas compétens pour cette affaire.* Il tenait la loi à la main, et il était les prophètes : j'en savais assez aussi pour ne pas disputer là de compétence. Tout le monde se lavait les mains. J'étais impatient de savoir quel SANHÉDRIN prononcerait enfin ce qu'il fallait faire de moi. Je fus traduit devant le comité de sûreté générale de la Convention.

On n'avait pas chassé encore de ce comité deux ou trois membres très-justement suspects d'impartialité et d'humanité; ils furent assez intrépides pour plaider ma cause, et je reçus une faveur inouïe; on me donna un gendarme que j'ai gardé pendant quatre mois à peu près.

Je ne me séparerai pas entièrement dans ce récit du comité révolutionnaire de la section du Mont-Blanc, sans avoir acquitté, envers deux de ses membres, par un souvenir de reconnaissance, un grand témoignage d'estime qu'ils me donnèrent : le fait est, peut-être, aussi assez singulier pour mériter une place dans les anecdotes de cette époque, où la vertu cherchait souvent sa sûreté dans les fonctions et sous le coustume du crime. Une heure tout au plus s'était écoulée depuis mon arrivée à la section du Mont-Blanc, tous les autres membres du comité s'étaient retirés, il n'en était resté que deux. Je les surprends se regardant entre eux, et me regardant ensuite tous les deux avec intérêt. Cet intérêt, comme on peut le croire, n'attira pas toute ma confiance. L'un était du nombre de ceux qui m'avaient arrêté, et jusqu'à ce moment je ne l'avais pas distingué des autres; il prend la parole: *Eh bien!* me dit-il, *citoyen Garat, quand est-ce que vous croyez que tout ceci finira?*—Quoi! tout ceci?—Mais l'état des choses où nous vivons. — (Je ne répondais pas très-vite; je regardais plus que je ne répondais.) Vous pouvez, me dirent-ils tous les deux, parler avec confiance : la vie que nous menons ici est un enfer; nous sommes les plus malheureux des hommes : notre unique consolation, c'est de pleurer ensemble (et tous les deux pleuraient réellement devant moi); si on nous voyait, il y en a trois ou quatre ici qui nous feraient incarcérer sur-le-champ : on nous épie, et du moindre mot que nous disons en faveur de quelqu'un, on nous en fait un crime. Oh! mon Dieu! quand est-ce que tout ceci finira ! — Il ne me restait presque plus de doute sur la sincérité de leur intérêt et de leur douleur ; et je pris le parti de les consoler, de leur donner des espérances que je n'avais plus moi-même, pour relever leurs ames consternées, et leur donner le courage dont ils avaient besoin pour faire quelque bien dans cet horrible ministère. Braves gens, permettez-moi de vous nommer : je crois le règne de la justice assez établi pour que vos noms parviennent à l'estime publique sans être recueillis encore sur des listes de proscription : l'un est Bourret, apothicaire, rue du Mont-Blanc; l'autre Ptolomée.

Quand je n'eus plus mon gendarme, je parus plus libre, et c'est depuis ce moment que ma mort fut arrêtée; c'est depuis ce moment que les membres du conseil-général de la Commune, qui avaient le plus de crédit, allaient répétant de toutes parts que vingt-neuf chefs d'accusation étaient rédigés pour me traduire au tribunal; c'est depuis ce moment que Héron qui était, comme on sait, bien informé, assurait que mon affaire devait aller avec celle des SUBSISTANCES; c'est depuis ce moment qu'en plein conseil-général du département, Montmoro me dénonçait comme un contre-révolutionnaire, plus pervers que tous les Girondins ensemble, et que des membres de ce même département pressaient incessamment le comité de sûreté générale de me faire arrêter et traduire au tribunal; c'est depuis enfin que, trouvant une occasion commode, et saisissant une analogie qui se présentait naturellement, il fut décidé qu'on me prierait de monter dans la voiture destinée pour le 11 thermidor à trois ou quatre ex-ministres coupables comme moi et de la même manière, et à cinq ou six ex-généraux.

Après le 9, le salut des autres paraissait assez assuré; Billaud ne voulait pas que le mien le fût, et on n'a pas oublié qu'il n'entendait pas que par la révolution du 9 thermidor sa puissance et celle de Fouquier-Tinville fussent affaiblies. Quelques-uns des membres nouveaux, qui étaient entrés dans le comité, avaient eu l'idée de me faire nommer commissaire de l'instruction publique : si vous parlez de cet homme-là, dit Billaud, moi, je parlerai de lui à la Convention. La terreur n'était plus dans les lois, mais elle était encore dans les ames : ceux qui m'avaient proposé eurent peur pour moi, et peut-être pour eux-mêmes.

Telle a été mon existence pendant plus d'un an.

Je ne pouvais recevoir aucune consolation pour les maux qui fendaient de toutes parts sur la république, et qui étaient de telle nature qu'on ne pouvait en espérer le terme que dans cet accroissement progressif qui conduisait tout rapidement au désespoir.

Quant aux dangers et aux malheurs qui m'étaient personnels, j'ai pu recevoir des adoucissemens de plus d'un genre. C'en était un pour mon cœur, de savoir avec certitude, que des hommes, qui avaient été assez aveugles pour m'imputer leurs malheurs, avaient abjuré cette injustice lorsqu'ils m'avaient vu préférer au triomphe de leurs ennemis toutes les persécutions et l'attente journalière de l'échafaud. Je n'avais jamais eu à détruire aucune erreur de ce genre, ni dans Ducos, ni dans Condorcet. A l'instant où Condorcet avait été obligé de chercher un asile, je lui en avais fait offrir un à côté de moi, à l'hôtel même de l'intérieur, et jamais je n'aurais cru employer à un plus digne usage, ni une maison, ni un ministre de la république. Cette violation d'un décret eût été pour moi la plus sainte exécution de toutes les lois. Lorsque plusieurs mois après ce philosophe, l'honneur de la représentation nationale, fut obligé de sortir du réduit sacré où une ame digne de la sienne l'avait dérobé à cette population immense d'espions et de bourreaux qui avait partout des yeux et des oreilles, je lui fis proposer encore de se rendre à une maison que je possède à dix lieues de Paris, et où d'avance tout serait disposé pour le recevoir. L'éloignement du lieu, la grande difficulté de passer d'un département à l'autre sans passeport, rendant l'exécution de ce projet trop périlleux, je m'occupai à lui procurer un autre asile plus près de celui qu'il avait été forcé d'abandonner; et c'est dans le moment où nous concertions les mesures que l'infortuné alla tomber dans les mains qui donnaient la mort à tous ceux qui ne se la donnaient pas eux-mêmes.

Jusqu'aux derniers momens de Ducos, j'ai entretenu des relations avec lui par la femme du général La Marlière, qui ne sortait plus de la Conciergerie, où son mari attendait aussi les bourreaux. En allant à la mort, Ducos et Fonfrède me firent dire par elle qu'ils portaient un cœur plein d'estime et d'amitié pour moi, et que, si on me laissait vivre, ils me recommandaient leur mémoire. Ah! sans doute, elle est recommandée à tout ce qui a un sentiment de justice et d'humanité sur la terre! Mais ce legs sacré ne trouvera personne qui l'exécutera avec plus de piété et plus de religion que moi!

Ceux qui voulaient noircir des victimes si pures, avant de les égorger, n'eurent garde de m'appeler en témoignage dans l'infâme simulacre de leur procédure et de leur jugement; et eux eurent assez de générosité pour ne pas appeler un témoin qu'on aurait fait monter à côté d'eux à l'instant où il aurait parlé.

Clavière, qui se souvenait bien plus encore de mon respect pour la vérité et pour le malheur que de nos querelles, quand il eut écrit pour sa défense un mémoire, dont il croyait pouvoir se servir encore, m'en fit donner communication par son frère, et son frère témoignera comment il fut reçu par moi; il dira s'il trouva ma porte et mon ame fermées par cette terreur qui isolait toutes les ames.

Lorsque Lebrun monta sur le fauteuil de mort, son premier cri fut mon nom, et sa dernière espérance fut de me faire entendre de ses juges. Je courus malade et accompagné de mon gendarme. A peine je suis entré dans la salle, où l'on réunissait les témoins, et où passaient incessamment une foule de malheureux, dont les uns allaient chercher leur arrêt de mort, dont les autres, qui venaient de l'entendre, allaient chercher l'échafaud, je suis entouré d'autres témoins, dont j'étais plus connu qu'ils ne l'étaient de moi; presque tous me pressent de me retirer, de me dérober à une catastrophe à laquelle je ne pouvais tenter d'arracher Lebrun que pour en être frappé avec lui. J'en étais convaincu comme eux, et un instant, je le confesse, la nature, qui se rejette en arrière devant tout péril que le courage et la vertu ne peuvent pas combattre, délibéra en moi pour décider si je resterais pour déposer devant les tigres, ou si je fuirais cette caverne où je croyais voir fumer le sang de tant de victimes. Ma détermination fut de rester. Je restai le matin jusqu'à ce que l'audience fût levée; je restai le soir jusqu'à ce que les jurés, avant d'avoir entendu un seul des témoins appelés par Lebrun, eussent déclaré que leur conscience était suffisamment éclairée.

J'étais sûr, en restant, de tout faire contre moi et de ne rien faire pour Lebrun; mais quand les hommes ne peuvent rien pour se sauver, le devoir de verser un seul sentiment de consolation et de douceur dans la mort devient aussi sacré que celui de défendre mutuellement leur vie : et ce furent là le sentiment et le principe de morale qui me retinrent comme cloué dans l'antre de Polyphême, en attendant que mon tour vînt d'être dévoré.

Pour désirer de conserver la vie au milieu de tant d'horreurs, il m'était nécessaire de penser que ma conservation ne serait pas inutile à cette nation traitée par quelques-uns de ses représentans comme elle ne l'avait jamais été par ses despotes; et cette pensée, je la trouvais dans le projet dont j'étais sans cesse occupé de laisser sur ma tombe une histoire de ce que j'avais vu dans la révolution. Pour ne pas étouffer au milieu des scènes sanglantes qui se passaient sous mes yeux, il me fallait encore essayer au moins d'arracher aux bourreaux quelqu'une des victimes qui tombaient tous les jours sous leurs coups, et je n'ai pas à me reprocher d'avoir laissé échapper une seule occasion de jeter le cri plaintif de l'humanité au milieu de tant de barbares.

Une fois, au moins, j'ai dû au hasard, à la rencontre la plus fortuite, le bonheur de sauver la vie à un Anglais qu'on allait mener à l'échafaud, comme espion de Pitt, et qui avait été obligé de fuir l'Angleterre pour avoir professé quelques-uns de ces principes d'une générosité universelle qu'on punit partout comme des crimes, lorsqu'on ne les dédaigne pas comme des rêves. Hélas! cet excellent homme, dont je suis obligé de taire le nom, ignore qu'il me doit la vie, et il ignore encore qu'une lettre qu'il m'a écrite de Bâle a servi à des imposteurs pour m'accuser d'entretenir des correspondances avec les ennemis de la république. C'est quand toutes les passions sont déchaînées que tous les événemens deviennent comme fortuits, et que la fortune et le hasard semblent devenir, pour le bien et pour le mal, les divinités aveugles qui dirigent les destinées humaines.

Telle a été ma conduite; je l'ai exposée : les vérités évidentes n'ont pas besoin d'un autre genre de démonstration.

Quant à ceux de mes ennemis qui voudraient me juger sur leurs haines, et non pas sur mes torts, plus je leur ferais sentir que je n'ai pas de torts, plus ils sentiraient qu'ils ont des haines : ce n'est pas pour eux que j'ai dû écrire.

Tandis que les uns cherchaient à m'effrayer par leur colère, d'autres ont eu l'air de me rassurer, en me menaçant de leur indulgence. En rappelant les accusations qui m'ont été faites, ils ont parlé de quelques talens qu'ils croient apercevoir en moi, et qu'il faut, ont-ils dit, conserver à la chose publique.

Quel langage de tous les côtés dans des républicains!

Aurions-nous donc changé de régime pour mettre à la place de la justice des graces ou des vengeances? Ignore-t-on que, s'il y a des hommes sur lesquels on peut prendre beaucoup de vengeances injustes, il en est à qui on ne peut faire aucune grace? Ignore-t-on qu'une république est perdue lorsqu'elle reçoit les services des talens qui l'ont trahie, lorsqu'elle pardonne à ce qui la corrompt, en faveur de ce qui lui est utile? Qu'un despote dont on a consolidé la puissance lorsqu'on a amusé ses esclaves, laisse vivre après ses crimes un joueur de flûte ou de harpe, je le conçois : là tout est fait pour les jeux et pour les crimes, et les actes même de la justice ne sont guère que des crimes et des jeux. Mais moi, je ne puis avoir aucune espèce de talent propre à une république, où j'ai celui de démêler quelquefois, dans les opinions humaines, ce qui est erreur et ce qui est vérité, de peindre quelquefois la vertu avec ces charmes qui lui sont propres et qui effacent ceux des passions. Si donc celui qui possède ce genre de talent en voyant plus distinctement qu'un autre la vérité, l'a étouffée sous d'artificieux mensonges; si, en présentant la vertu à l'amour et au culte des mortels, il est devenu le complice de quelques scélérats, et de ministre de la république qu'il était le ministre de quelques conspirateurs, que parle-t-on pour lui d'indulgence et de grace? Il a failli, sans se tromper; il a violé tous ses devoirs en connaissant toute leur sainteté : il est sans excuse, on doit être sans miséricorde. Qu'il périsse; la clémence pour lui sera dans la mort qui le dérobera à son infamie.

Et comment a-t-on pu croire qu'en le conservant uniquement pour ses talens, ses talens pussent être conservés, qu'ils pussent encore être utiles? Quel ascendant victorieux aurait la vérité dans la bouche ou sous la plume d'un homme à qui on aurait pardonné d'avoir trompé sa patrie? Que prouverait-il par les hommages qu'il rendrait à la vertu, sinon qu'on peut l'honorer par ses expressions, et la trahir par ses actions? Qui sait combien les doutes répandus sur la sincérité de ce peintre éloquent de la vertu, de Sénèque, sur l'accord de sa morale et de ses mœurs, de ses principes et de sa vie, ont répandu de doutes sur la réalité de la vertu elle-même? En dégradant un philosophe, l'infâme Suilius et ses infâmes échos ont beaucoup dégradé la philosophie elle-même : et c'était là peut-être leur but principal et leur plus chère espérance. Croyez-moi, vous auriez beau faire grace à la vie d'un philosophe coupable, en faveur de son talent, son talent périrait en recevant cette grace; son talent étoufferait de honte sous l'affront de votre clémence, et sa vie, sa personne dont vous ne faites aucun cas, serait la seule chose qui vous resterait de lui.

Quant à moi, il faut que vos erreurs, que vous ne pouvez guère garder, me fassent une injustice bien complète, bien formelle, ou que votre justice m'honore. Avec moi, vous n'avez pas deux partis à prendre; et si vous persistez à m'outrager de votre indulgence, moi, pour relever mon ame que vous voudriez abaisser, je prendrai votre indulgence pour votre iniquité, et prêt à suffoquer sous l'injure d'un pardon, je respirerai à l'aise et avec hauteur sous l'oppression dont vous seriez coupable : alors, si en effet il existe en moi quelques talens, je serai sûr d'en trouver toute la puissance, et je l'exercerai.

Cette manière de me faire grace ne serait donc qu'une manière de me perdre, et elle réussirait bien peu.

A l'un de ceux qui avaient juré, et avec solennité, le sacrifice de leurs plus justes ressentimens, il est échappé un mot, par lequel sa passion se débarrassait au moins de tous les voiles qui pouvaient la gêner. Il faisait circuler un de ces libelles où j'ai été si indignement et si platement diffamé. *Mais tout cela est faux,* lui dit-on; *et qu'importe,* répond-il, *pourvu que cela le perde?* L'aveu est naïf, et il est clair que, pourvu qu'on pût me perdre, il importerait peu à ce représentant du peuple que ce fût par le mensonge ou par la vérité. Moi, je ne ferai point le serment de renoncer à une vengeance très-légitime; mais son nom, je le tairai, et il me semble que cela est assez généreux.

Je voudrais seulement qu'il prît la peine de m'apprendre quel moyen il choisirait pour me perdre, et dans quel moment il me tiendrait pour perdu. Pour que sa passion fût satisfaite, il faudrait que lui et moi nous portassions le même jugement de ce qui m'arriverait, graces à ces soins; car, si, dans une situation où il me croirait perdu, moi, je me croyais sauvé, sa méprise serait grande et sa haine un peu déçue.

Son espérance est-elle de me perdre en me faisant perdre la place que j'occupe? Qu'il se réjouisse, je ne suis plus commissaire de l'instruction publique, je remets, par ces mots mêmes, au comité d'instruction publique et à la Convention, le titre et les fonctions qui m'ont été confiés. Je ne suis plus rien. Me croit-il perdu? Il doit le croire; on m'a supposé un grand amour pour les places et pour les traitemens. Faiseurs de journaux, de pamphlets, de placards, tous excellens citoyens, comme le prouvent leurs noms et les titres de leurs écrits, ont imprimé, affiché que j'accumulais trois ou quatre places, et quant au traitement, on m'en donnait bien plus que de places encore : il n'y a eu de doute que pour savoir si c'était 50,000 livres de revenu que je me faisais, ou 100,000. On voit que la table d'or était bien dressée, et qu'il ne me restait plus qu'à écrire dessus un traité et un éloge de la pauvreté.

Je confesse que j'étais content de mes richesses, et que je ne demandais pas plus de fortune ni aux dieux ni aux hommes : il faut pourtant que l'on connaisse au juste quels ont été ces traitemens que l'on a eu peine à dénombrer. Comme commissaire de l'instruction publique, j'ai dû avoir, on le sait, le traitement de tous les commissaires, douze mille liv. par an. Si quelqu'un sur la terre, caissier, banquier, trésorier ou autre, veut dire que, sous quelque prétexte que ce soit, il m'a fait toucher un denier de plus, qu'il se lève, je lui donne la parole comme président de cette discussion. Ces traitemens nombreux se réduisent donc à un seul : et si on veut soutenir encore que j'en ai eu un nombre, il faut traiter la question, traitée quelquefois par les géomètres métaphysiciens, savoir : si un est nombre ou ne l'est pas. Je suis un peu métaphysicien, infiniment peu géomètre : je laisse la question à traiter aux savans auteurs des pamphlets : la vérité ne peut échapper à des esprits qui la cherchent avec tant de sagacité et tant d'amour.

La mode s'est établie avec la république de rendre compte de sa fortune passée, présente et presque future. J'aime assez cette mode, si elle devient un usage ; car si un fripon est assez habile pour cacher ce qu'il a pris, tous les fripons sont assez habiles pour découvrir ce qu'ils cachent : les fripons sont très-bons censeurs les uns des autres. Pour les honnêtes gens ils donneront des exemples qui, peut-être, seront quelquefois suivis. Il y a donc tout à gagner à cette mode, et je m'y range.

Je suis fils d'un médecin basque qui a exercé la médecine en Espagne et en France : mon père, qui passa pour très-habile médecin dans les deux royaumes, ne fut pas assez habile pour se faire, dans l'une ou dans l'autre, la plus petite fortune : il mourut sans avoir rien retranché et sans avoir rien ajouté, je crois, à son mince patrimoine : il était trop honnête homme pour faire des dettes, et trop généreux, trop désintéressé pour laisser quelque chose.

J'avais le titre d'avocat à Bordeaux, et j'avais de plus vingt-cinq ans, sans que ma majorité m'avertît que je n'avais aucun moyen de vivre qui me fût propre, et que je devais en chercher. Je vivais à côté d'un frère qui m'empêchait d'y songer. Toujours un Virgile dans une poche, et un Locke ou un Montesquieu dans l'autre, j'errais dans des campagnes couvertes de richesses et de beautés; j'oubliais que j'étais sur la terre, parce que Senon, Florac, Ustarits ressemblaient à l'Élysée; je n'apprenais point que j'étais parmi des hommes, parce que mes entretiens continuels étaient avec ces génies qu'on a appelés les enfans des dieux. Cependant il fallait, comme on dit, prendre un parti : on va juger si je pris celui qui pouvait me conduire à la fortune : je vins à Paris faire des articles du *Mercure* et des discours d'académie.

Trouvant partout des amis et du bonheur, ma fatale étoile me condamnait à oublier toujours que j'étais né pauvre, et que je restais comme j'étais né.

Tout devait changer avec la révolution de France, qui changera le monde : je commençai à espérer en 1789, que des idées, qui ne m'avaient guère occupé jusqu'alors, que comme *beau idéal*, pourraient se réaliser sur la terre; jespérais que des rêveries délicieuses pourraient devenir des pensées utiles, et qu'après avoir fait mon bonheur, elles pourraient entrer dans le concours de toutes les vues qui allaient préparer le bonheur du genre humain. Mais je savais et je n'oubliais pas, au milieu de ces espérances enivrantes, combien les vérités importantes et étendues sont difficiles à découvrir, combien les vérités découvertes sont difficiles à démontrer, combien les vérités démontrées par une analyse rigoureuse sont difficiles à présenter aux hommes avec cette clarté qui les dispense d'une longue attention, et avec ce charme qui les récompense d'une attention passagère. Je comprenais donc parfaitement combien la mission que je me donnais, et il faut que je parle comme je sentais, combien la mission que je croyais avoir reçue de la nature était difficile à remplir, combien elle exigeait de temps et d'indépendance entière. Pour me procurer les moyens de fortune qui devaient m'assurer cette indépendance et ce temps, je me condamnai, pour près de trois ans, au genre de travail qui contrariait le plus et toutes mes mauvaises habitudes, et toutes mes bonnes qualités. Je me chargeai de la rédaction de l'article *Assemblée natio-*

nale dans le Journal de Paris. Le prix de ce travail, que je ne touchai en très-grande partie qu'à sa fin, est la plus grande fortune, elle est LA SEULE que j'aie faite jusqu'à ce jour. Elle se montait à trente-deux mille livres à peu près.

J'ai acheté avec cet argent une maison et un jardin à dix lieues de Paris, à Auvernau, lieu sur lequel se fixa tout de suite mon choix, parce que j'y trouvai très-peu d'hommes et beaucoup de rochers.

L'expérience éclaire, comme on sait, ou comme on dit; elle m'apprit bientot qu'un jardin ne nourrit son maître que dans *les Géorgiques* de Virgile et dans *les Saisons* de Thompson. Si j'avais pu gagner avec le Journal de Paris quelques mille livres de plus, il y avait à côté de mon jardin quelques terres excellentes et pas très-chères, qui auraient suffi pour m'établir là comme un colon ; ce regret et ce vœu m'échappaient quelquefois dans mes conversations : le vent de l'amitié les porta à l'oreille d'un homme de lettres et de son frère, que je ne connaissais pas du tout, (Legrand, auteur des *Fabliaux* et d'un excellent *Voyage en Auvergne*) et tous les deux se réunirent pour faire et pour me prêter vingt-six mille livres, avec lesquelles j'ai acheté les terres, objets de mon ardente ambition. Ces hommes généreux ne le voulaient pas, je les ai forcés à recevoir l'intérêt légal de leur argent.

Voila mon bilan : voilà mon actif et mon passif.

Si on me trouve quelque chose de plus, qu'on le prenne, et qu'on ne m'en laisse que l'infamie et les supplices que doivent subir les dilapidateurs des deniers de la république.

Quant à l'avenir, j'ai dans mes portefeuilles une *Histoire de l'antiquité* très-avancée, et quelques autres ouvrages pour lesquels j'ai déjà traité avec quelques imprimeurs. J'ignore encore ce qu'ils doivent me rapporter ; mais toutes mes transactions sur mes ouvrages seront publiques ; et puisque j'ai été un instant ministre, je consens et avec joie à être toute ma vie comptable de la république.

On a dit qu'il y a des hochets pour tous les âges ; il y en a aussi pour tous les caractères : et tel homme, peu ébloui de l'éclat des richesses, peut se regarder comme perdu, lorsqu'il perd les postes qui lui donnaient le moyen de donner des places à ses amis, pour s'en faire des créatures, et à sa famille, pour établir son ambition sur des fondemens plus étendus et plus solides. Mais pour sentir une pareille perte, il faudrait que j'eusse voulu me donner une pareille jouissance. Dans l'administration de la justice, je n'ai nommé qu'aux places que j'y ai trouvées vacantes; et il n'y en a eu que deux, je crois; dans l'administration de l'intérieur, toutes les places étaient remplies par des amis de Roland; je les ai tous non-seulement conservés, mais défendus contre le parti triomphant et proscrivant, qui m'ordonnait de choisir d'autres coopérateurs. Je ne savais ce que ce courage pouvait me valoir, et qu'il ne serait aperçu que par ceux qu'il indignait; mais pourvu que le bien que je faisais fût consigné dans ma conscience, je ne me souciais pas d'afficher le compte de ma morale sur les murs et sur les colonnes de tout Paris. A la commission de l'instruction publique, dans l'état où je l'ai trouvée, un grand nombre de réformes étaient indispensables. Excepté un seul homme, avec qui j'avais des liaisons, homme excellent de cœur et d'esprit, d'Esrenaudes, tous les autres choix ont été adoptés par moi, mais faits par la renommée; et lorsqu'on a disputé à Ginguené et à moi ce faible mérite de l'adoption, nous avons gardé le silence; il nous a suffi qu'on ne pût pas en enlever les avantages à notre administration.

Quant à ma famille, je me suis entendu reprocher souvent de ne rien faire pour elle, et jamais d'en faire trop. Un de mes neveux a subi dix mois d'une détention rigoureuse, et je n'ai pas pu lui en sauver dix minutes; dénoncé par un mauvais chanteur, il a expié par une année de prison le crime de faire retentir dans un gosier français les chants les plus doux, les accens les plus passionnés de la mélodie italienne, et d'être en musique un *ultrà révolutionnaire*. J'avais deux neveux dans les armées de la république quand j'étais au ministère : l'un aux Pyrénées, l'autre au Rhin. Celui-ci a fait toutes les campagnes de la guerre. En ouvrant à la baïonnette les rangs ennemis, lui et ses camarades ont souvent chanté les couplets républicains et guerriers dont il était l'auteur, et ce jeune Tyrtée, qui n'était pas boiteux, est toujours resté simple soldat. Depuis mon entrée dans les administrations, j'ai eu toujours auprès de moi et à mes côtés un autre neveu. Fonfrède était son parent, Ducos son ami de cœur, tous les députés de la Gironde ses amis. Tous ces amis, excepté moi, s'étaient chargés de son avancement : il s'avança, en effet, aux affaires étrangères jusqu'à une place de près de mille écus, et la seule place qu'il ait eue de moi, est celle de secrétaire *de section*, place très-subordonnée dans la commission dont j'étais le chef, et dont toutes les places étaient à ma disposition. Mon espérance pour lui est qu'il n'occupera jamais de place dans la république, mais qu'il en prendra une parmi les hommes dont les talens, les écrits et les vertus servent et honorent l'humanité.

A-t-on cru me perdre, en me faisant perdre des places qu'on imagine, peut-être, que je regardais comme des carrières pour cette unique ambition, pour cette dernière passion des grandes ames, pour la gloire? Sans doute, il y a eu des temps malheureux, où un administrateur, qui pouvait beaucoup auprès d'un despote qui pouvait tout, concevait légitimement le projet et l'ambition de rendre son nom cher et immortel dans un grand empire, d'embrasser dans ses pensées tous les besoins, et dans ses vœux tous les vœux d'un peuple, pour les remplir et pour les rendre à jamais respectables par des lois que les caprices même du despotisme craindraient de renverser : cette alliance du génie d'un seul homme à la puissance d'un seul homme, a été long-temps la seule espérance des nations; c'est elle qui a revêtu d'une gloire qui ne périra point dans les révolutions, les noms des Sully, des Turgot; et dussent ces grandes ombres en murmurer; dussent se soulever contre moi de grands révolutionnaires que j'estime et que je chéris, j'inscrirai encore parmi les noms de ces ministres immortels, le nom de Necker.

Elle était assez belle pour la plus grande ambition, cette gloire qui brillait à la fois de l'éclat du talent, et de l'éclat de la puissance, qui, en se faisant estimer des sages qui l'appréciaient, se faisait adorer de la multitude, dont elle changeait les destinées : cependant elle n'occupait que la seconde place dans l'opinion de ceux qui aspiraient aux divers genres de gloire, et qui en étaient les dispensateurs. C'est pour le philosophe qui avait reculé les bornes de l'esprit humain, et pour le poète qui avait étalé des chefs-d'œuvre sur la scène qu'était la première gloire. Les puissans de la terre connaissaient ces sentimens que l'homme de lettres supérieur renfermait et conservait dans son âme, et ils ne pouvaient les lui arracher ni par leurs bienfaits, ni par leur hauteur. Le nom de Smiths efface les noms de tous les ministres de la Grande-Bretagne, et la gloire de tous les ministres de France s'éclipse devant la gloire de Montesquieu.

De quel homme aspirant à quelque célébrité de talent, pourraient donc être aujourd'hui l'ambition, ces places de l'administration qui, lors même qu'elles sont les premières, sont heureusement si peu de chose dans les institutions de la république, et à côté de la représentation nationale ? Semblable à l'ouvrier dont la main met en jeu les ressorts d'une machine dont Huighens ou Galilée sont les inventeurs, la main de l'administrateur de la république opère ; son génie n'a rien à concevoir ; son devoir et son serment sont d'exécuter avec autant de scrupule une loi qu'il juge mauvaise, qu'une loi qu'il juge excellente ; et tandis que tous les autres citoyens énoncent avec une liberté généreuse toutes leurs opinions, lui seul est presque toujours obligé de taire toutes les siennes : en l'élevant à ce poste honorable, il semble qu'on ait effacé en lui les droits de l'homme et du citoyen, il semble qu'on ait arrêté sa pensée, pour ne lui permettre de se mouvoir que par la pensée des autres. Qu'on les bénisse ces victimes dont la patrie a besoin, et qui s'immolent tous les jours à la patrie ; mais qu'on les choisisse avec convenance, pour qu'elles-mêmes ne soient pas trop malheureuses, et pour que la république ne perde pas trop de talens. Aujourd'hui les premières places de l'administration ne demandent que des hommes probes, laborieux, ayant peu d'idées à eux, pour qu'ils n'en soient pas trop préoccupés, qui n'aient aucune connaissance et aucun sentiment de cette gloire que les siècles dispensent, pour qu'ils puissent être touchés et consolés par ces soumissions qu'on affecte encore devant une place, lorsqu'on n'attend pas davantage de l'insulte faite à celui qui l'occupe.

Tels sont les hommes estimables auxquels il faut désormais faire occuper ces places : on voit qu'en les occupant j'étais condamné à trop de sacrifices. La république est depuis long-temps la plus grande de mes pensées et de mes espérances; mais elle n'a pas eu à m'offrir de place qui ne fût au-dessous de mon ambition.

Qu'on se rie, j'y consens, de ce sentiment de moi-même que l'injustice des hommes me force à produire ; qu'on le couvre de ce ridicule que la vanité de tous sait si bien répandre sur l'orgueil d'un seul ; personne ne pourra juger avec plus de dédain que moi les misérables productions arrachées à mes besoins bien plus qu'émanées de mes conceptions. Les titres de mon orgueil, si on veut ainsi l'appeler, n'existent nulle part encore ; si je périssais, tous périraient avec moi. Mais qu'il soit insensé, ou qu'il ait des motifs légitimes, ce sentiment de mon ame, il suffit qu'il existe pour m'en donner un autre : c'est que loin de perdre quelque chose en perdant des places, si je les conservais je me perdrais tout entier.

Peut-être a-t-on entendu me perdre tout entier, mais d'une autre manière : mes forfaits sont si grands, ils sont de nature à trouver parmi les hommes, sinon une justice, au moins des juges si inexorables ! et puis la peine de mort a paru si dangereuse à abolir encore ! et la déportation qu'on a mise à sa place, pour certain cas, est une peine si commode et si prompte, qui concilie si parfaitement tous les intérêts ! Il est très-possible qu'on ait pensé à me perdre, en me faisant monter sur un vaisseau ou sur un échafaud. Plus d'un avertissement secret et non secret m'en a été donné par des gens qui, peut-être, n'auraient pas été fâchés que je me déportasse moi-même. Mais en tout, je suis curieux, et, quoi qu'on dise de ma douceur, sur les choses qui valent la peine qu'on prenne un parti, assez opiniâtre. Je veux voir, tant qu'on me laissera des yeux, comment tout ceci pour moi et pour les autres ira à un terme ou à une fin.

Si je dois être condamné, je ne demanderai pas, comme dans quelques anciennes républiques, qu'on me laisse le choix du supplice ; mais dans le cas où je devrais être déporté, il sera égal à mes ennemis que je sois jeté dans la Sibérie ou à Madagascar : et à moi, né sous le ciel du midi, la chaleur du soleil m'est si nécessaire ! un ciel rempli et resplendissant de sa clarté m'est si doux à contempler ! Si quelque pitié reste encore à mes ennemis pour un être si faible, et dont ils vont disposer avec tant de puissance, je les conjure de me faire descendre sur cette grève enflammée de Madagascar, où il me suffira de faire quelques pas pour trouver un domicile sous l'ombre d'un bananier. Comme le Socrate en délire, si je rencontre un tonneau, et qu'on ne m'ôte pas mon soleil, je puis encore trouver le bonheur, je pourrai encore bénir la douceur naissante des lois de ma république.

Sera-t-on moins miséricordieux que je ne l'espère, et cette peine horrible dont Robespierre et Billaud ont fait pour tant de Français un supplice qu'ils ont subi avec tant de magnanimité et tant de gaieté, est-elle celle qui me serait réservée ? Je crois avoir été assez l'apôtre de la vérité, je ne suis pas très-pressé d'en devenir le martyr. Ce que disait un philosophe de l'antiquité est peut-être vrai ; il est peut-être égal de vivre ou de mourir : cette grandeur d'indifférence ou de stoïcisme n'est pas un sentiment naturel à mon ame : je n'ai jamais cherché à l'acquérir ; j'aurais trop craint de tarir dans mon cœur cette source de ravissemens qu'y a toujours portés le spectacle de la nature et le sentiment de l'existence, sentiment divin, répandu avec tant d'abondance et de variété sur tous les êtres, qui trouve tant d'ingrats et qui m'a toujours trouvé si reconnaissant, si disposé à entonner le cantique de la vie avec tout ce qui sent, tout ce qui se meut et tout ce qui chante sous les cieux !

Cependant il est impossible d'avoir vu, pendant une année entière, la mort tombant sur tant de têtes innocentes, et toujours suspendue sur la sienne, sans avoir réfléchi sérieusement à la manière dont on pourrait être conduit au pied de l'échafaud, à la manière dont on y monterait, et aux sentimens qu'on trouverait dans son ame à ce dénoûment de la vie. Si des expériences suffisamment réitérées n'avaient appris ces détails à mes ennemis, s'ils me les demandaient avec quelque instance, je leur dirais comment on devrait s'y prendre pour faire sortir de quelque section une voix imposante et majestueuse qui s'étonnerait de ce que je ne suis pas encore mis en jugement; comment dans un renouvellement des comités une haine bien violente, bien proclamée contre moi, serait un titre pour y entrer; comment dans un rapport mon nom serait mis, non pas à la suite de quelques hommes peut-être réellement coupables, mais à la tête; comment, dans une prosopopée éloquente et même pathétique, on ferait parler les mânes des victimes égorgées, pour faire égorger en leur honneur une autre victime au moins aussi innocente : je me croirais en état de tracer parfaitement l'itinéraire de ma route à l'échafaud.

Je suis plus sûr encore des dispositions dans lesquelles cet accident trouverait ou mettrait mon ame; plus d'une fois mes lèvres ont touché à ce calice; il a perdu pour moi son amertume. Ombres généreuses et adorées, vous que les puissances de la terre ont fait périr sous les ignominies, sous les verges des licteurs et sous les haches des bourreaux, pour avoir fait entendre à leurs passions les oracles de la raison et de la sagesse, en m'exposant à votre mort pour m'être proposé, dans de grandes circonstances, quelques-uns de vos exemples, mon ame s'est approchée aussi de votre grandeur. Elles m'ont été révélées dans nos sanglantes catastrophes, les sources sacrées où vous avez puisé cette magnanimité facile qui vous a fait pleurer sur vos bourreaux, et sourire à la ciguë et à la hache. J'ai senti ce témoignage puissant d'une conscience éclairée que ne peut infirmer le genre humain tout entier trompé et armé contre la vertu et contre la vérité; j'ai touché à ces transformations qui, au milieu de tous les supplices, dérobent une ame pure à toutes les douleurs, qui ne lui permettent de sentir que la grandeur de l'événement qui s'accomplit en elle pour rendre sur la terre la vertu plus auguste et plus touchante, qui lui présentent, dans le tableau rapproché de tous les siècles, ce culte d'amour, de larmes et d'admiration, que les peuples désabusés doivent lui rendre un jour. En m'élevant à l'échafaud, ombres chéries et vénérées, placé entre vous et la terre, que je verrais encore, je croirais vous voir m'accueillir au milieu de vous, comme une victime de vos leçons et de vos exemples, je croirais entendre mon nom prononcé avec le vôtre au milieu des bénédictions que le genre humain s'honorera toujours de vous dispenser; et le dernier soupir de mon ame serait encore une action de grace à cette cause inconnue de toutes les existences, qui m'a donné une intelligence pour discerner la vérité, et un cœur pour l'embrasser avec amour !

En supposant que c'est aux bourreaux qu'on eût songé à confier le soin de me perdre, j'ai donc lieu de croire qu'on pourrait me donner la mort, mais qu'on ne pourrait me la faire sentir, et que, par mon supplice, dont je serais le témoin, on parviendrait seulement à me faire assister à mon inauguration parmi ces génies révérés dont j'ai reproduit quelquefois les images sous les pinceaux de l'histoire, et que leur dévouement à la vérité a conduits à la mort et à l'immortalité.

Quand l'ame s'est enivrée de ces hautes espérances dans la contemplation d'une mort sublime, il est difficile de redescendre à l'espérance de vivre, et d'y trouver quelque charme. Je dois pourtant le dire, ma plus ferme persuasion, c'est qu'aucun assassin, de quelque titre auguste qu'il soit revêtu, excepté ceux qui peuvent m'attendre dans le tournant d'une rue, ou au coin d'un bois, n'osera toucher à ma vie; et ce n'est pas par moi qu'elle sera le mieux défendue; elle sera le mieux défendue par l'amour que mes ennemis ont de leur propre vie, et par le soin qu'ils en prennent.

Le trait qu'ils lanceraient sur moi les percerait eux-mêmes d'un coup mortel; et ils iraient tomber à peu de distance du jour où ils auraient vu couler mon sang.

Il est beau de proclamer les principes qui peuvent seuls mettre les hommes en sûreté et le genre humain en paix : mais pour en être protégé, il ne suffit pas de les proclamer, il faut les respecter : il ne suffit pas de les respecter envers ses amis et pour soi-même; il faut les respecter contre soi-même et envers ses ennemis. Les vrais principes sont des articles d'un traité de paix dicté par la raison aux passions et aux erreurs qu'elle ne peut détruire. Être bienfaisant et juste envers ce qu'on aime, et ce dont on est aimé, n'est pas une vertu ; les tigres même et les loups le sont : la véritable vertu, la seule vertu sociale est cette force éclairée, qui ne se précipite ni du côté de l'amour ni du côté de la haine, mais qui, marchant toujours les balances du raisonnement et de la justice à la main, arrête les passions par la prévoyance, résiste aux affections personnelles par la vue et par le sentiment de l'ordre général, et ne s'avance jamais qu'en posant des barrières ou des fanaux partout où elle aperçoit des précipices.

Le temps où on pouvait tromper les honnêtes gens sur mon compte est passé. Les passions, de quelque espèce qu'elles aient été, quelque but de bien public qu'elles se soient proposé, ont fait depuis un an à la France des maux si inouïs, qu'elles-mêmes en sont épouvantées. Nul ne peut plus attendre aucun bien réel que de la sagesse, de la modération et de la vérité. La vérité commence à percer de toutes parts. Il existe des hommes capables de la discerner à travers tous les nuages de sang dont elle a été enveloppée, capables de la présenter avec ces traits précis et éclatans qui assurent son triomphe en lui donnant son évidence. Il n'existe pas sur la terre de puissance capable d'anéantir ou d'obscurcir les vérités que j'ai consignées dans ces pages que je publie aujourd'hui : puisqu'elles sont écrites, elles sont impérissables : toutes se tiennent, et elles tiennent à tout ce qui a été. Le sceau que je leur ai imprimé sera plus ineffaçable que celui de toutes les républiques et de toutes les chancelleries. Ma personne est encore sous la main des hommes ; ma mémoire n'y est plus. Des hommes qui ne pouvaient me pardonner de les croire les uns et les autres les amis de la république, se sont embrassés pour la sauver ensemble, et ce que tous appelaient ma faiblesse est devenu la sagesse de tous. Je ne me suis pas trompé, puisqu'ils ont reconnu leurs erreurs : je suis justifié, puisqu'ils se sont pardonné. Il est un tribunal, mais c'est le seul devant lequel nous devons encore tous paraître, c'est celui de la postérité. L'esprit de parti, qui n'est pas l'esprit des siècles, cherchera encore à faire arriver ses dépositions erronées ou fallacieuses à ce tribunal; mais elles périront dans ces routes du temps que la vérité seule traverse dans toute leur étendue; elles ne seront point entendues ou elles n'influeront point sur les jugemens que la postérité prononce et qu'elle grave sur les tombes qui ont enseveli dès long-temps tous les partis; et puisque mon nom est attaché à des événemens qui seront l'entretien, l'effroi et la leçon des siècles, la postérité gardera quelque estime à l'homme qui a passé au milieu de tous les partis, et qui n'a jamais embrassé que celui de la république et de l'espèce humaine, froissées entre les partis de tous les genres; qui n'a jamais ni demandé ni désiré aucune place, et qui n'a jamais refusé les fonctions les plus entourées de dégoûts et de dangers; qui, en blessant toutes les passions qu'il voulait éclairer et désarmer, les a presque toutes contraintes à l'aveu de la pureté de ses intentions; que les deux côtés ont également accusé d'être *faible*, parce qu'il a eu la force de résister également aux emportemens de tous les côtés, et que rien ne doit paraître faible comme la raison, à des esprits enivrés par toutes les passions; qui enfin, depuis les premiers instans de la révolution, entièrement dévoué à elle, toujours prêt à la sceller de son sang et jamais du sang des autres, n'a jamais formé qu'un vœu, le vœu de la voir achevée par les progrès de la raison, comme elle a été commencée.

NOTES DE GARAT.

Voici les détails que j'ai promis sur l'exécution du décret contre les pillages.

Le décret est arrivé dans les bureaux du département de la justice, *le 1er mars à sept heures du soir.*

Ce même soir j'en ai envoyé des expéditions au directoire du département, à la municipalité, au tribunal criminel.—Cette même nuit le décret fut imprimé, et le lendemain deux exemplaires furent envoyés au département, à la municipalité, aux quarante-huit sections, aux quarante-huit juges de paix, aux six tribunaux de district, à tous les directeurs de jurés, au tribunal d'appel de la police corectionnelle, au tribunal de commerce, à l'accusateur public, auquel j'écrivis pour lui recommander la plus grande activité. Le 4 mars, le tribunal criminel de Seine-et-Oise en reçut aussi des exemplaires. — Le 3 et le 4 du même mois, l'accusateur public me présente des difficultés sur la manière d'informer contre un journal et contre un député; je lui rappelle les lois et je lui aplanis les difficultés. Je n'attends pas qu'on m'instruise de la marche de la procédure et de ses progrès; je m'en enquiers; et je m'assure que plusieurs directeurs de jurés agissent sur les faits de pillage, et que les maisons d'arrêt renferment plusieurs prévenus. — Le 17 mars, l'accusateur public me communique une lettre du juge de paix de la section du Théâtre-Français, qui n'avait reçu qu'une seule déclaration, d'où il ne sortait aucune lumière, et il m'interroge encore sur la marche qu'il doit suivre. Je le renvoie aux lois, où il trouvera sa marche tracée, et je lui laisse voir l'étonnement où il me met en me laissant voir tant d'incertitude, d'hésitations et de tâtonnemens.

Le morceau qu'on va lire est copié du mémoire que j'adressais aux départemens.

« En sortant de chez moi, le maire de Paris se rendit au comité de salut public; bientôt je l'y suivis, et bientôt aussi je me rendis à la *commission des douze* qui m'avait appelé; je n'y trouvai que deux de ses membres, Vigier et un autre dont Vigier doit se rappeler, et dont je ne me rappelle pas le nom. Tous les membres de cette commission pouvaient croire avoir à se plaindre de moi, et Vigier n'était pas celui qui était le moins animé de l'esprit qui avait provoqué les actes que j'avais condamnés. Mais au milieu de si grands intérêts et de si grands événemens, les ames qui ne sont pas étrangères à toute vertu se pressentent, se devinent; quelques torts mutuels qu'elles croient avoir à se reprocher, elles s'ouvrent, elles se confient les unes aux autres; quelque opposition qu'il y ait dans quelques-uns de leurs sentimens, elles s'allient et s'embrassent dans les mêmes intentions. Je n'ai point oublié cet entretien; ceux avec qui je l'eus ne peuvent pas non plus l'avoir oublié: nous ne pouvons avoir oublié avec quel épanchement nous nous parlâmes, nous qui ne nous étions pas rencontrés quatre fois en notre vie. Ils doivent se souvenir combien de fois je leur dis, en leur communiquant tout ce que je savais et tout ce que je conjecturais, que le décret qui les avait supprimés avait été indispensable; que le rapport de ce décret avait fait renaître les soulèvemens que le décret avait contenus; que la suppression très-prompte des *douze* me semblait encore l'unique moyen d'arracher aux agitateurs les flambeaux de discorde que le peuple allait recevoir de leurs mains. Je me souviens aussi combien tous les deux se montrèrent à moi disposés à tous les sacrifices personnels, combien de fois ils me répétèrent qu'ayant agi toujours avec les motifs les plus purs, ce n'était pas d'avoir été cassés qu'ils se plaignaient, mais de l'avoir été sans être entendus. Eh bien! leur dis-je, faites-vous donc entendre pour que vous soyez supprimés promptement. Notre rapport, me répondit l'un d'eux, sera fait lundi. Lundi, lui répliquai-je, il ne sera peut-être plus temps; nous ne sommes pas sûrs d'aller jusqu'à lundi. Cela n'était que trop vrai. »

FIN DES MÉMOIRES DE GARAT ET DU DIX-HUITIÈME VOLUME.

TABLE DES MATIÈRES

DU DIX-HUITIÈME VOLUME.

PRÉFACE. — Vérification morale de la doctrine du progrès.

SEPTEMBRE 1792. (*Suite.*) — Assemblée législative ; séance du 18 septembre au soir, p. 1. — Lettre de Roland à l'assemblée ; il expose les circonstances qui ont rendu facile le vol du garde-meuble, et demande des precautions contre le retour de pareils attentats, p. 3. — Séance du 19; Roland à la barre, p. 7. — Adresse aux Français décrétée sur la proposition de la commission extraordinaire; elle a pour but de signaler les dangers dont quelques scélérats menacent la vie des députés ; les décrets sur l'inviolabilité des représentans seront imprimés à la suite, p. 9, 12. — Séance du 19 au soir ; décret pour le maintien et l'exécution de la loi du 8 septembre, relative à la libre circulation des personnes et des choses, p. 14. — Séance du 20 au matin; l'assemblée ordonne une information sur la conduite de Charles Lameth arrêté à Barentin ; Roland annonce que la salle des Tuileries est prête pour recevoir la Convention nationale. — Le procureur-syndic de la Haute-Saône écrit que « Deux prétendus commissaires du pouvoir exécutif ont été arrêtés à Champlitte, p. 15. — Lettre de Pétion sur l'état de Paris ; Servan communique une dépêche de Dumourier, p. 16. — Dernière séance de l'assemblée législative, p. 17.

HISTOIRE DE PARIS DU 7 AU 21 SEPTEMBRE. — Double fin de l'impulsion donnée le 2 septembre, la formation d'une armée et l'anarchie. — Formation de l'armée, p. 19. — Affiche de la Commune qui invite les citoyennes à se réunir pour faire les tentes nécessaires au *camp sur Paris*, p. 20. — Réquisition des ouvriers; saisie des chevaux, des fers et des plombs, *ibid*. — Vols imputés au comité de surveillance de la Commune, p. 21. — Comment Marat se refit un matériel d'imprimerie, p. 23. — Article de Gorsas sur la réapparition de Marat ; il reproduit un placard de l'*Ami du peuple* par lequel ce dernier demande 15,000 francs à Roland, p. 23, 25. — Lettre de

Roland aux Parisiens; apologie de sa conduite; son opinion sur les événemens, p. 23, 30. — Actes du corps électoral, de la Commune et des sections; reproche fait à Robespierre de ne plus reparaître à la Commune depuis le 2 septembre, p. 30, 31. — Article du *Moniteur* sur le vol commis en plein jour et en pleine rue le 14 septembre, p. 32. — La section de l'Abbaye propose aux autres sections une confédération générale pour se garantir leurs propriétés et leurs vies, p. 33. — Article de Marat sur ces désordres, p. 33. — Article de Prudhomme sur le même objet; il interpelle Danton, Roland, Robespierre et Brissot, et les somme de sacrifier leurs différens amours-propres à l'amour et au salut de la patrie, p. 34. — Reflexions sur Marat; divers extraits de son journal, p. 39, 42. — Bruit d'un nouveau massacre comploté pour le 20; la Commune casse le comité de surveillance, p. 42. — Proclamation de la Commune sur la nécessité du calme et sur les moyens de l'obtenir, p. 43. — Décret de l'assemblée législative pour le rétablissement de l'ordre et la sûreté individuelle des citoyens dans Paris, p. 44, 49.

CLUB DES JACOBINS. Chabot parle en faveur de la candidature de Marat; il est appuyé par Taschereau, p. 49, 51. — Note contre Marat par le rédacteur du journal des Jacobins (Toulongeon l'attribue faussement à Voidel.), p. 51. — Discussion sur l'abbé Fauchet, dénoncé par Desfieux, p. 53.

COUP D'ŒIL SUR LES ÉVÉNEMENS MILITAIRES PENDANT LE MOIS DE SEPTEMBRE. — Siége de Verdun, p. 54. — Mort de Beaurepaire, p. 55. — Wimpfen fait une sortie contre un corps d'émigrés qui venaient sommer Thionville, p. 56. — État de l'armée de Kellermann; analyse de ses opérations, ibid. — Mouvemens du général Dumourier; description de la forêt de l'Argonne, p. 57. — Opérations qui précédèrent la bataille de Valmy, p. 58. — Mouvement des Prussiens, p. 61. — Dumourier change brusquement son plan de défense et son champ de bataille, p. 63. — Position des deux armées, p. 65. — Bataille de Valmy, p. 67.

DOCUMENS COMPLÉMENTAIRES AU MOIS DE SEPTEMBRE 1792. — Réflexions sur la nature de ces documens, p. 70.

RELATION adressée par l'abbé Sicard, instituteur des sourds et muets, à un de ses amis, sur les dangers qu'il a courus les 2 et 3 septembre 1792, p. 72. — Lettre dans laquelle on prie le *citoyen* Sicard de compléter son récit, p. 97. — Réponse de l'abbé Sicard à cette lettre, p. 98.

MON AGONIE DE TRENTE-HUIT HEURES, ou *récit de ce qui m'est arrivé, de ce que j'ai vu et entendu pendant ma détention dans la prison de l'abbaye Saint-Germain, depuis le 22 août jusqu'au 4 septembre 1792, par M. Journiac Saint-Méard, ci-devant capitaine commandant des chasseurs du régiment d'infanterie du roi*, p. 103.

MA RÉSURRECTION, PAR MATON-DE-LA-VARENNE, ouvrage publié en 1795, p. 135.

LA VÉRITÉ TOUT ENTIÈRE, sur les vrais auteurs de la journée du 2 septembre 1792, et sur plusieurs journées et nuits secrètes des anciens comités de gouvernement, par FÉLÉMHESI (Méhée fils), p. 156.

HISTOIRE DES HOMMES DE PROIE, ou les crimes du comité de surveillance, par Roch Marcandier, p. 181.

DÉCLARATION DU CITOYEN Antoine-Gabriel-Aimé Jourdan, ancien président du district des Petits-Augustins et de la section des Quatre-Nations, p. 215.

ÉTAT des sommes payées par la trésorerie de la Commune de Paris, sur le compte rendu du conseil-général pour dépenses occasionées par la révolution du 10 août 1792, p. 226.

PIÈCES OFFICIELLES relatives au massacre des prisonniers d'Orléans à Versailles, le 9 septembre 1792, p. 236.

EXTRAIT DES PROCÈS VERBAUX DE LA COMMUNE DE PARIS, du 4 au 19 septembre 1792, p. 249, 272. — Arrêté de la Commune en date du 23 août 1792, sur le casuel des prêtres et sur le culte, p. 272.

EXTRAIT des pièces recueillies par Toulongeon dans son Histoire de France depuis la révolution, p. 282.

MÉMOIRE SUR LA RÉVOLUTION, PAR D. S. GARAT, p. 287. — Massacres des 2 et 3 septembre, p. 298. — Entretien avec Robespierre et avec Salles, p. 331. — Visite de Collot-d'Herbois à l'intérieur, p. 433. — Tentative auprès de Robespierre pour sauver les Girondins, p. 444. — Entretien avec Danton, et jugement de ce révolutionnaire, p. 446.

www.ingramcontent.com/pod-product-compliance
Lightning Source LLC
Chambersburg PA
CBHW060223230426
43664CB00011B/1535